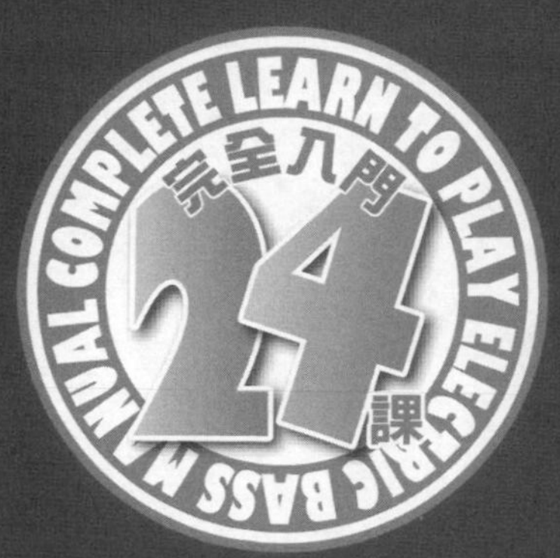

電貝士
完全入門24課

E.Bass

由淺入深、循序漸進的學習

從認識電貝士到彈奏電貝士

想成為Rocker很簡單

立即觀看！

QRSCAN

范漢威 編著

內含影音教學 QR Code

麥書文化

作者簡介-范漢威

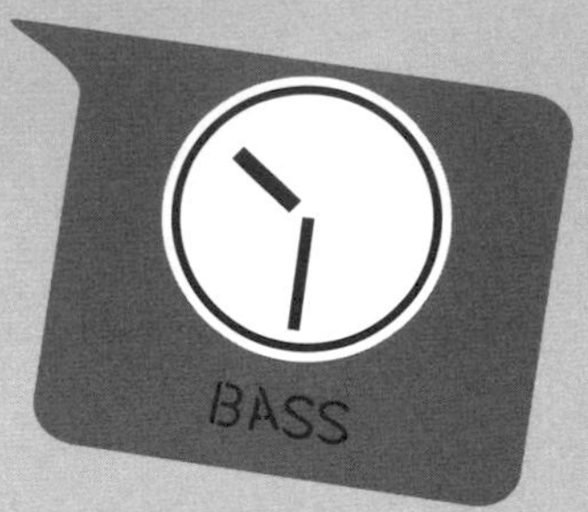

專業電貝士講師。

18歲開始接觸西洋流行音樂，學習吉他。20歲開始轉向電貝士彈奏，並籌組熱門樂團，接洽演出。同年，樂器教學活動正式展開。曾任各大專院校高中職，熱門音樂相關社團指導，及多家樂器行樂器教師。

以吉他、貝士彈奏，樂理應用，作曲、編曲為主要教學項目。2008出版《放克貝士彈奏法》，為國內第一本針對單一風格深入介紹的貝士專書。

電子信箱：away0812@hotmail.com

自序

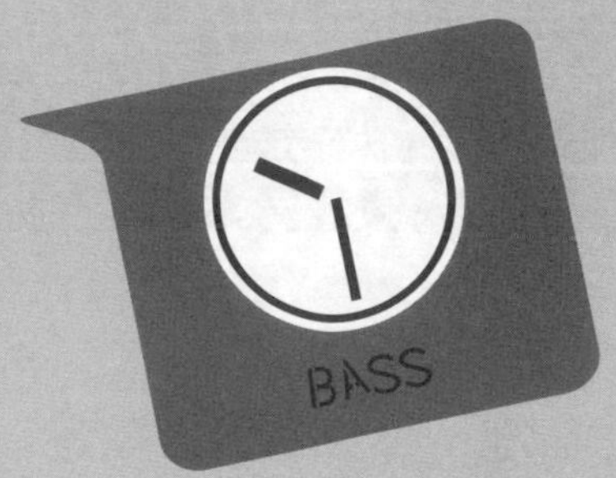

這本《電貝士完全入門24課》寫作時間將近四年，經過多次反覆的架構和改寫，最終成為各位手上的成品。在謹慎構思和撰寫下，本書中除了涵蓋初學範圍各項重點外，也在電貝士系統學習上有著完整的描述。這將為讀者在進行自學時，提供明確的方向和具體的架構。

本書的完成要感謝麥書國際文化的支持，陳珈云小姐的專業意見和溝通聯絡，製譜、排版、美編、攝影、剪輯、製作等各部門工作人員的辛勞，才能讓本書順利出版。另外，還要感謝內人在寫作期間的照顧和關懷，在此一併獻上感謝。

范漢威

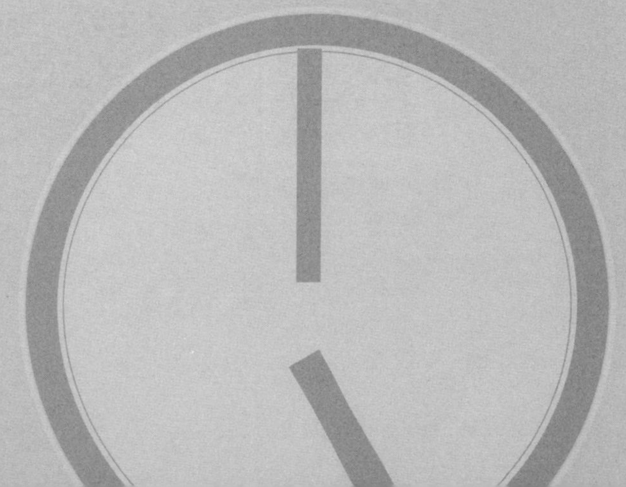

本書使用說明

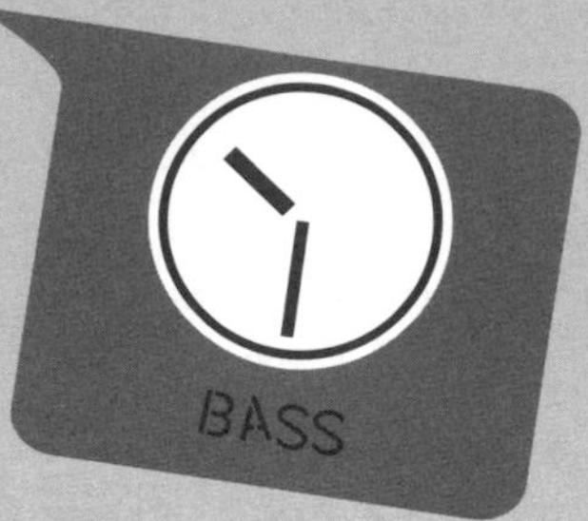

這是一本涵蓋內容廣泛，具有長期參考價值的電貝士專書。除了深入淺出的技巧介紹外，創新的樂理應用更為本書的重點之一。本書結合了系統性教學與理論說明，配合多樣性音樂風格的情境式練習，為電貝士學習提供完整而健全的架構。

建議學習時，能多加注意文字說明，配合練習實作，培養正確的觀念及練習方法。本書也很適合小組和社團使用，建議可以多人一起討論學習，訂立練習進度，彼此鼓勵一同成長。

最後，期待您能從本書中能獲得啟發，為電貝士彈奏奠定紮實的基礎。

教學影片＆範例音檔

本公司鑑於數位學習的靈活使用趨勢，取消隨書附加之教學光碟，改以QR Code連結影音平台（麥書文化YouTube頻道）的方式。請利用行動裝置掃描書中QR Code，即可立即教學影片。另外也可以至「麥書文化官網」下載MP3壓縮檔（需加入官網免費會員）。

教學解說播放清單

示範彈奏播放清單

官網音檔下載連結

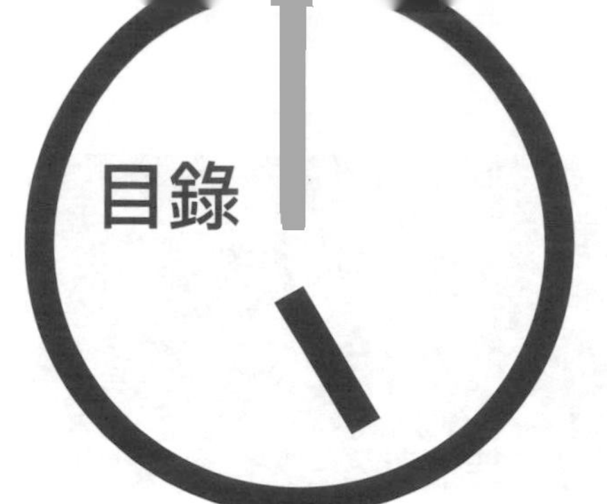
目錄

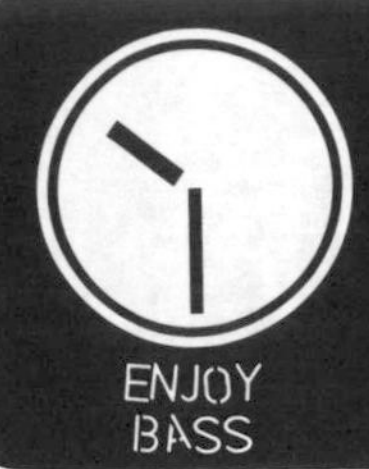

認識電貝士

電貝士的每個部份都會影響到整體的聲音以及彈奏的感覺，幾乎每一支電貝士都會有以下幾個部份：

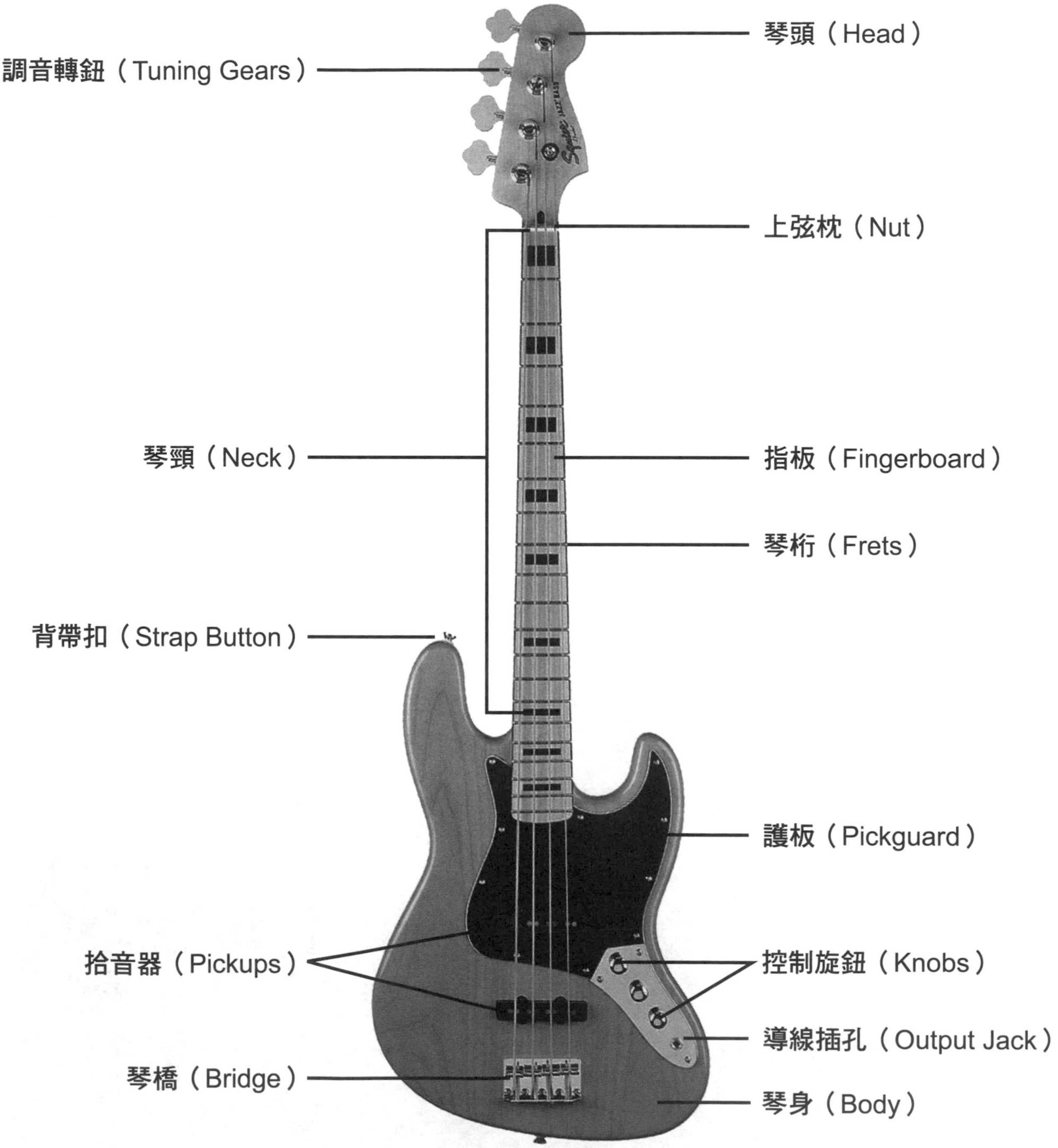

電貝士各部位介紹

1、琴頭（Head）：

琴頭也因廠牌而有許多不同造型，然而最主要的功能就是裝載調音轉鈕。

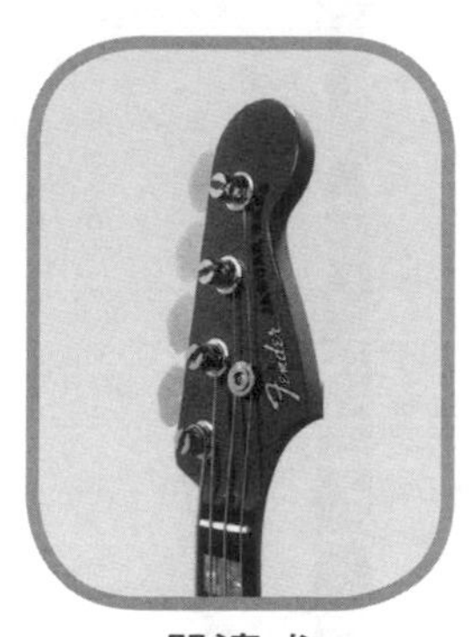
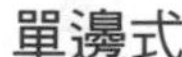

單邊式

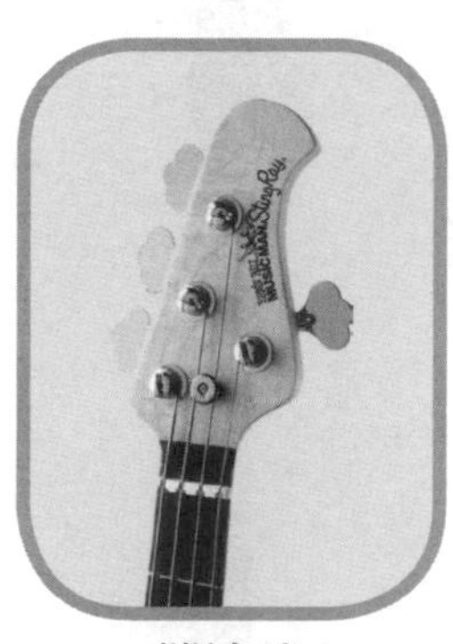

雙邊式

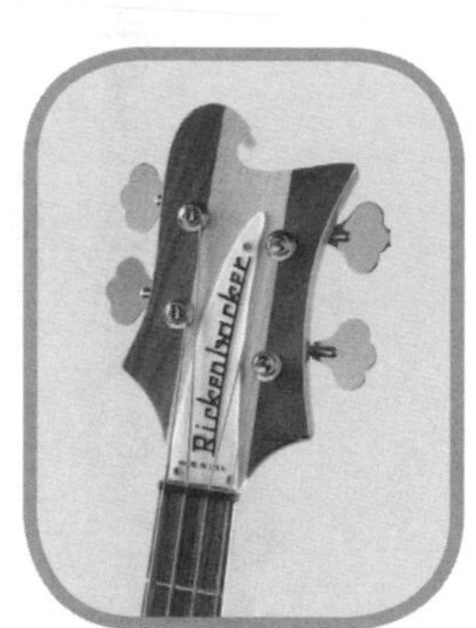

對稱式

2、調音轉鈕（Tuning Gears）：

旋轉轉鈕可以拉扯或鬆放琴弦，藉此調整音高。轉鈕因不同廠牌的設計而有單邊、雙邊和對稱等配置方式。

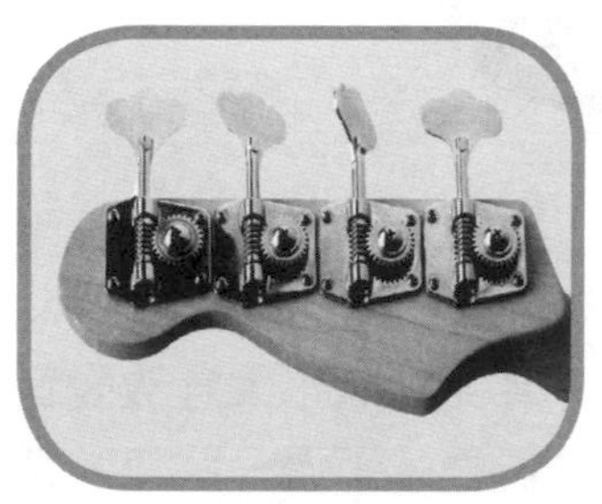
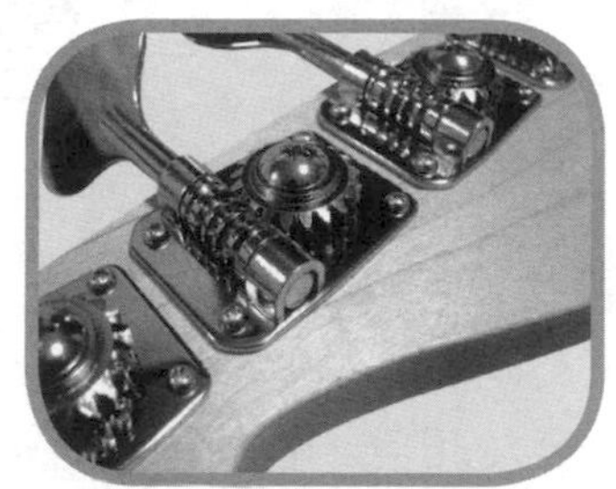

3、指板（Fingerboard）：

指板是手指和琴實際接觸的部分，指板使用的木材也有種類上的差別。兩種最常見的木材種類為玫瑰木（Rosewood）和楓木（Maple）。玫瑰木提供較暗淡且溫暖的音色，而楓木則提供透明脆亮的感覺。大部份的廠牌都會在指板上，某些特定位置打上標示點，方便彈奏者尋找用音的位置。

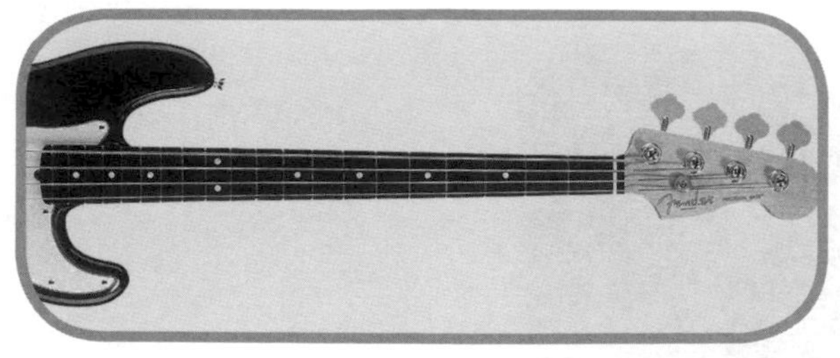

玫瑰木指板

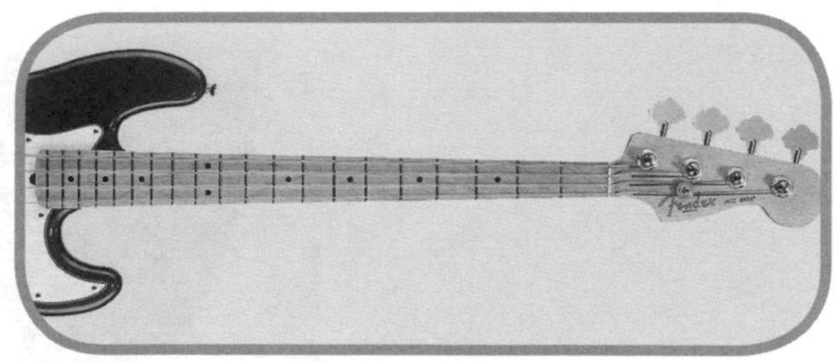

楓木指板

4、琴身（Body）：

不同的廠牌有不同的琴身造型和大小。

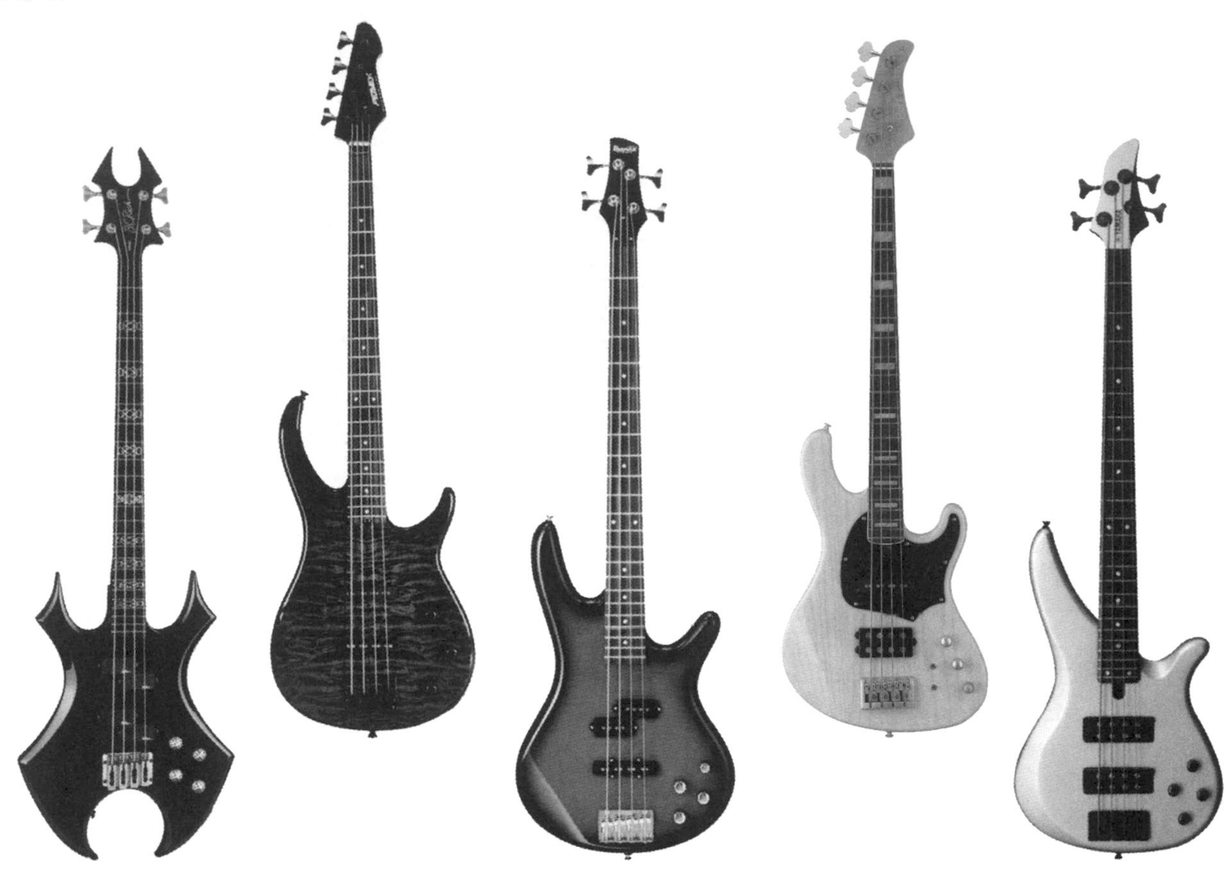

（1）木料顏色及塗裝：

由於木材的特性，使用不同的木材對貝士的音色確實有相當的影響。至於顏色，對於音色而言就沒有多大的差別。塗裝或許會影響一些。許多設計給初學者的貝士會用聚氨酯塗料，而高價位的貝士製造商通常多以透明漆料或上油的方式處理琴身。

（2）形狀和尺寸：

琴身形狀不太會改變音色，主要是看彈奏者的偏愛。不過一些奇特造型的琴身，卻容易造成彈奏上的不方便。而尺寸對音色而言則有影響。通常較大和較重的琴身，在理論上會有更多的共鳴和共振。但是較重的琴身卻容易造成彈奏時肢體上的疲勞以及疼痛。

5、琴橋（Bridge）：

琴橋是讓琴弦穩固依附在琴上的重要零件，在穩定琴弦張力以及音準方面都佔有相當重要的份量。

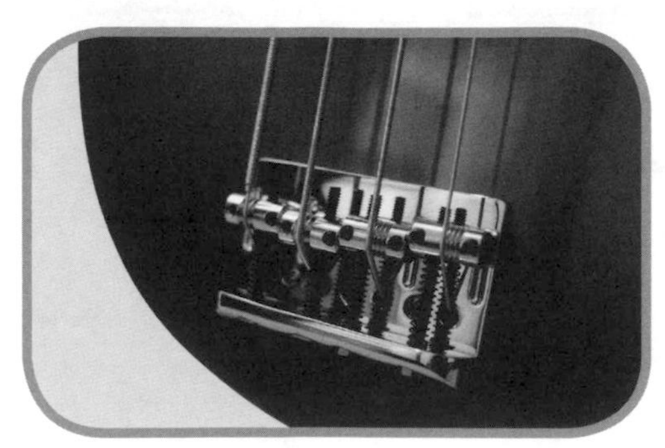

拾音器（Pickups）

貝士可以裝載一個或多個拾音器，每種不同形式的拾音器，都有不同的聲音特質。一般來說，我們可將拾音器與相關的系統分成兩大類：

1、被動拾音器系統（Passive Pickup System）：

此系統只有基本的控制旋鈕，如音量和音色，較能夠忠實地表現出電貝士本身木料的聲音。許多樂手偏向使用這種系統，正是因為此系統可以生產出較溫暖而傳統的音色。

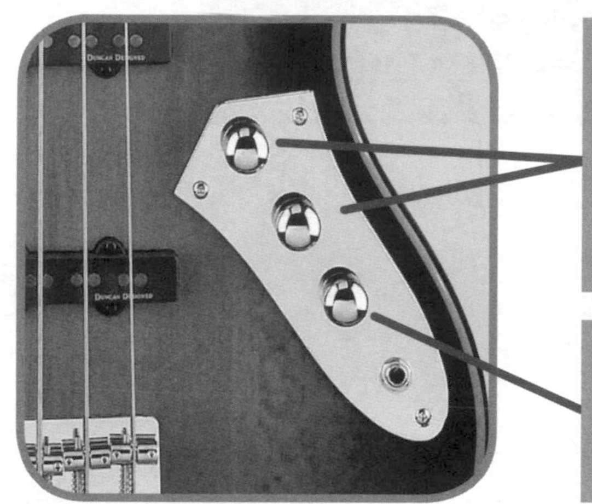

音量旋鈕（Volume）
控制音量大小。倘若音量旋鈕不只一個，代表各旋鈕分別控制不同的拾音器，可分別調整音量大小，讓兩個拾音器作不同音量的搭配效果。

音色旋鈕（Tone）
音色旋鈕是控制高頻訊號的輸出。開得越大聲音越明亮，反之則越暗淡。

2、主動拾音器系統（Active Pickup System）：

此種系統必須藉由電池供電，並提供至少高低兩個音頻的調節功能。此系統的總輸出音量，通常會比被動式的大很多，並提供更寬廣的音頻範圍。

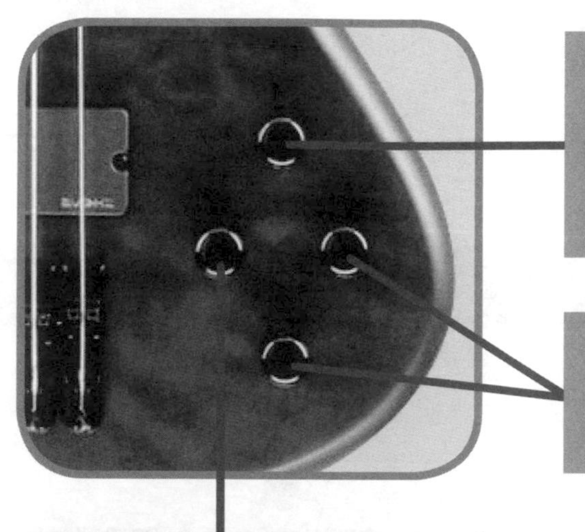

混合旋鈕（Blend）
負責控制拾音器間輸出值的比例。因為不同拾音器、不同的輸出比例搭配可以造就不同的音色變化。

等化旋鈕（EQ）
通常都配有兩或三個旋鈕，分別控制高低音或高中低音。

音量旋鈕（Volume）

如何使用音箱

音箱廠牌種類繁多，如果是居家使用建議採買小瓦數（100W以下）即可。除了體積小收納方便之外，音量也不至於過大而干擾鄰居。

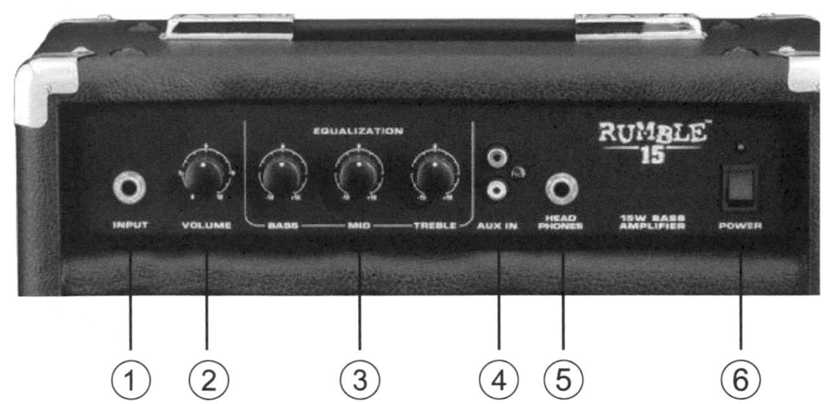

① 輸入插孔：藉由導線，可將電貝士的訊號由此插孔輸入。

② 總音量：用以調整聲音大小。

③ 低音、中音、高音轉鈕： 用以增強或弱化低中高各音頻表現。

④ 音訊輸入孔：透過連接，可將CD或mp3播放機，以及節拍器的聲音由此音箱發出，能夠增加練習的效果和樂趣。

⑤ 耳機插孔：可連接耳機，避免吵擾他人。

⑥ 電源開關。

貝士與音箱的連接方法

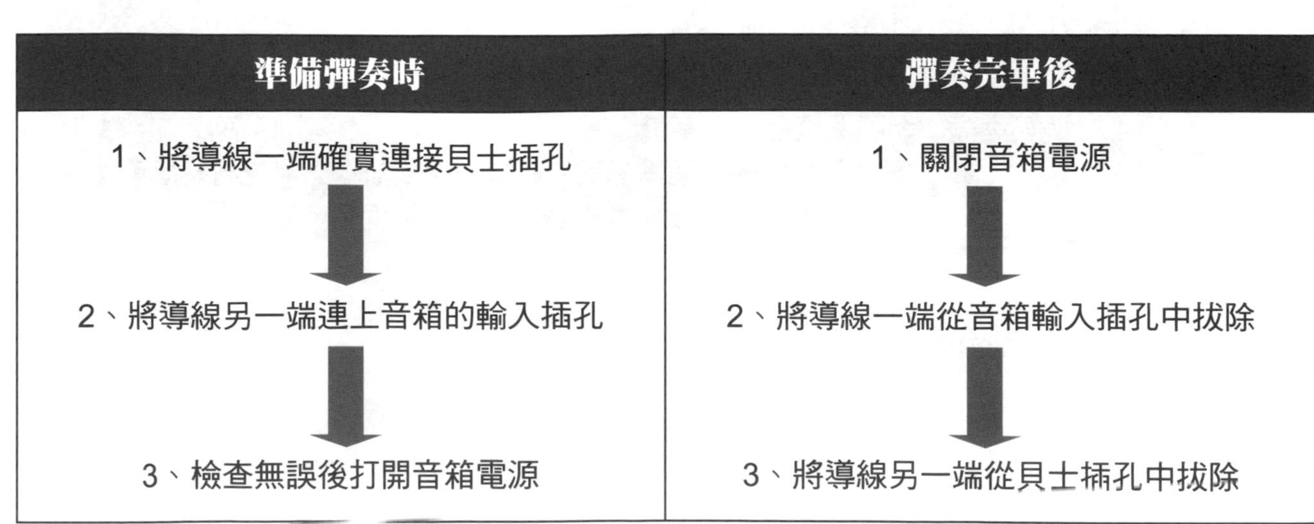

準備彈奏時	彈奏完畢後
1、將導線一端確實連接貝士插孔	1、關閉音箱電源
↓	↓
2、將導線另一端連上音箱的輸入插孔	2、將導線一端從音箱輸入插孔中拔除
↓	↓
3、檢查無誤後打開音箱電源	3、將導線另一端從貝士插孔中拔除

調音（Tuning）

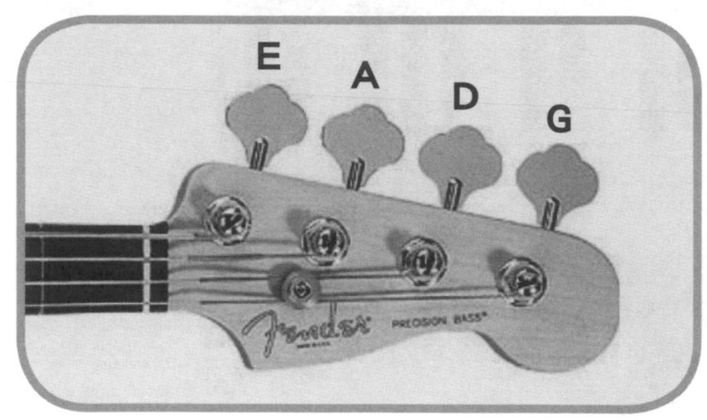

開始彈奏前，透過轉動琴頭上的旋鈕來校正音準是必須的。當旋鈕轉得越緊，音會越高。相反的，旋鈕放得越鬆，音會越低。

先了解每根琴弦的基本設定音。第一弦，最細的弦，設定為「G」。第二弦設定為「D」。第三弦設定為「A」。第四弦，最粗的弦，設定為「E」。

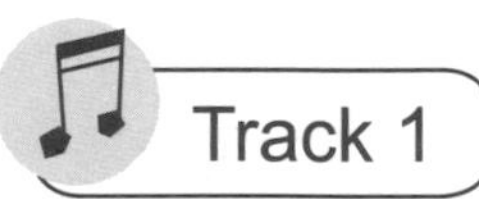

1、用音檔調音：

在本書所附的音檔裡，錄有標準音，從第一弦至第四弦。聽到音檔裡示範的標準音後，撥彈該弦，如果發出的音比音檔裡的音低的話，就把琴弦轉緊至該有的音高。如果音比音檔標準音高的話，則需把弦放鬆。

2、相關網站提供的標準音：

許多網站有提供調音所需的標準音，和人性化的使用界面，例如：「fender.com/online-guitar-tuner」。

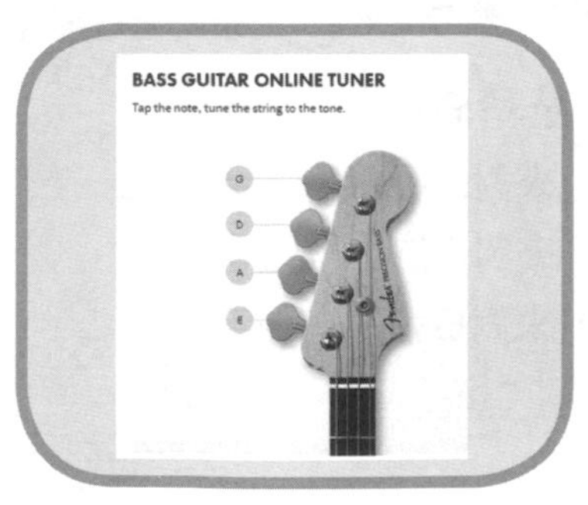

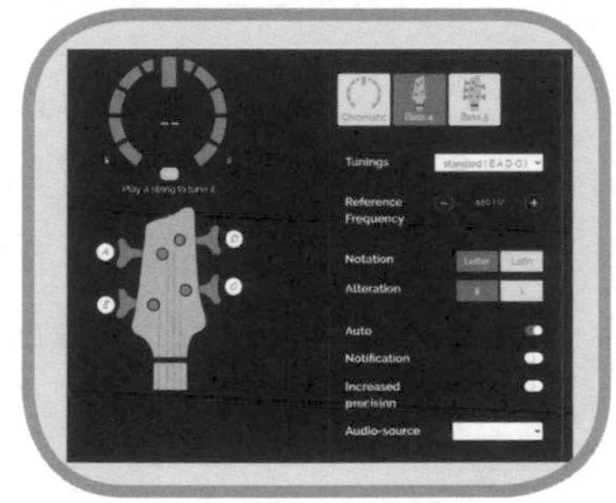

3、電子調音器調音：

若不想每次調音都打開電腦，許多廠商提供輕便小型的電子式調音器。首先，用導線連接貝士與調音器，打開貝士上的音量開關，然後一次撥彈一弦。調音器會顯示這個音偏高或偏低，再以此調整調到正確的音準。電子調音器的好處是，不需要用人耳聽音來判斷音準，可完全透過螢幕顯示的符號來得知音準。由於是以導線連接，不會受外界干擾，可進行精確的音準判斷。另有輕巧的電子調音器，可直接固定在琴頭上，透過撥弦的震動，來判斷音準，也很實用。

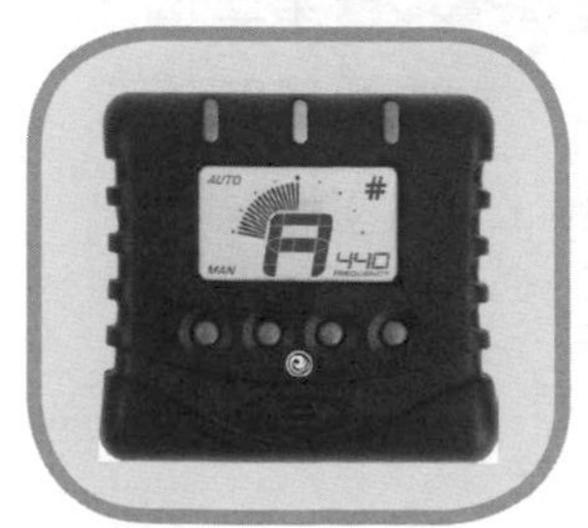

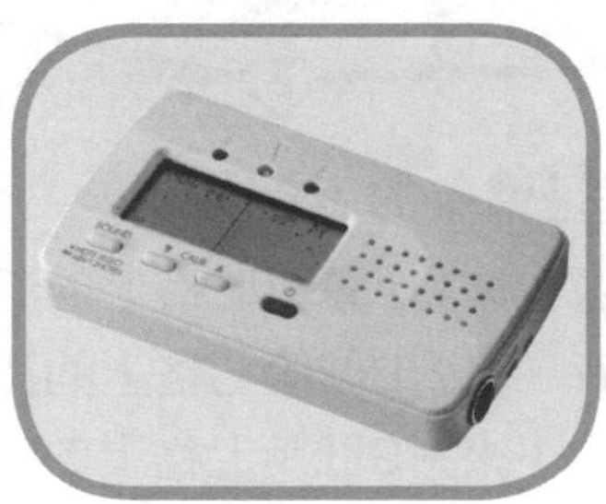

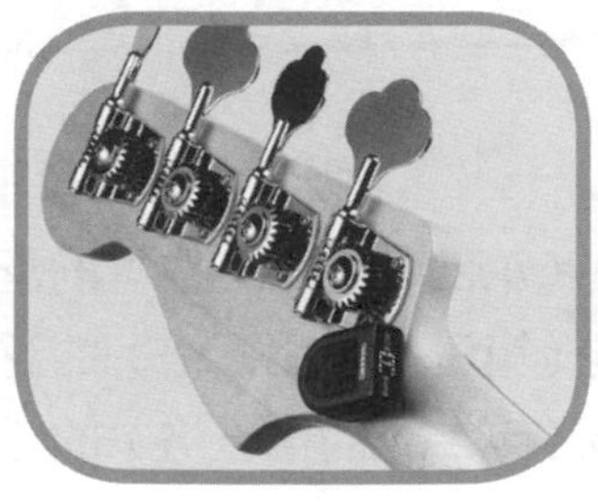

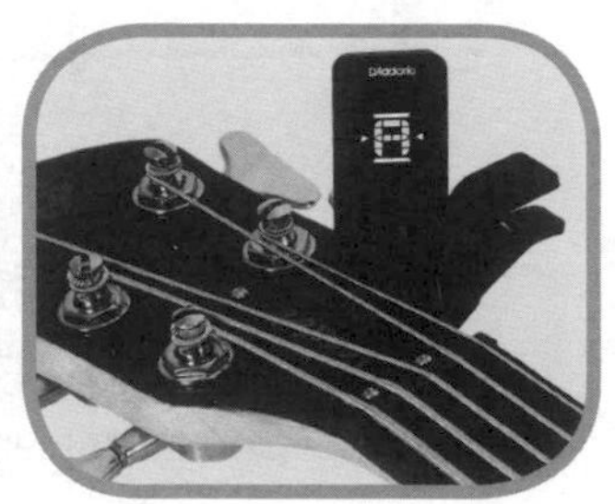

4、鍵盤調音：

當在練團時，我們可以就近使用鋼琴或電子琴來提供標準音調音。

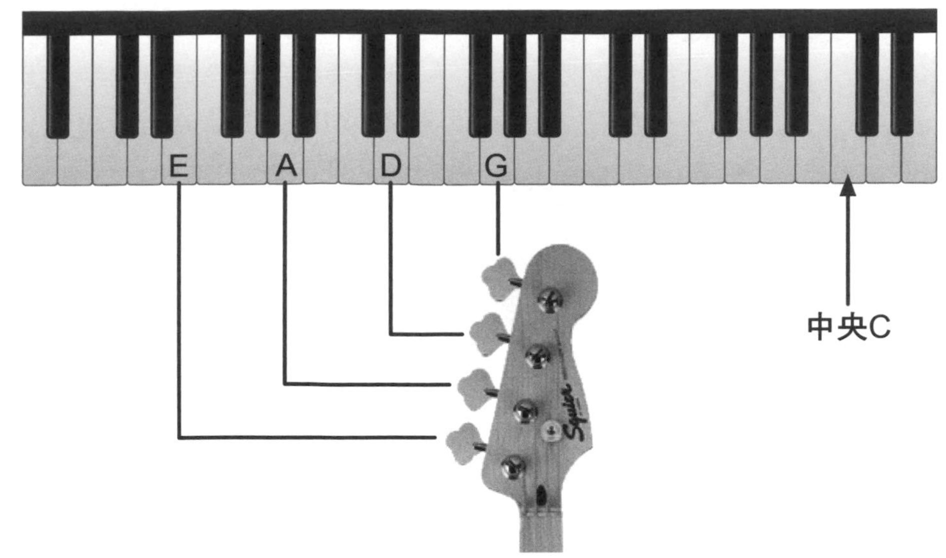

5、相對音調音法：

當沒有以上方法時，可以使用這個方法來調音。

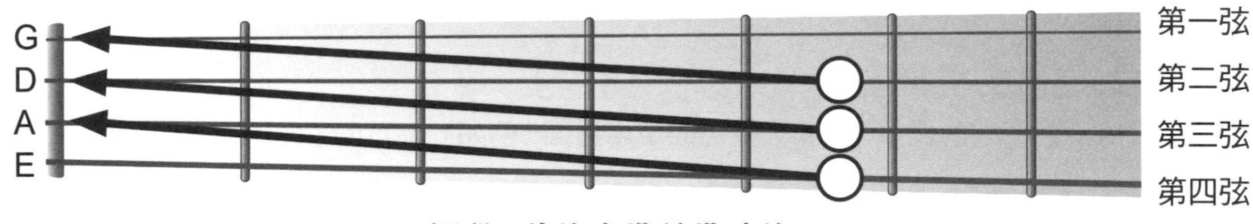

假設E弦的音準是準確的：

按E弦（第四弦的第五格）來對A弦的空弦音

按A弦（第三弦的第五格）來對D弦的空弦音

按D弦（第二弦的第五格）來對G弦的空弦音

6、泛音相對音調音法：

相較起來，泛音調音會更準確一些。因為泛音的音頻較高，聲音較清晰，更容易聽清楚聲音震動的細節。彈奏泛音時，手指只是輕輕的接觸琴弦，並不是將琴弦壓制到指板上。找到泛音位置後，左手手指輕觸琴弦，右手撥弦後，左手隨即放開，就能彈出泛音。

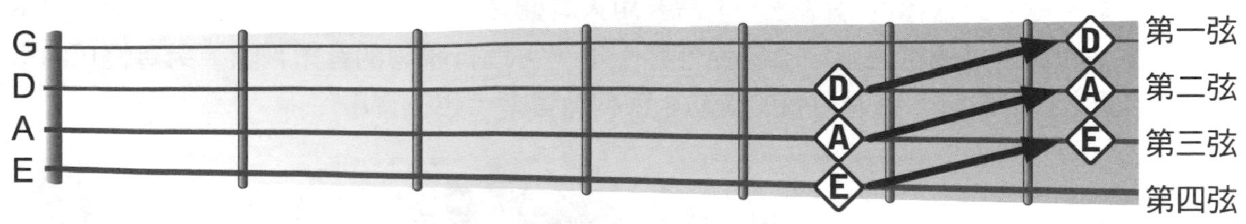

假設E弦的音準是準確的：

彈E弦（第四弦的第五格）的泛音，來對A弦第七格上的泛音

彈A弦（第三弦的第五格）的泛音，來對D弦第七格上的泛音

彈D弦（第二弦的第五格）的泛音，來對G弦第七格上的泛音

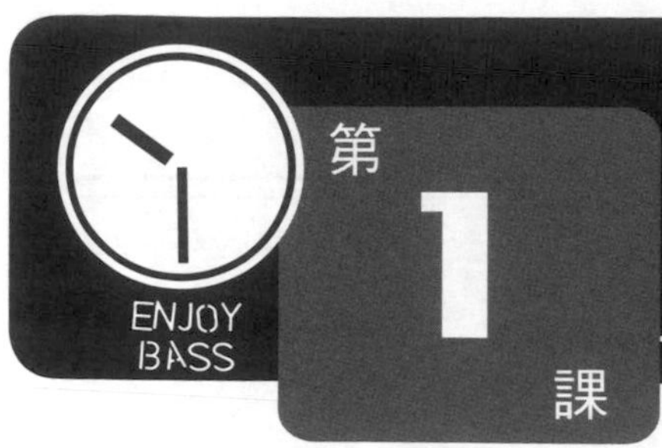

從零開始

坐姿與站姿

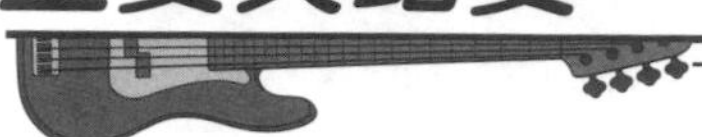

對於長期練習來說，正確的彈奏姿勢，可以有效避免肌肉的痠痛或傷害。不管坐著或是站著，背部應保持挺直。右手應能自在地撥到每一根琴弦。左手應能輕易地觸及指板上任何一個把位。

【解說】1-1

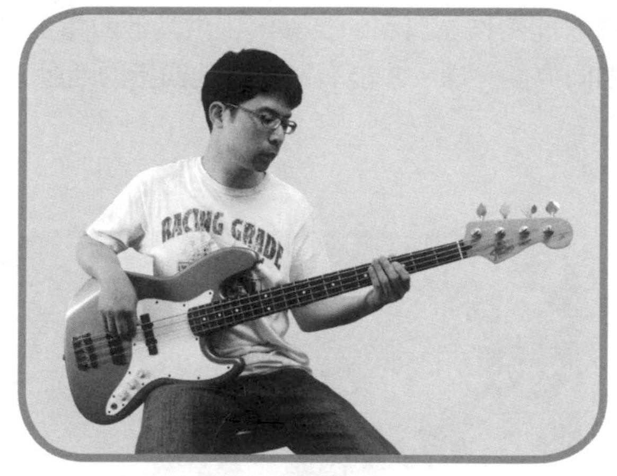

坐姿

大多數的彈奏者會以右大腿來支撐貝士，並將琴身緊靠身體。以左手持握琴頸，並以右前臂來平衡琴身。

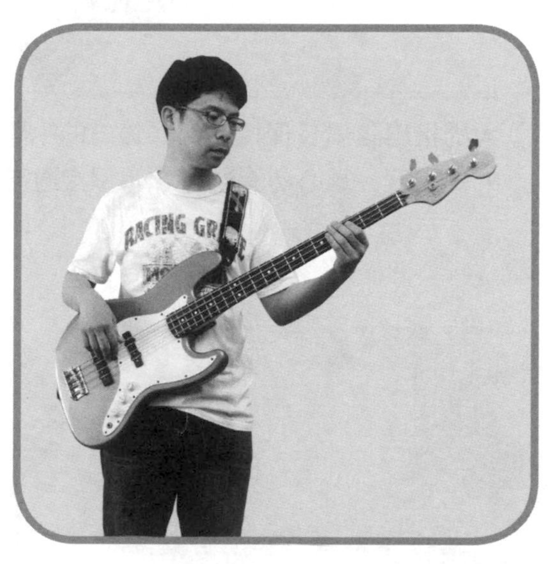

站姿

使用背帶，將琴懸掛在身上，琴身約與腹部接觸，琴頸自然傾斜。以左手握琴，右臂平衡。

背帶的使用與調整

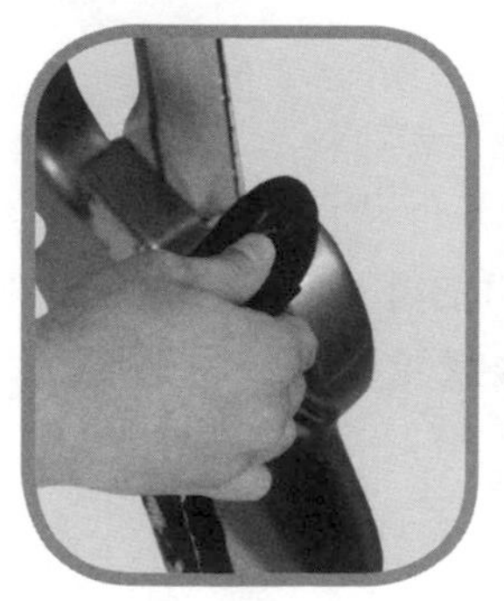

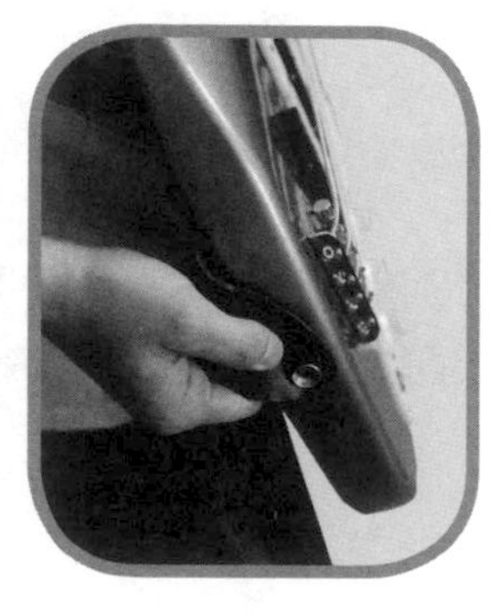

先將背帶一端套入貝士上的背帶扣，再將背帶另一端套入琴身底端的背帶扣。檢查是否穩固，將背帶穿套過頭頸部，以左肩支撐琴身重量。基本上，不論站立或坐下，背琴的高度應儘量保持一致。這樣琴和身體的接觸，以及彈奏的感覺，才不會因為站或坐而有所差別。

左右手彈奏姿勢

【解說】1-2

1、左手姿勢與按弦：

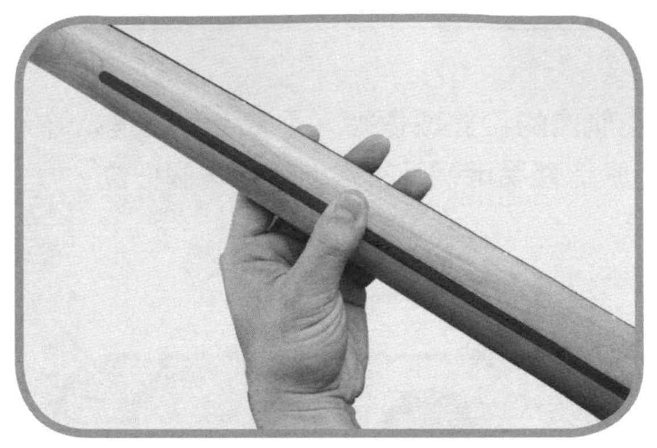

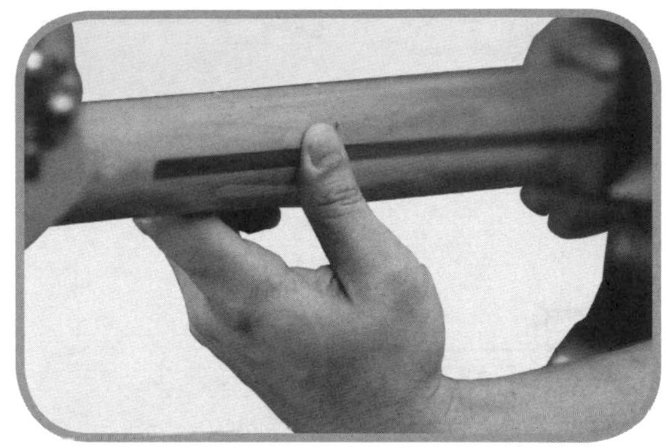

（1）大拇指應該儘量保持在琴頸後方的中間部分，這樣才能夠作為有利的支點，提供其他四指更好的穩定度。掌心勿緊貼琴頸，保持適當的空間，如同握住一球，才能有助於其他四指的活動。

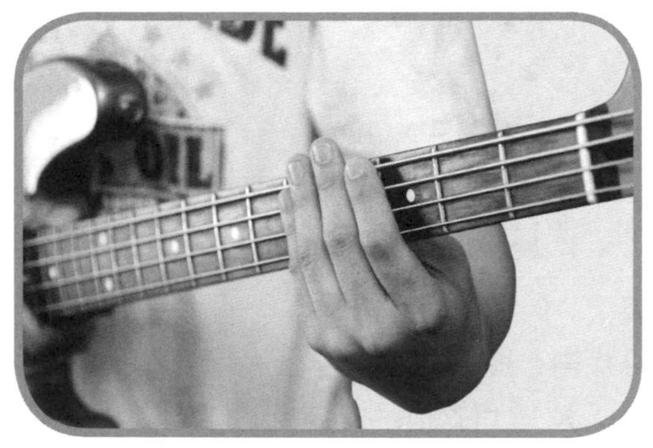

（2）沒有按弦的時候，四指應放鬆並停留於琴弦上，悶住琴弦，避免雜音。

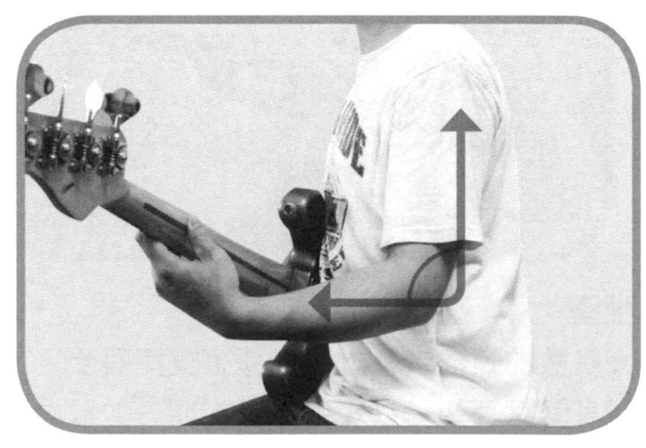

（3）左手的手腕保持柔軟，左肩放鬆，上臂自然下垂，才能避免肌肉疲勞。

【解說】1-3

2、右手姿勢與撥弦：

一般常見的右手彈奏有手指撥弦（Finger Style）以及彈片撥弦（Pick Style）和拍打（Slap）琴弦。手指撥弦能提供溫暖自然的音色，使用彈片則帶來更多的清晰度和顆粒感，拍擊琴弦則能呈現更大的張力和爆發力。

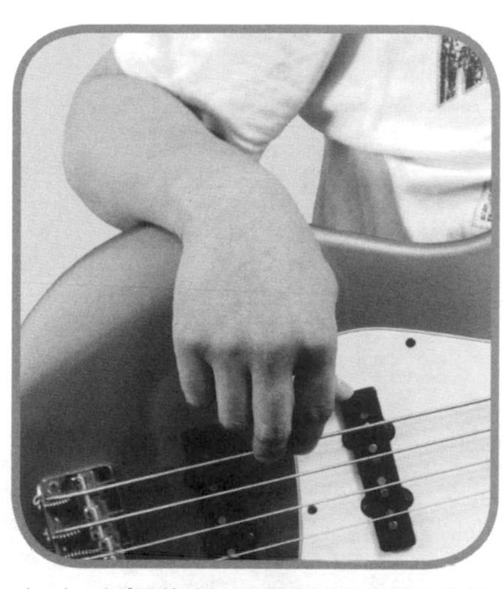

（1）大拇指按在前端拾音器頂端作為穩固依託，並以食指和中指交替彈奏。

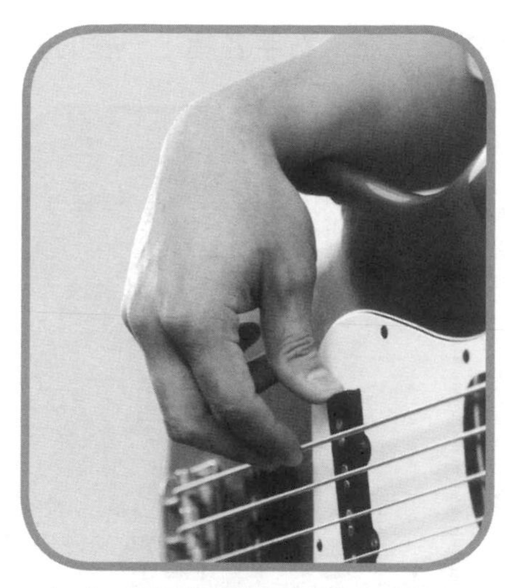

（2）手指放鬆，並略為彎曲以方便施力。

（3）彈奏不同琴弦時虎口保持一致的角度，大拇指將移動位置換以其他琴弦作為依託。

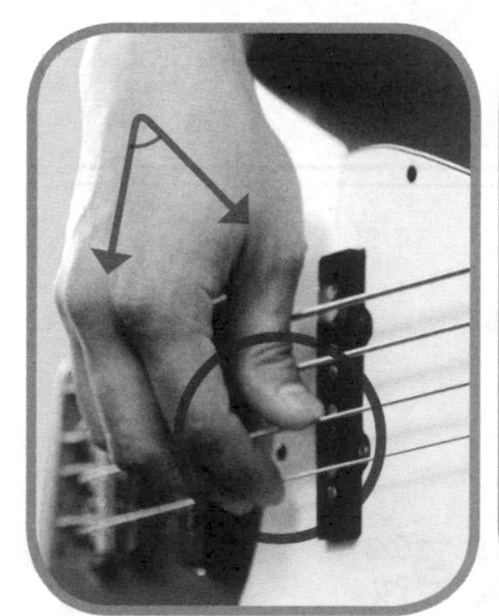

第一弦（G弦）
大拇指按在第二弦上，彈第一弦。

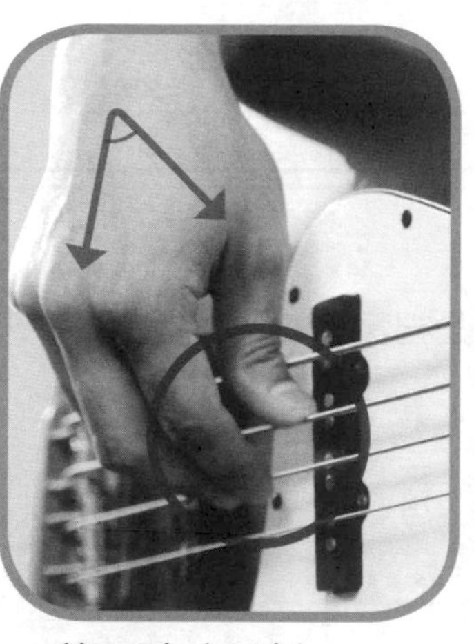

第二弦（D弦）
大拇指按在第三弦上，彈第二弦。

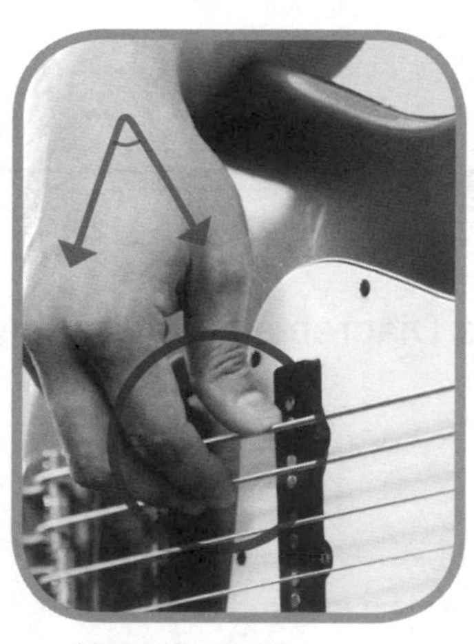

第三弦（A弦）
大拇指按在第四弦上，彈第三弦。

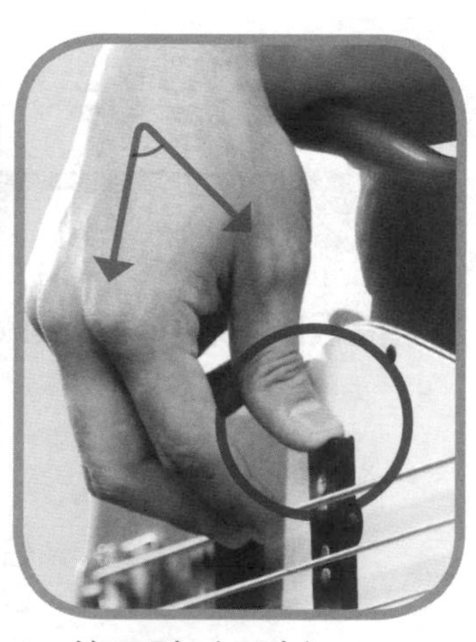

第四弦（E弦）
大拇指按在拾音器上，彈第四弦。

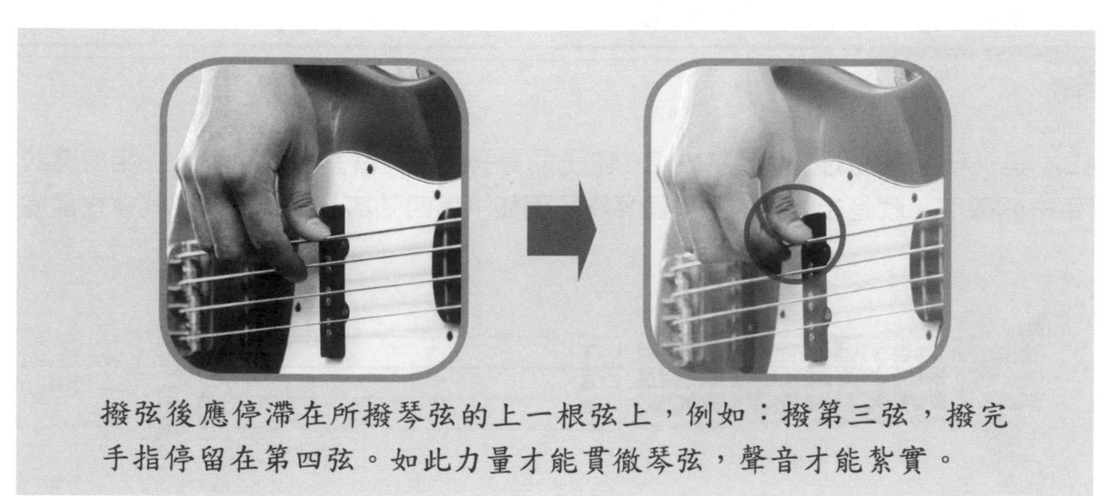

撥弦後應停滯在所撥琴弦的上一根弦上，例如：撥第三弦，撥完手指停留在第四弦。如此力量才能貫徹琴弦，聲音才能紮實。

為了可以區分左、右手各指，一般的教學會將兩手手指加以編號。

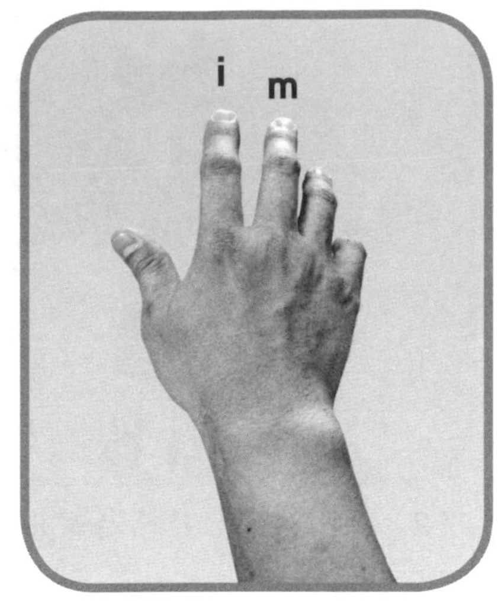

右手手指的代號：

i＝食指　m＝中指

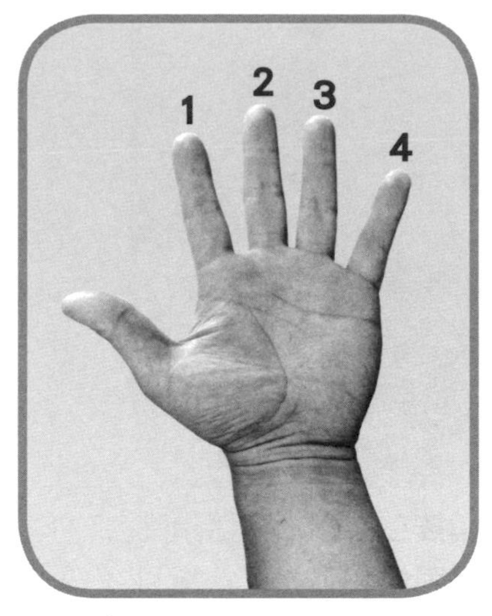

左手手指的編號：

1＝食　指　2＝中　指

3＝無名指　4＝小拇指

認識指板

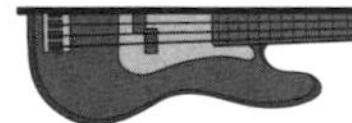

指板圖（Fingerboard Diagrams）：指板圖就是把實際的貝士指板畫下來。

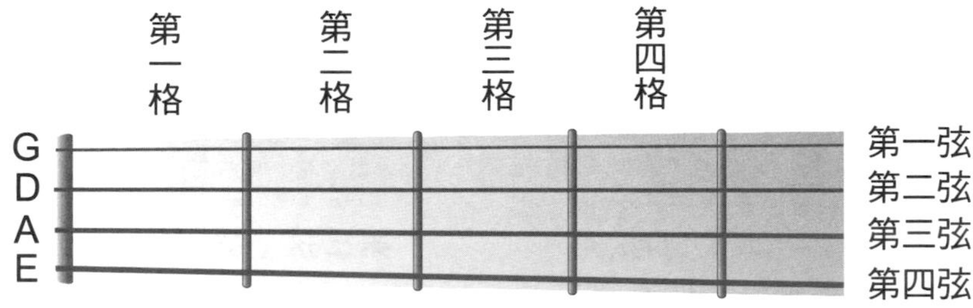

認識TAB譜（Tablature Notation）

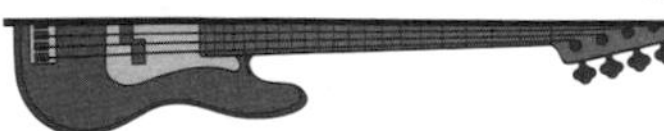

「TAB」是一種最直接的弦樂記譜方式。譜上的每一條線，就是在實際貝士上相對應的每一根弦。譜上每一個數字，就是相對應的每一個琴格。例如：第四弦第一格，TAB譜就會在最底下的線上標示 1。

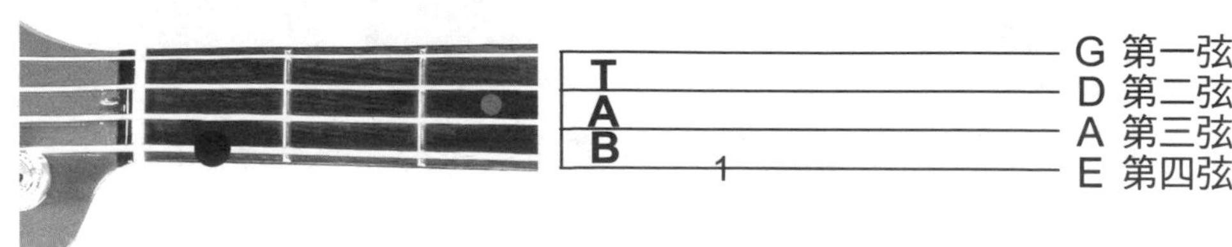

TAB譜可以非常明確地告訴彈奏者，要彈哪一根弦的哪一格。是非常容易且直接的記看譜方式。但TAB譜沒辦法表示音高和拍長，所以出版的樂譜多半將傳統五線譜和TAB譜並排，利用TAB譜的方便，同時又補足TAB譜的不足。

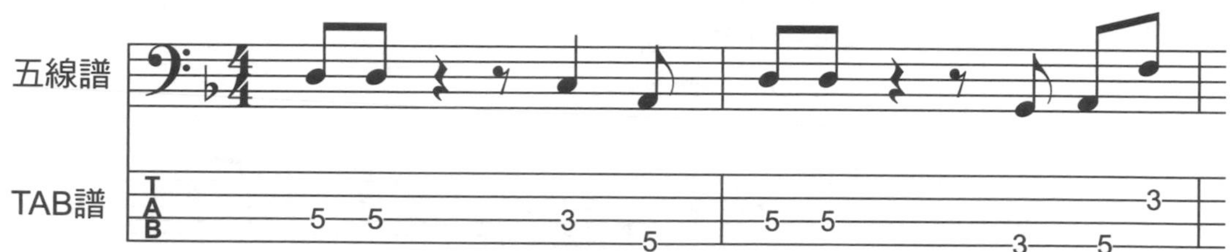

節奏符號（Rhythm Notation）

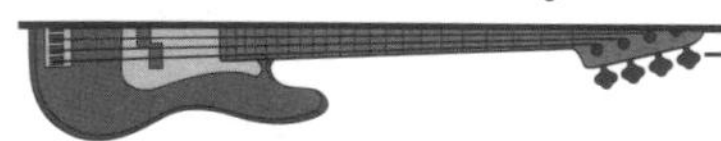

1、音符和拍點（Note Values And Beats）：

在學習任何樂器時，我們都要認識所謂的音樂時間（Music Time）。在音樂裡有些音佔的時間長，有些音比較短，搭配起來就成為節奏（Rhythm）。為了記載這些或長或短的音，寫譜的時候就需要用到音符（Note Values）符號，例如：全音符（Whole Note）、二分（之一）音符（Half Note）、和四分（之一）音符（Quarter Note）。這三組音符符號之間，都是兩等份的關係。所以全音符除以2就會等長於兩個二分音符。全音符若除以4就會等長於四個四分音符。

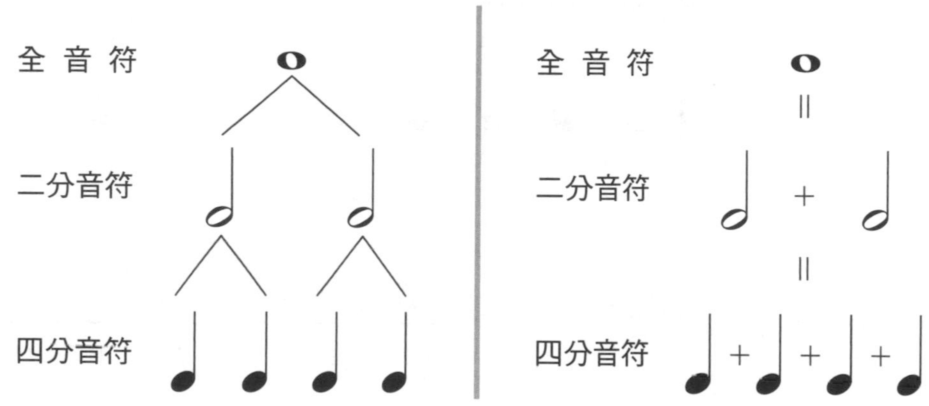

在了解音符之後，還需要認識「拍點」（Beat）。「拍點」指的是音樂時間的均勻分配，就像一把尺上的刻度，可以用來測量音樂時間的長短。當我們打開節拍器時，所聽到嗶、嗶的聲響，就是拍點。

2、小節和拍子記號（Measures And Time Signatures）：

將或長或短的音符們組織起來就會形成節奏。基本的節奏單位稱為「小節」（Measure），通常小節與小節之間都會以小節線（Bar Lines）隔開。

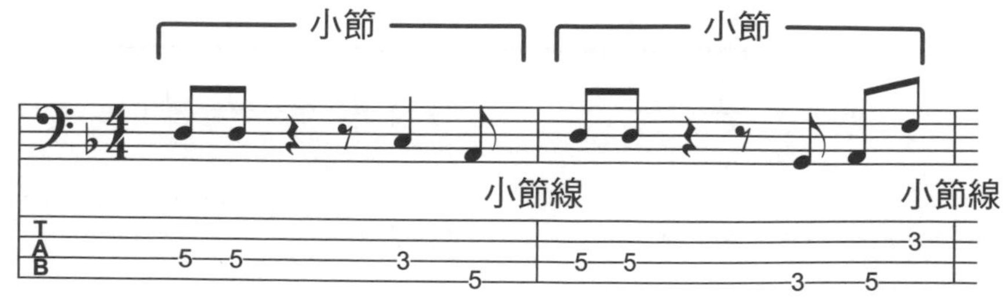

拍子記號（Time Signature）通常都會寫在樂譜開頭，用來表示一個小節裡應該放置多少個拍點。4/4是最常見的拍子記號，表示以四分音符為一個拍點，一小節應有四個拍點。

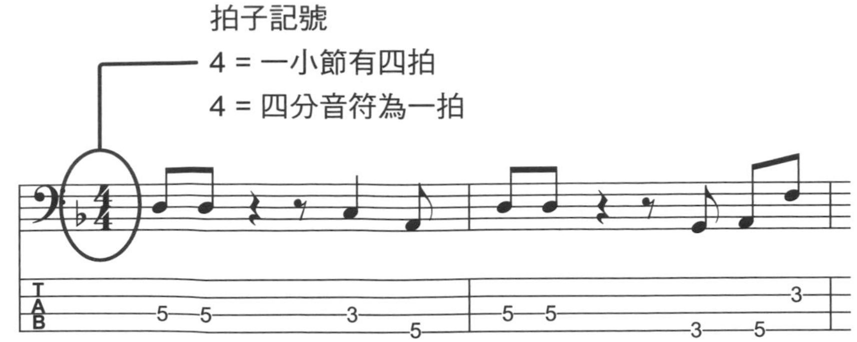

試著一邊看著以下節奏符號，一邊聽著CD示範，並且跟著大聲數拍，反覆練習。多聽幾次CD裡的示範，並將示範的節奏符號填寫在以下的簡譜中。

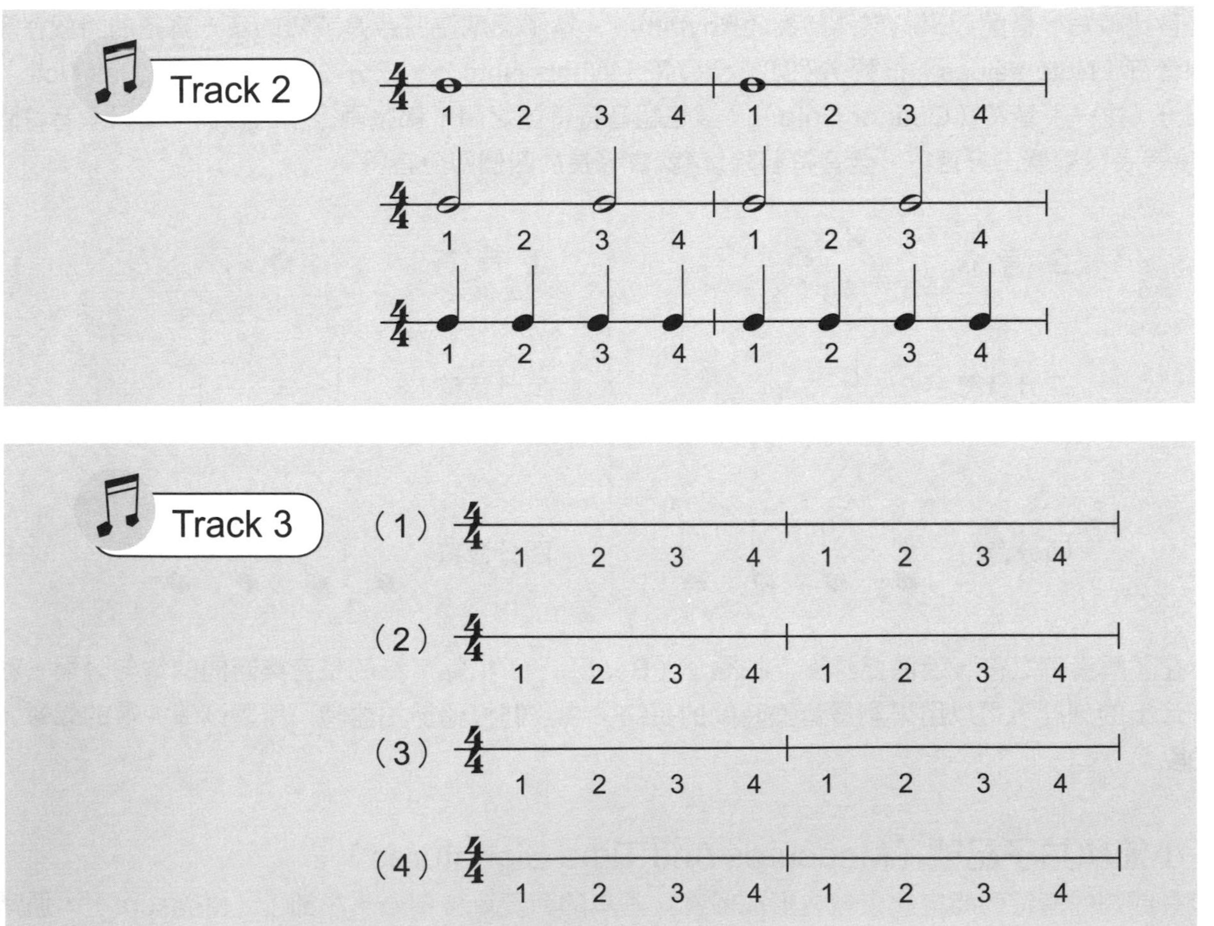

解答：

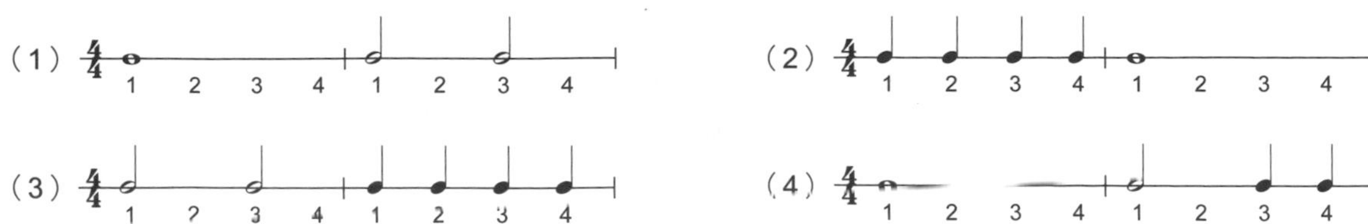

3、休止符（Rest）：

每一個音符都有一個相對應的休止符，且相對應的休止符與音符一樣，都佔有一樣的時間長，只是符號的寫法不同，我們可以從下圖了解各符號與休止符之間的關係。

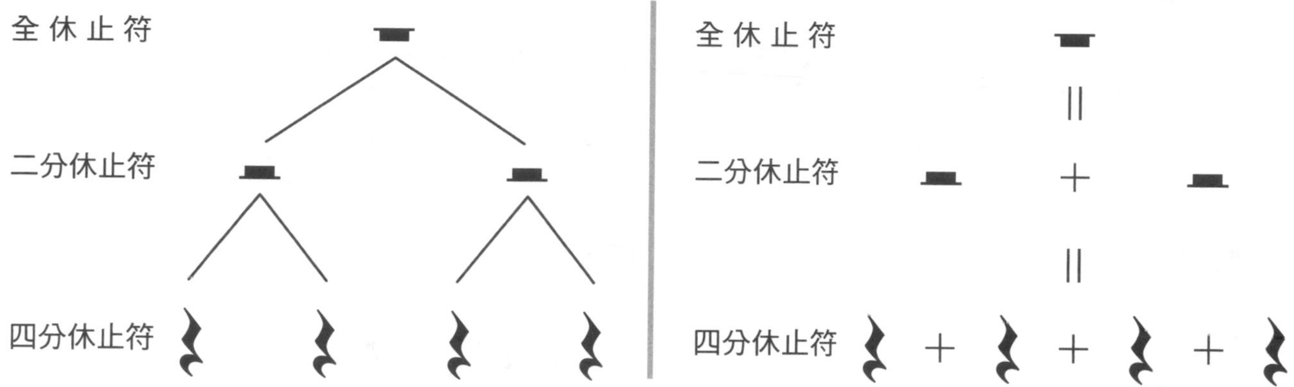

計數拍子（Counting Beats）

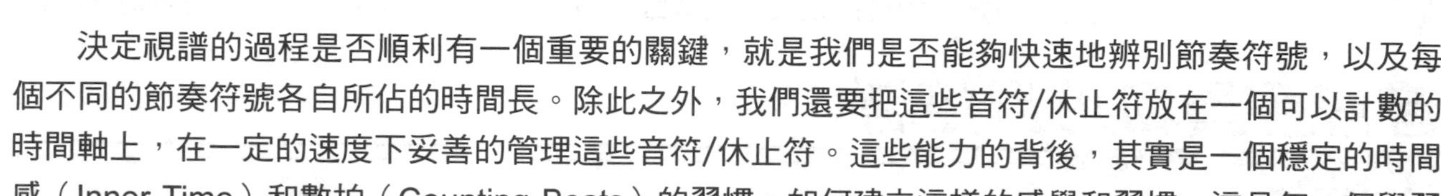

決定視譜的過程是否順利有一個重要的關鍵，就是我們是否能夠快速地辨別節奏符號，以及每個不同的節奏符號各自所佔的時間長。除此之外，我們還要把這些音符/休止符放在一個可以計數的時間軸上，在一定的速度下妥善的管理這些音符/休止符。這些能力的背後，其實是一個穩定的時間感（Inner Time）和數拍（Counting Beats）的習慣。如何建立這樣的感覺和習慣，這是每一個學習音樂的朋友都會面臨到的問題，以下我們提供一個簡單的方式：

1、打開節拍器之後，先將速度定在70 bpm（Beats Per Minute：一分鐘內的拍點數）左右。
2、跟著節拍器發出的嗶嗶聲數1、2、3、4、1、2、3、4…持續一段時間。
3、可以用拍手、踏腳、點頭等任何方式，將肢體的一部分與節拍器的速度連結。這點很重要，因為彈奏樂器是一種肢體動作。習慣有其他肢體輔助節奏部分會讓彈奏更容易，節奏更穩定。
4、當習慣70 bpm的速度後，建議以1分鐘5拍的進度，將速度增加，再重複以上1～3的步驟。
5、利用以下的圖表想像每個不同的音符/休止符所佔有的時間長，一方面認識音符/休止符的寫法，一方面記住他們所佔的拍長。

全音符

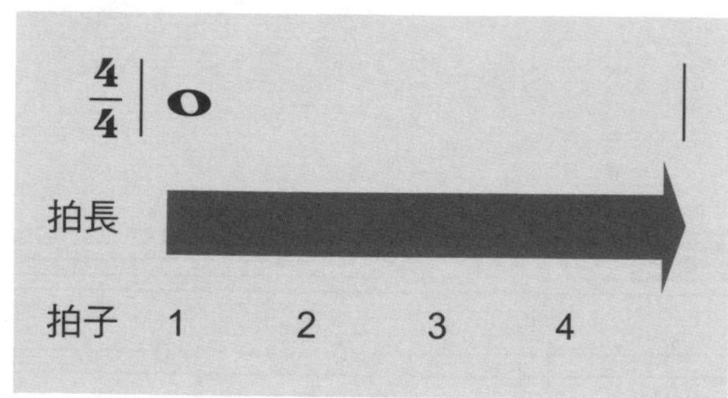

全休止符

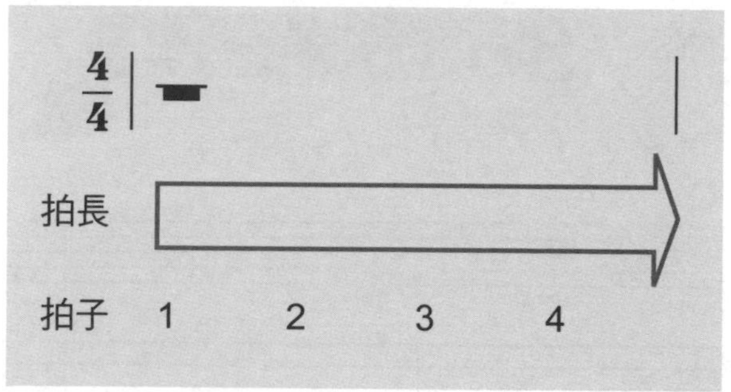

二分音符

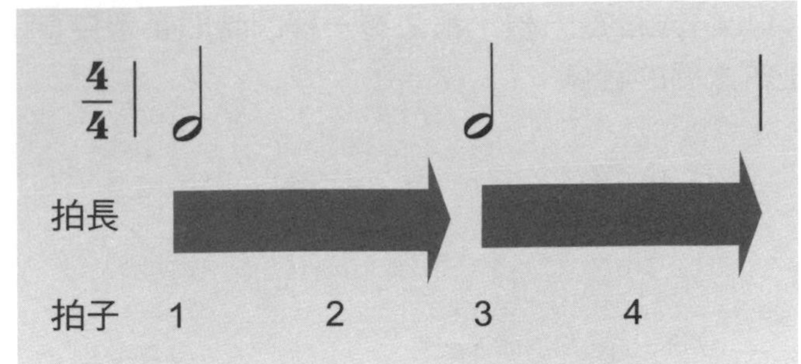

二分休止符

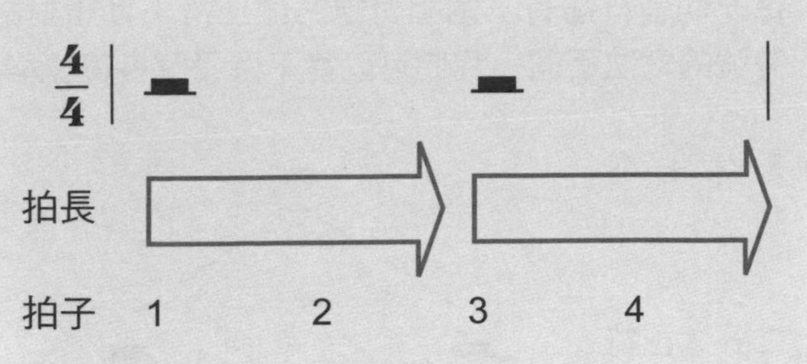

四分音符

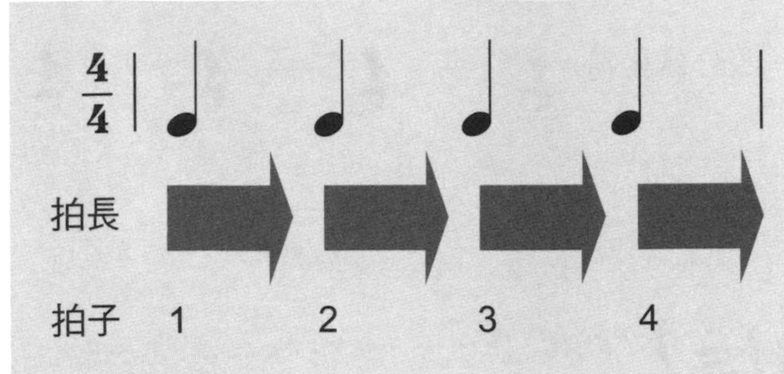

四分休止符

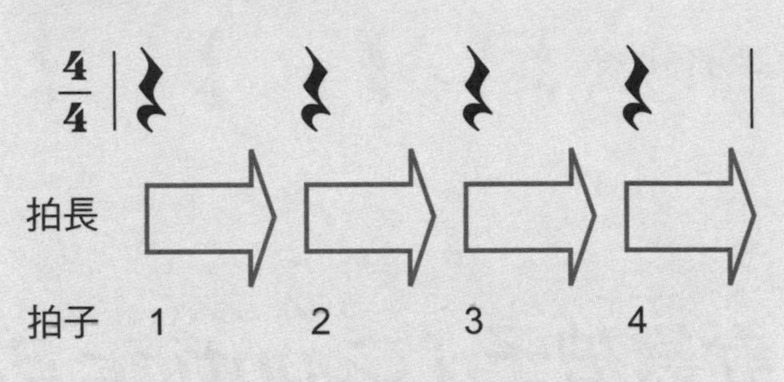

這樣的練習也是需要經常反覆性的操作，長久下來，我們體裡的時間才能被訓練出好的內在時間感（Inner Time），並且增加好的彈奏穩定性，也能跟其他團員配合，表現出好的音樂流動。

音符視讀和拍長控制

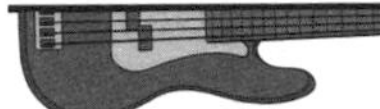

在彈奏之前，可以多利用圖表來認識拍長與時間的關係，並進行數拍和彈奏。本次練習的設計多半是由第四弦開始，向第一弦方向進行。這樣的目的，在於練習掌握弦與弦之間的距離，請參考第15頁「右手姿勢與撥弦」，多對照手部動作的特寫照片，幫助姿勢與習慣的養成。

接下來，開始進行「音符視讀」和「拍長控制」的彈奏練習。先從全音符開始，到二分音符，再到四分音符。一般開始的速度可以定在70bpm （Adagio），再依照練習情況和進度作調整。（由於版面有限，以下譜例僅列出上行部份，下行部份請自行發展）

全音符

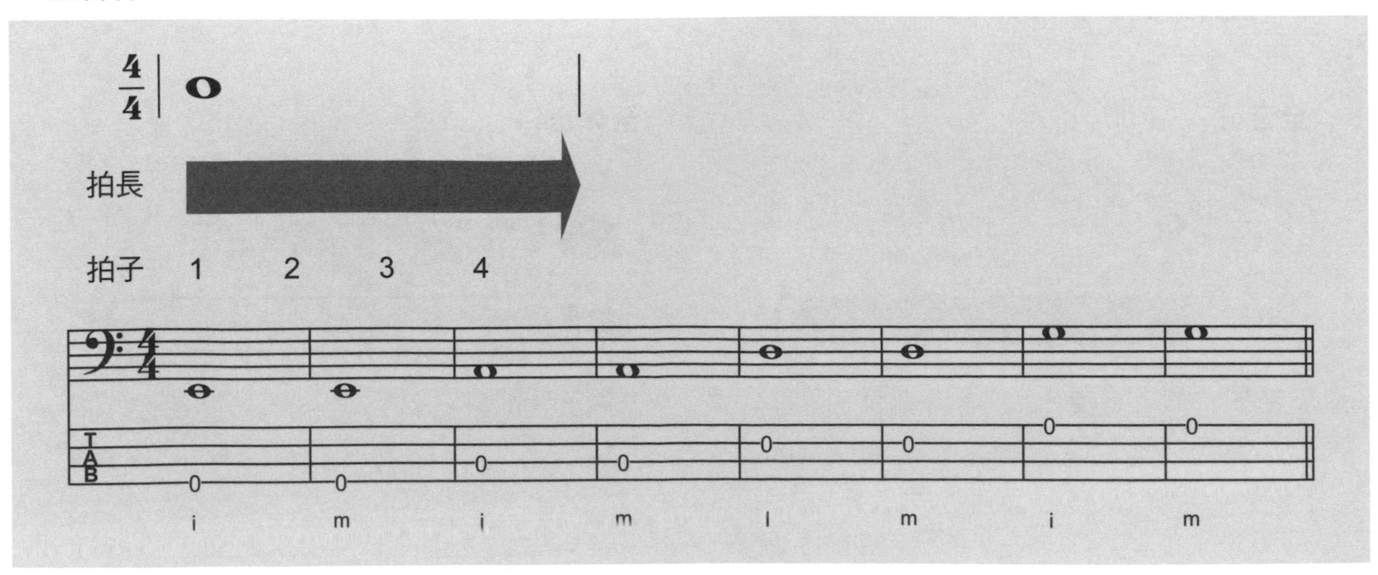

二分音符

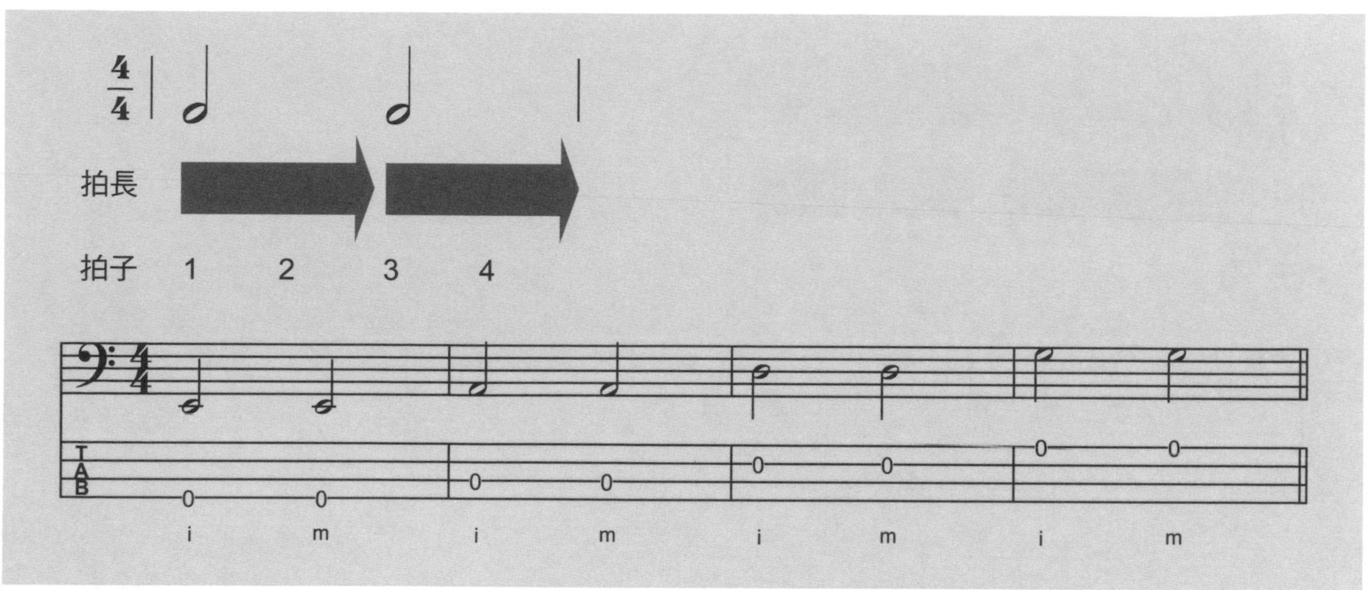

四分音符

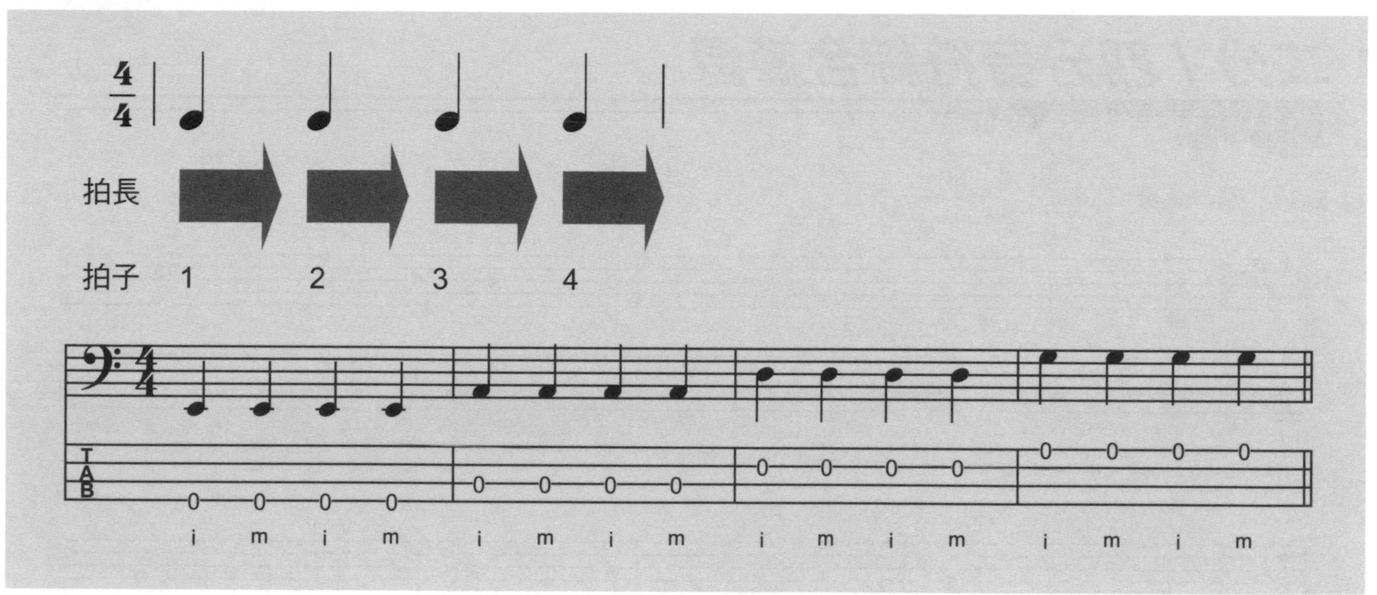

二分 / 四分音符混合（一）

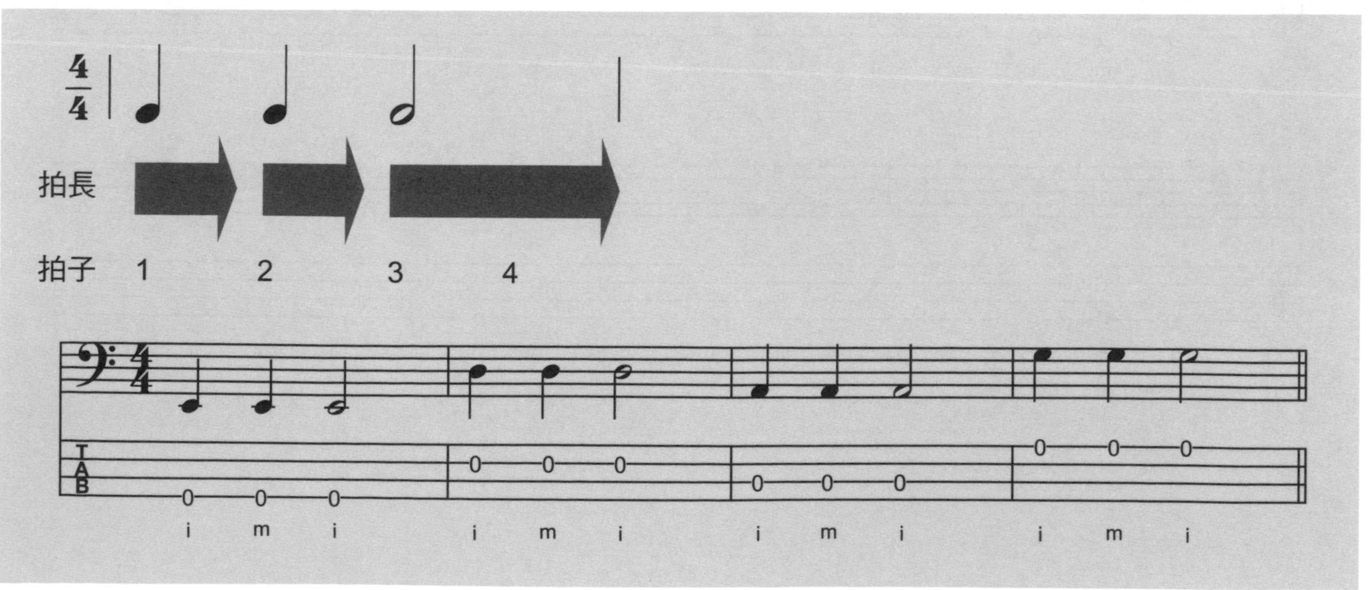

二分 / 四分音符混合（二）

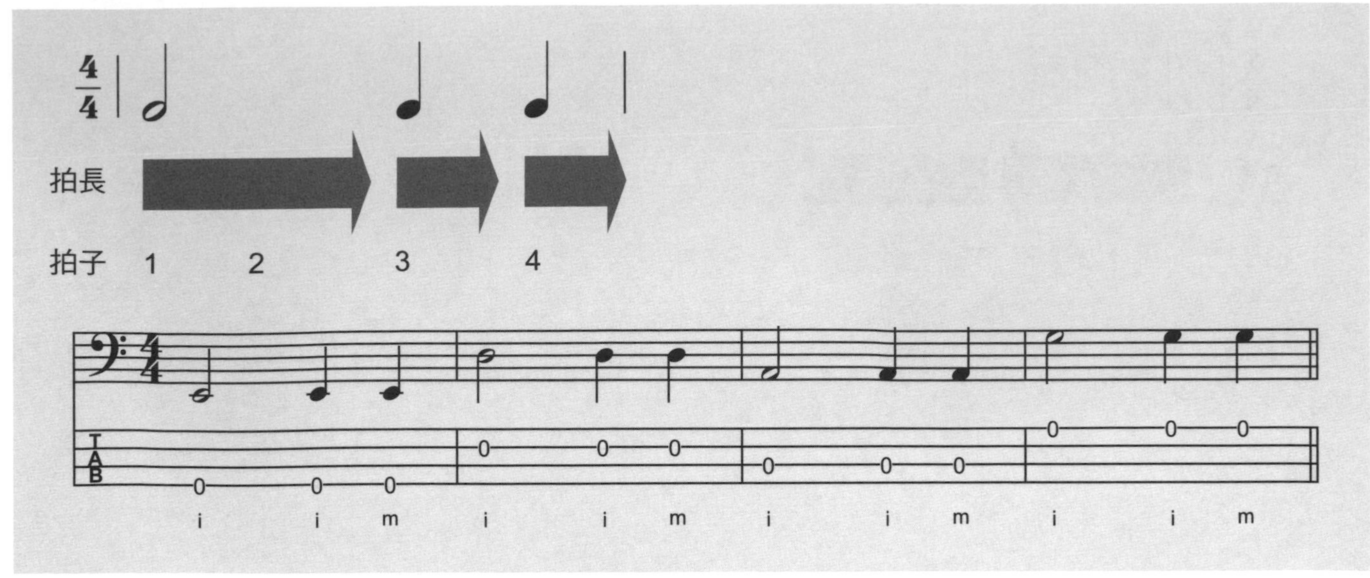

二分 / 四分音符綜合練習

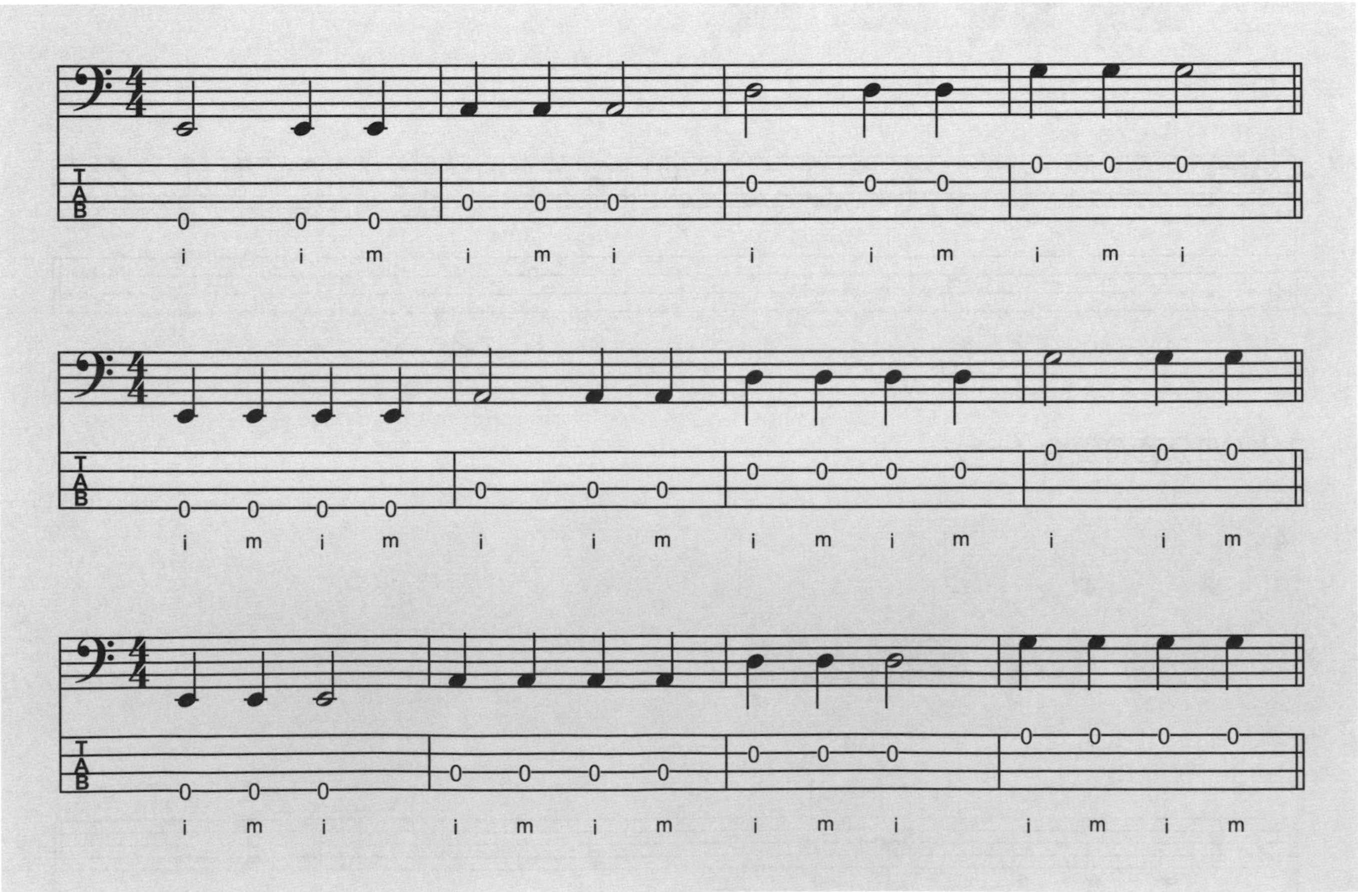

T A B
i i m i m i i i m i m i

T A B
i m i m i i m i m i m i i m

T A B
i m i i m i m i m i i m i m

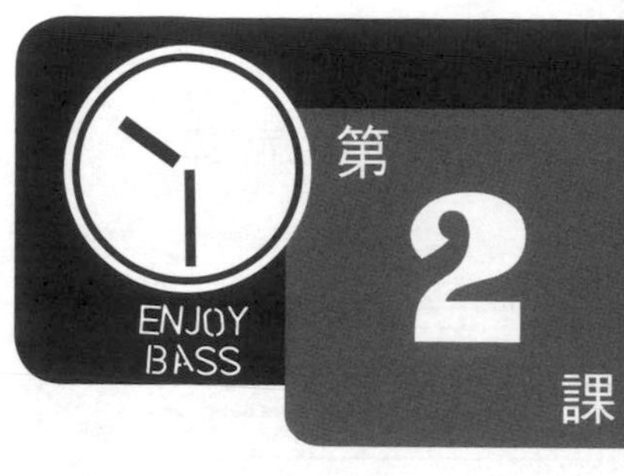

右手彈奏能力的建立

本課重點放在「右手撥弦」能力的建立。要彈奏出好的聲音，在訓練上有幾個重點與方向：

1、**顆粒清晰：**這與手指撥弦的角度，觸及琴弦瞬間的力度和速度有關。

2、**力度充足：**與手指力度的鍛鍊有關。

3、**施力平均：**與食中兩指的交互撥弦練習有關。

4、**左右手協調：**彈奏時，由於左手運指難度增加，或把位的移動造成注意力分散，而忽略右手撥弦的動作，這與左右手協調練習有關。

右手撥弦練習

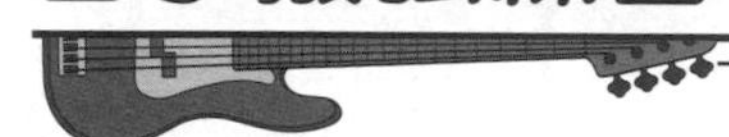

練習1 分別強化食指和中指的力度，以單指撥弦配合從四分音符到八分音符的速度躍進，來加強手指力度鍛鍊。

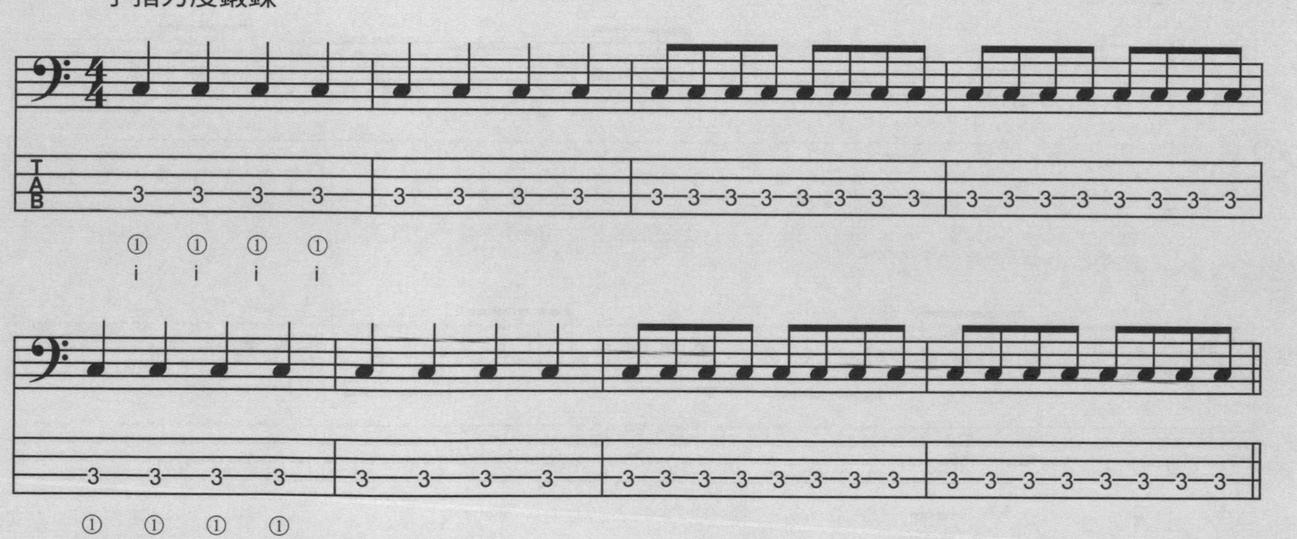

練習2 增加交互彈奏的機會訓練兩指的平衡施力，及控制兩指彈奏的時間差。

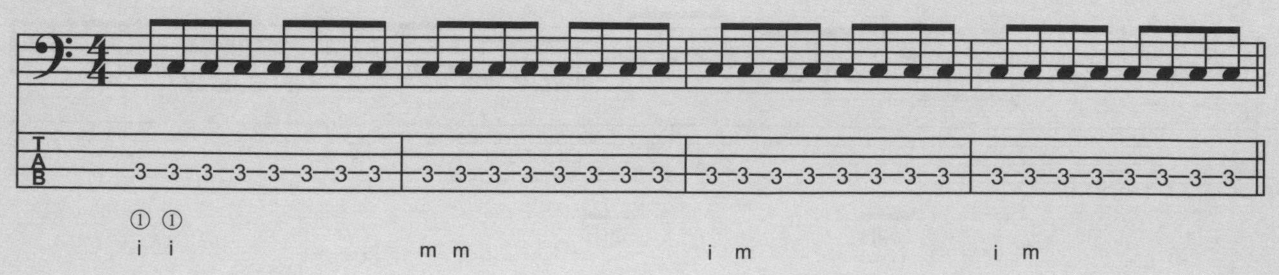

練習3 加入左手食指（數字標號①）和無名指（數字標號③）的運指需要，刻意造成注意力轉移的狀況，考驗右手兩指的協調運作。

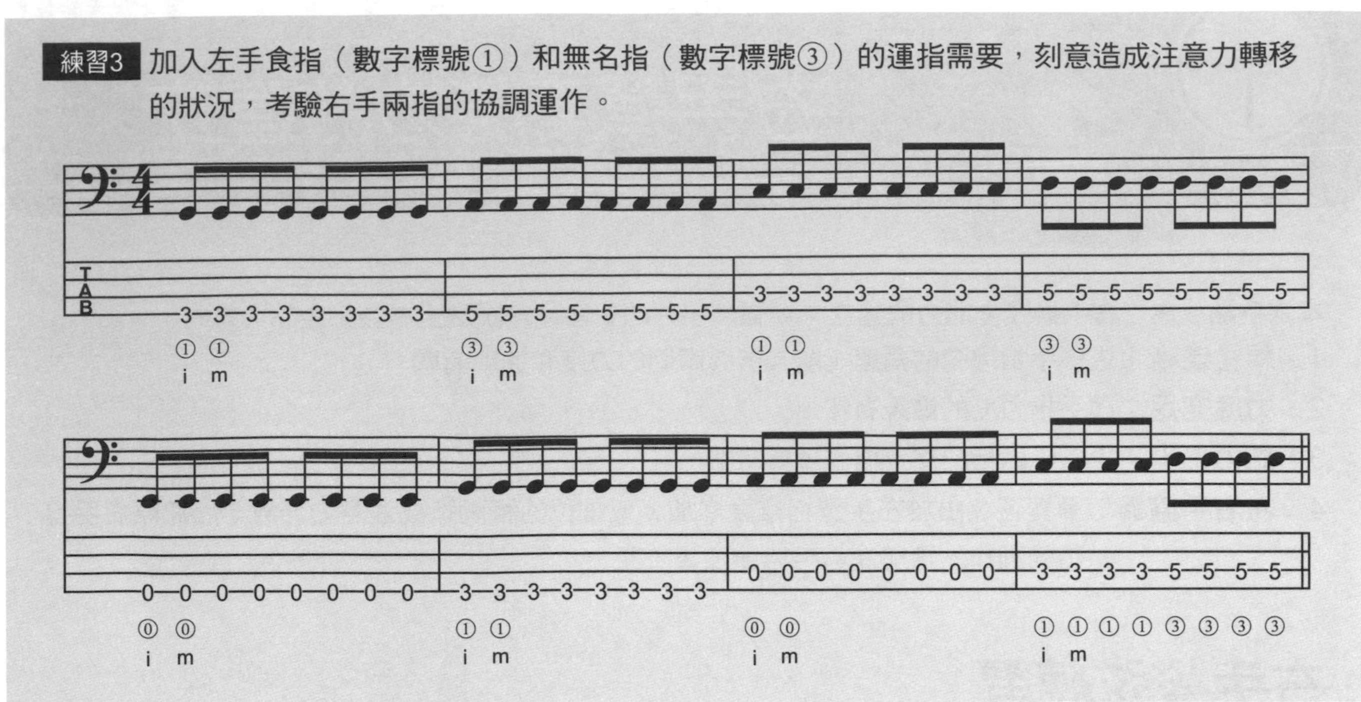

※以下內容難度較高，請放慢速度耐心練習。

練習4 增加左手運指和用音的變化，縮短反應的時間，再加入簡單的左手平行移動，考驗右手的協調性。

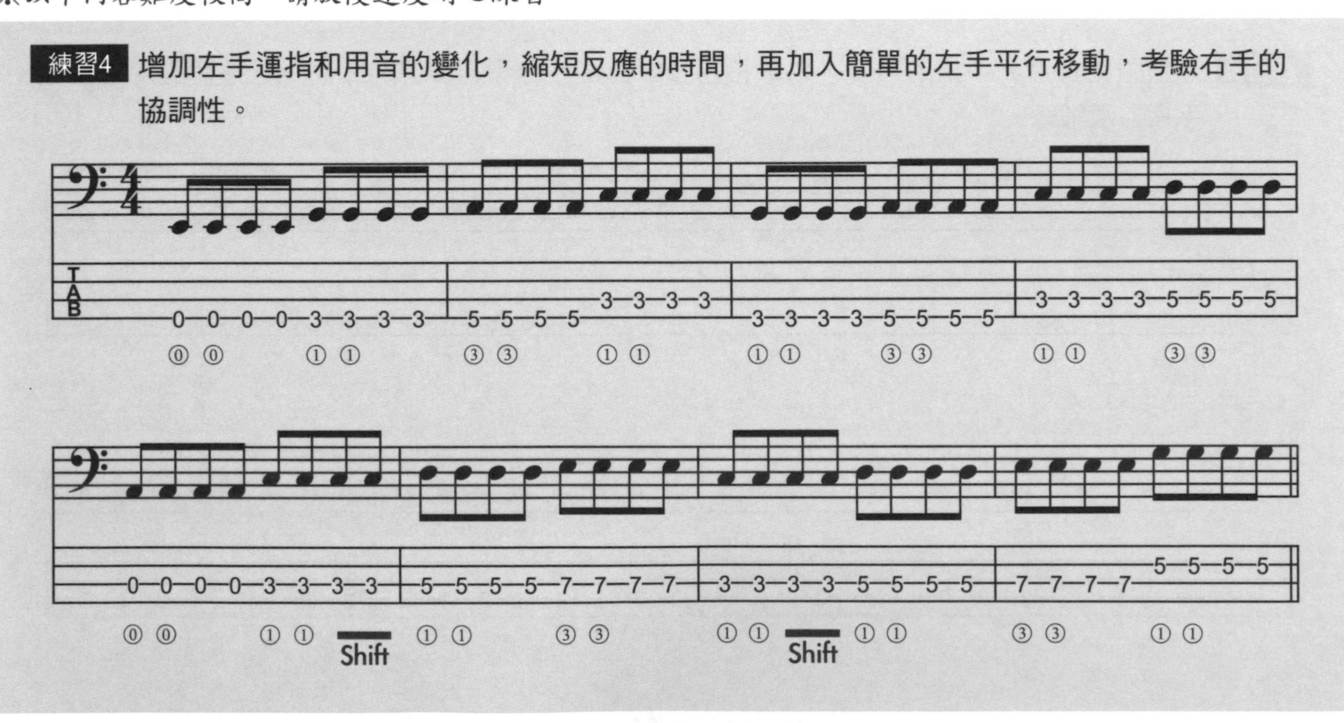

練習5 加入基本的弦間練習，在鄰近的兩弦間移動，這對左右手的協調性來說是相當好的訓練和幫助。

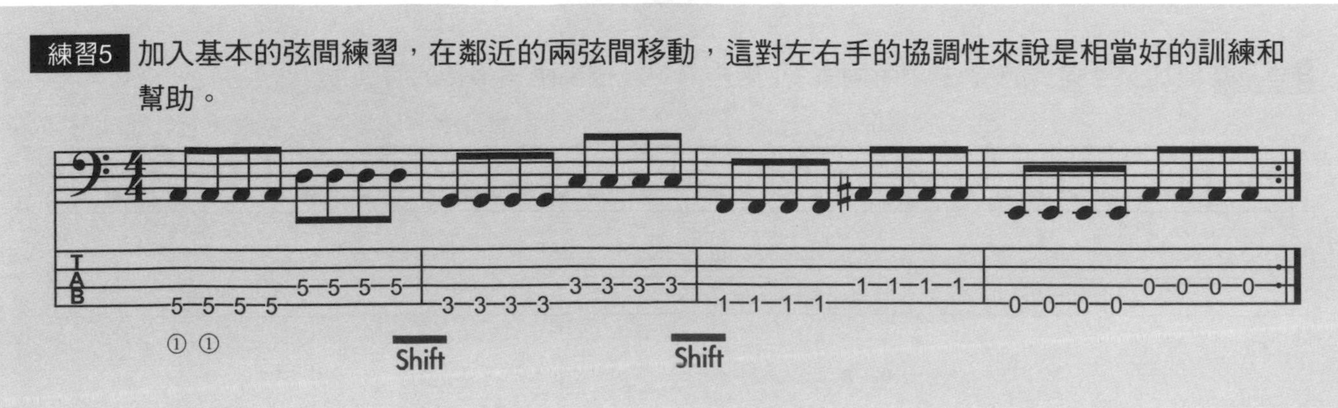

練習6 再加入把位移動，配合初級指型的概念，讓練習更進一步。

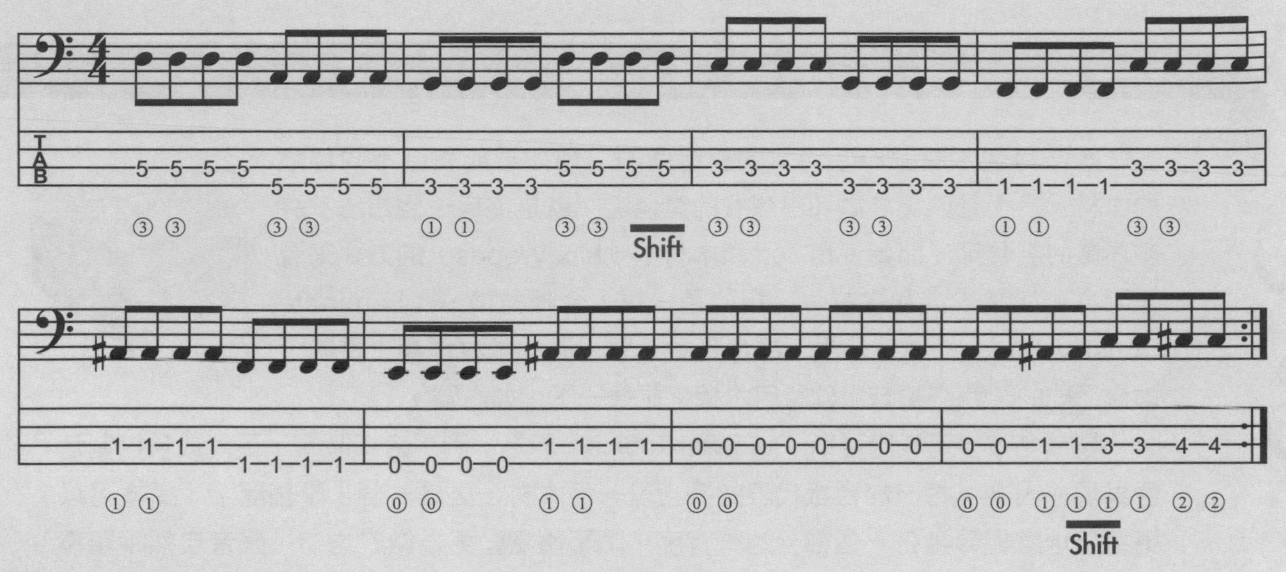

練習7 將左手中指加入運指的行列，並將運指範圍鎖定在前三格，由於前三格的琴格間距較大，加上貝士琴頸較長，不容易掌握。除了更增加左右手協調性的考驗外，也為接下來後續的左手運指鍛鍊鋪路。

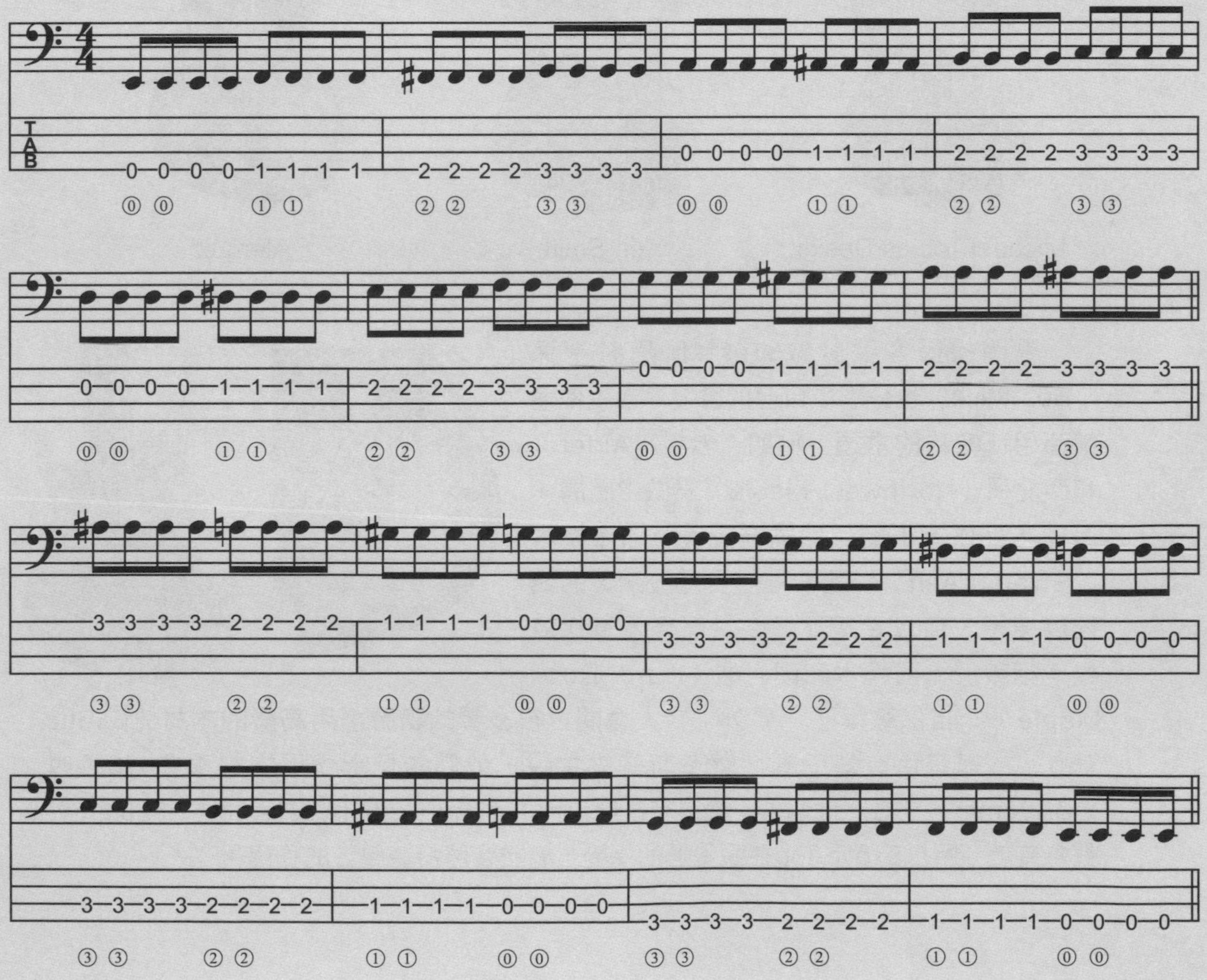

0-0-0-0-1-1-1-1 | 2-2-2-2-3-3-3-3 | 0-0-0-0-1-1-1-1 | 2-2-2-2-3-3-3-3

⓪ ⓪ ① ① ② ② ③ ③ ⓪ ⓪ ① ① ② ② ③ ③

0-0-0-0-1-1-1-1 | 2-2-2-2-3-3-3-3 | 0-0-0-0-1-1-1-1 | 2-2-2-2-3-3-3-3

⓪ ⓪ ① ① ② ② ③ ③ ⓪ ⓪ ① ① ② ② ③ ③

3-3-3-3-2-2-2-2 | 1-1-1-1-0-0-0-0 | 3-3-3-3-2-2-2-2 | 1-1-1-1-0-0-0-0

③ ③ ② ② ① ① ⓪ ⓪ ③ ③ ② ② ① ① ⓪ ⓪

3-3-3-3-2-2-2-2 | 1-1-1-1-0-0-0-0 | 3-3-3-3-2-2-2-2 | 1-1-1-1-0-0-0-0

③ ③ ② ② ① ① ⓪ ⓪ ③ ③ ② ② ① ① ⓪ ⓪

琴身結構差異

既然每種木材都有它特有的聲音取向，那如果能綜合不同種類的木材，是不是就更能調和出想要的音色呢？就是這樣一個想法，許多專業的製琴師，開始使用「混和木材」（Mix Woods）的方式來製作琴身。所謂「混和木材」，指的是一種「合板結構」（Laminate Construction）。也就是說，琴身是由一層一層的木材堆疊、壓縮、黏合而成的。我們暫時用建材用木板來想像一下，如右圖。

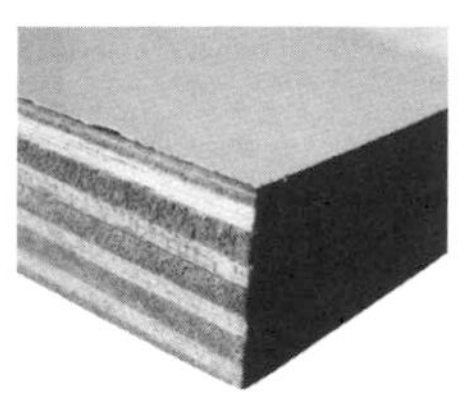

製琴名家麥可托巴亞斯（Michael Tobias）認為，利用合板製琴，更能成功控制音色表現。因為，每一層合板代表的不止是一種木材，更是一個「壓縮層」，這樣可以更精確地掌握琴身每一個部分的緊實度，讓琴體振動更為徹底均勻，聲音自然平順穩健。傳統製做合成琴身的尚有Ken Smith和Alembic等。

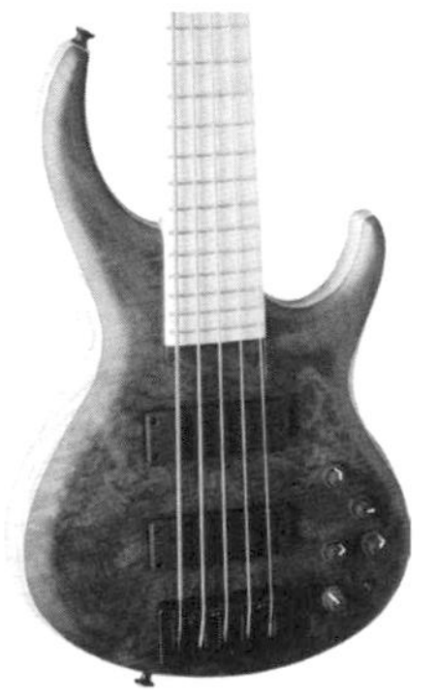

Michael Tobias Design

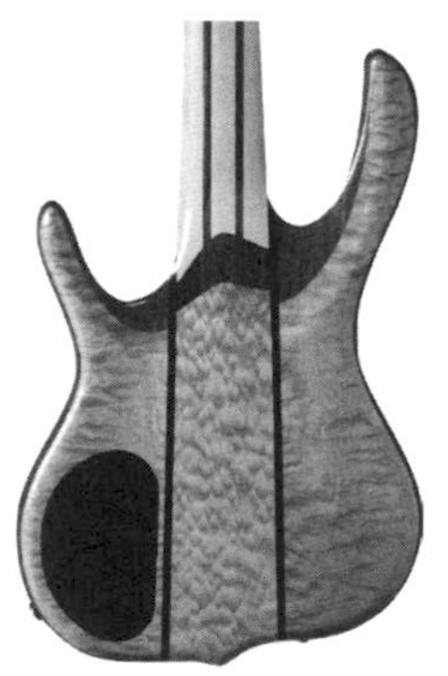

Ken Smith

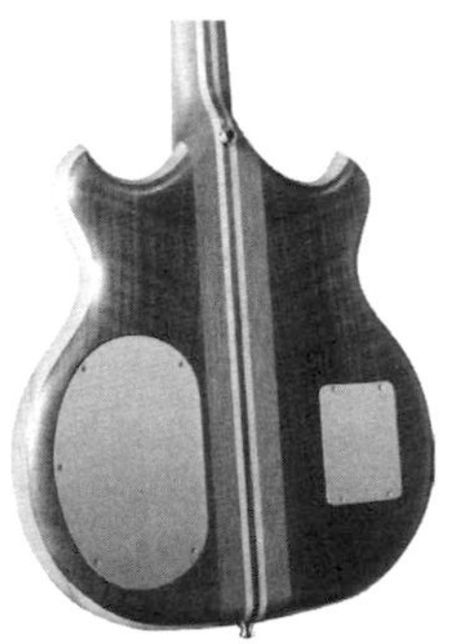

Alembic

專門接受客製訂做的製琴師巴柏米克（Bob Mick）也分享了自己的習慣。他說他通常都用比較軟的木頭，例如：赤楊（Alder）和西北楓（Northwest Maple）來做中間層。用硬木來作上下層。他補充說道，沼澤梣木（Swamp Ash）和西北楓生長在較潮濕的氣候環境裡，所以長得比較快，而且重量比較輕。相較於一般梣木和硬岩楓（Hard-Rock Maple），自然軟多了。另外，有人會問，很多琴的表層選用高級的木材（Exotic Top），對音色有幫助嗎？薩多斯基先生說，他們的貝士表層木材都在1/8英吋（3.175mm）左右，他個人不覺得有甚麼差別。不過，如果超過3/8英吋（9.525mm）就會有差。所以Exotic Top在視覺上的享受，應該會勝於聽覺上的作用。

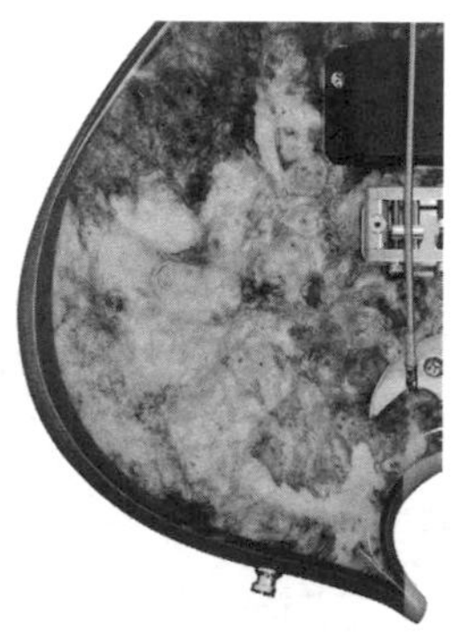

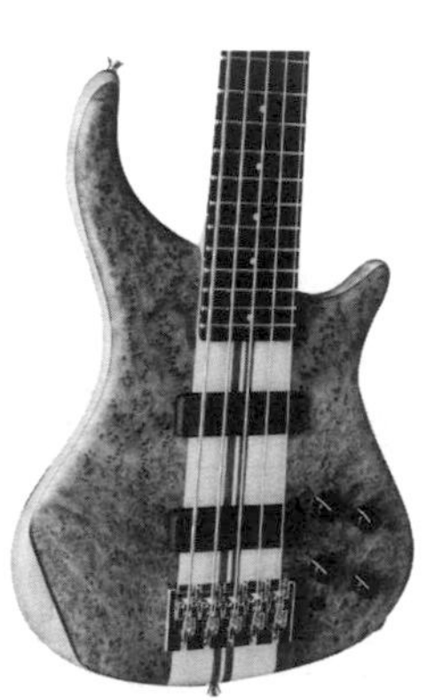

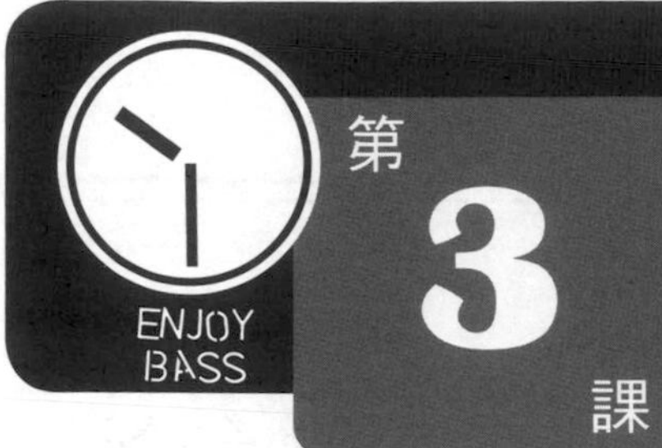

第3課 左手運指能力的加強

本課目標在於建立左手運指的基本能力，對於弦樂器的學習者來說，紮實穩健的左手運指是優異彈奏的根基。無怪乎，絕大部分的音樂專科學校多半都會將運指練習列為日常固定練習（Daily Practice）的一部分。

為適應不同音樂類型的需求，所設計的運指練習是有差異的。為了有效掌握運指練習的精華，本課將以系統架構的方式來學習運指。讓同學能從系統中了解運指訓練的範疇，從而規劃屬於自己的練習進度。

本課所列舉的內容，是針對長期技巧培養所設計的。同學不需要完成所有的練習才能接續下一課，相反的是先從概念的學習，到掌握運指練習範圍，從而設計規劃自己的Daily Practice。

運指邏輯概念

運指排列的順序、發展的方向、設計的目的。

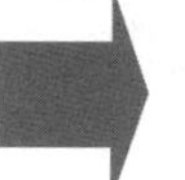

運指練習範圍

嘗試各種不同的運指練習種類。

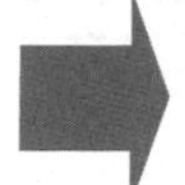

規劃自己的練習

發現需要加強的地方，依據自己的時間安排練習進度。

練習說明

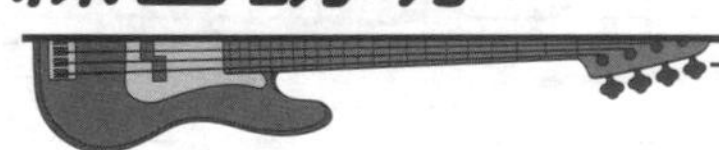

運指練習的目的在於增加彈奏的速度、靈敏度、提升準確度，及手指獨立運作的能力。

譜例上所標示的 ①＝左手食指
②＝左手中指
③＝左手無名指
④＝左手小指

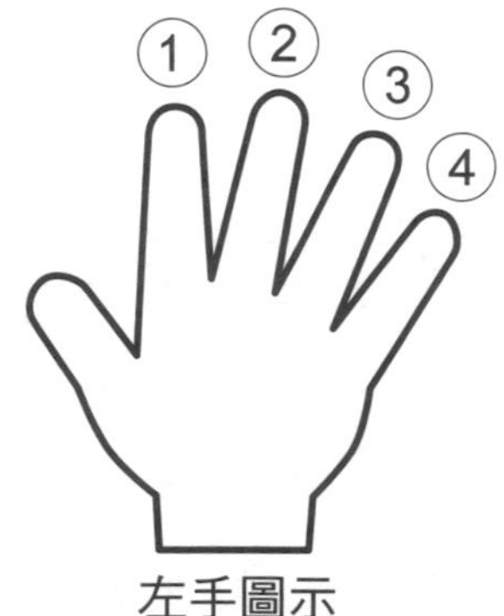

左手圖示

練習譜上雖然只有顯示前四格，但是可應用在指板上任一位置。剛開始練習，如果覺得前四格過為吃力，可將練習移至五到八格執行。練習的時候儘量使用節拍器，這樣不但可以提升節奏的穩定度，也好紀錄自己的程度和進步幅度。

運指訓練系統介紹 ※以下內容難度較高，請耐心練習。

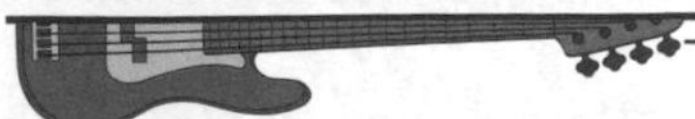

1、單向行進：

在這個系統中，左手手指的活動的順序基本上可分為「順向」以及「逆向」，再加上起始手指的不同，而有所變化。

（1）順向：①→②→③→④

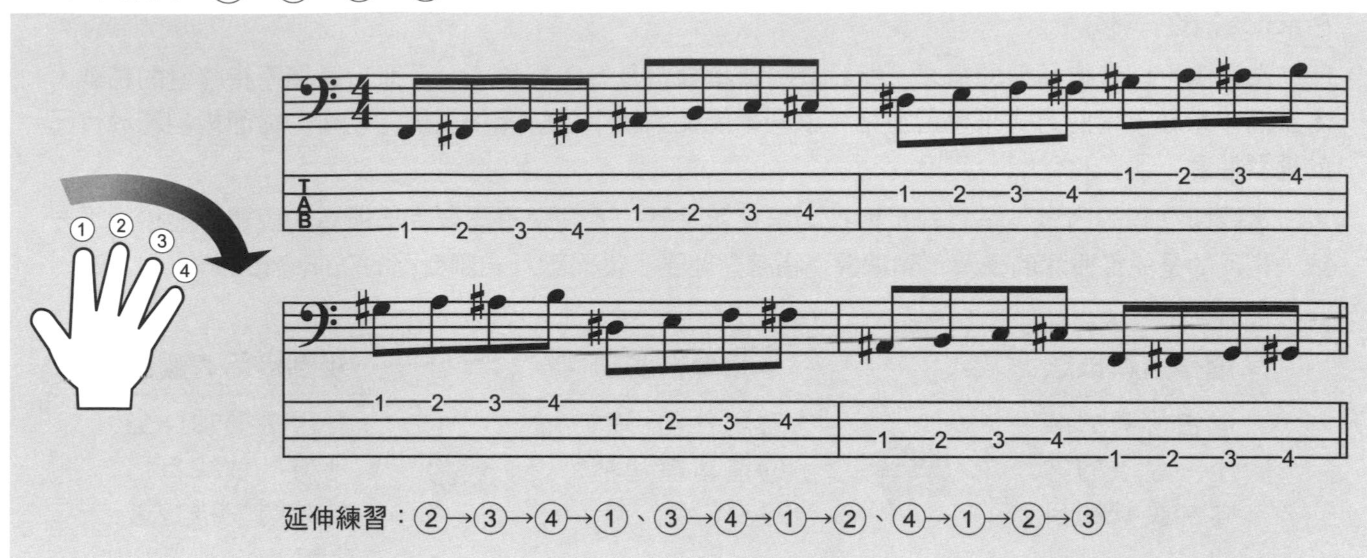

延伸練習：②→③→④→①、③→④→①→②、④→①→②→③

（2）逆向：④→③→②→①、③→②→①→④

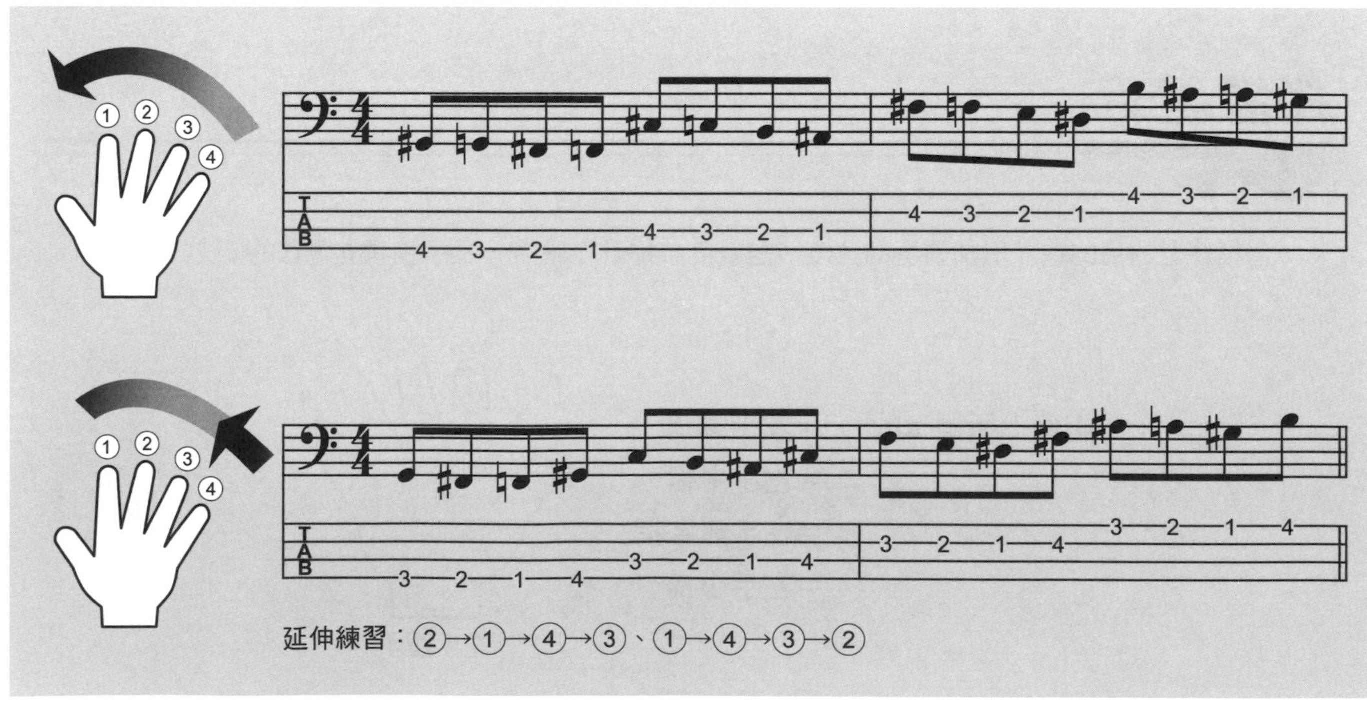

2、雙向行進：

在此系統中，我們將①②編為一組，③④編為一組，在兩組中做不同的行進方向，也可將兩組前後對調。

（1）對向（因版面有限，下行部份請讀者自行發揮）：

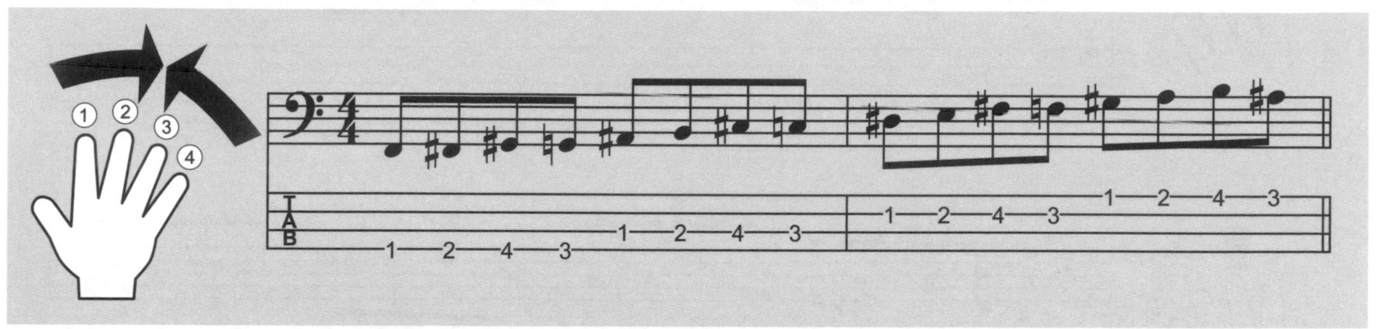

（2）反向（因版面有限，下行部份請讀者自行發揮）：

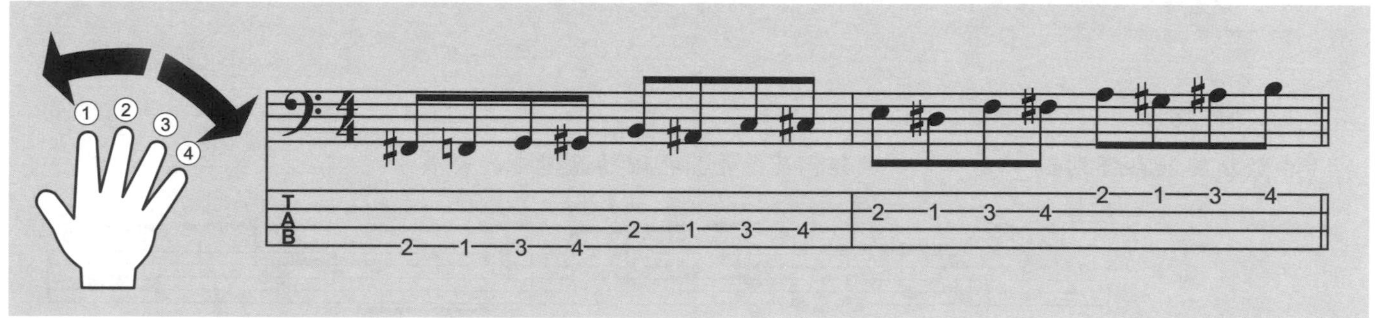

3、琴格跳躍：

在這個系統裡，我們以順向為基礎做琴格上的跳躍練習。

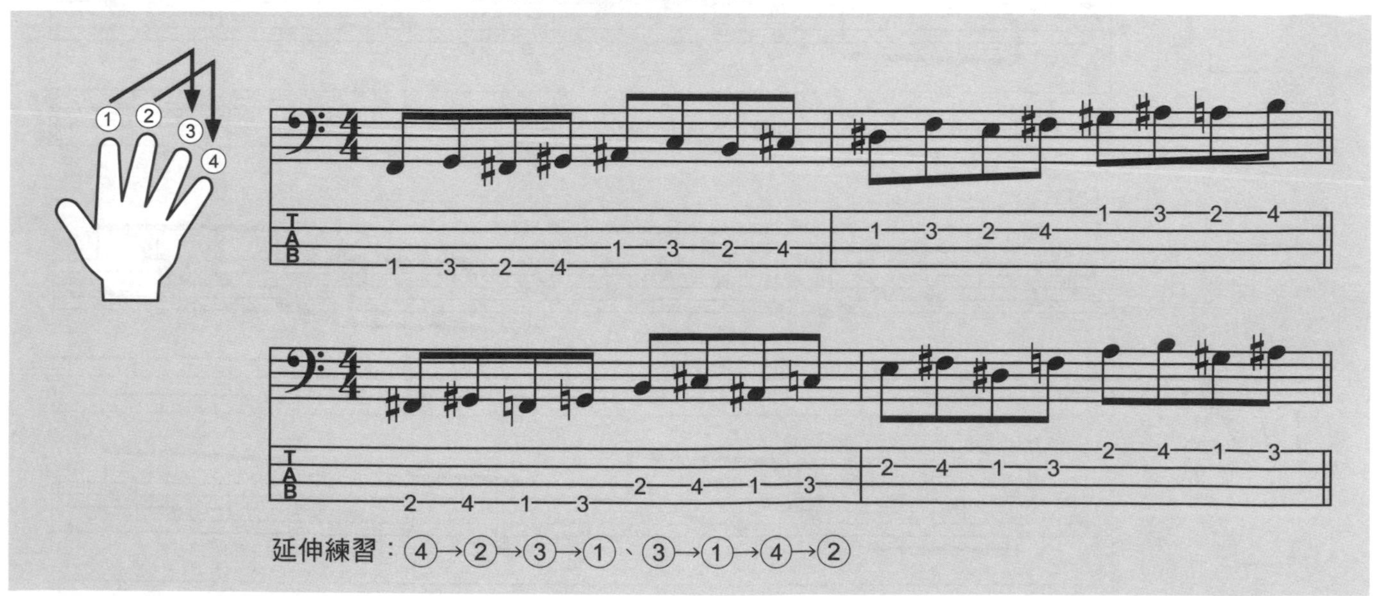

4、弦間移動：

我們暫時在系統中區分「一指移動」和「兩指移動」，每一次練習在①②③④中選定一指或兩指做縱向鄰近弦的移動。

（1）一指移動：

（由於篇幅關系僅列出①②兩指，③④兩指練習請讀者自行發展）

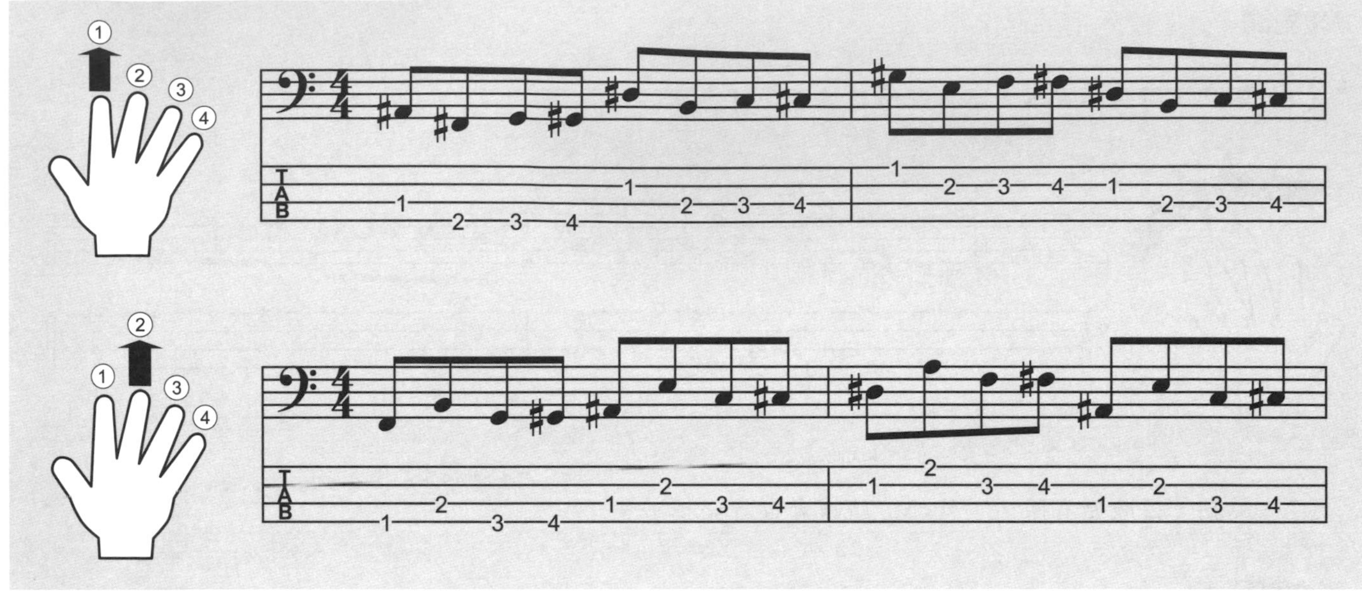

（2）二指移動：

（由於篇幅關系僅列出①②、②③兩種，其餘手指搭配請讀者自行發展）

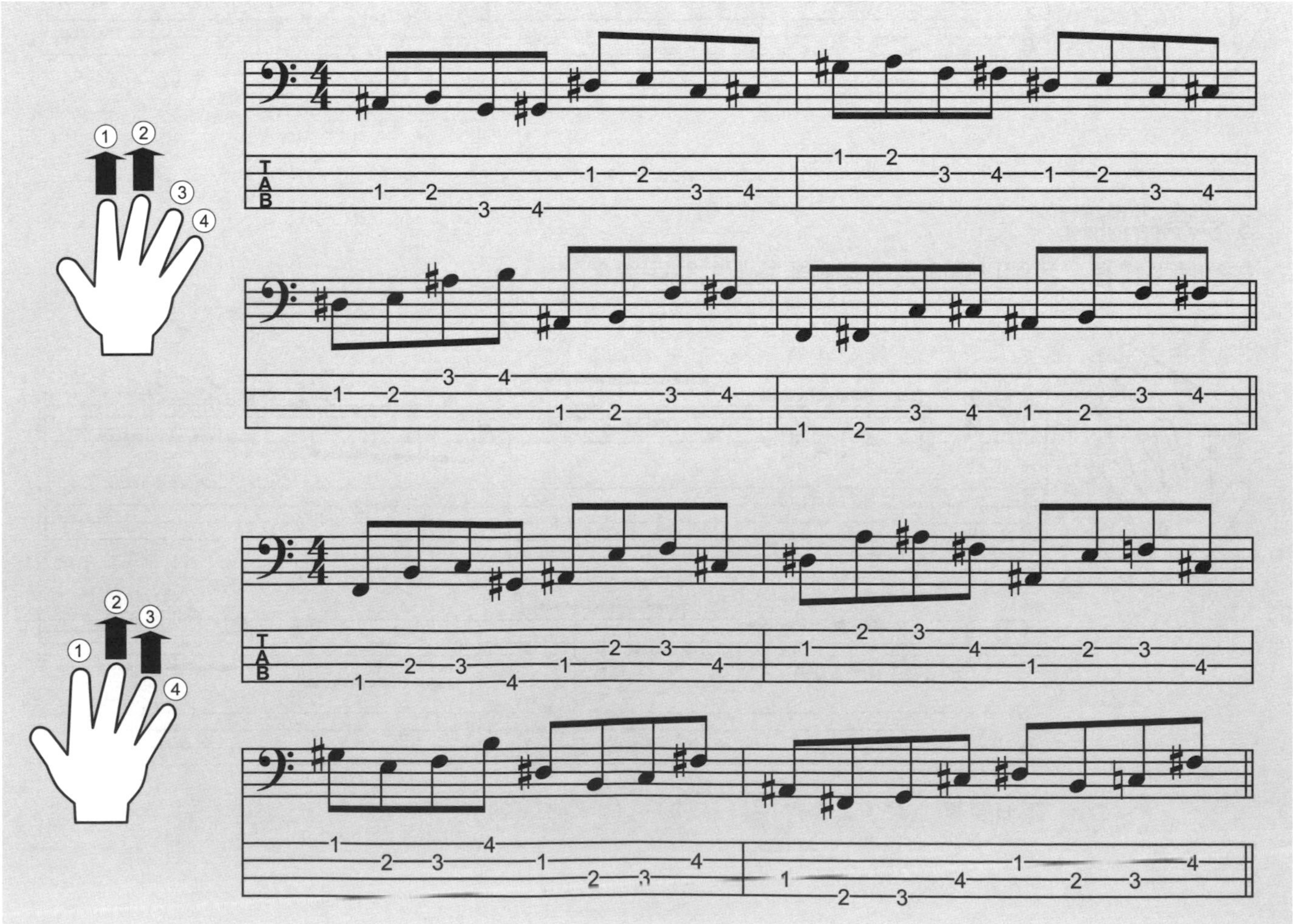

5、單指獨立性練習：

所謂獨立性練習，運作概念是以一指為中心，其餘手指環繞著做練習。

（1）以食指①為中心「分散」

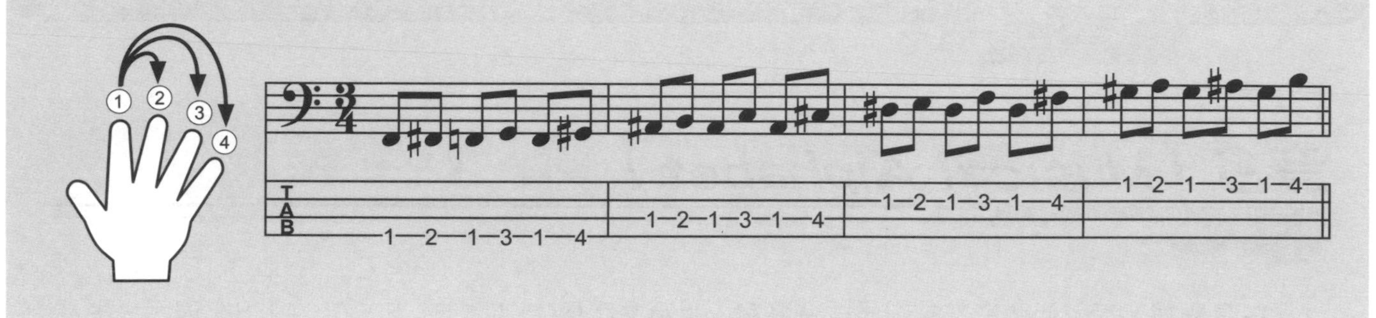

（2）以食指①為中心「集中」

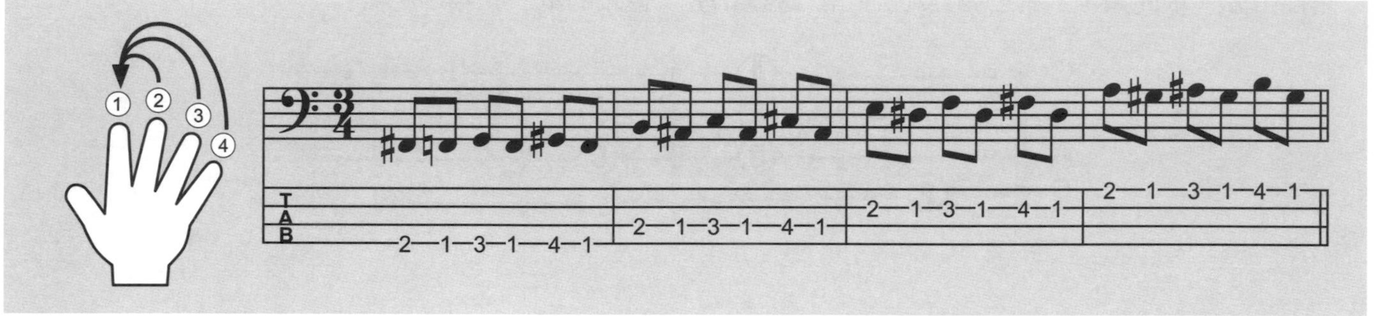

（3）以中指②為中心「分散」

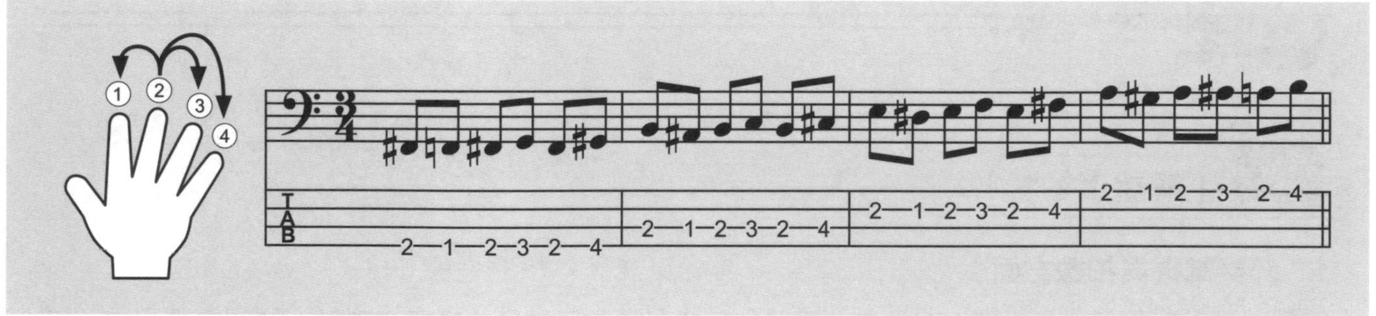

（4）以中指②為中心「集中」

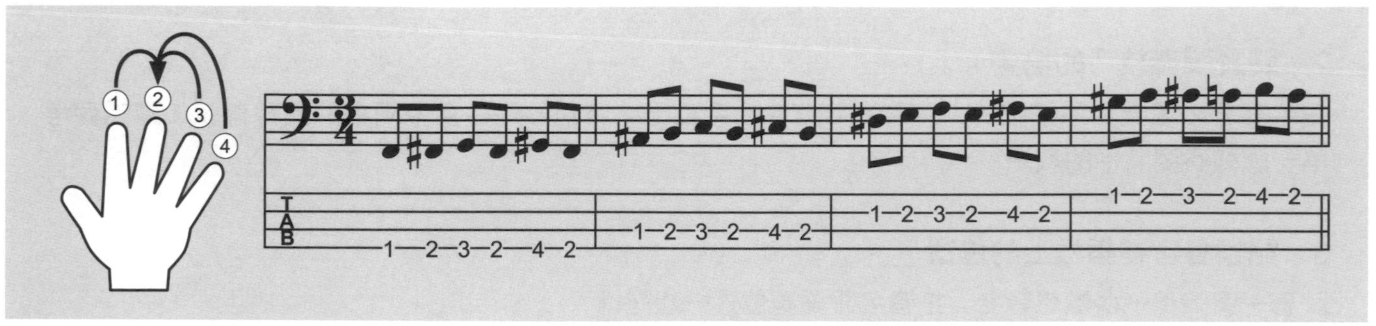

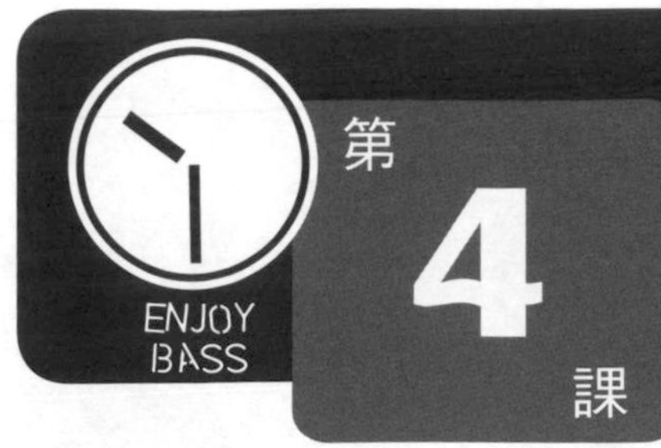

音名與指板位置

音名（Musical Alphabet）

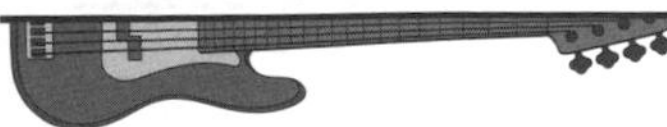

在音樂裡，每一個樂音都被給予一個名字。以英文字母C、D、E、F、G、A和B來表示，形成一個循環。電貝士的每一根弦都有基本的設定音，最粗的弦稱為第四弦，設定音為E，所以也有人稱為E弦。依此類推，第三弦為A弦，第二弦為D弦，最細的第一弦為G弦。

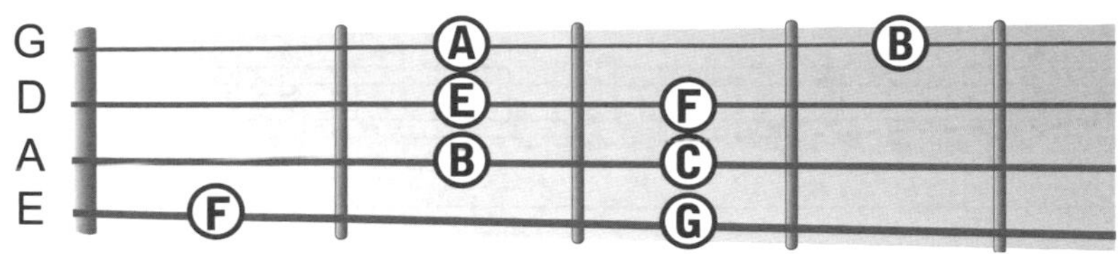

E弦和A弦彈奏重點

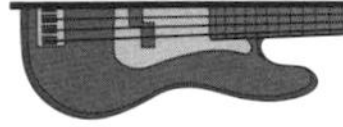

【解說】4-1

1、節奏掌握與拍數方面：

練習時先大聲數拍之後再彈，甚至在彈奏時，口中仍然數著拍子。建議參考第一課視譜課程中，節奏符號和拍點的相關內容。

2、關於彈奏技巧的培養：

左手部分，儘量熟悉按弦的力度和緊實度。右手部分，特別專注在食中兩指的交替撥弦。建議參考第一課彈奏姿勢中的教學。

3、記憶各音在指板上的位置：

試著一邊彈奏一邊默想音名，把音名跟彈奏位置一起記憶。

E弦和A弦練習

1、第四弦E–F–G練習：

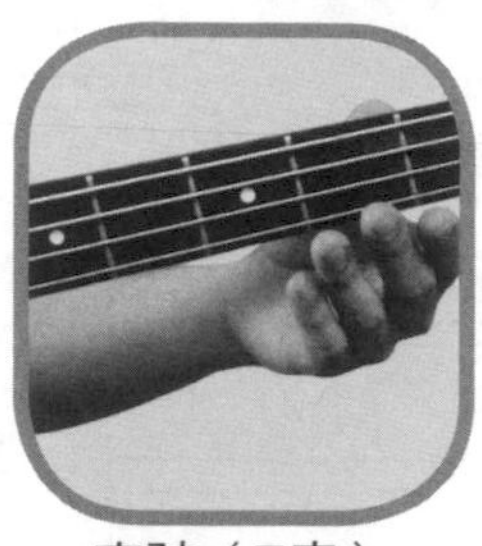
空弦（E音）

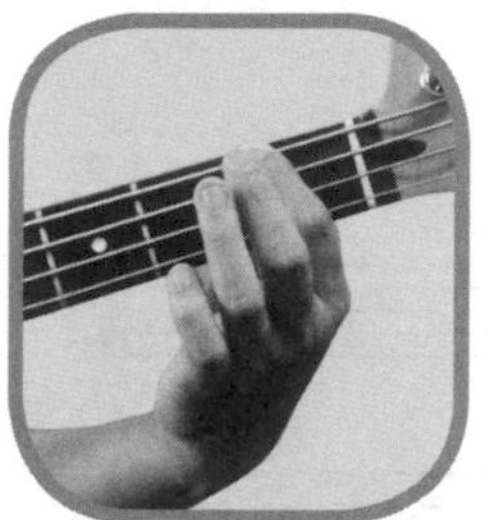
第一格（F音）

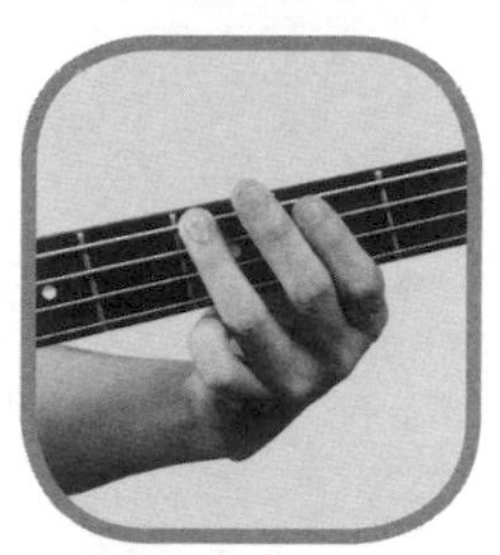
第三格（G音）

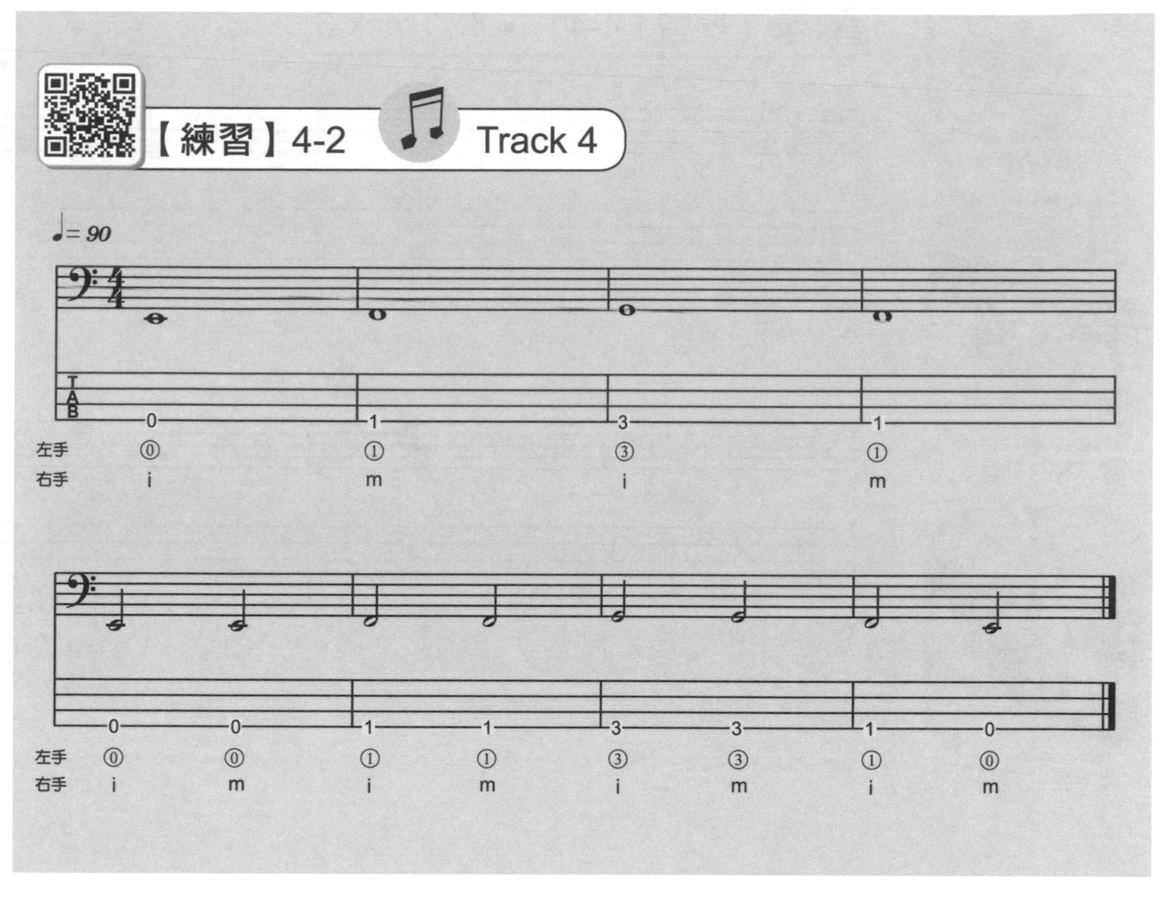

2、第四弦F♯–G♯練習：

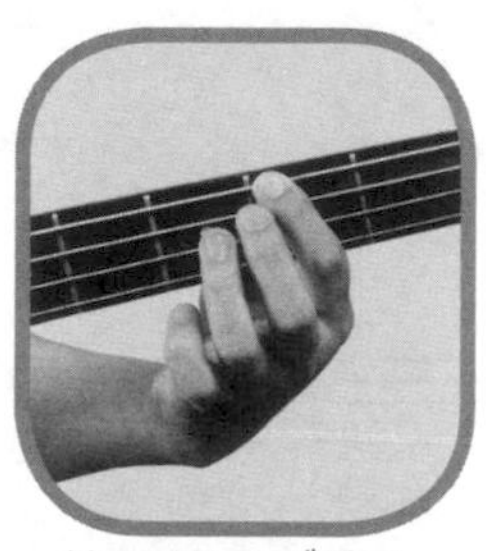
第二格（F♯音）

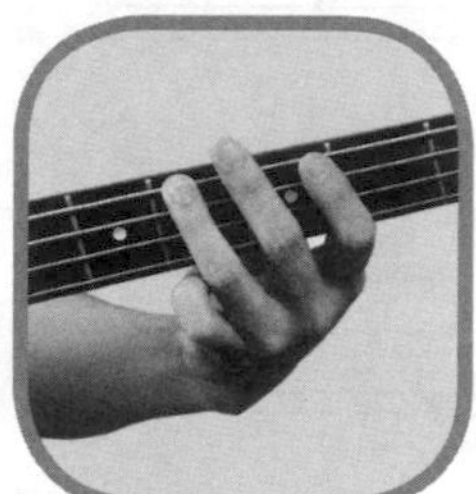
第四格（G♯音）

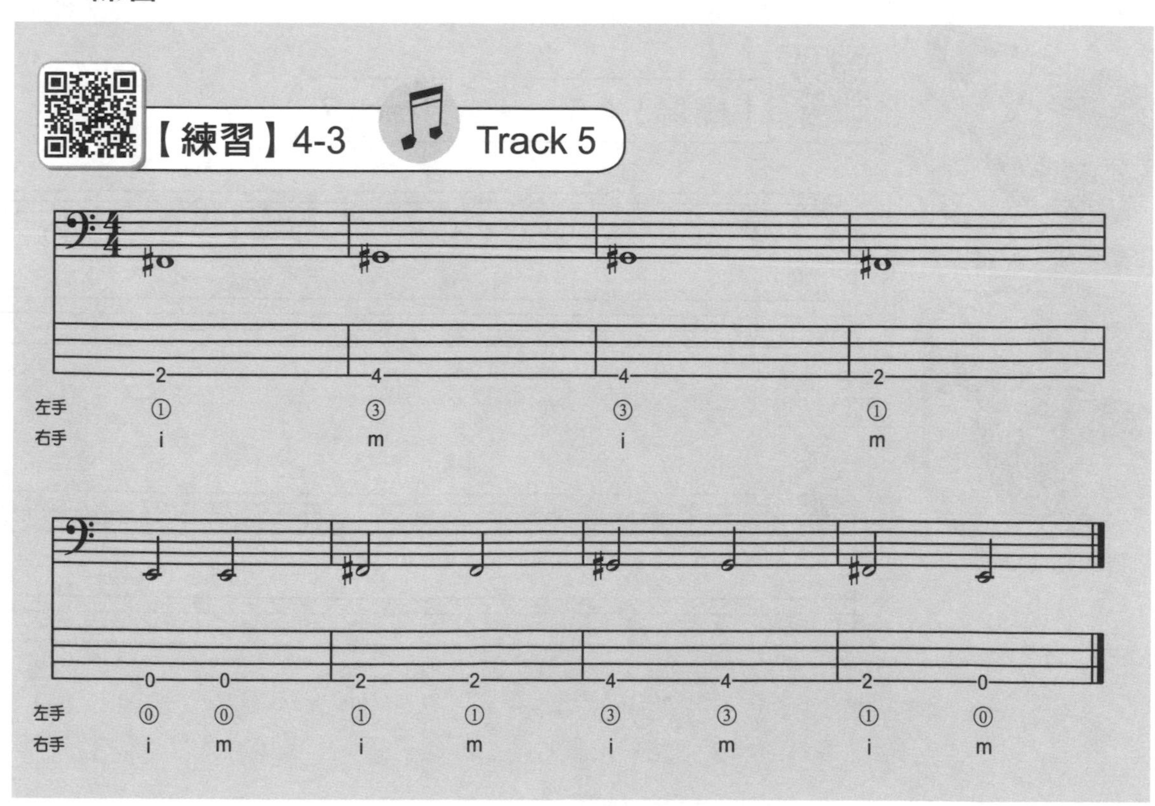

3、第三弦A–B–C練習：

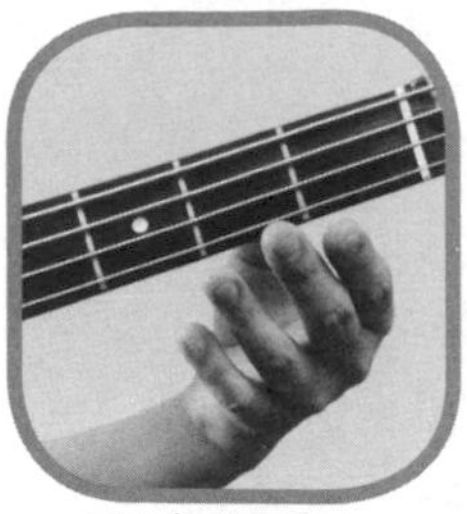

空弦（A音）

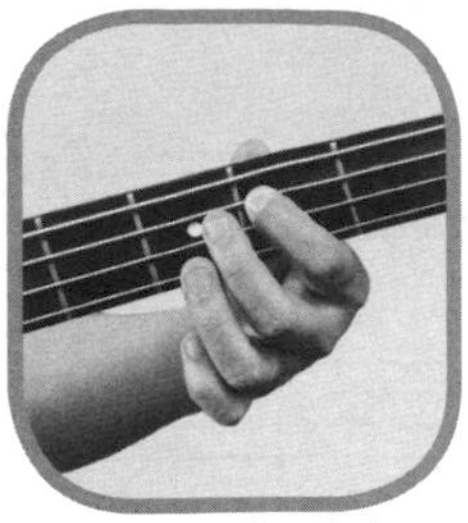

第二格（B音）

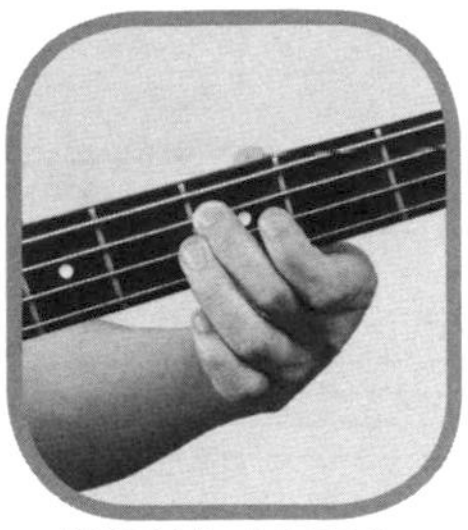

第三格（C音）

【練習】4-4 Track 6

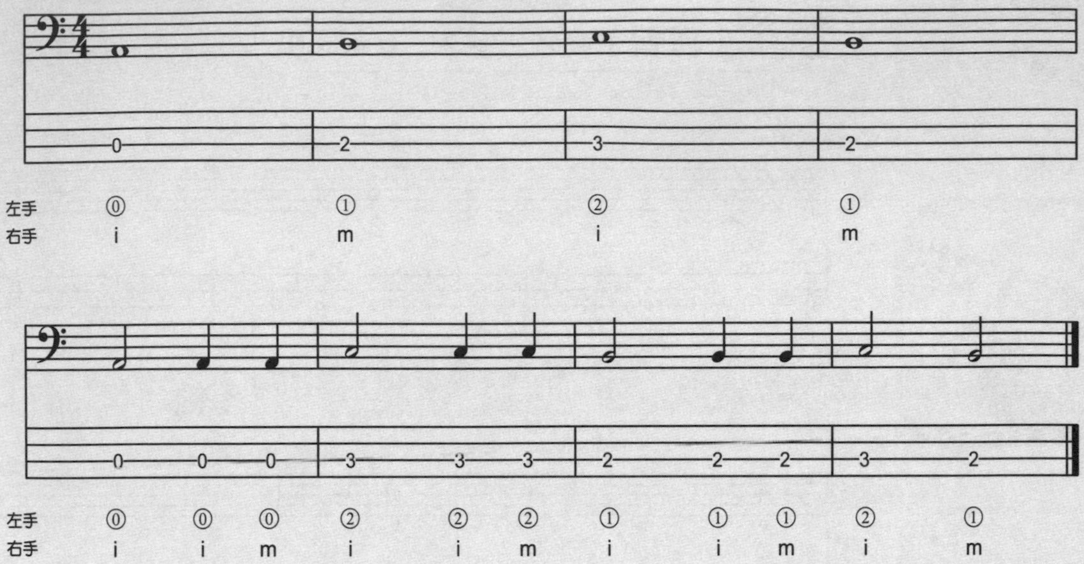

TAB	0	2	3	2
左手	⓪	①	②	①
右手	i	m	i	m

TAB	0	0	0	3	3	3	2	2	2	3	2
左手	⓪	⓪	⓪	②	②	②	①	①	①	②	①
右手	i	i	m	i	i	m	i	i	m	i	m

4、第三弦A♯–C♯練習：

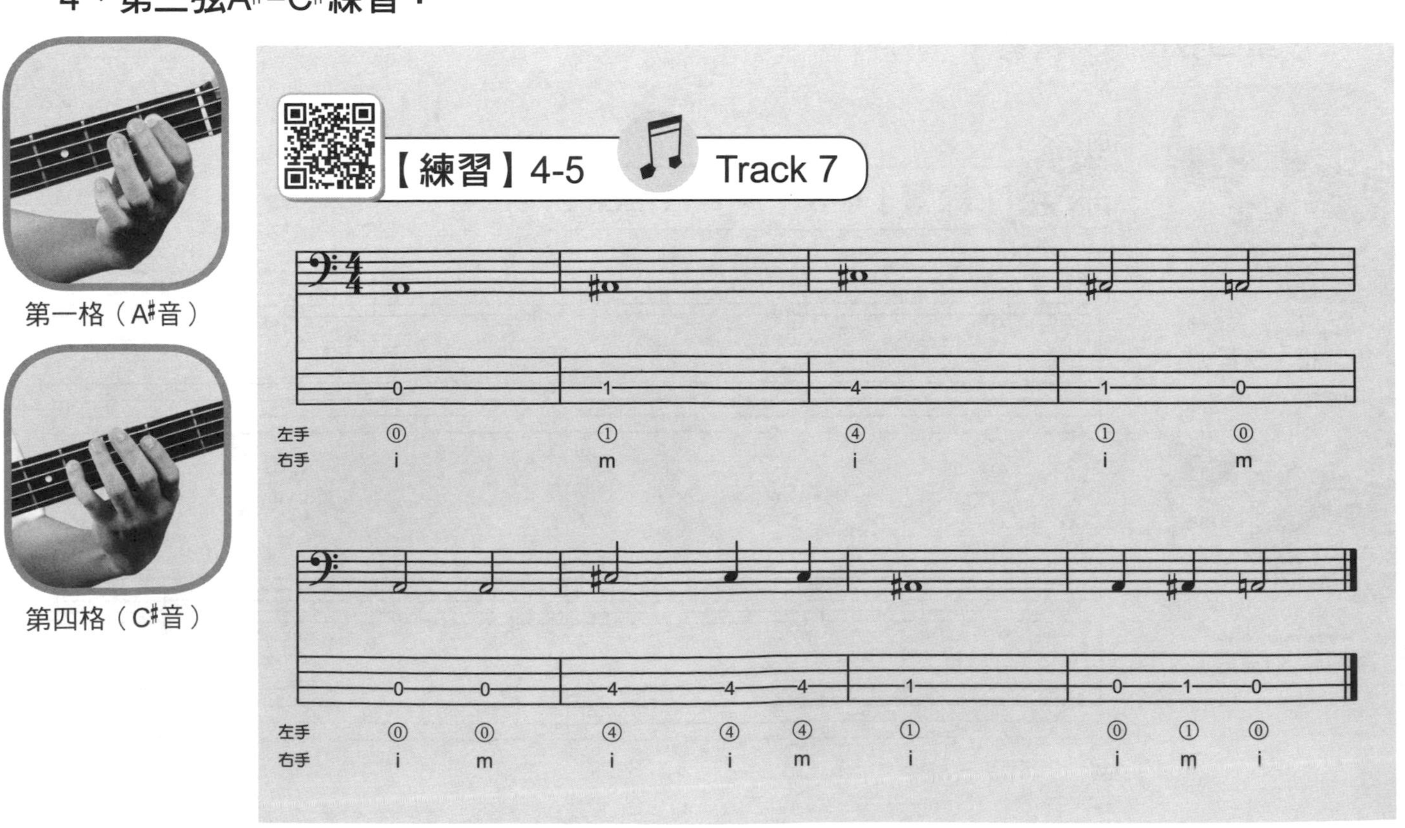

第一格（A♯音）

第四格（C♯音）

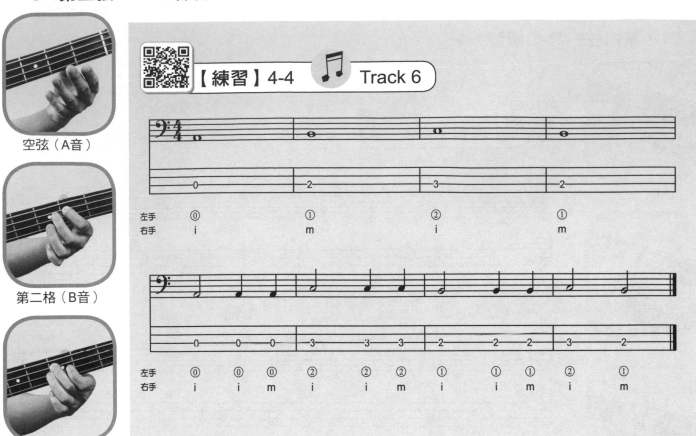

同音異名（Enharmonic）：

到目前為止，我們練習的多半是自然音（Natural Notes），例如：E、F以及G。事實上，在自然音之間仍然存有樂音。例如：比F高一個半音稱為「升F」（F Sharp）標示成「F♯」。而這個音的位置就在F的旁邊一格，落在第四弦的第二格。

從另外一個角度看，若比G低一個半音稱為「降G」（G Flat）標示成「G♭」。位置比原本的G低一格，也在第四弦的第二格。所以F♯和G♭是同一個音，像是這種狀況我們稱做為「同音異名」。

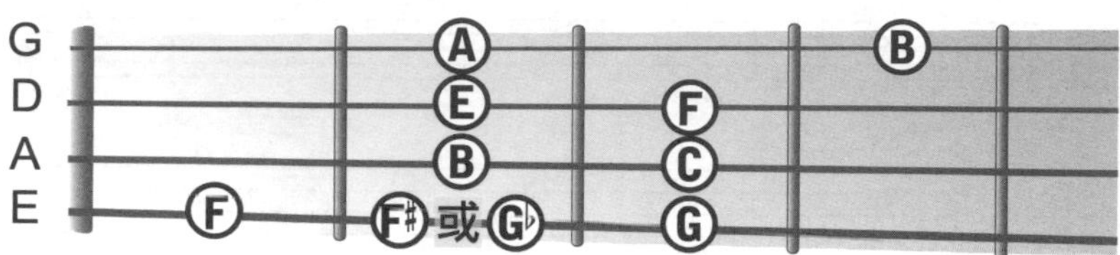

D弦和G弦彈奏重點

【解說】4-6

接續上節課的內容，我們繼續練習D弦與G弦。練習重點和上節課一樣，補充如下：

1、節奏掌握方面：

由於琴弦較細的關係，手部和琴弦的觸感會有些許差異。尤其在用右手撥弦時，會覺得阻力突然變小，容易造成彈奏時搶拍的情況，需要稍加注意。

2、彈奏技巧的部份：

當專注在彈奏G弦時，由於琴體的震動或肢體上的摩擦，E、A、D三根弦經常會發出雜音。此時，需要更多的悶音技巧。

1、第二弦D–E–F練習：

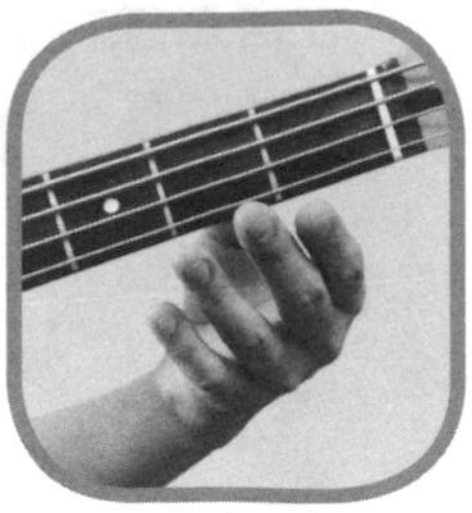

空弦（D音）

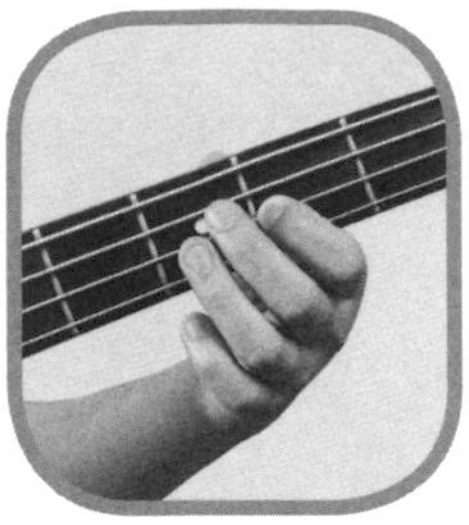

第二格（E音）

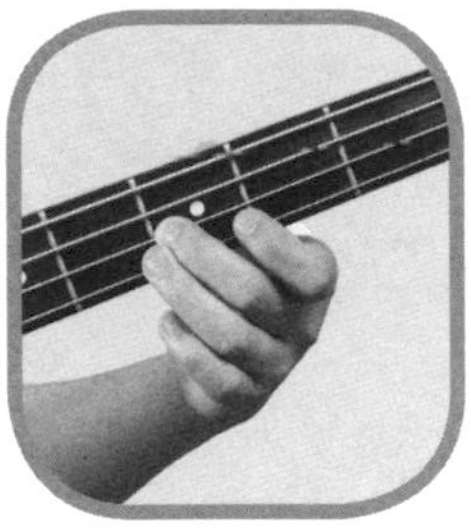

第三格（F音）

【練習】4-7 Track 8

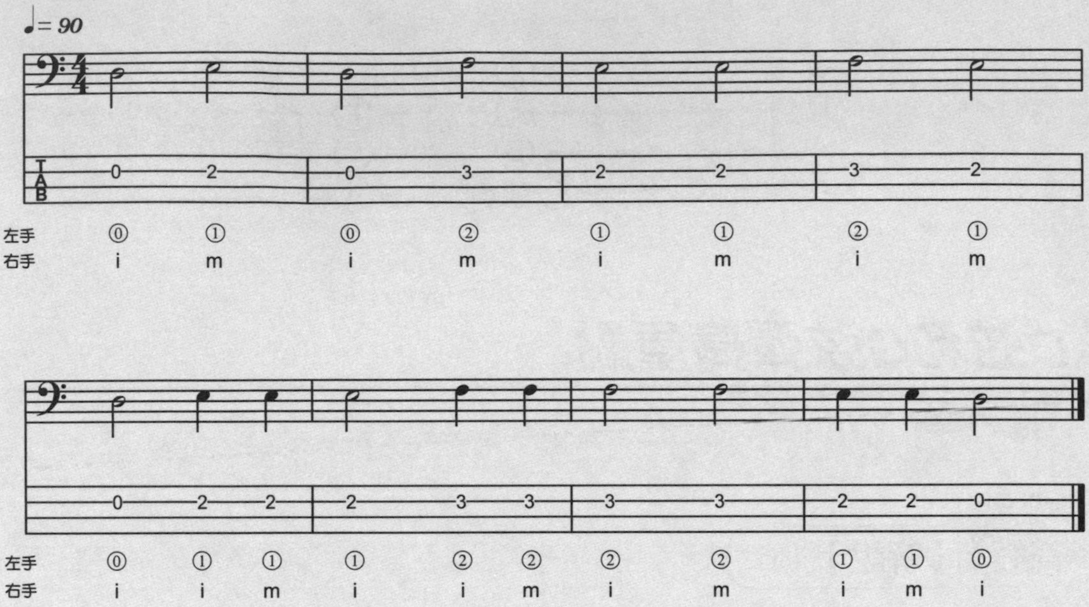

♩= 90

TAB: 0 2 | 0 3 | 2 2 | 3 2

左手 ⓪ ① ⓪ ② ① ① ② ①

右手 i m i m i m i m

TAB: 0 2 2 | 2 3 3 | 3 3 | 2 2 0

左手 ⓪ ① ① ① ② ② ② ② ① ① ⓪

右手 i i m i i m i m i m i

2、第二弦D♯–F♯練習：

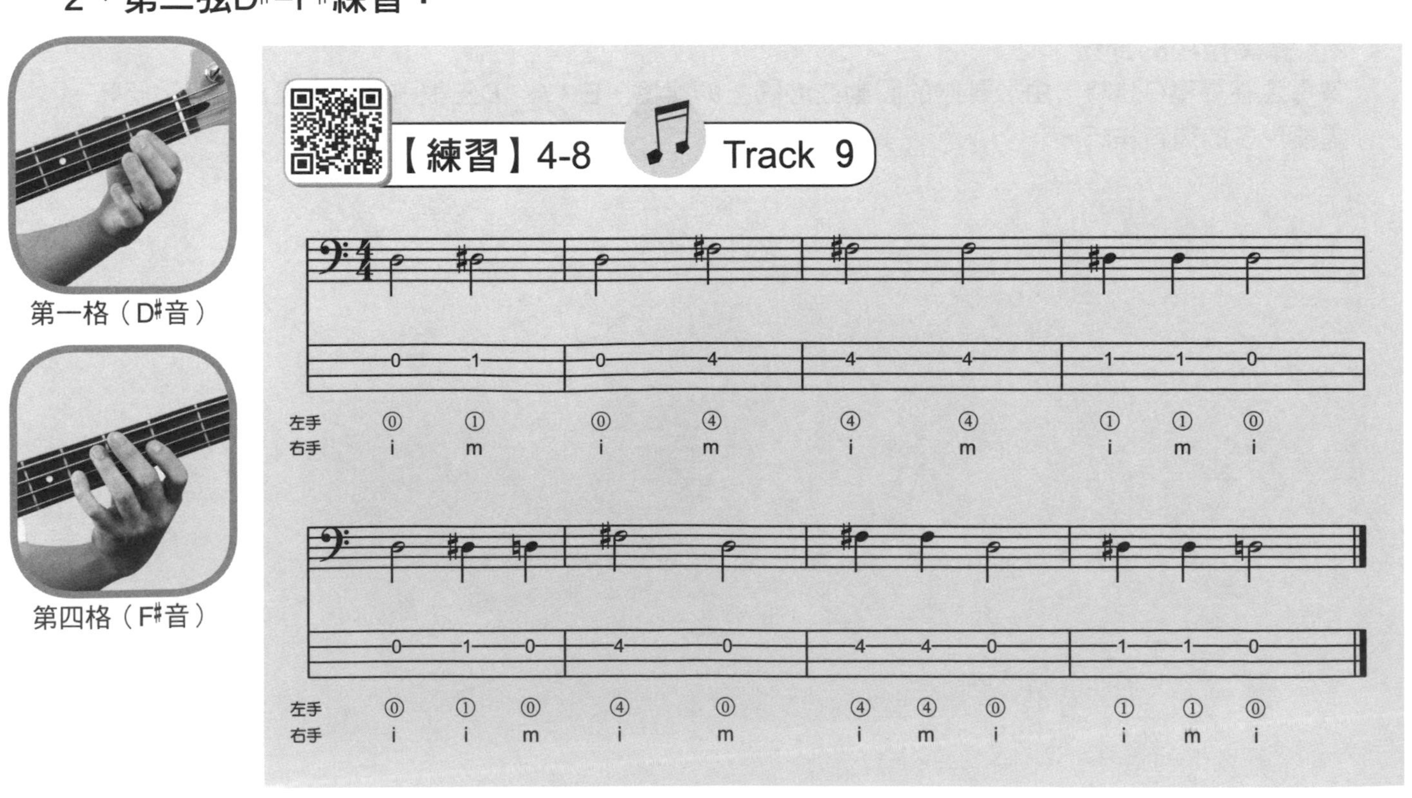

第一格（D♯音）

第四格（F♯音）

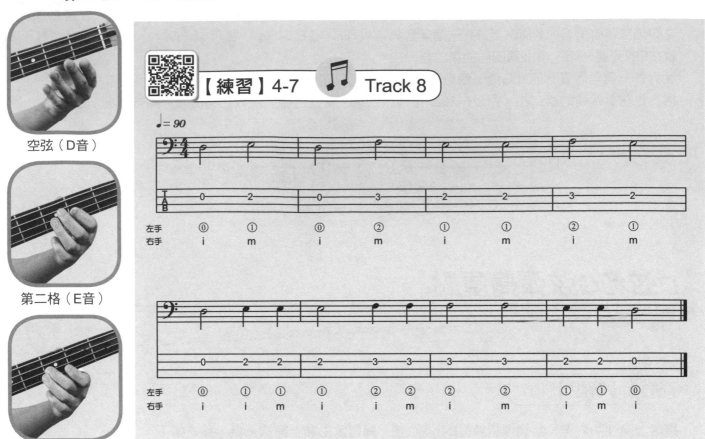

3、第一弦G–A–B練習：

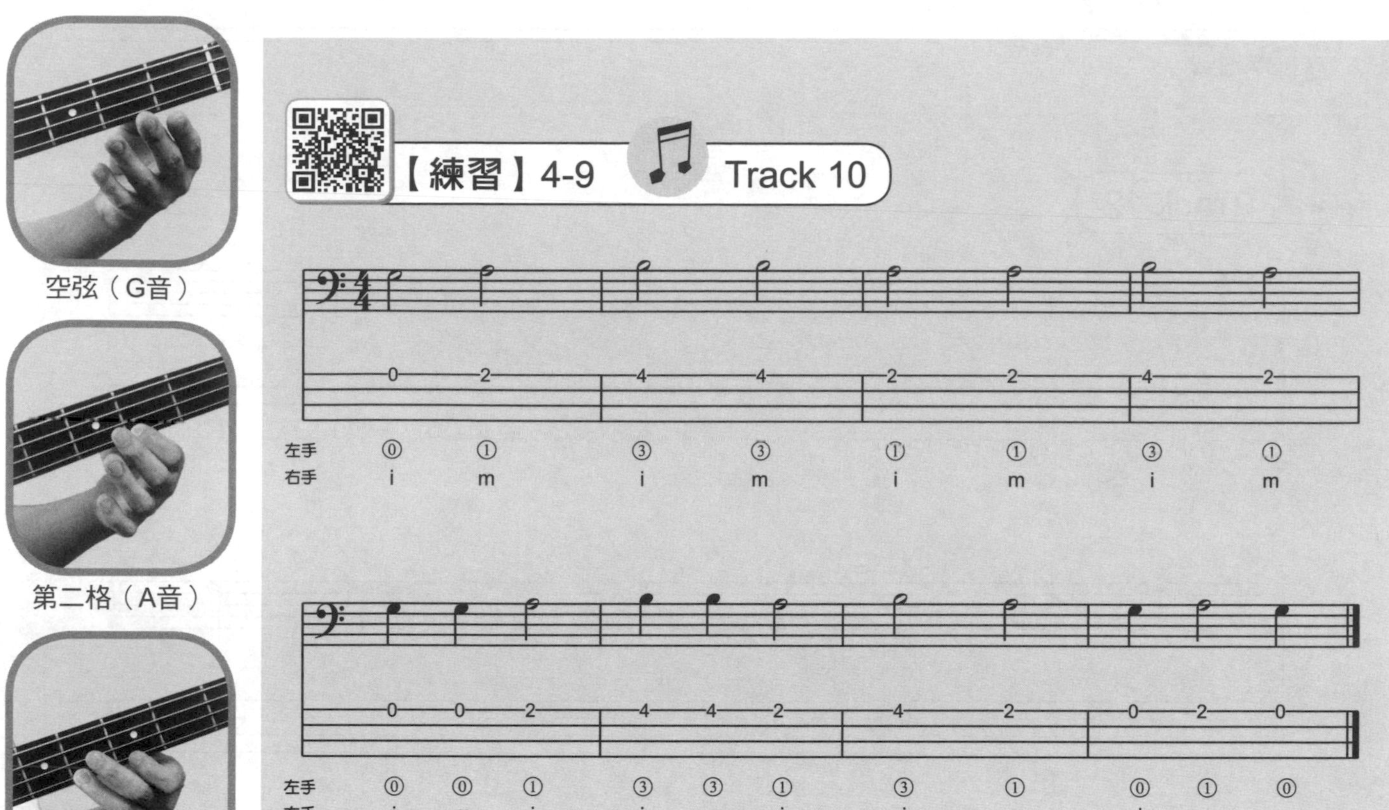

空弦（G音）

第二格（A音）

第四格（B音）

4、第一弦G#–A#練習：

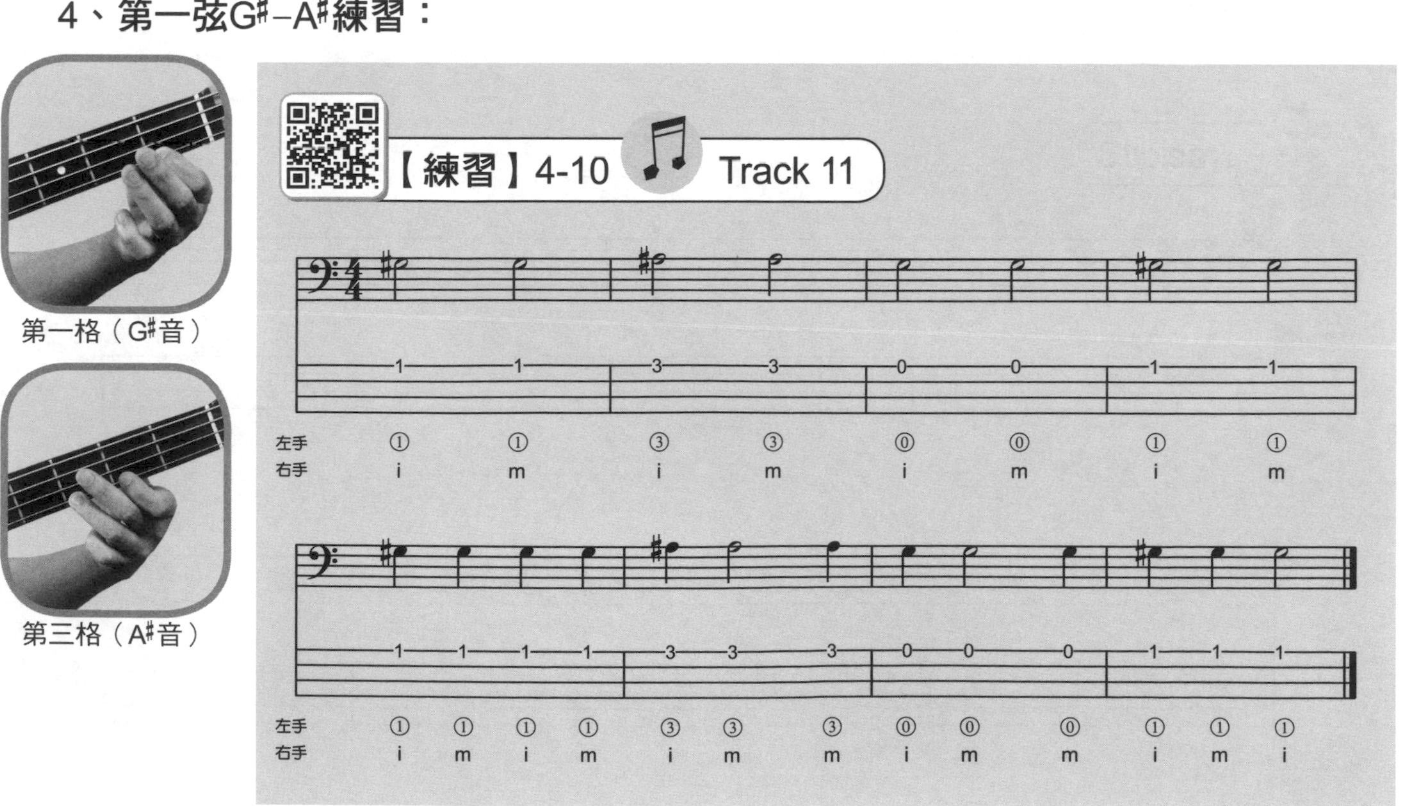

第一格（G#音）

第三格（A#音）

第一弦和第二弦綜合練習

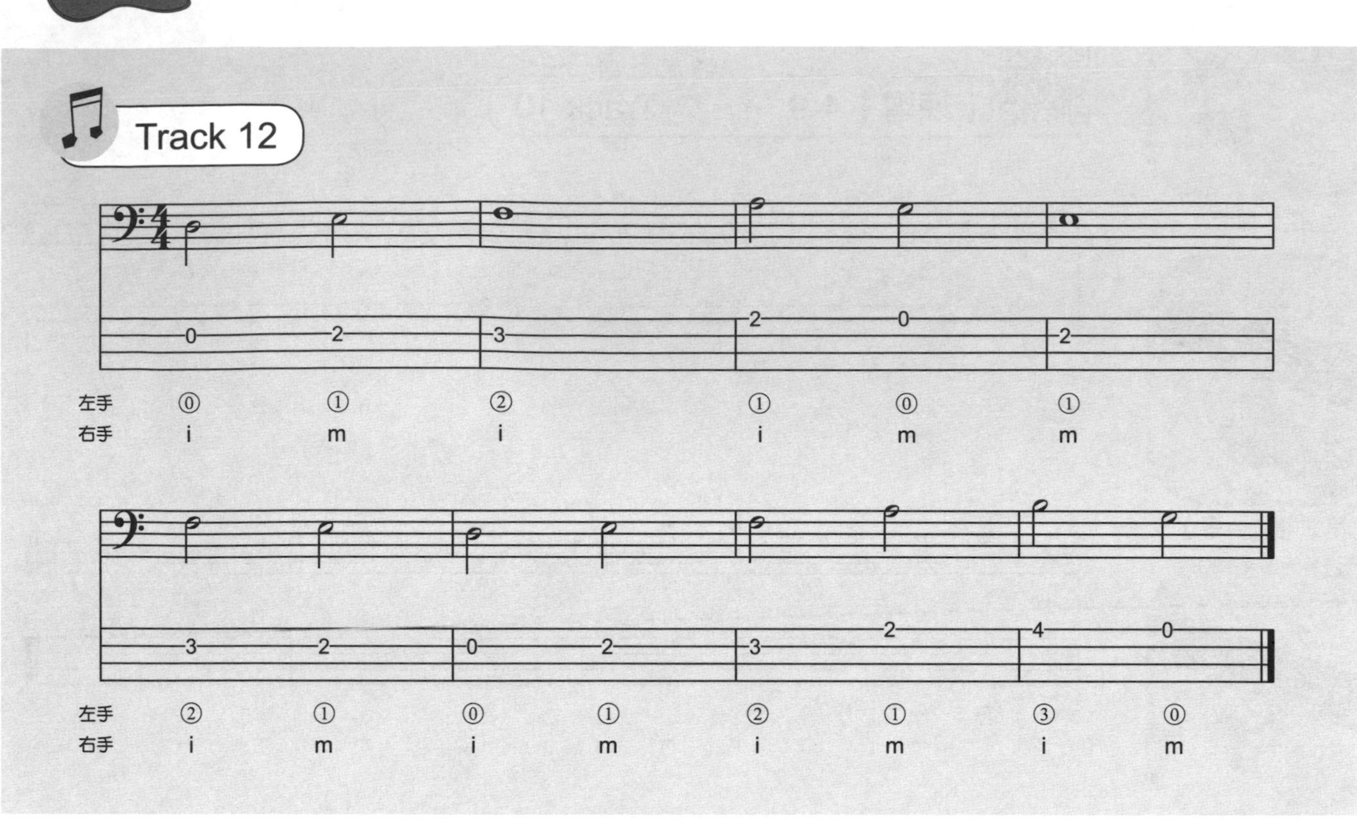

第四弦和第三弦綜合練習

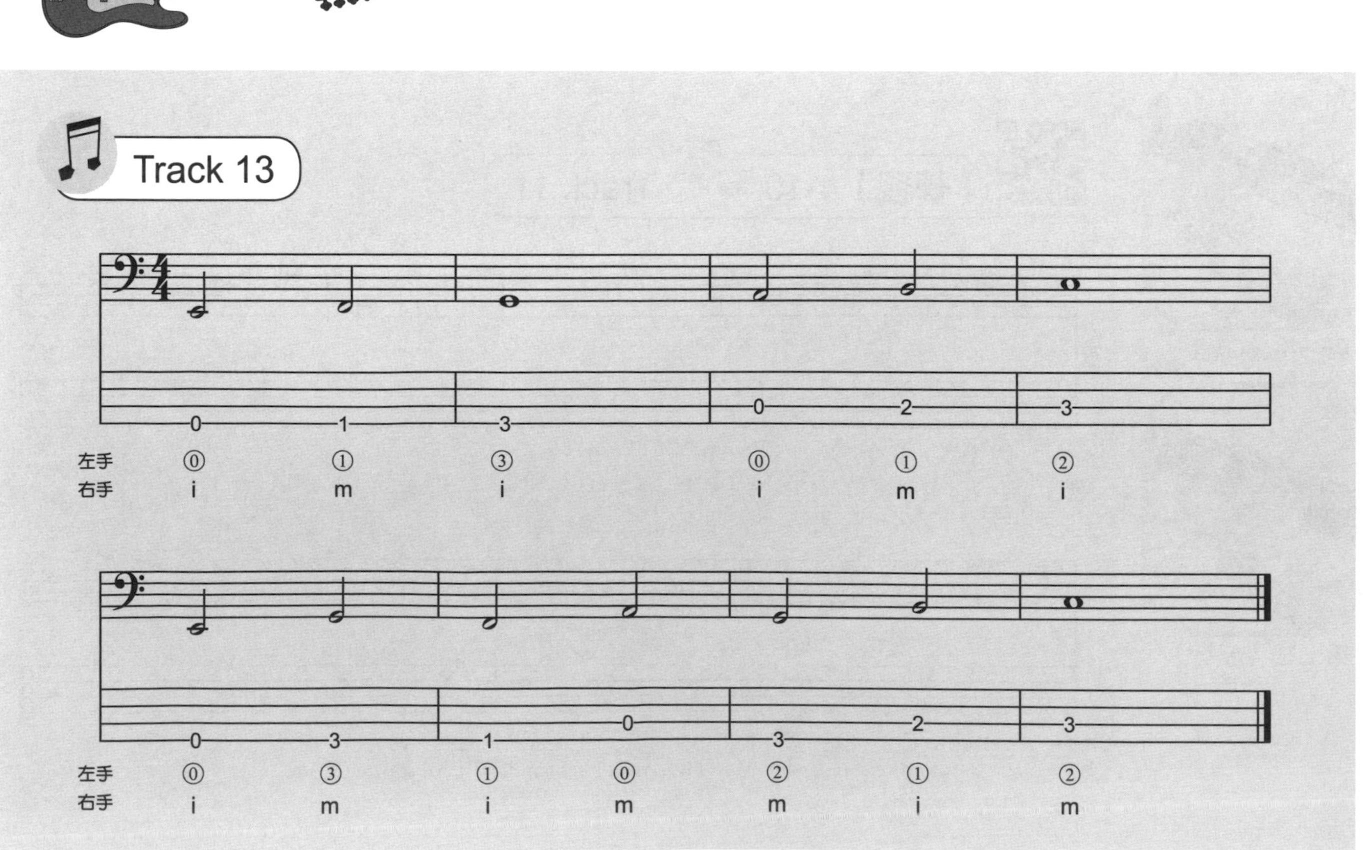

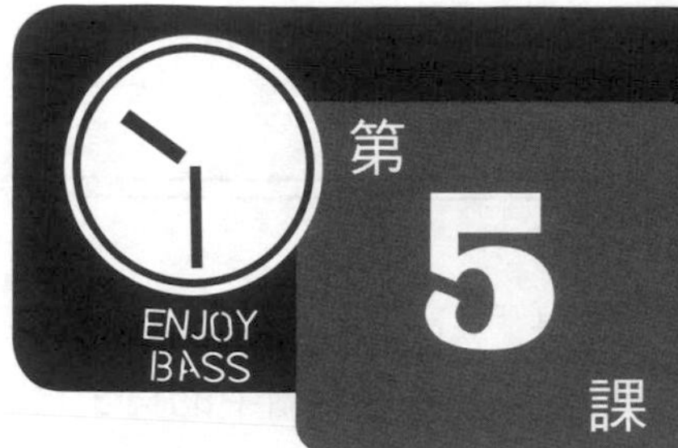

音程關係與和弦結構

和弦與根音

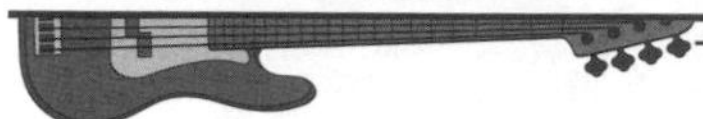

在音樂裡，「和弦」是指一些有和聲關連的音同時發出的聲響。在整個和弦中，最基礎也最重要的音，我們稱之為「根音」。

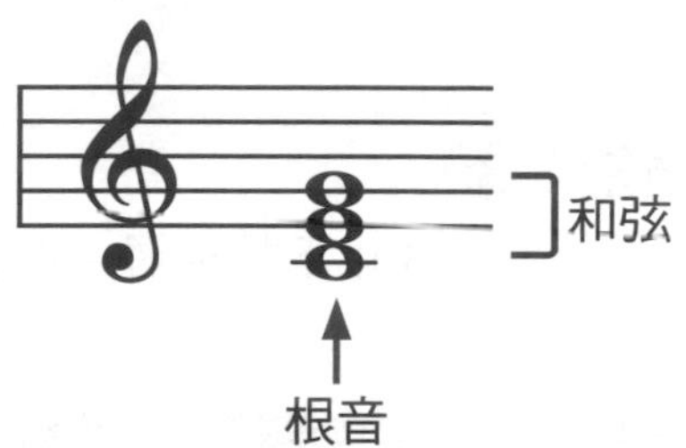

記譜時，我們通常會使用和弦符號來表示和弦。不論和弦符號看起來多複雜，第一個大寫字母所表示的即是「根音」。如C和弦，根音即是C音。Am和弦，根音則是A音。若字母包含升降記號，也須一併考量。例如：E♭7和弦，根音為E♭音。G♯m和弦，根音為G♯音。

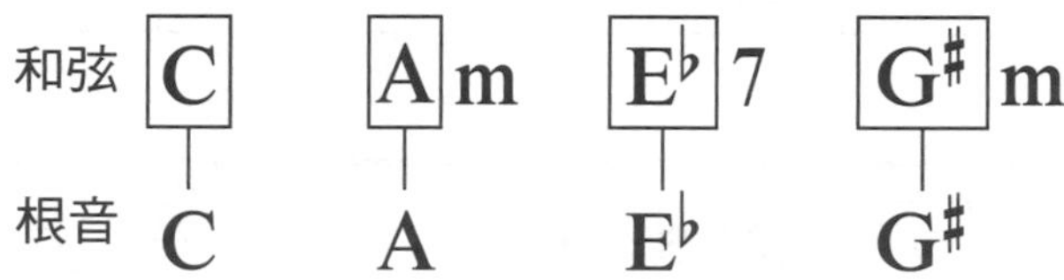

對於貝士手而言，最有效且最直接的伴奏方式就是彈奏和弦根音。所以只要能辨識和弦符號，找出根音並結合前幾課中學到的指板位置，就可以正確地彈奏貝士。

隨堂測驗：

試著完成以下的練習，先從和弦符號中找出根音，之後在指板上找出根音的位置，並畫在指板圖上。

和弦	根音	指板	和弦	根音	指板
（1）Fmaj7	____	TAB	（2）G7sus4	____	TAB
（3）Em7	____	TAB	（4）B♭7	____	TAB
（5）A7	____	TAB	（6）F♯m7	____	TAB

解答：

（1）F；TAB 1　（2）G；TAB 3　（3）E；TAB 0　（4）B♭；TAB 1　（5）A；TAB 5　（6）F♯；TAB 2

複合和弦（Slash Chords）

另外一種要介紹的和弦符號是以分數的方式來表現，例如：「G/B」或是「Am/E」。這種和弦稱為複合和弦（Slash Chords）。在斜線右側的字母，表示整個和弦的低音，通常由樂團中的貝士彈奏。這種和弦的設計目的是用來滑順地連結和弦，讓和弦與和弦之間的轉換不至於突兀。同時也能夠讓低音線（Bass Line）進行地更流暢。

隨堂測驗：

試著完成以下的練習。從和弦符號中判斷出該彈的音，在指板上找出根音所在位置，並且畫在指板圖上。

和弦	根音	指板	和弦	根音	指板
（1）C/G	____	TAB	（2）G/A	____	TAB
（3）Em/B	____	TAB	（4）D/F♯	____	TAB

解答：

（1）G；TAB 3　（2）A；TAB 0　（3）B；TAB 2　（4）F♯；TAB 2

接下來來做一些彈奏練習。先從譜例中判斷貝士該彈的音，在實際的指板上找出該音的位置，再跟著音樂彈奏出來。

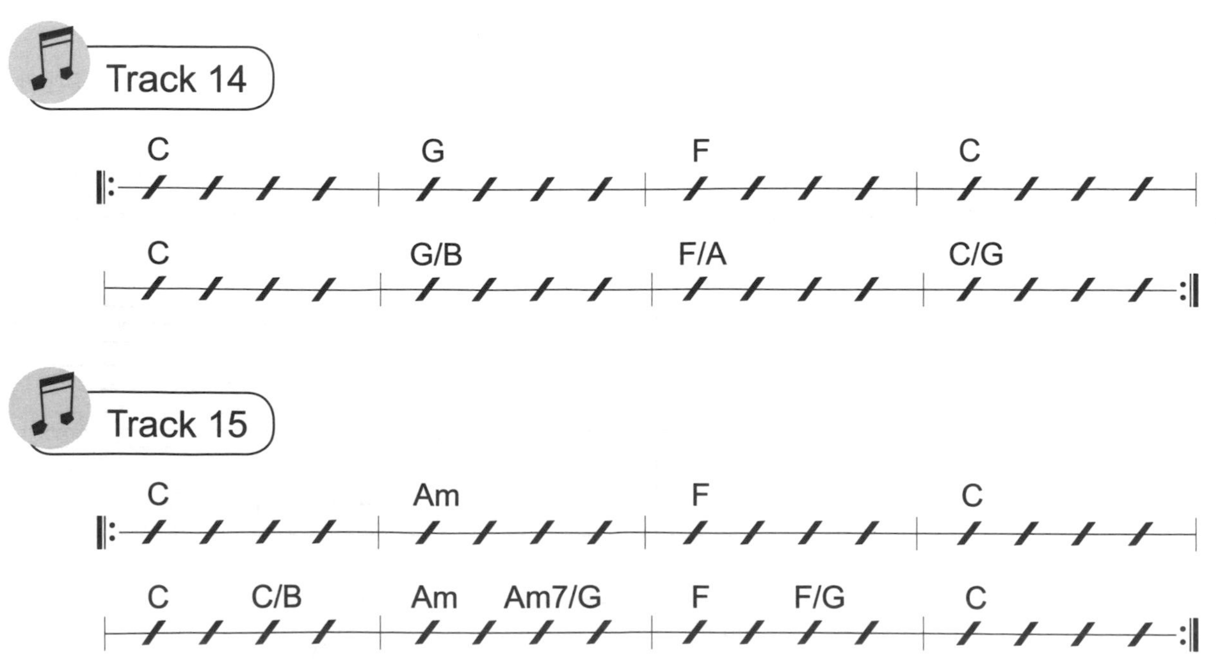

音程與和弦結構

在了解和弦根音後，進一步來看和弦的結構。和弦在傳統教科書上的定義是：三個或三個以上的音同時被彈奏出來。其實，三個音所組成的和弦，一般稱為「三和弦」（Triad）。三和弦是一個有結構的音群，其中包含了根音、三度音和五度音。現在就讓我們看看甚麼是三度音和五度音，這與和弦結構有甚麼關聯，要如何在貝士上彈出這些音。

音程 (Interval)

※以下內容主要做為後續課程查找的參考資料，初步理解即可。

這一切都得從音程說起，音程就是音樂上用來界定或是說明兩音間距的用詞，我整理出一個簡表來說明。

半音數（琴格數）	音程名稱	英文寫法
1	小二度	Minor 2
2	大二度	Major 2
3	小三度	Minor 3
4	大三度	Major 3
5	完全四度	Perfect 4
6	增四度或減五度	Augmented 4 / Diminished 5
7	完全五度	Perfect 5
8	小六度或增五度	Minor 6 / Augmented 5
9	大六度	Major 6
10	小七度	Minor 7
11	大七度	Major 7
12	完全八度	Perfect 8

現在來試試在指板上找出音程距離，比對以下的指板圖和TAB譜，多做音程練習。

音程名稱	指板圖	TAB譜
小二度	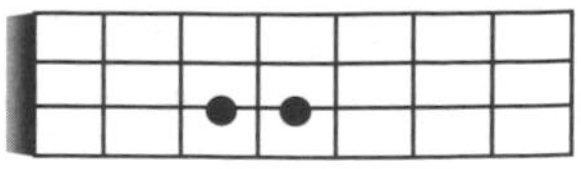 C D♭	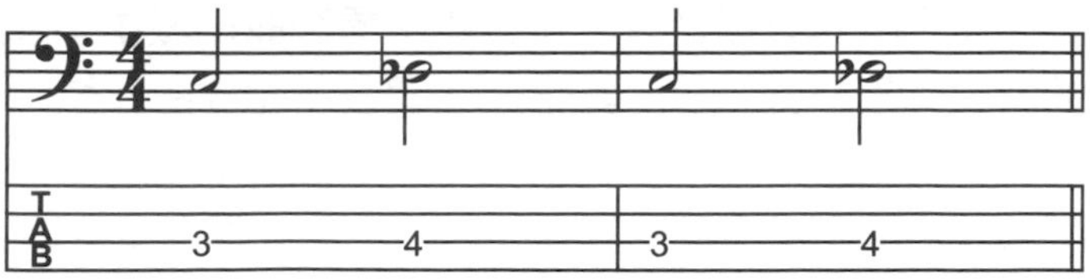 3 4 | 3 4
大二度	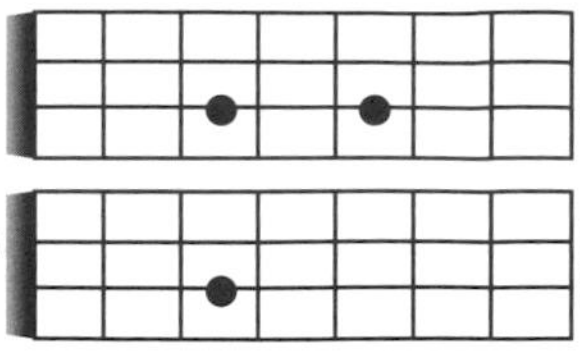 C D O D C	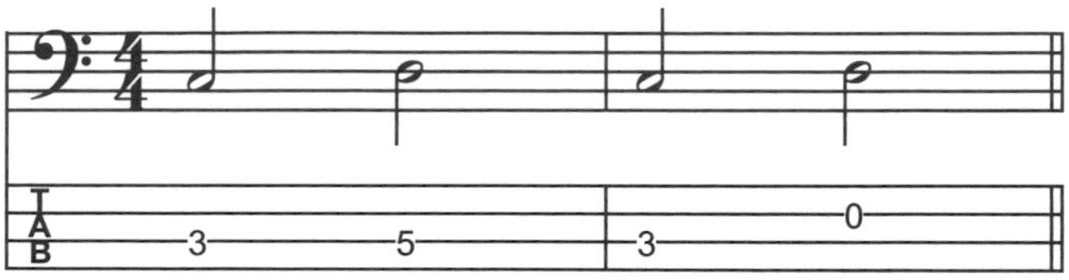 3 5 | 3 0
小三度	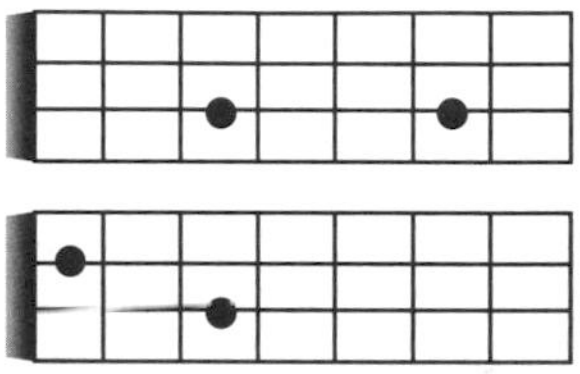 C E♭ E♭ C	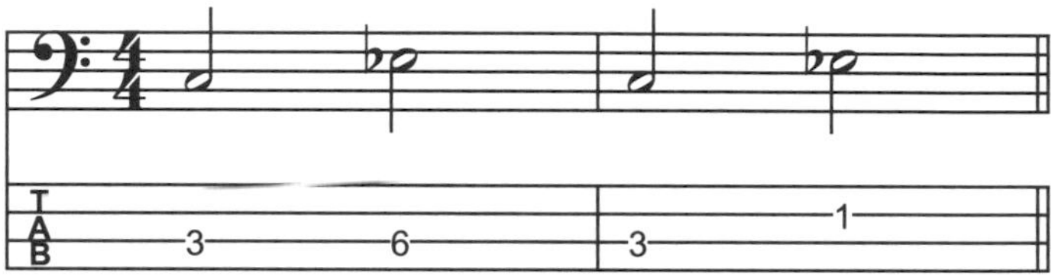 3 6 | 3 1
大三度	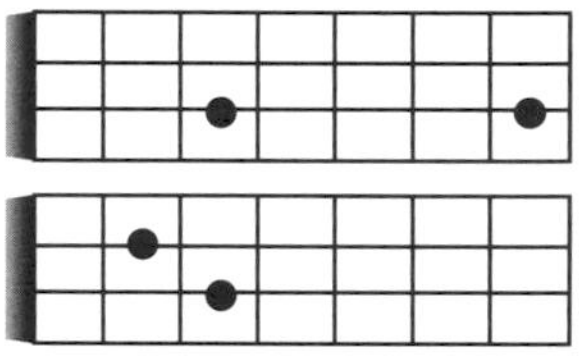 C E E C	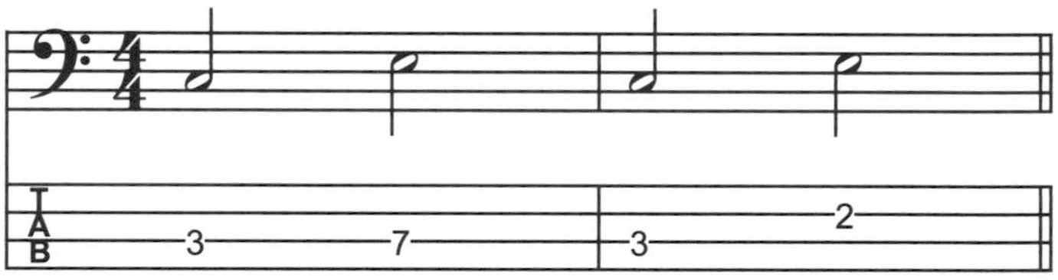 3 7 | 3 2
完全四度	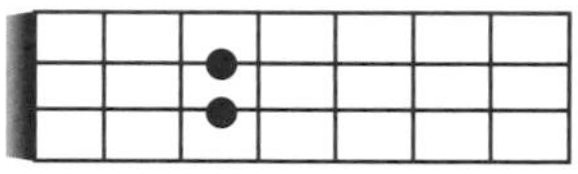 F C	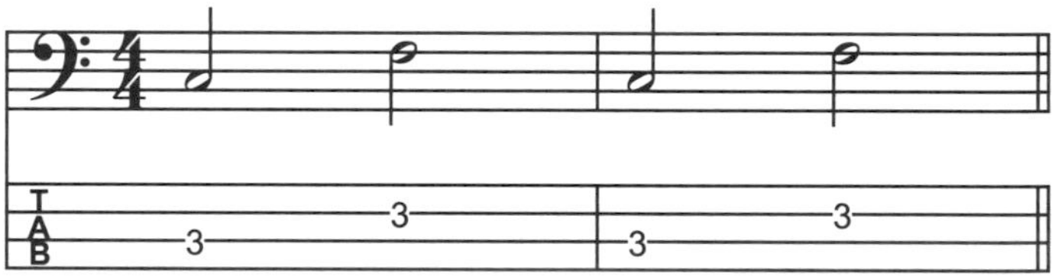 3 3 | 3 3
增四度或 減五度	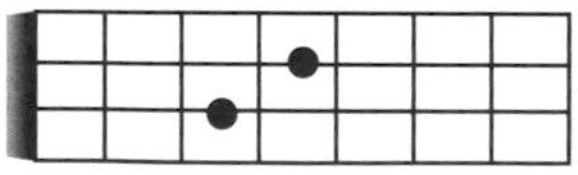 F♯/G♭ C	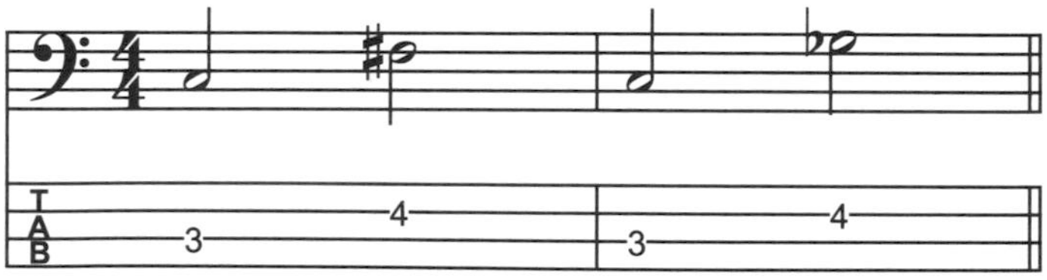 3 4 | 3 4
完全五度	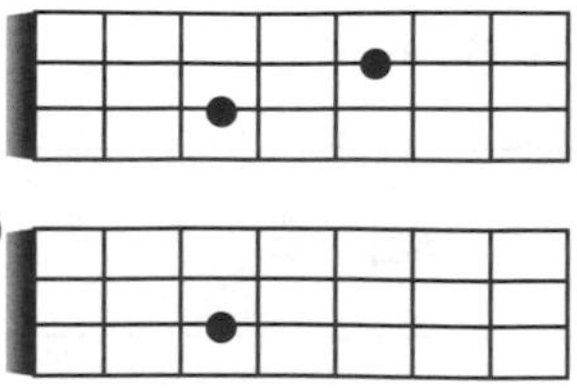 G C O G C	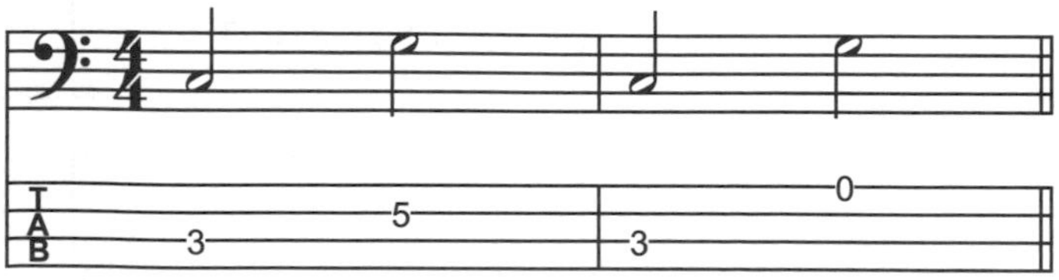 3 5 | 3 0
小六度	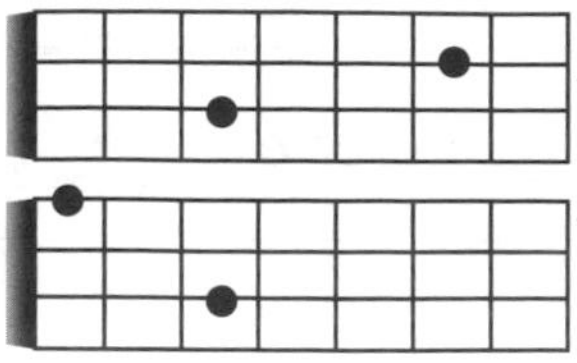 A♭ C A♭ C	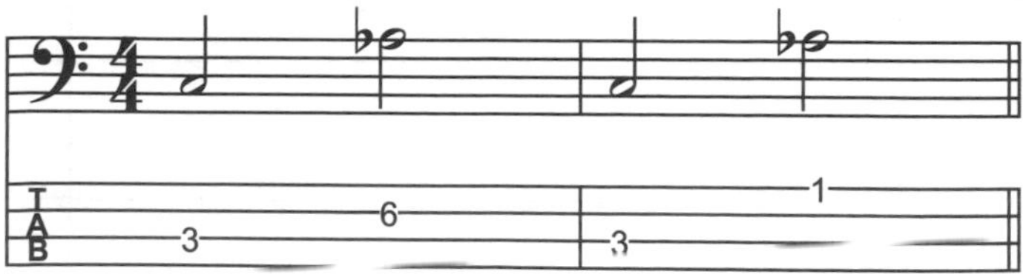 3 6 | 3 1

音程名稱	指板圖	TAB譜
大六度	A C / A C	3 7 / 3 2
小七度	B♭ C	3 3 / 3 3
大七度	B C	3 4 / 3 4
完全八度	C C	3 5 / 3 5

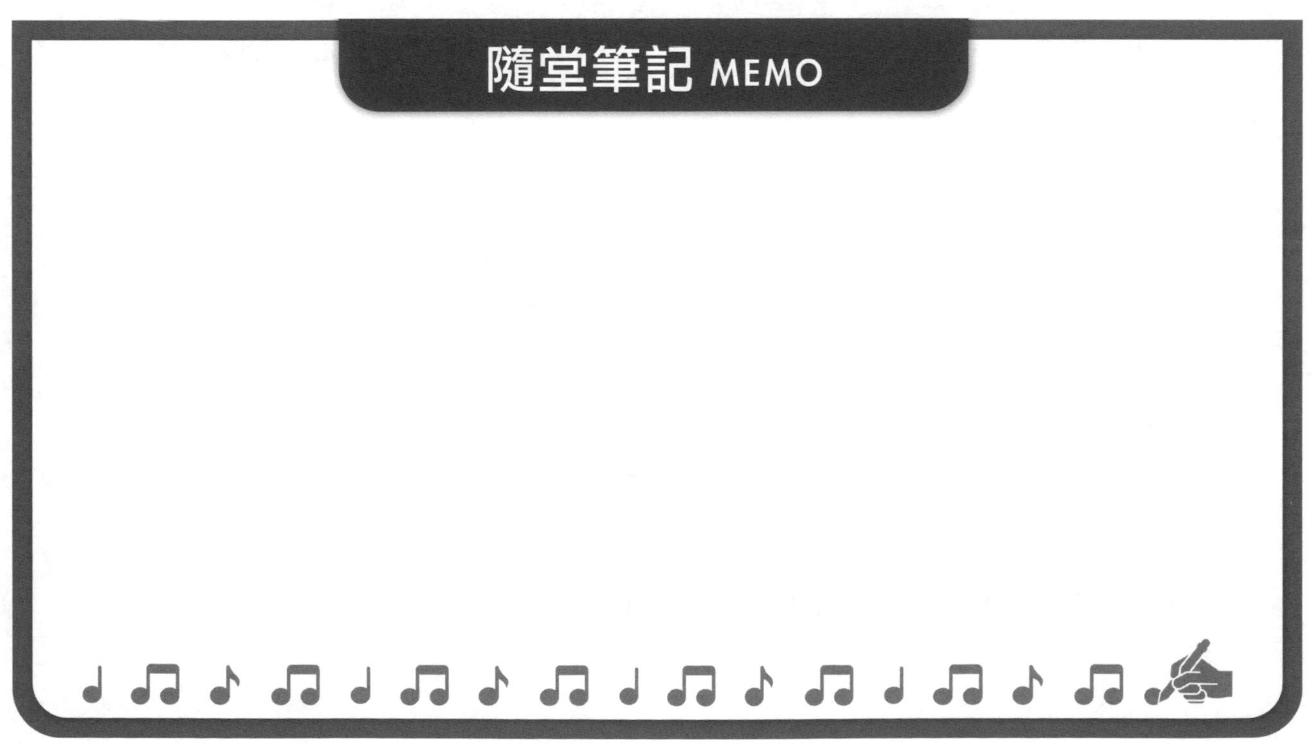

和弦結構

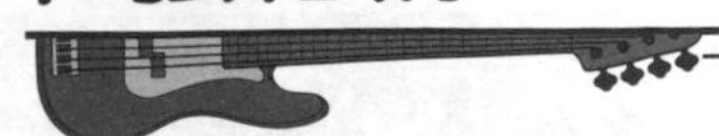

1、大三和弦（Major Chord）：

若將根音、 三度音和五度音集合起來，就能組成一個三和弦。這個三和弦是以C為根音，加上距離根音大三度（Major 3）的E，最後加上五度音G，就成了C Major和弦。由於三度音是距離根音大三度的音，所以稱這類和弦為「大三和弦」。

組成音可依循音程規則推算，如下：

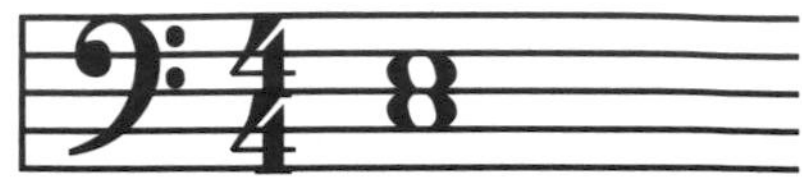

根音	三度音
C ＋ 4個半音（大三度）＝ E	

根音	五度音
C ＋ 7個半音（完全五度）＝ G	

2、小三和弦（Minor Chord）：

再將根音、三度音和五度音集合起來，組成一個三和弦。這個三和弦雖然根音與五度音與上一個和弦一樣，但是三度音不同。這個和弦的三度音是距離根音小三度（Minor 3）的E♭，這個和弦為「C Minor和弦」。由於三度音是距離根音小三度的音，所以稱這類和弦為「小三和弦」。

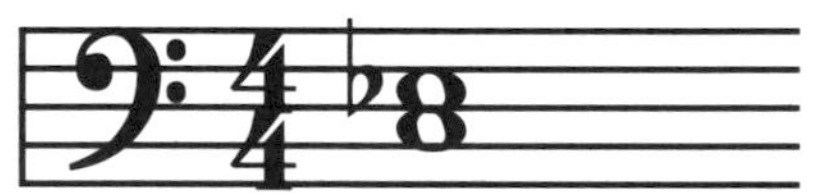

根音	三度音
C ＋ 3個半音（小三度）＝ E♭	

根音	五度音
C ＋ 7個半音（完全五度）＝ G	

如果，利用之前的音程練習，即可以適當拼湊出這些和弦的組成音，例如：

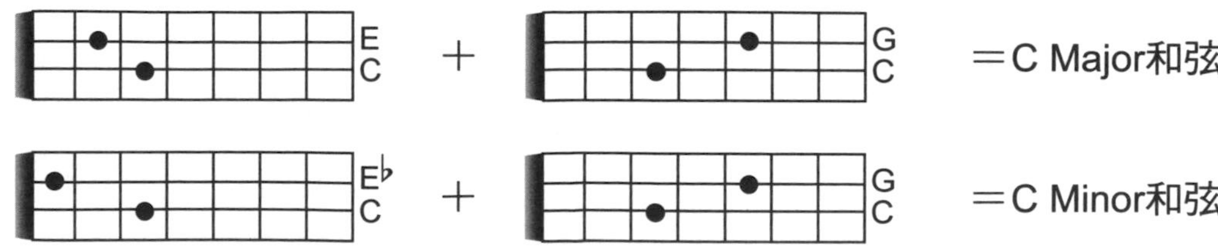

我們也會在之後的內容做更多詳細的說明，以及應用的方法。

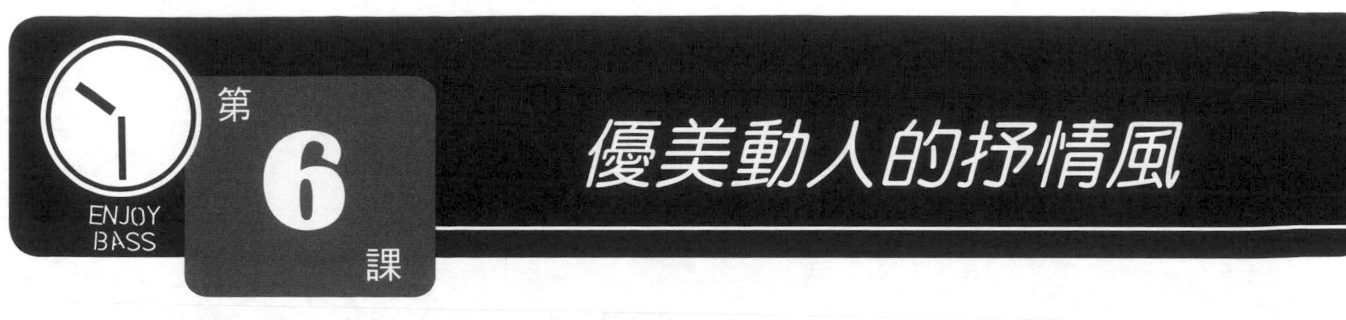

第6課 優美動人的抒情風

現在聽到的Ballads，大多都偏屬抒情（Sentimental）和流行（Pop）的範疇。這樣的音樂風格通常旋律柔美，歌詞多半描述實際生活，易於了解，接受度廣。

歌曲結構（Song Structure）

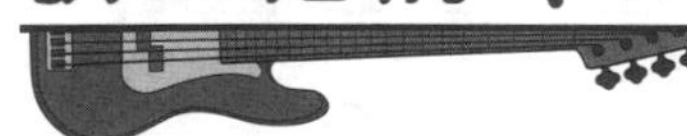

一般歌曲通常分為前奏（Intro）、主歌（Verse）、副歌（Chorus）、結尾（Ending）等，這就是所謂的歌曲結構（Song Structure）。在練習完整的歌曲之前，我們可以先試著做分段練習。分段練習可以讓「掌握節奏速度」、「感受和聲變化」和「熟練彈奏技巧」更加紮實。

範例音檔mp3裡在每段練習前，特別安排了一段只有節拍器和簡易和聲的部分。這個安排方便大家在練習的時候，清楚地聽見拍點（Beats）和自己的貝士聲，對於數拍和彈奏部分，都有很大的幫助。

歌曲分段練習

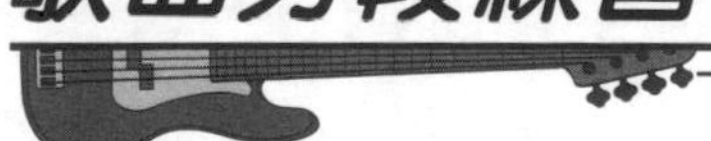

1、前奏：

配合之前「和弦結構與根音」的觀念，多注意複合和弦的使用。

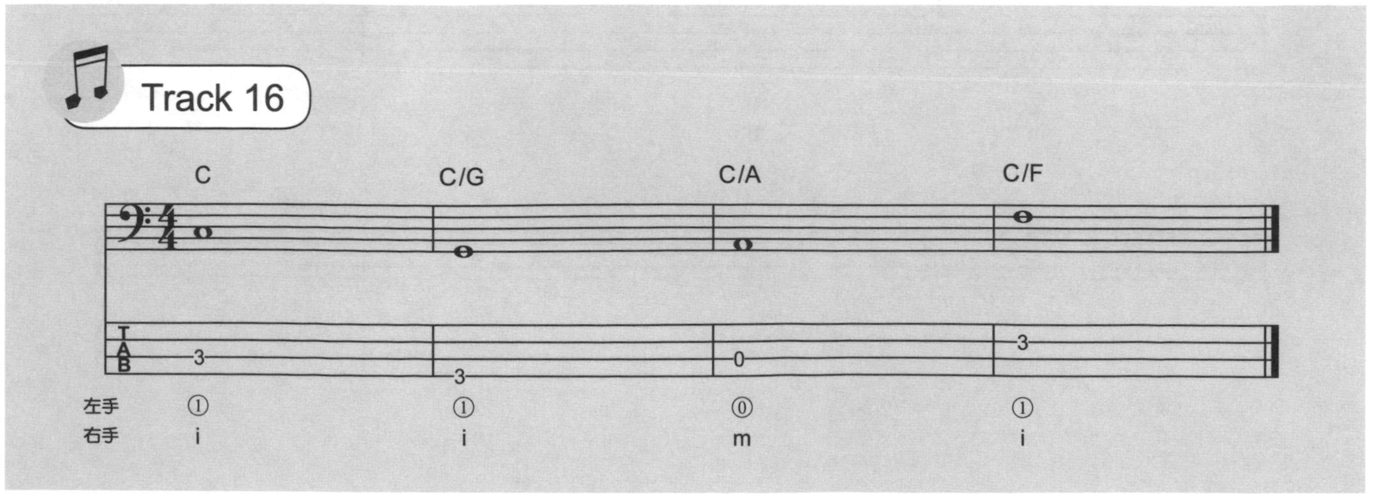

2、主歌：

注意四分音符音長部分，儘量按住琴弦、延長聲音，填滿整個小節。

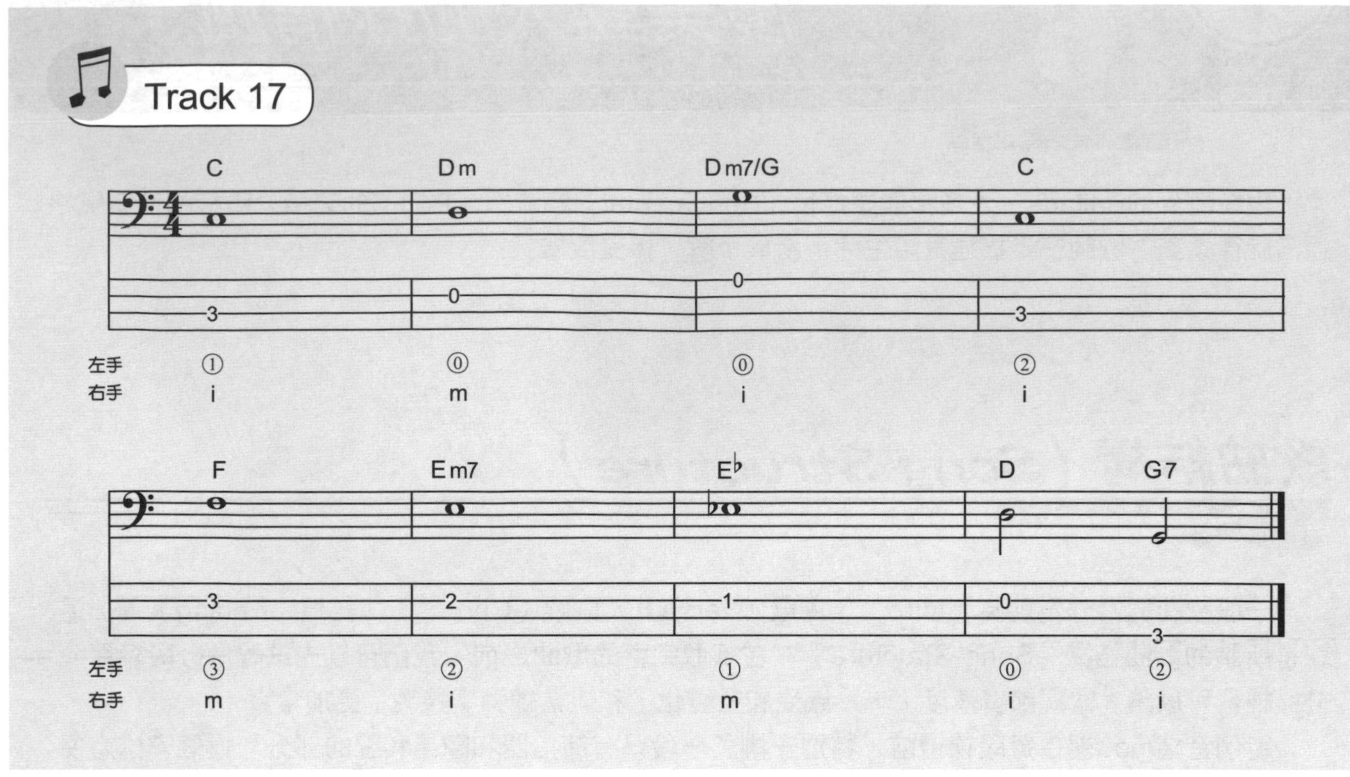

3、副歌：

多注意空弦彈奏和雜音控制。

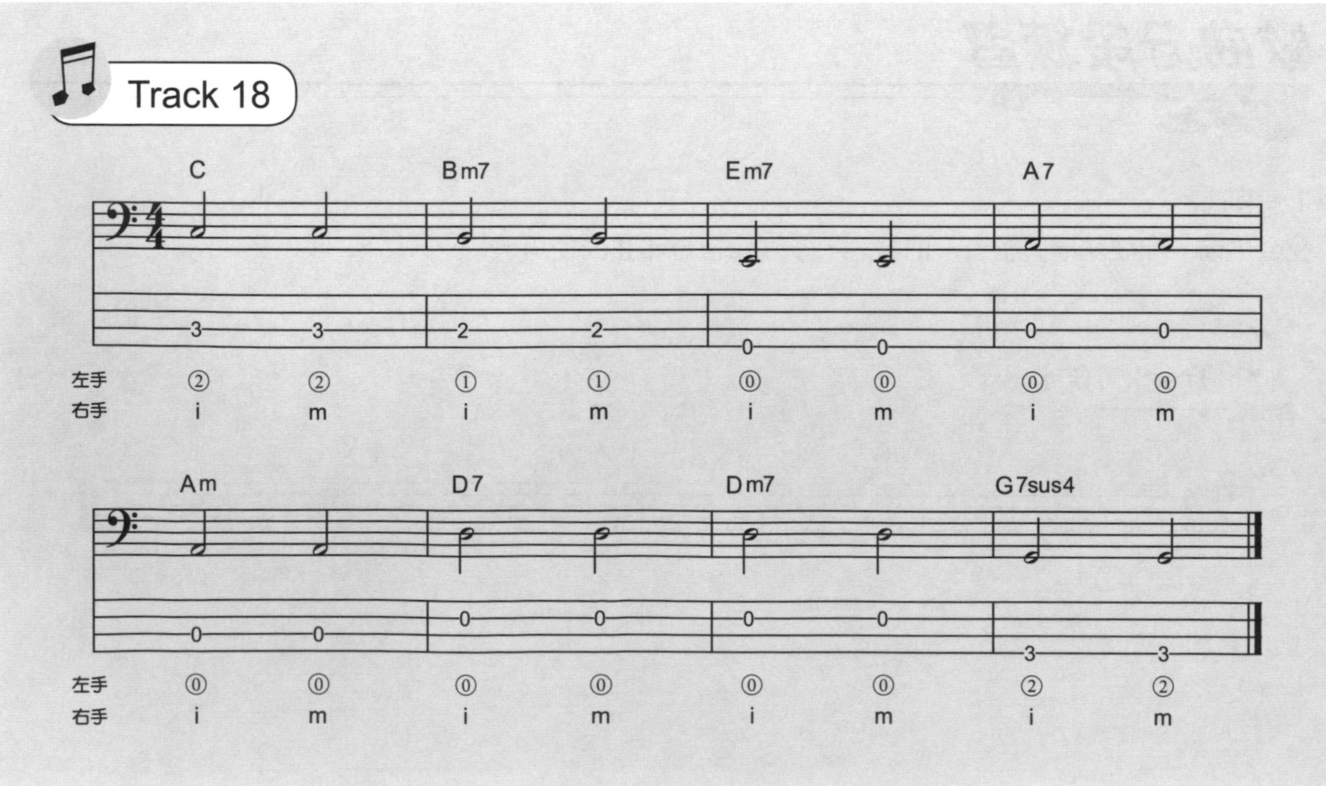

【練習曲】

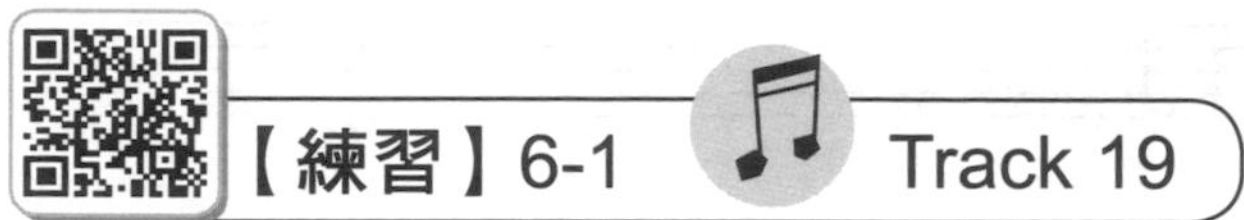

♩= 66

前奏

	C	C/G	C/A	C/F
TAB	3	3	0	3
左手	①	①	⓪	①
右手	i	i	m	i

主歌

	C	Dm	Dm7/G	C
TAB	3	0	0	3
左手	①	⓪	⓪	②
右手	i	m	i	i

	F	Em7	E♭	D	G7
TAB	3	2	1	0	3
左手	③	②	①	⓪	②
右手	m	i	m	i	i

副歌

	C		Bm7		Em7		A7	
TAB	3	3	2	2	0	0	0	0
左手	②	②	①	①	⓪	⓪	⓪	⓪
右手	i	m	i	m	i	m	i	m

	Am		D7		Dm7		G7sus4	
TAB	0	0	0	0	0	0	3	3
左手	⓪	⓪	⓪	⓪	⓪	⓪	②	②
右手	i	m	i	m	i	m	i	m

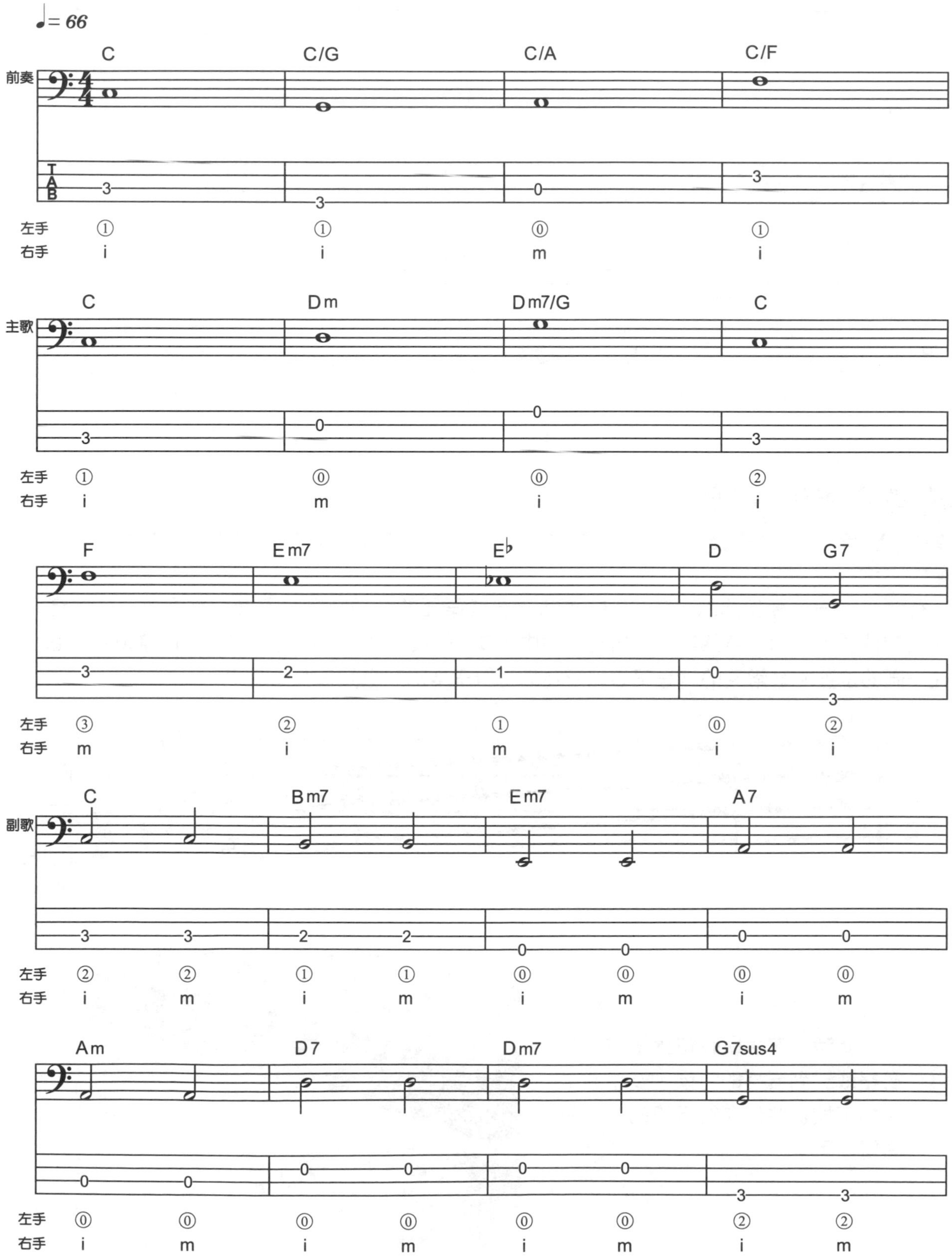

（接下頁）

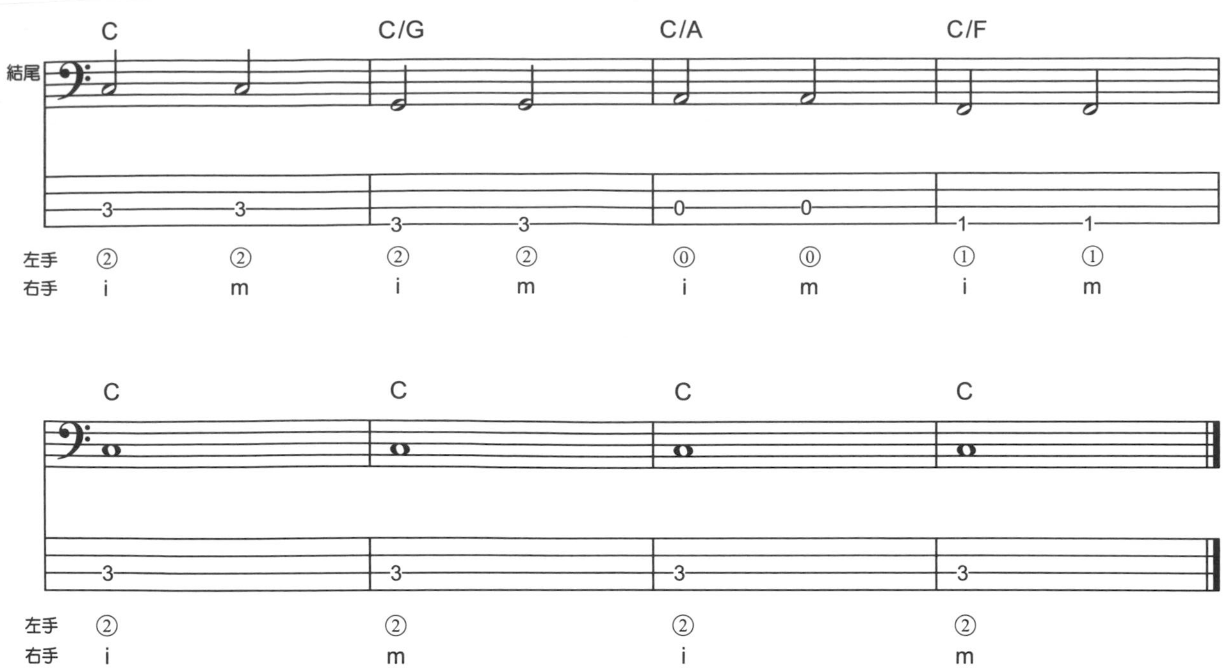

同音不同位置

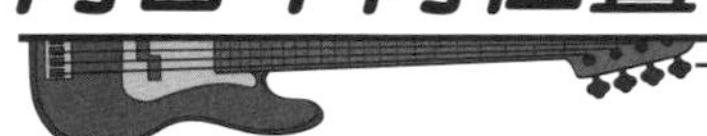

在介紹下一首練習曲前，先介紹一個大部分弦樂器的共同特徵。不像鍵盤樂器，一個音只會出現在某個位置，例如：整架鋼琴只會有一個中央C。在弦樂器的指板上，經常可以發現同一個音會出現在不同的位置。最常見的就是第五格所在的音，多半都和空弦音有所重複。

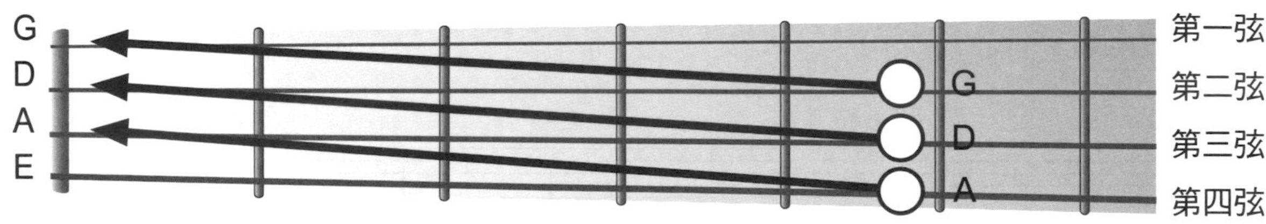

此時，左手所在位置集中在前三格或三到五格的時候，多半會用小指來按這些位在第五格的音，如右圖所示：

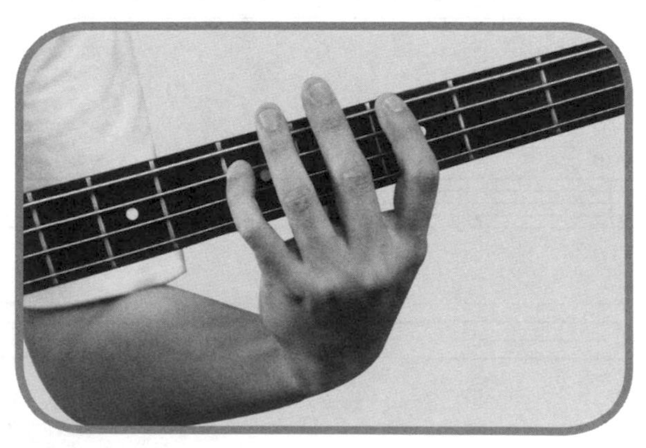

歌曲分段練習

1、主歌：

第三小節的Am和第七小節的Dm，我們會用小指來按A和D。此時，不需要刻意伸展手指，應該要儘量放鬆，讓小指自然施力。

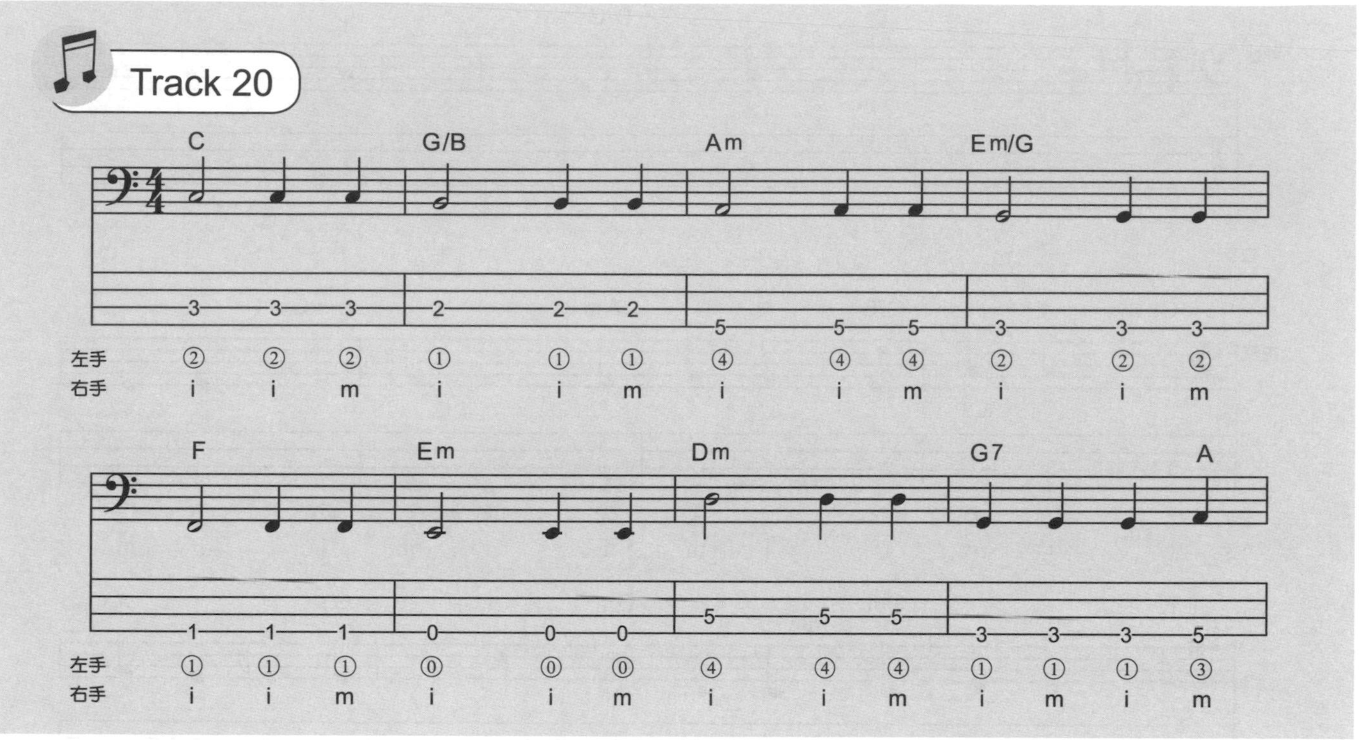

2、副歌：

從第一節到第二小節時，為了避免左手過度的擴張，可做一個移動（Shift）的動作，兩個小節都以食指來按弦，注意在第七小節中也有這樣的動作。

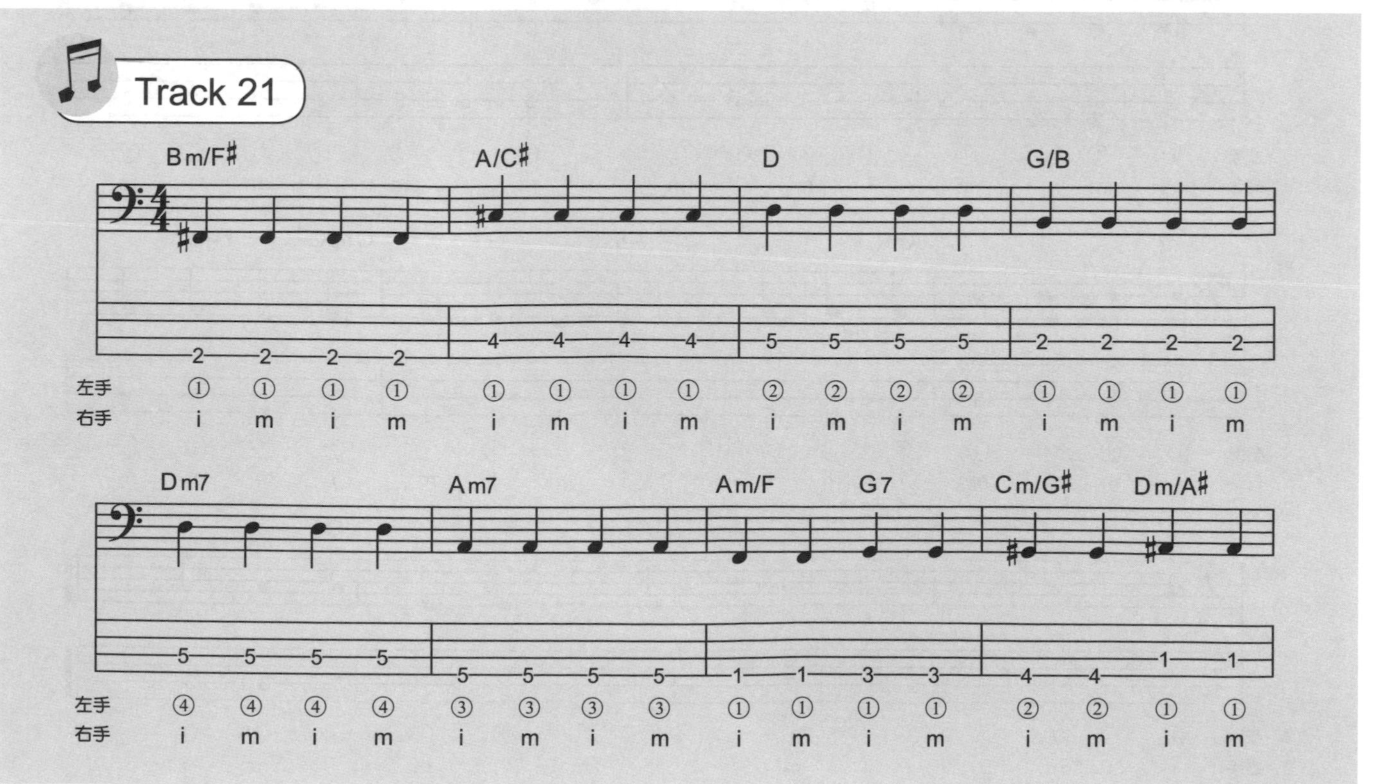

【練習曲】

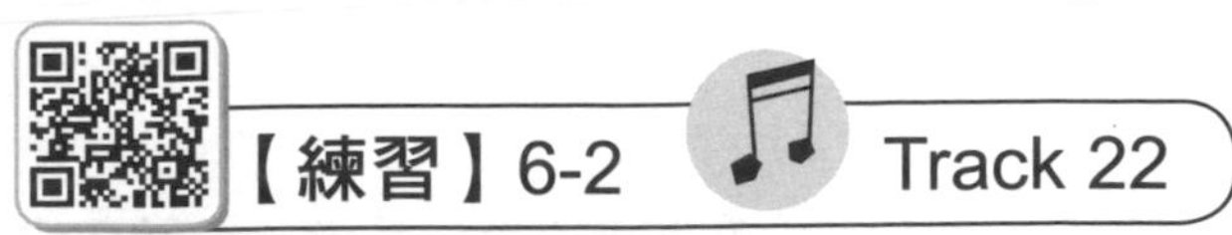

♩= 72

前奏
C | C | C/G | C
TAB: 3 3 | 3 3 | 3 3 | 3 3 3 3
左手 ① ① | ① ① | ① ① | ② ② ② ②
右手 i m | i m | i m | i m i m

主歌
C | G/B | Am | Em/G
TAB: 3 3 3 | 2 2 2 | 5 5 5 | 3 3 3
左手 ② ② ② | ① ① ① | ④ ④ ④ | ② ② ②
右手 i i m | i i m | i i m | i i m

F | Em | Dm | G7 A
TAB: 1 1 1 | 0 0 0 | 5 5 5 | 3 3 3 5
左手 ① ① ① | ⓪ ⓪ ⓪ | ④ ④ ④ | ① ① ① ③
右手 i i m | i i m | i i m | i m i m

副歌
Bm/F♯ | A/C♯ | D | G/B
TAB: 2 2 2 2 | 4 4 4 4 | 5 5 5 5 | 2 2 2 2
左手 ① ① ① ① | ① ① ① ① | ② ② ② ② | ① ① ① ①
右手 i m i m | i m i m | i m i m | i m i m

Dm7 | Am7 | Am/F G7 | Cm/G♯ Dm/A♯
TAB: 5 5 5 5 | 5 5 5 5 | 1 1 3 3 | 4 4 1 1
左手 ④ ④ ④ ④ | ③ ③ ③ ③ | ① ① ① ① | ② ② ① ①
右手 i m i m | i m i m | i m i m | i m i m

結尾
C | C | C/G | C
TAB: 3 3 | 3 3 | 3 3 3 3 | 3 3 3
左手 ① ① | ① ① | ① ① ① ① | ① ① ①
右手 i m | i m | i m i m | i m i

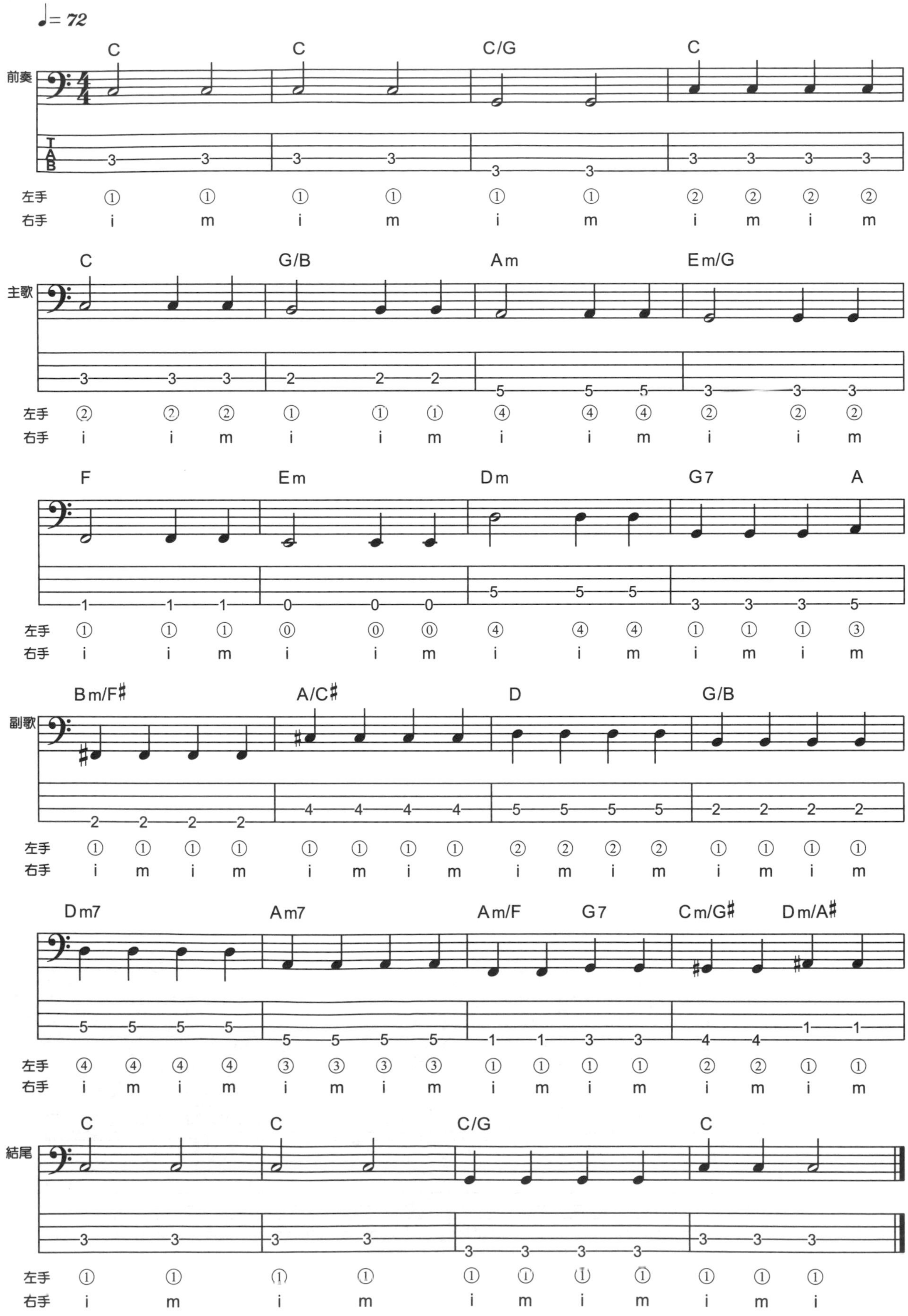

附點音符和慣用節奏

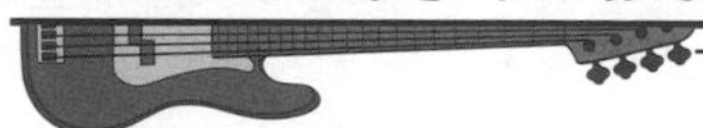

附點音符：

附點的作用是延長前一個音符，依前一個音符的長度增加一半的音長。舉例而言，若在4/4的情況下全音符「𝅝」佔四拍，在全音符後加上一個附點「𝅝.」，這個音的總長就會是「四拍＋二拍＝六拍」。依此類推，如下：

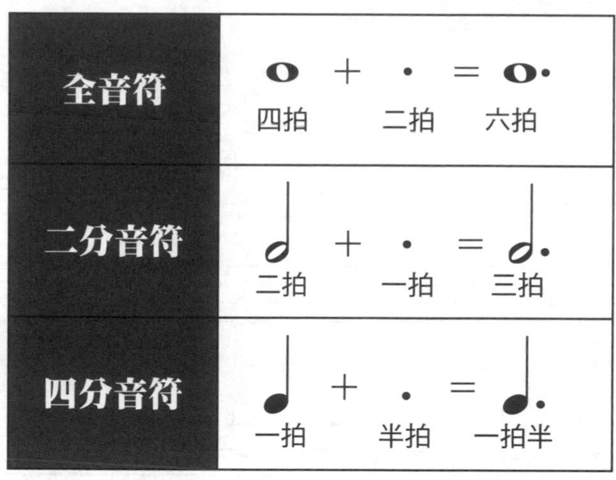

全音符	𝅝（四拍）＋ ·（二拍）＝ 𝅝.（六拍）
二分音符	𝅗𝅥（二拍）＋ ·（一拍）＝ 𝅗𝅥.（三拍）
四分音符	♩（一拍）＋ ·（半拍）＝ ♩.（一拍半）

慣用節奏：

接下來，介紹一個在貝士彈奏裡，經常被廣泛應用的節奏型態（Pattern）這樣的節奏型態，經常在抒情、慢板搖滾、鄉村，甚至是拉丁音樂裡出現。為了熟悉節奏型態，先將左手固定在C的位置，開始進行基本的節奏練習。需要特別留心的是第二拍的後半段，在這裡常常無法將拍子切分得清楚明確。常聽節拍器，大聲數拍，不斷練習是唯一的方法。

1、基本型：

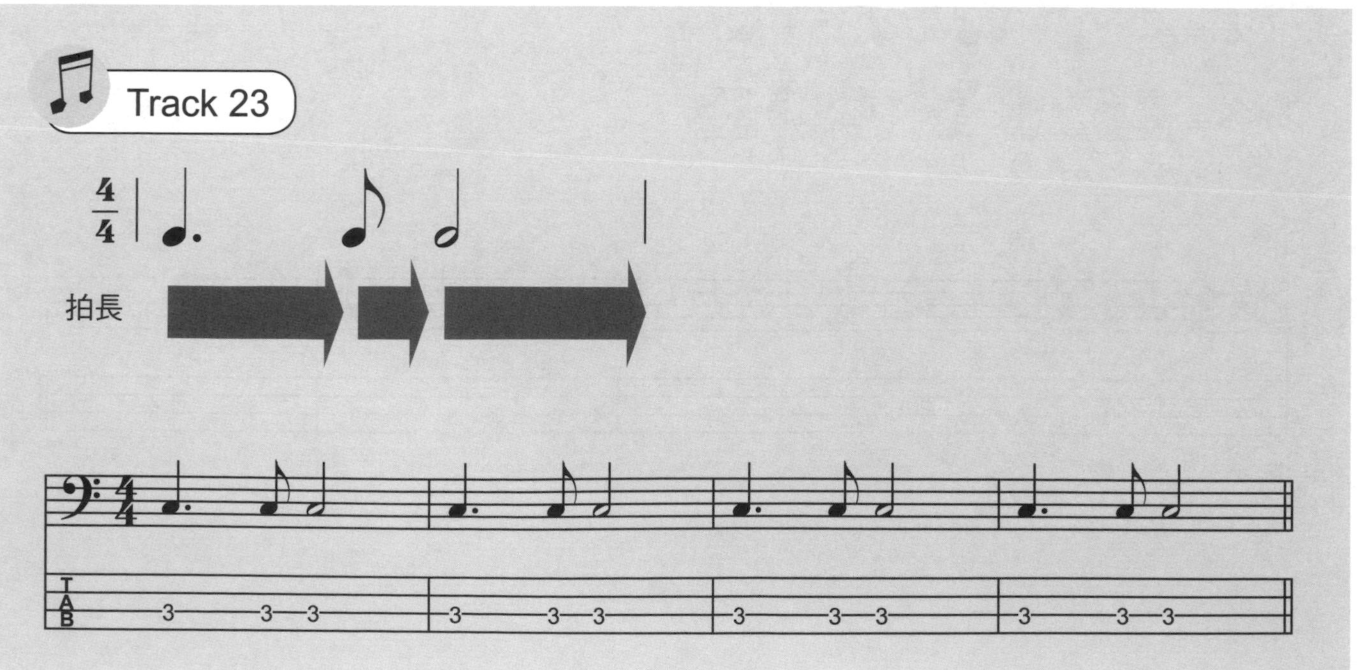

2、變化型（一）：

Track 24

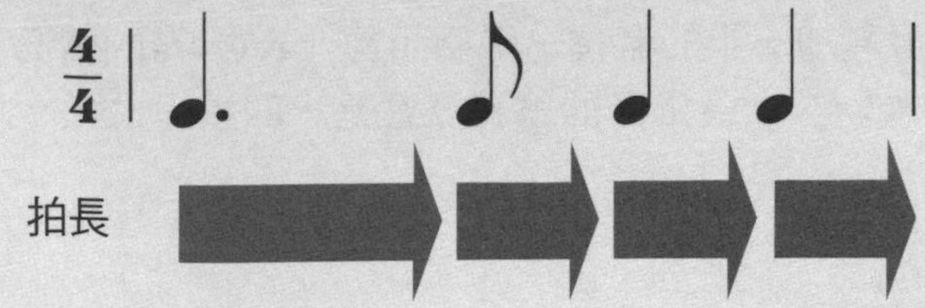

拍長

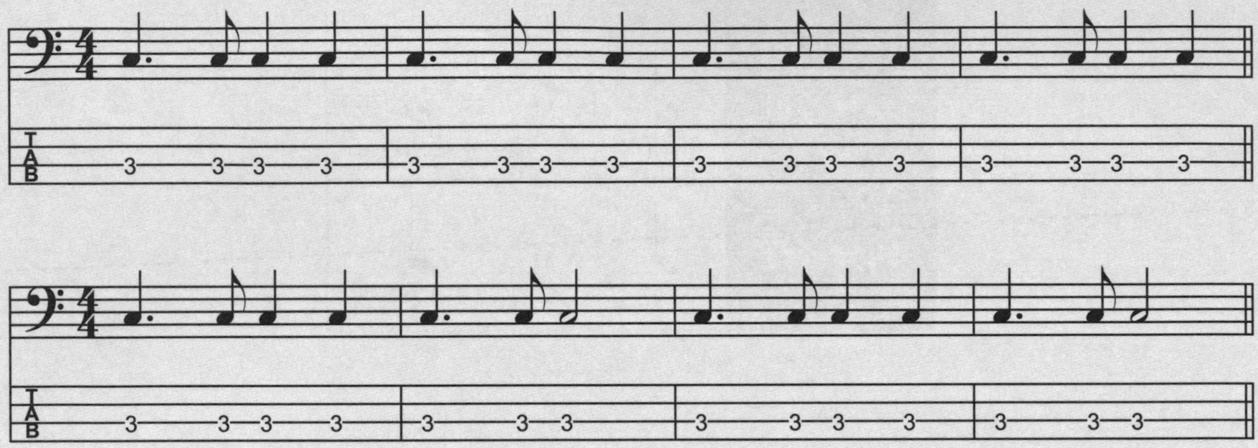

3、變化型（二）：

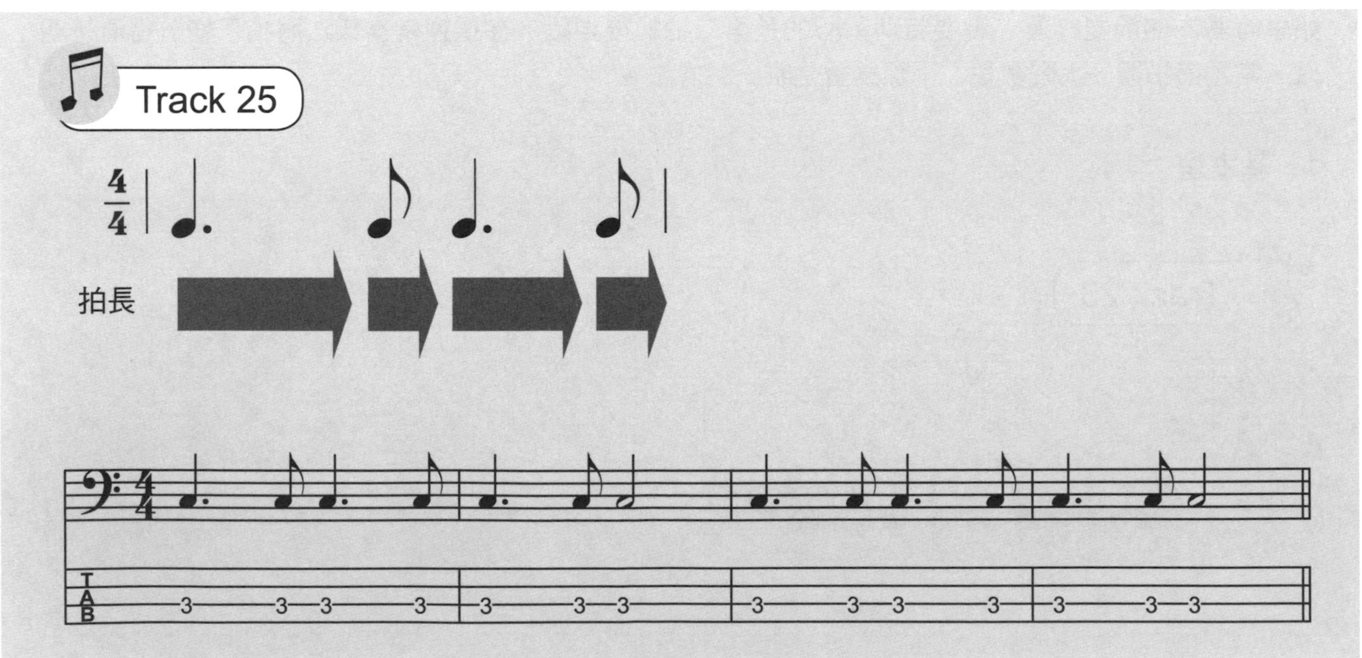

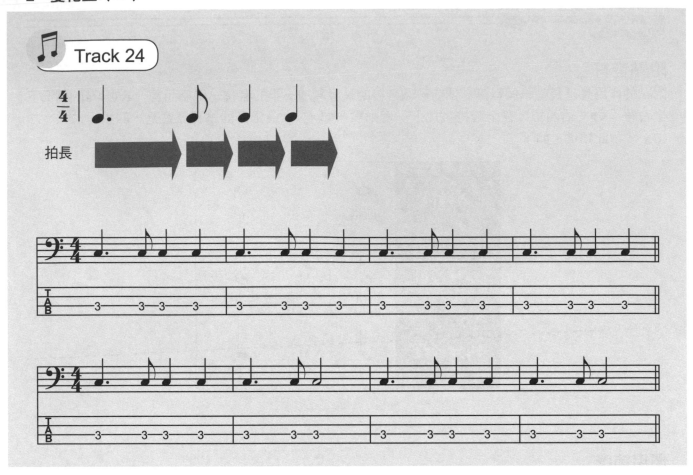

了解節奏和拍點的分布後，開始將以上的慣用節奏，帶到之前的實戰歌曲裡。需要注意的是，這次將幾種不同的變化類型混合在一起。目的除了考驗對這些變化類型的熟悉度外，更重要的是期待大家透過反覆的練習，能巧妙善用這些變化，豐富你的彈奏。

Track 26

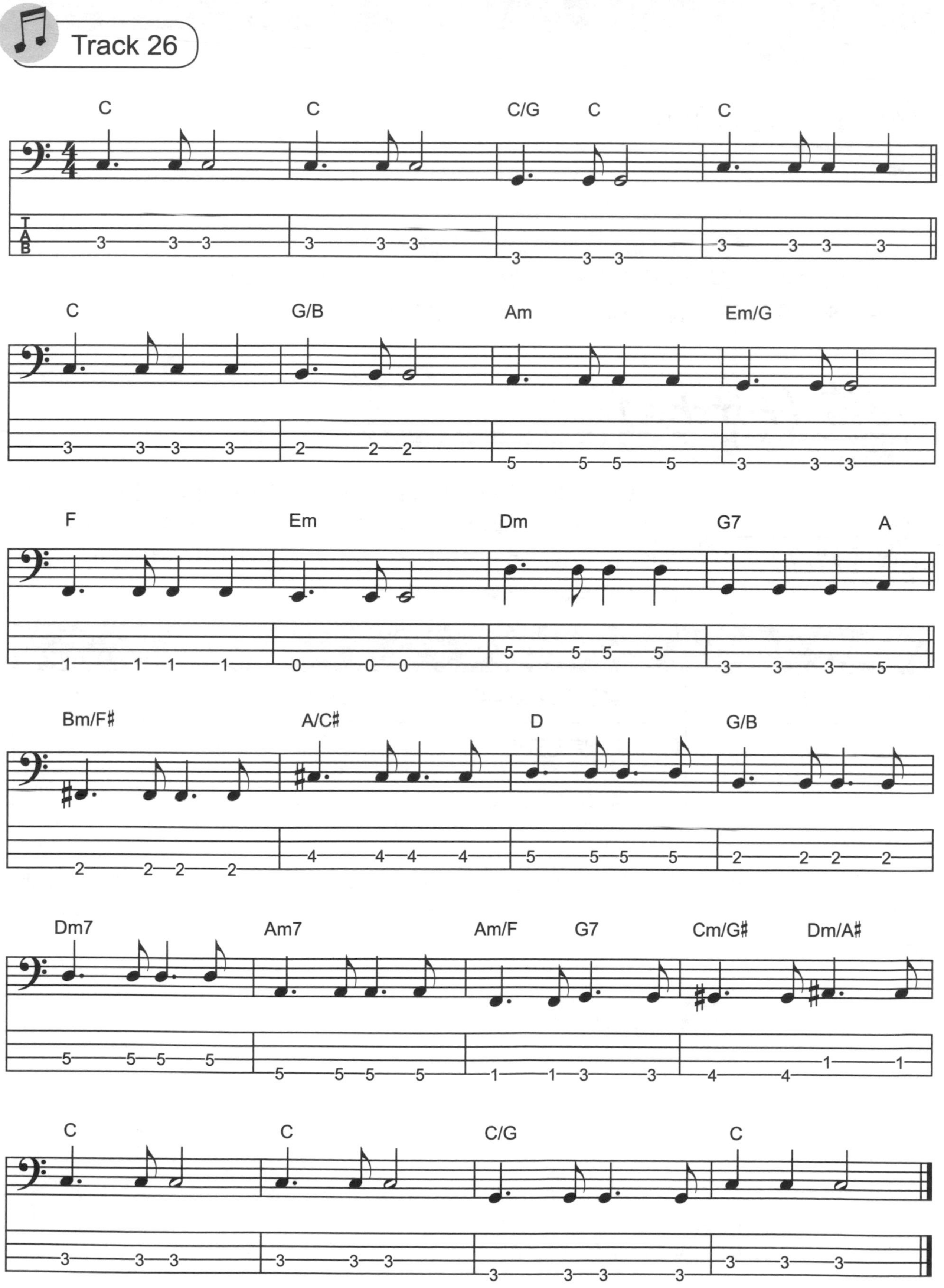

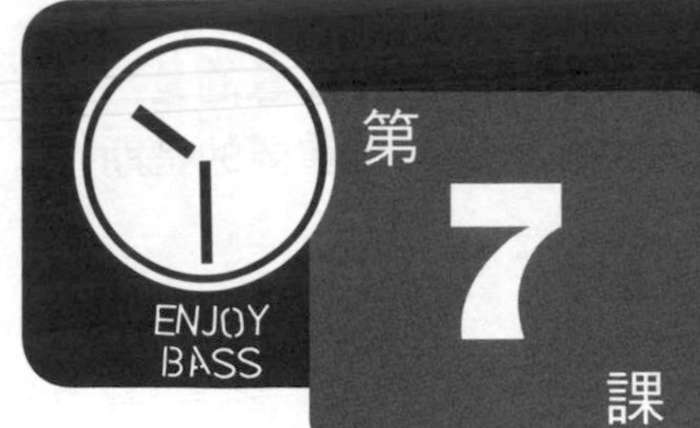

活潑輕快的鄉村風

鄉村（Country）

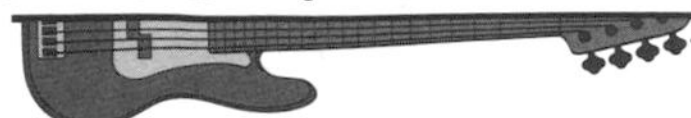

鄉村音樂，也有人稱之為西部音樂（Western），是一種源起於美國南方的音樂類型，自1920年代開始迅速發展。直到現在，鄉村音樂都還是美國最暢銷的音樂類型。

在鄉村音樂當中，貝士是穩定節奏的主要樂器。主音與五度音交互彈奏的手法，更是明顯的特色。現在就來複習一下五度音的概念，並且增加一些彈奏五度音的技巧說明。

五度音（Fifths）

【解說】7-1

貝士旋律線（Bass Lines）中包含許多和弦用音，最基本簡單的就是根音和五度音。事實上，完全五度音是一個很安全的音，可以用在大部份的和弦類型中。正如其名，完全五度音程就是在根音之上的第五個音。如果用之前所學的音程概念可以得出下表：

半音數（琴格數）	音程名稱	英文寫法
6	減五度或增四度	Diminished 5 / Augmented 4
7	完全五度	Perfect 5
8	增五度或小六度	Augmented 5 / Minor 6

一般談論到的五度音多半指的是完全五度，也就是7個半音的距離。所以如果根音為C，距離其完全五度音程（7個半音）的音則為G。根音若為A，其完全五度音則為E。依此類推，就能輕鬆找到任何根音所相對的五度音。

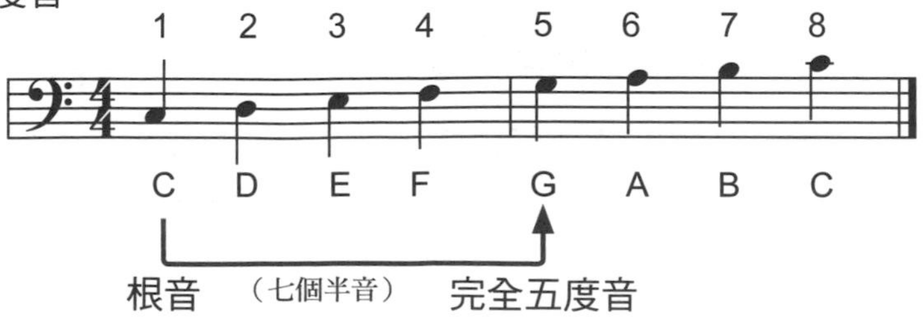

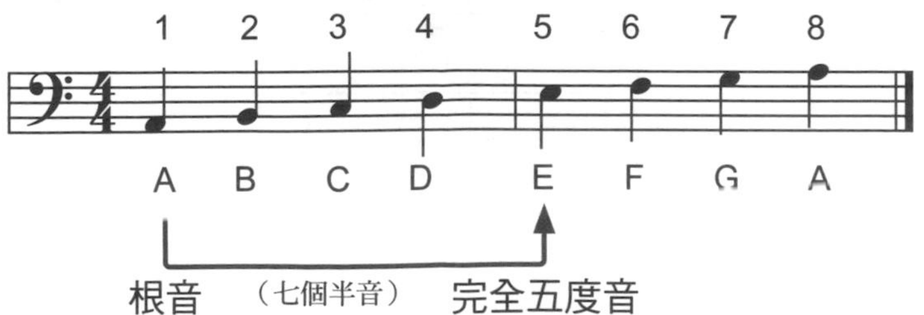

在貝士的指板分布上，完全五度音的位置通常都會落在距離根音兩格的下一弦上。不管根音為何，都可以透過這個固定位置（Shape），找到所對應的五度音。

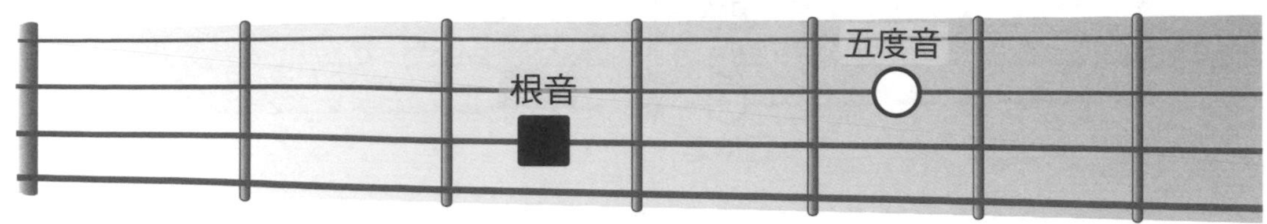

透過以下的練習，能更熟悉這個固定的位置。彈奏時建議以食指按主音，以小指按五度音，這樣可以有效減輕左手肌肉的擴張和拉扯。

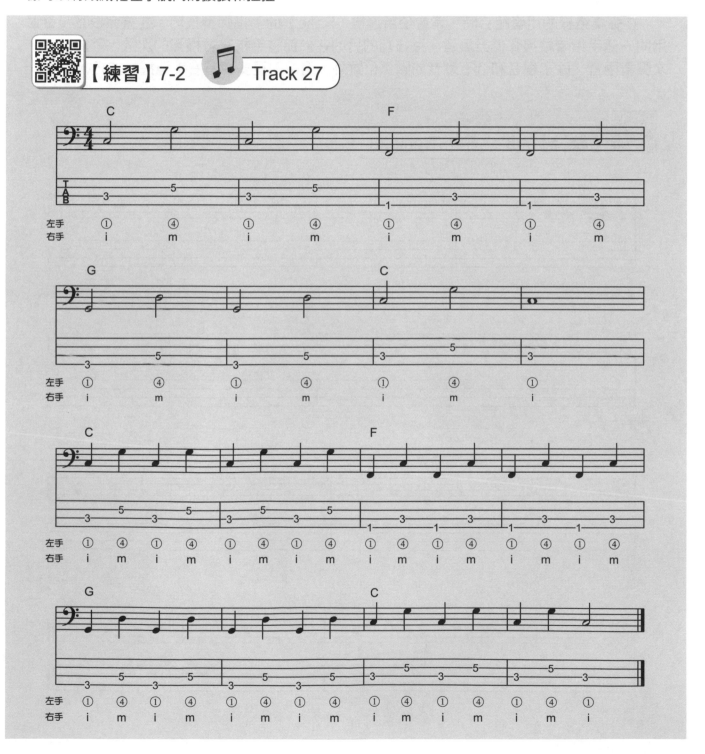

【練習】7-2 Track 27

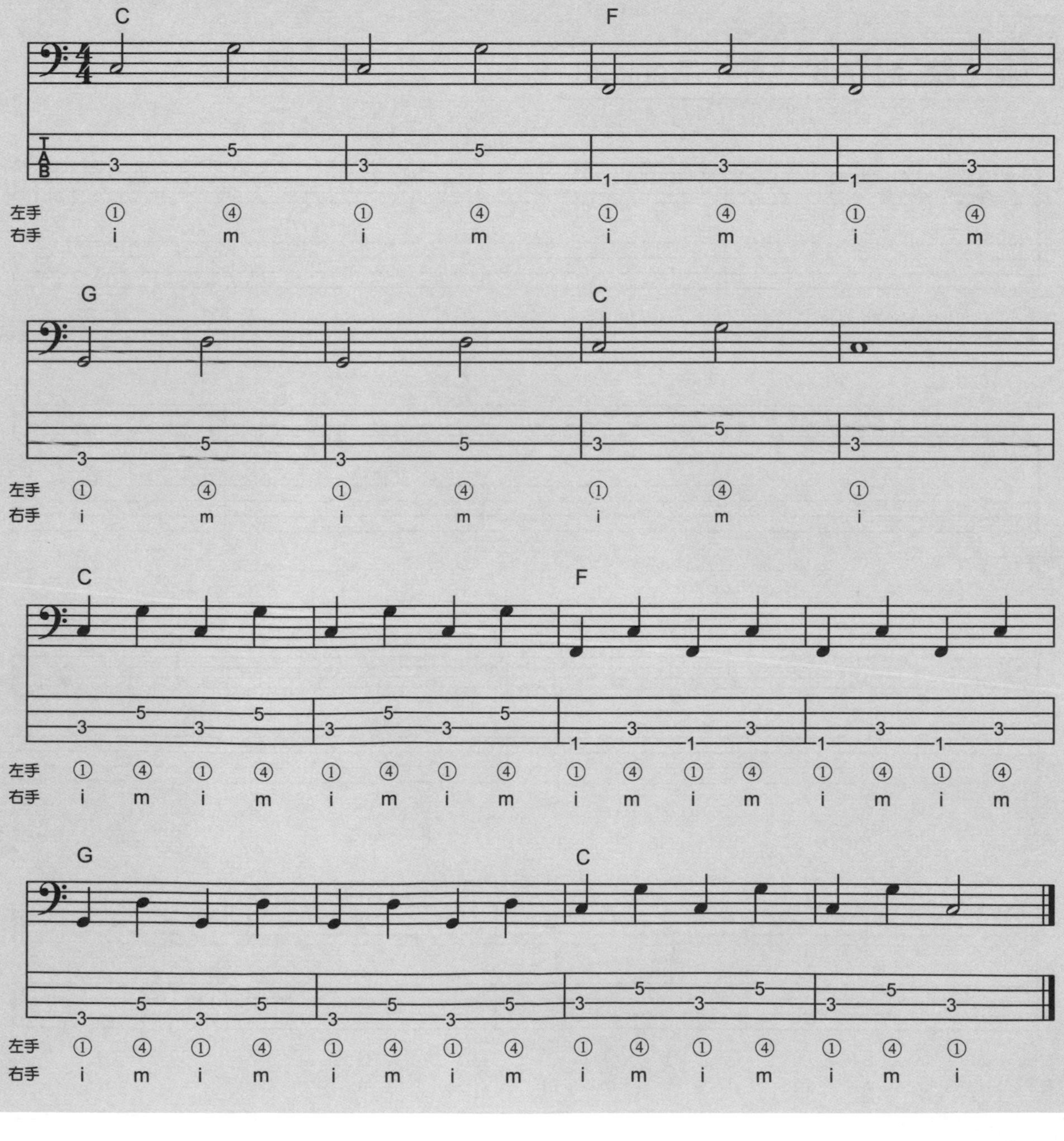

C F

左手 ① ④ ① ④ ① ④ ① ④
右手 i m i m i m i m

G C

左手 ① ④ ① ④ ① ④ ①
右手 i m i m i m i

C F

左手 ① ④ ① ④ ① ④ ① ④ ① ④ ① ④ ① ④ ① ④
右手 i m i m i m i m i m i m i m i m

G C

左手 ① ④ ① ④ ① ④ ① ④ ① ④ ① ④ ① ④ ①
右手 i m i m i m i m i m i m i m i

除了上面所提到的五度音位置之外，還能夠往低音的方向找到另一個低五度音（5th Below），這個低五度音一般都與根音落在同一格中。

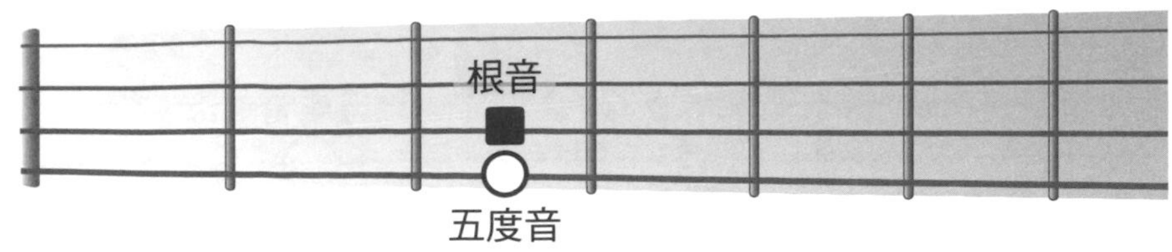

連指技巧

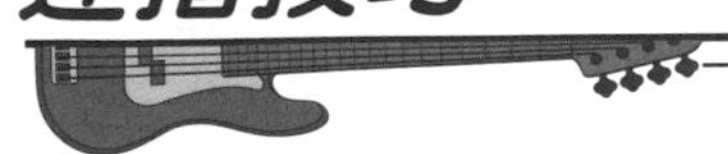

在彈奏這樣的用音組合時，常會使用連撥（Rake）的手指彈奏技巧。在撥完根音後會使用同一個手指繼續撥彈低五度音。這技巧的目的在於節省手指交替撥彈的次數，等於運指一次彈奏兩音。除了根音和低五度音的關係位置外，還需要更多練習右手連撥的技巧。

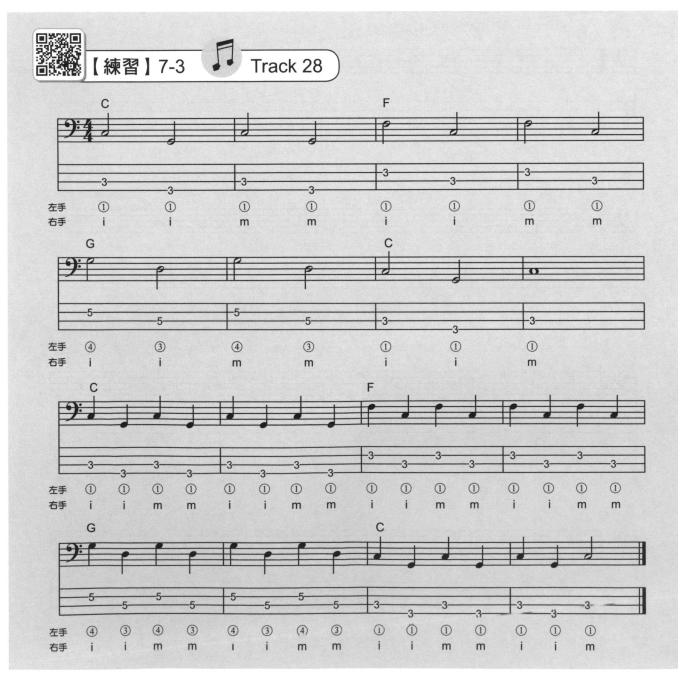

【練習】7-3 Track 28

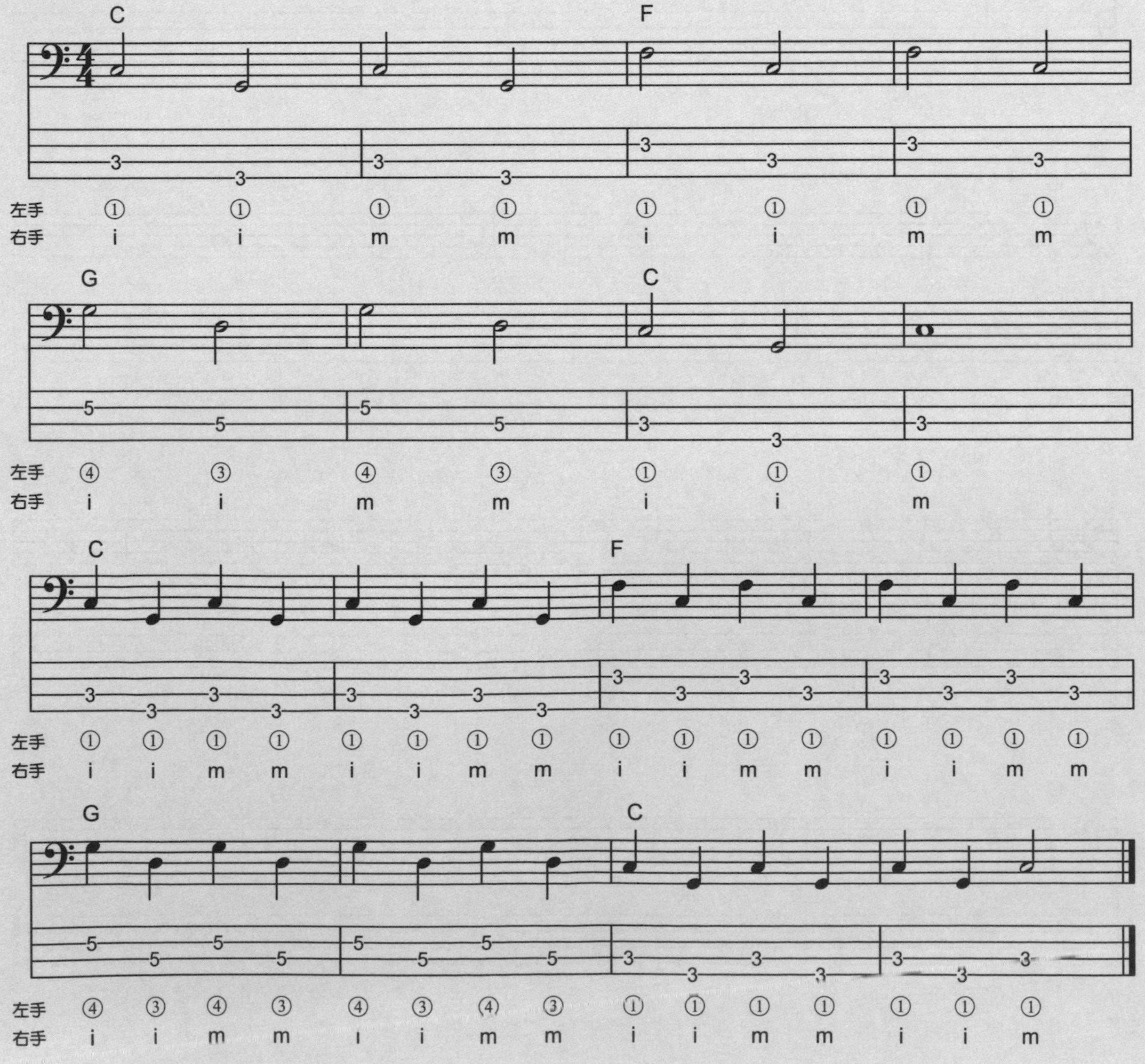

和弦	C				F			
TAB	3	3	3	3	3	3	3	3
左手	①	①	①	①	①	①	①	①
右手	i	i	m	m	i	i	m	m

和弦	G				C		
TAB	5	5	5	5	3	3	3
左手	④	③	④	③	①	①	①
右手	i	i	m	m	i	i	m

和弦	C								F							
TAB	3	3	3	3	3	3	3	3	3	3	3	3	3	3	3	3
左手	①	①	①	①	①	①	①	①	①	①	①	①	①	①	①	①
右手	i	i	m	m	i	i	m	m	i	i	m	m	i	i	m	m

和弦	G								C						
TAB	5	5	5	5	5	5	5	5	3	3	3	3	3	3	3
左手	④	③	④	③	④	③	④	③	①	①	①	①	①	①	①
右手	i	i	m	m	i	i	m	m	i	i	m	m	i	i	m

歌曲分段練習

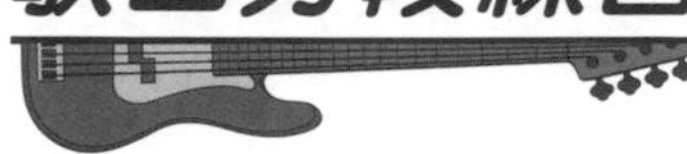

1、主歌：

除了主音和五度音互換外，還需要留意一小節中有兩個和弦時的變換。

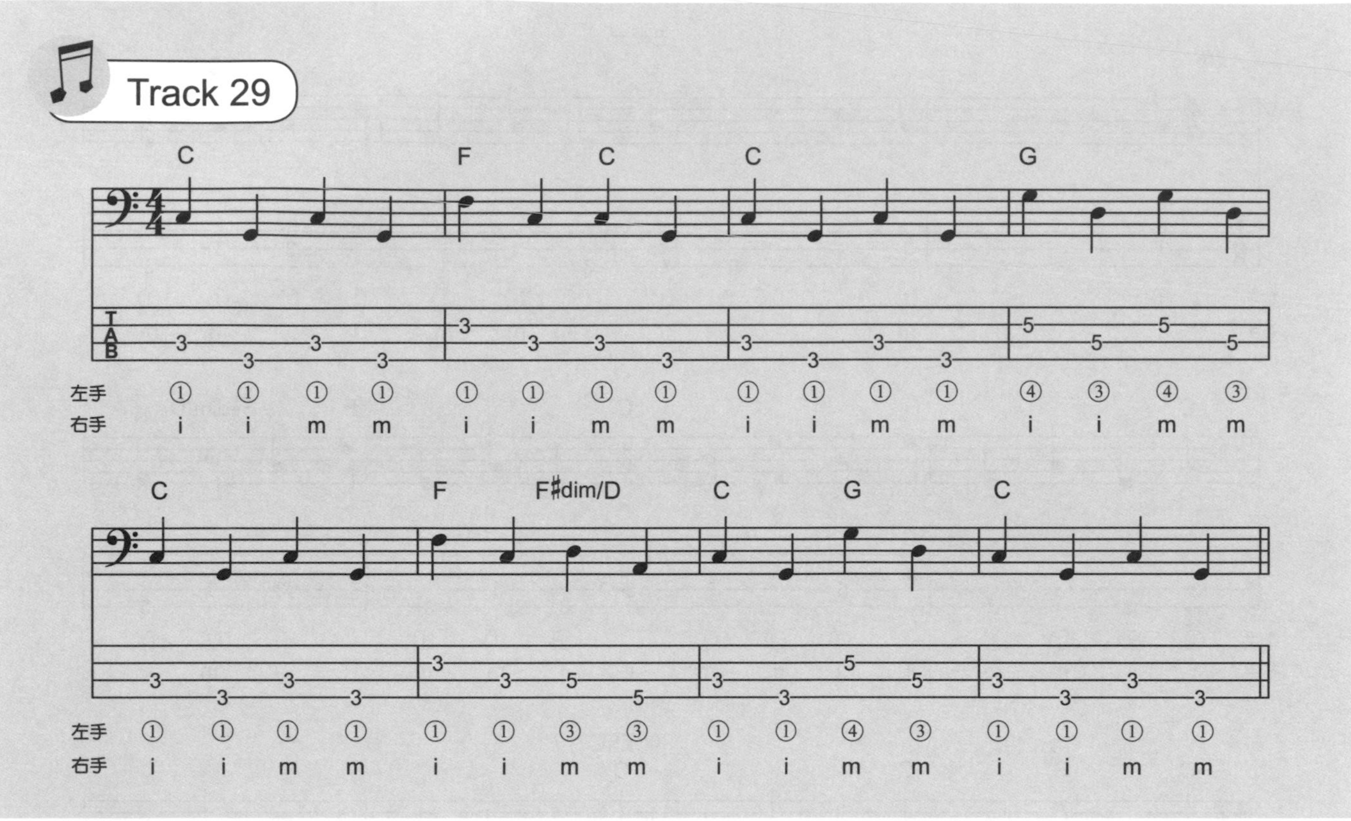

2、副歌：

副歌中每一小節的第四拍都有一個八分音符的變化，注意在這裡的連撥技巧。

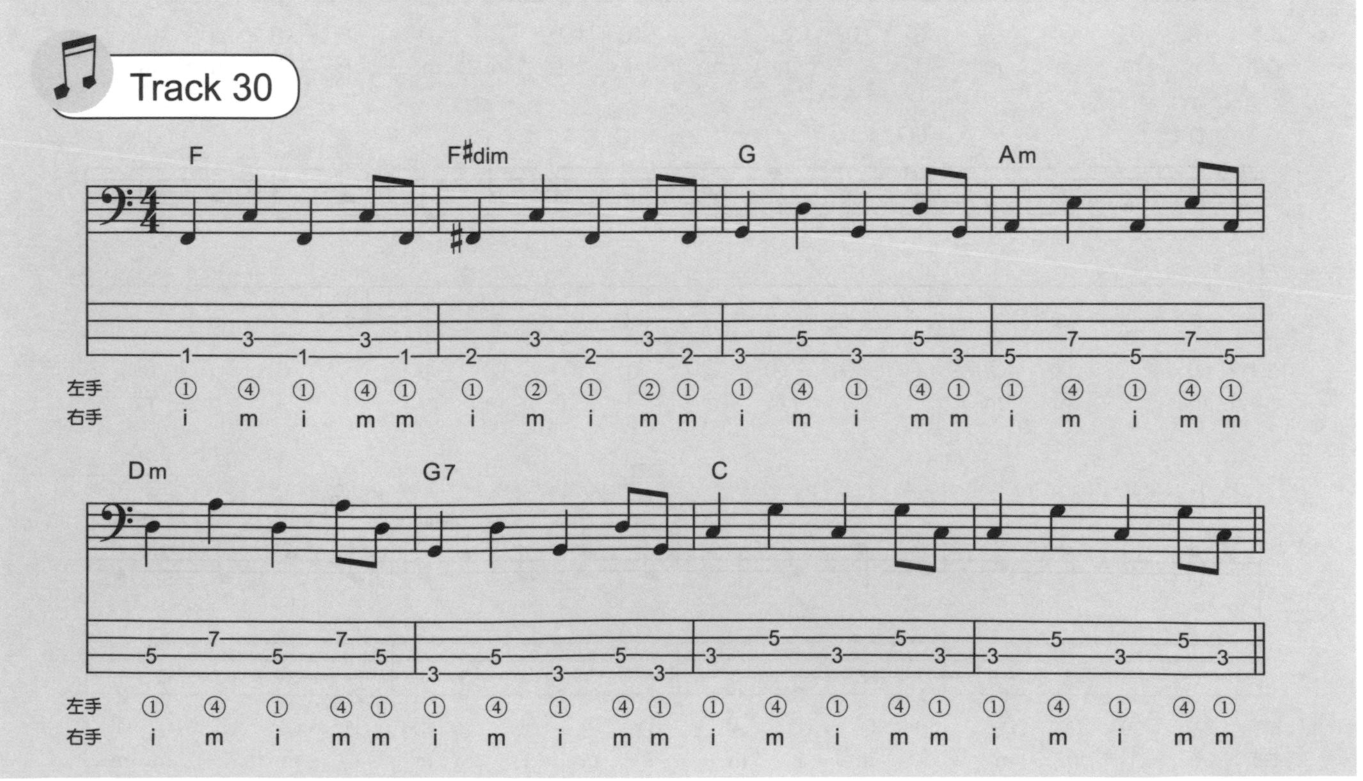

【練習曲】

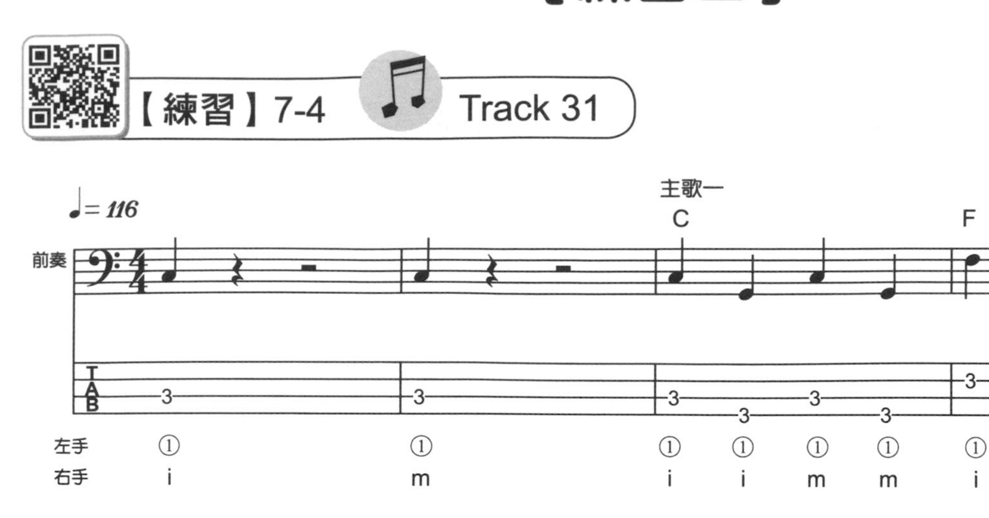
【練習】7-4
Track 31
♩= 116
主歌一
C
F
前奏
左手
右手

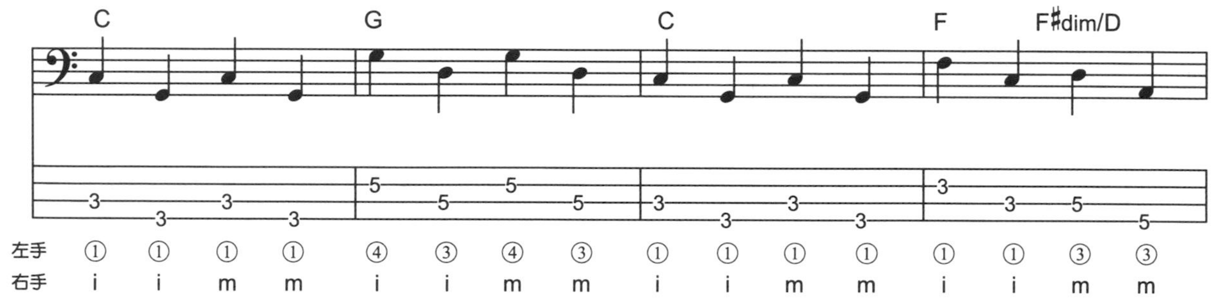
C
G
C
F
F♯dim/D
左手
右手

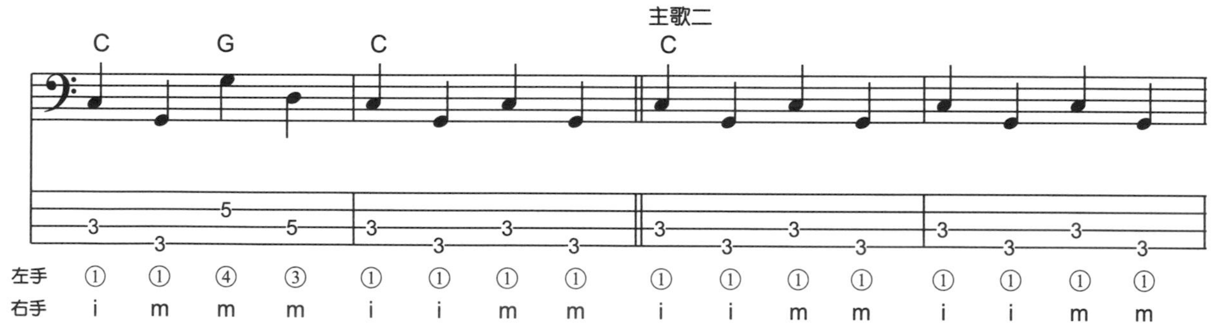
主歌二
C
G
C
C
左手
右手

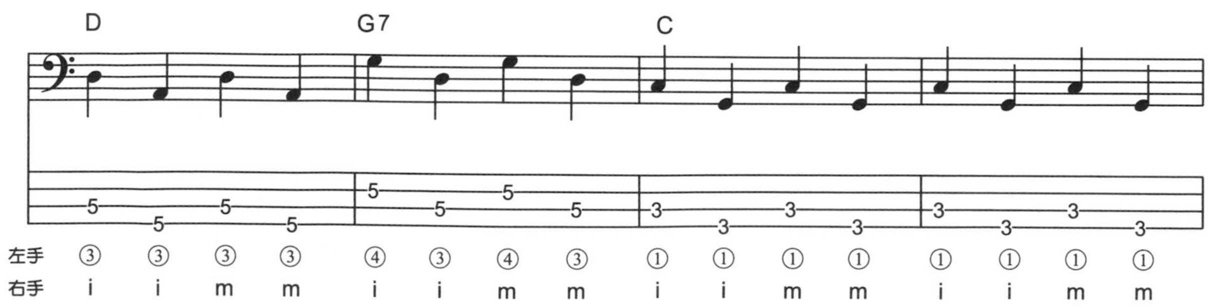
D
G7
C
左手
右手

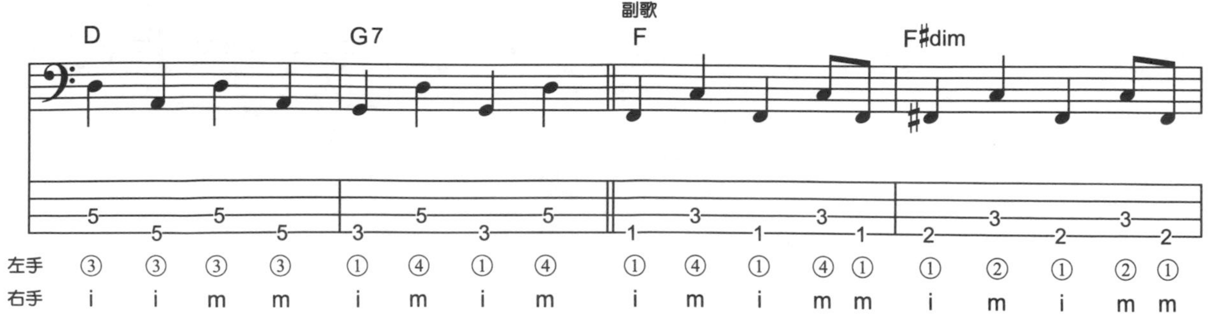
副歌
D
G7
F
F♯dim
左手
右手

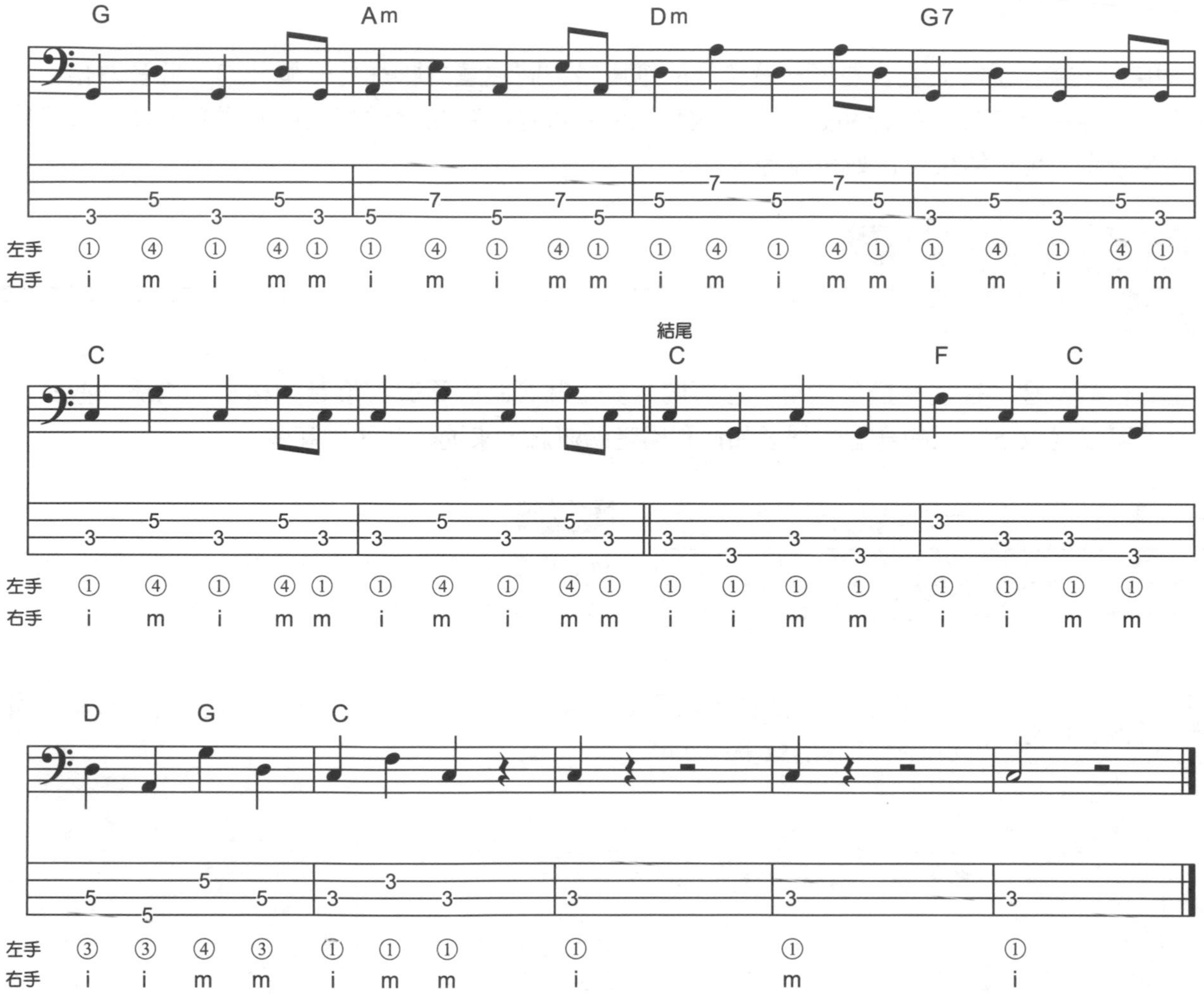

	G					Am					Dm					G7				
TAB	3	5	3	5	3	5	7	5	7	5	5	7	5	7	5	3	5	3	5	3
左手	①	④	①	④	①	①	④	①	④	①	①	④	①	④	①	①	④	①	④	①
右手	i	m	i	m	m	i	m	i	m	m	i	m	i	m	m	i	m	i	m	m

	C										結尾 C				F		C	
TAB	3	5	3	5	3	3	5	3	5	3	3	3	3	3	3	3	3	3
左手	①	④	①	④	①	①	④	①	④	①	①	①	①	①	①	①	①	①
右手	i	m	i	m	m	i	m	i	m	m	i	i	m	m	i	i	m	m

	D		G		C					
TAB	5	5	5	5	3	3	3	3	3	3
左手	③	③	④	③	①	①	①	①	①	①
右手	i	i	m	m	i	m	m	i	m	i

低音號（Tuba）

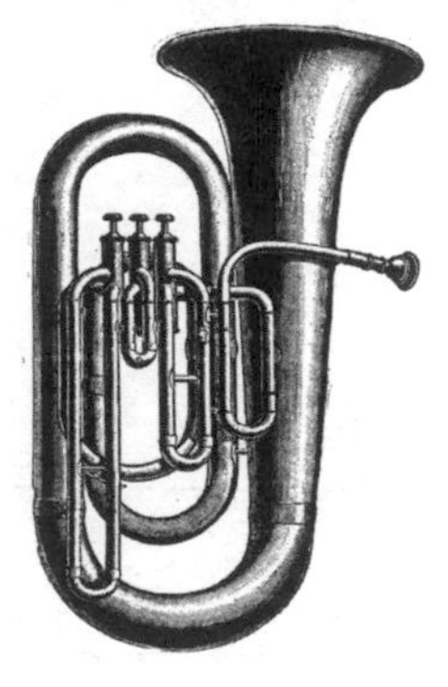

在電貝士或低音大提琴還沒被廣泛用在爵士樂時，低音號 （Tuba）是負責低音的主要樂器。但低音號無論在搬運或吹奏方面，都不是個靈活的樂器。所以當時低音旋律的組成，就多半是根音和五度音的搭配了。

但是對於支持和強化和弦來說，這是一種用音最少，卻又最有效的伴奏方法。這種伴奏的手法最常在鄉村（Country）和拉丁（Latin）音樂裡出現。

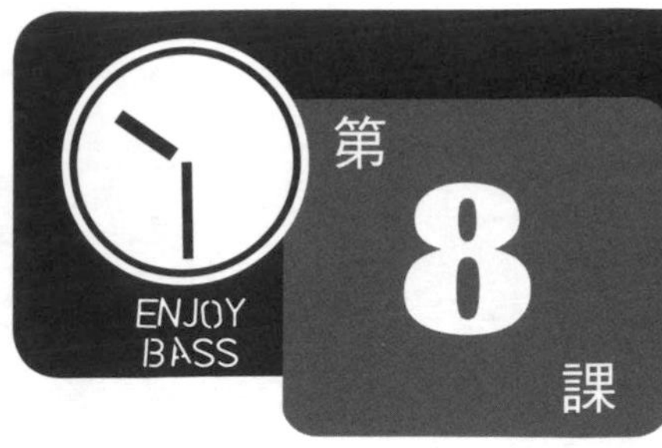

和弦連結與五度音應用

承接上一課，了解五度音在鄉村音樂裡的應用後，將注意力轉往另一個面向「低音連結」。為了讓低音旋律進行流暢，連結和弦與下一個和弦，所以在兩和弦之間加入些許用音。這些音可能來自和弦組成音，也可能來自音階組成音。

和弦間連結練習

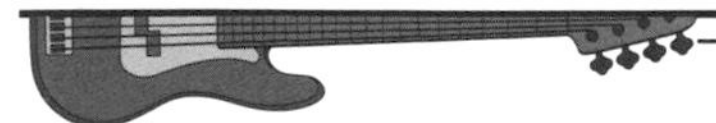

在鄉村音樂裡，往往會聽到段落與段落間，貝士部分跳脫原有五度音的模式，增添一些樂句上的變化。可以從以下實際的練習中學習如何利用音階概念，來連結和弦與和弦。

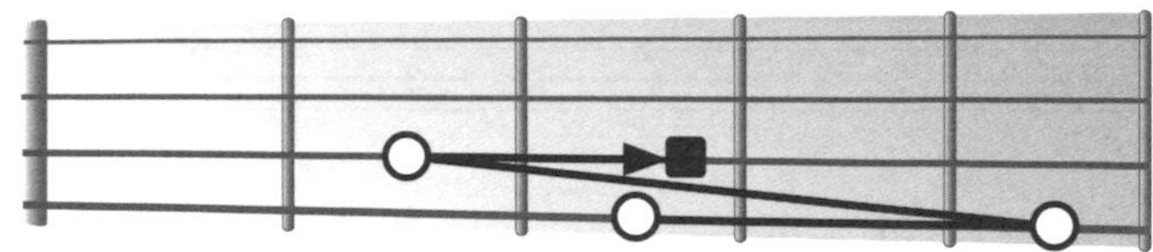

練習1

以C和弦為例子，為了增添貝士樂句的變化以及張力，在適當的位置添加一些音，如下：

Track 32

配合以上的指板圖可以發現，在第二和第四小節所使用的音，都具有引導到下一和弦的感覺和功能。

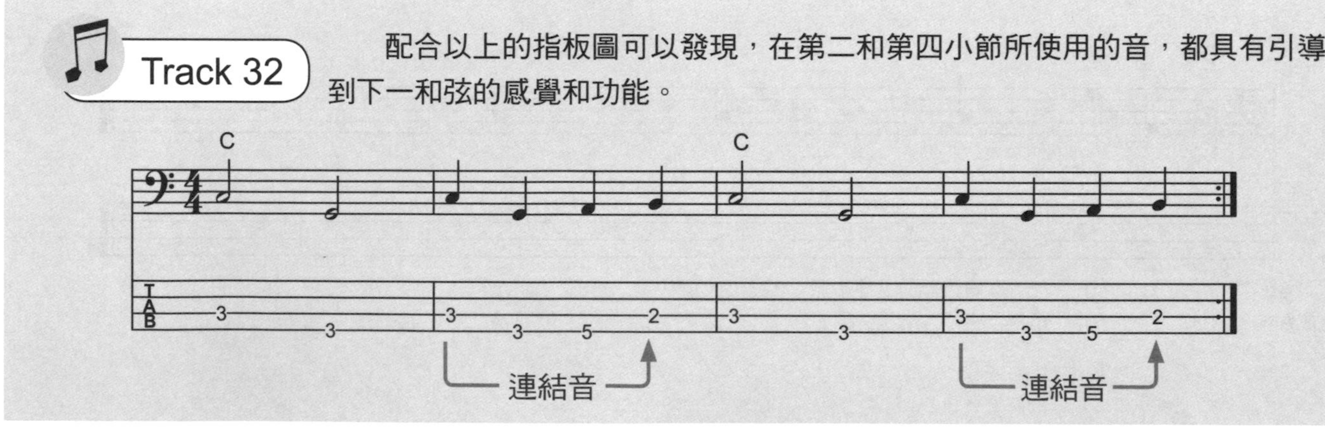

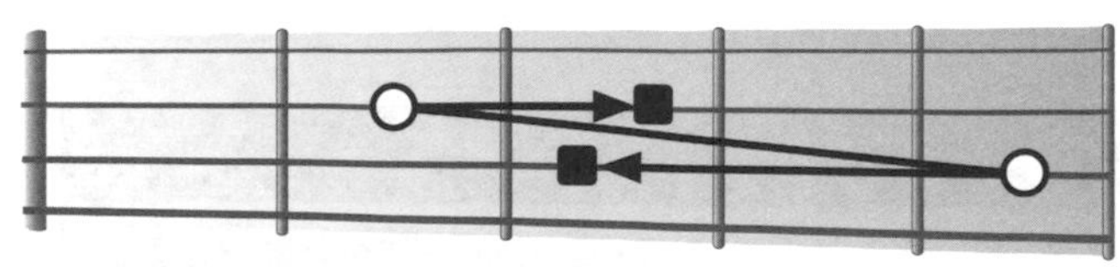

練習2

這一個練習是學習從C和F和弦之間的連結。不難發現，從C到F是一個漸漸上行的用音排列。相反的，由F回到C則是一個下行排列。

Track 33

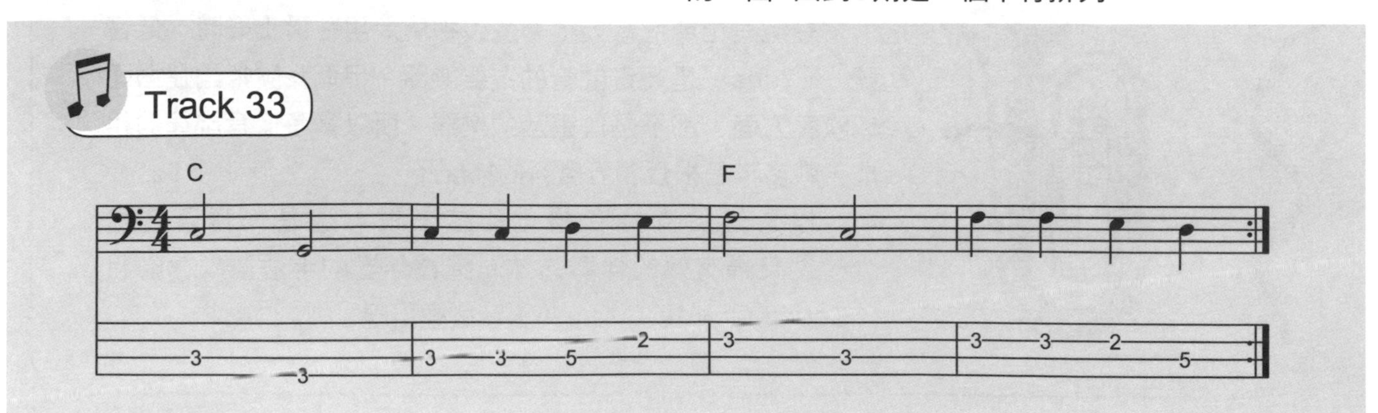

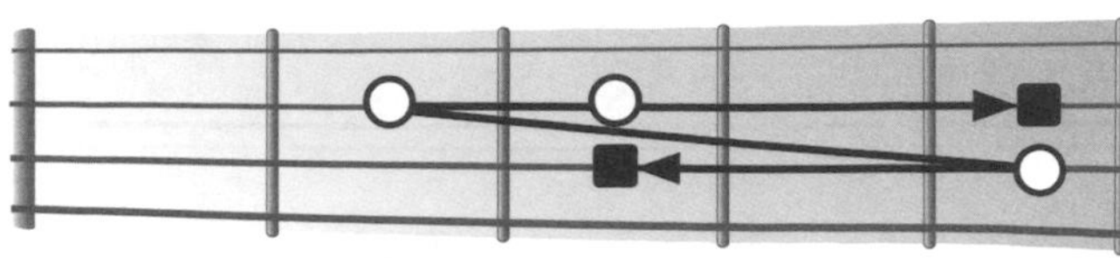

練習3

最後一組練習是處理C和G和弦之間的連結。可多留意之間的上下行關係。

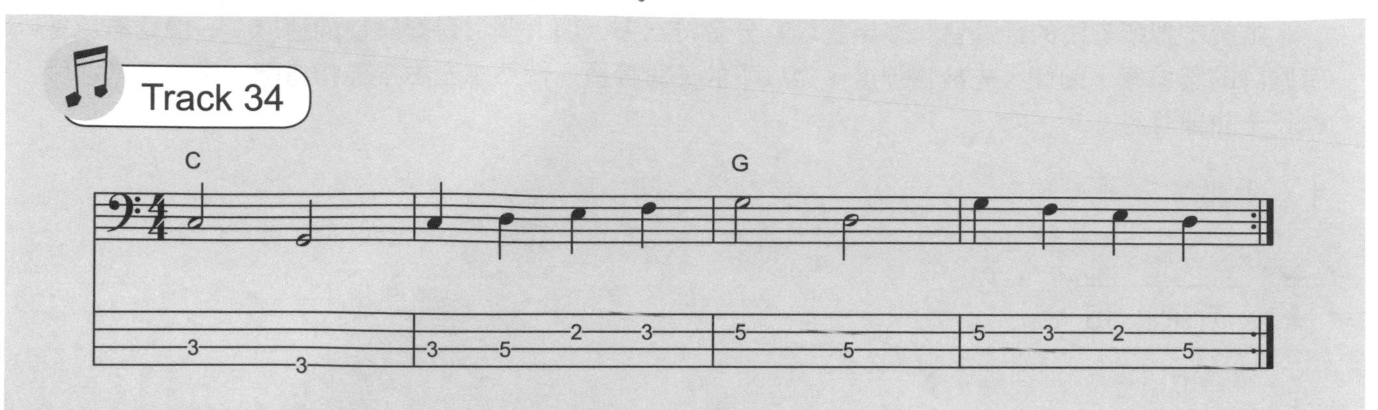

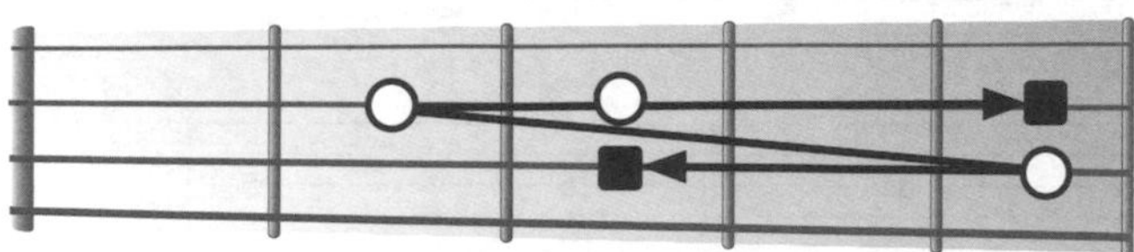

練習4

將以上出現過的和弦連結，整合成以下的練習。請特別留意和弦間連結，以及用音排列的部分。

Track 35

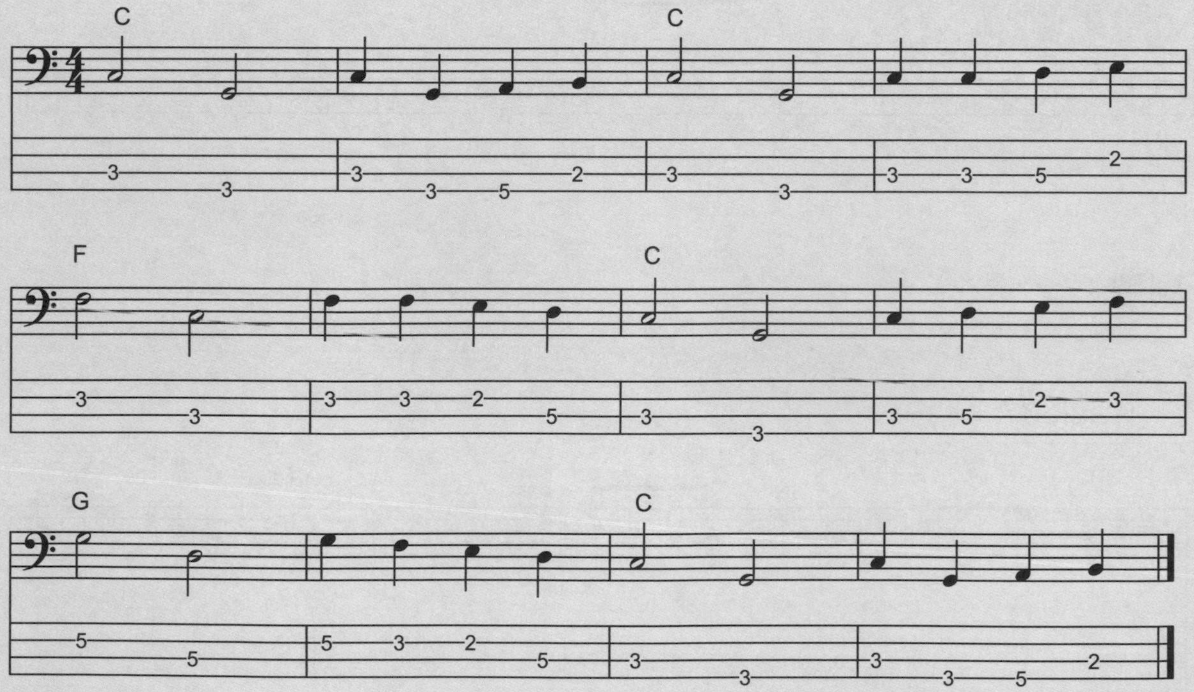

C C

F C

G C

在了解經過音後，需要更多的練習，將這個觀念應用在本課的音樂裡。

經過音的運用 ※以下內容難度較高，請耐心練習。

由於本課所安排的經過音，多半是以八分音符為主，加上鄉村音樂輕快的速度，一開始難免會有些許的緊迫感。因此，先放慢速度，做以下的分段練習。待熟悉左右手運指搭配，再以正常速度執行全曲練習。

1、主歌：

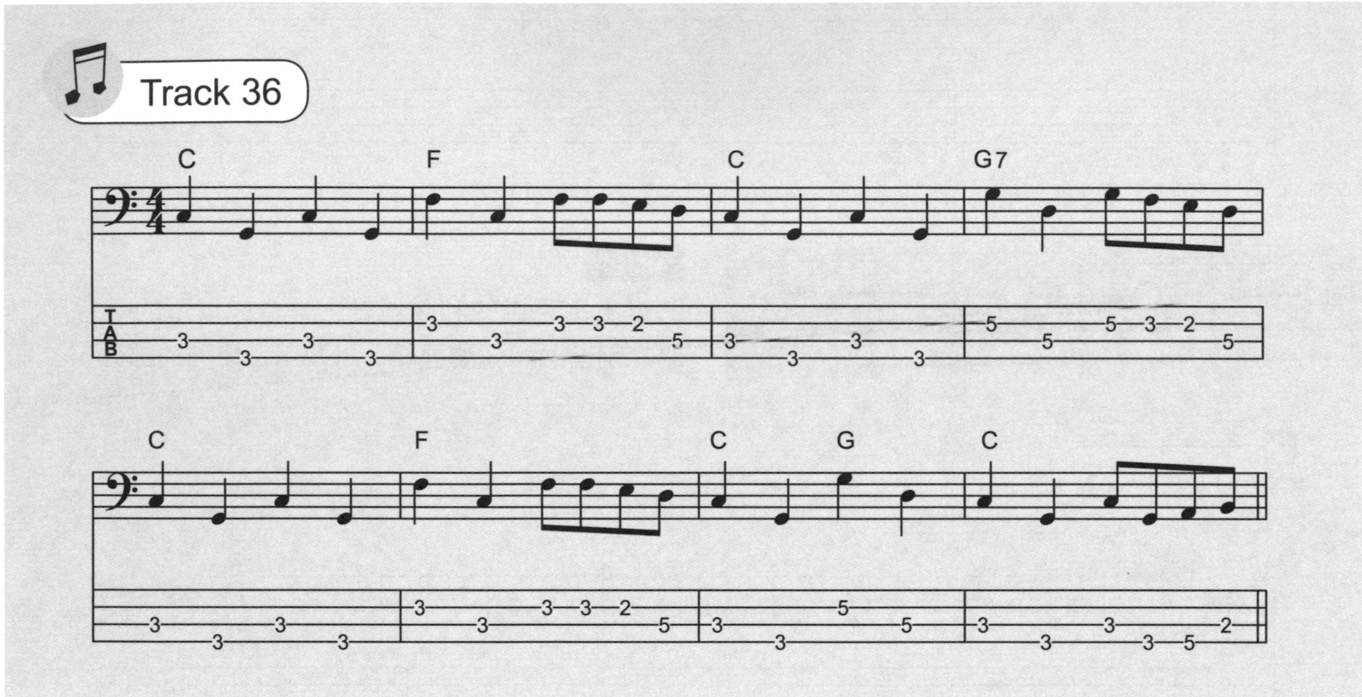

2、副歌：

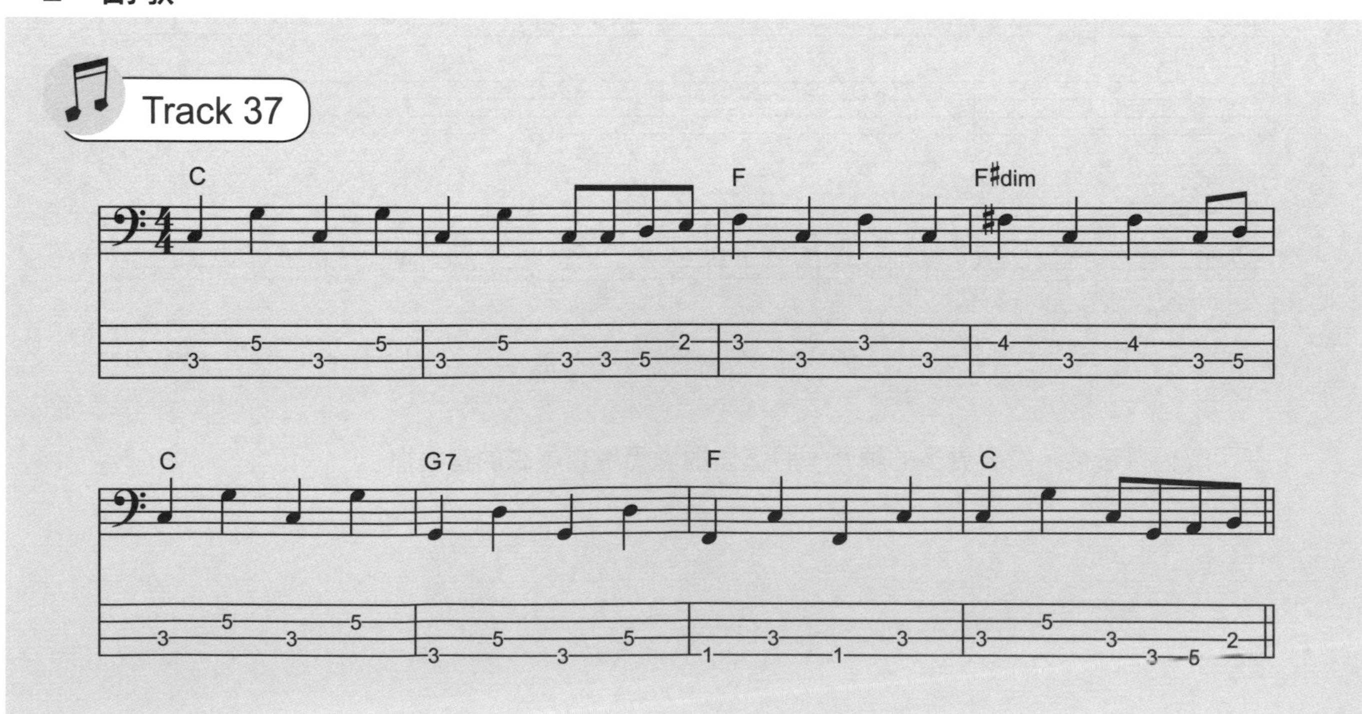

【練習曲】

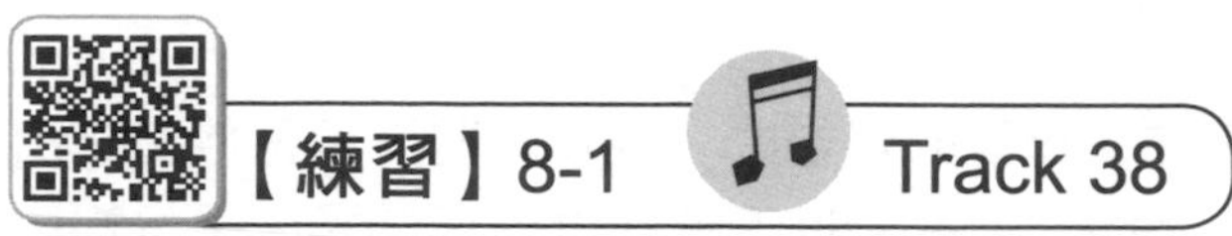

♩= 100

主歌

C F C G7

C F C G C

副歌

C F F♯dim

C G7 F C

結尾

C F G7 C

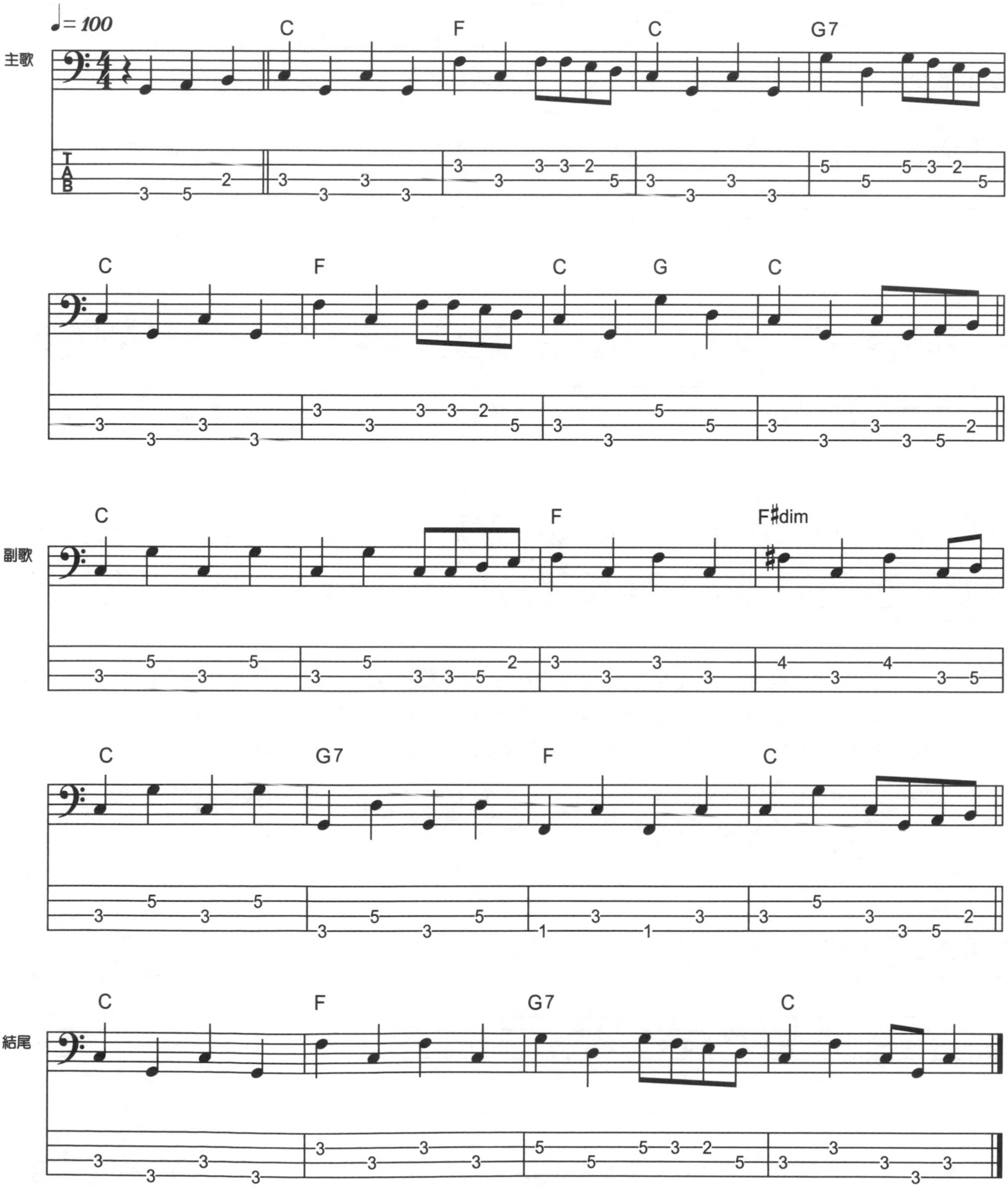

五度音應用及進階彈奏技巧

五度音不但可以用在鄉村音樂，更可以廣泛應用在各類型的音樂中。現在就將五度音放在之前提到的慣用節奏中，並藉由慣用節奏將五度音應用在不同音樂裡。以下整理出12個練習，是以慣用節奏為基礎加上五度音變化。很容易在抒情（Ballad）、搖滾（Rock）、鄉村（Country）、巴薩諾瓦（Bossa Nova）、森巴（Samba）和其他的拉丁音樂裡找到這樣的應用。譜例下方標示的「R」代表和弦根音、「5↑」代表高五度音、「5↓」代表低五度音。

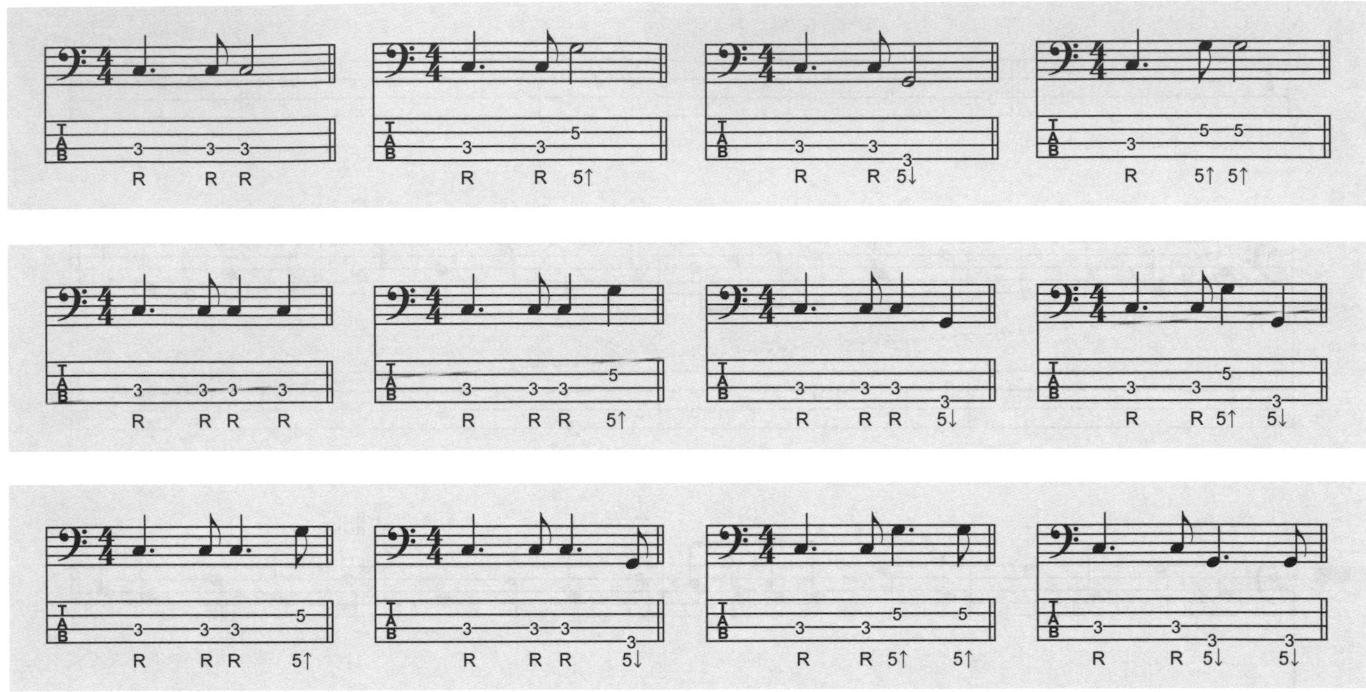

接下來，將這樣這些模式變化搭配音樂應用出來。不難發現，一但套用這個模式後，許多和弦與和弦之間自然會透過五度音加以連結，這也就是五度音之所以重要的原因。應用五度音，不但可以使原本單調的根音配奏有用音上的變化，也能幫助和弦與和弦的連結更圓滑。

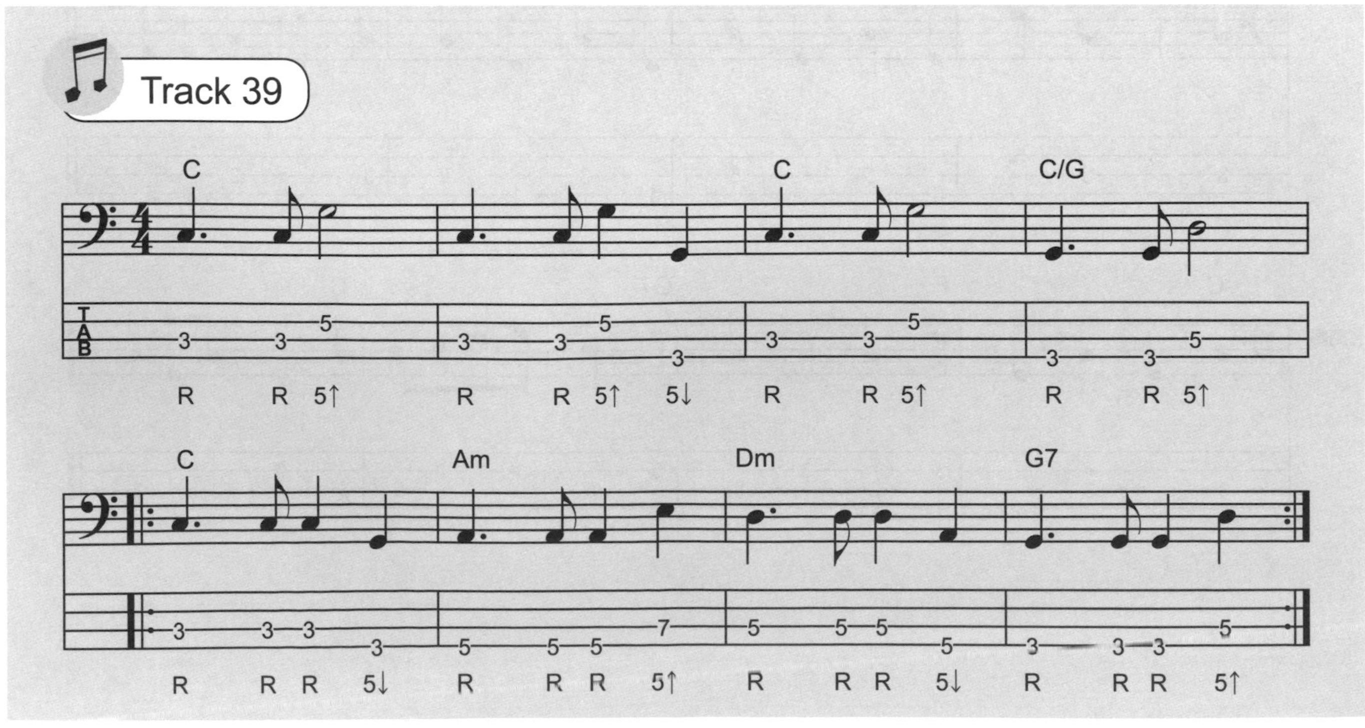

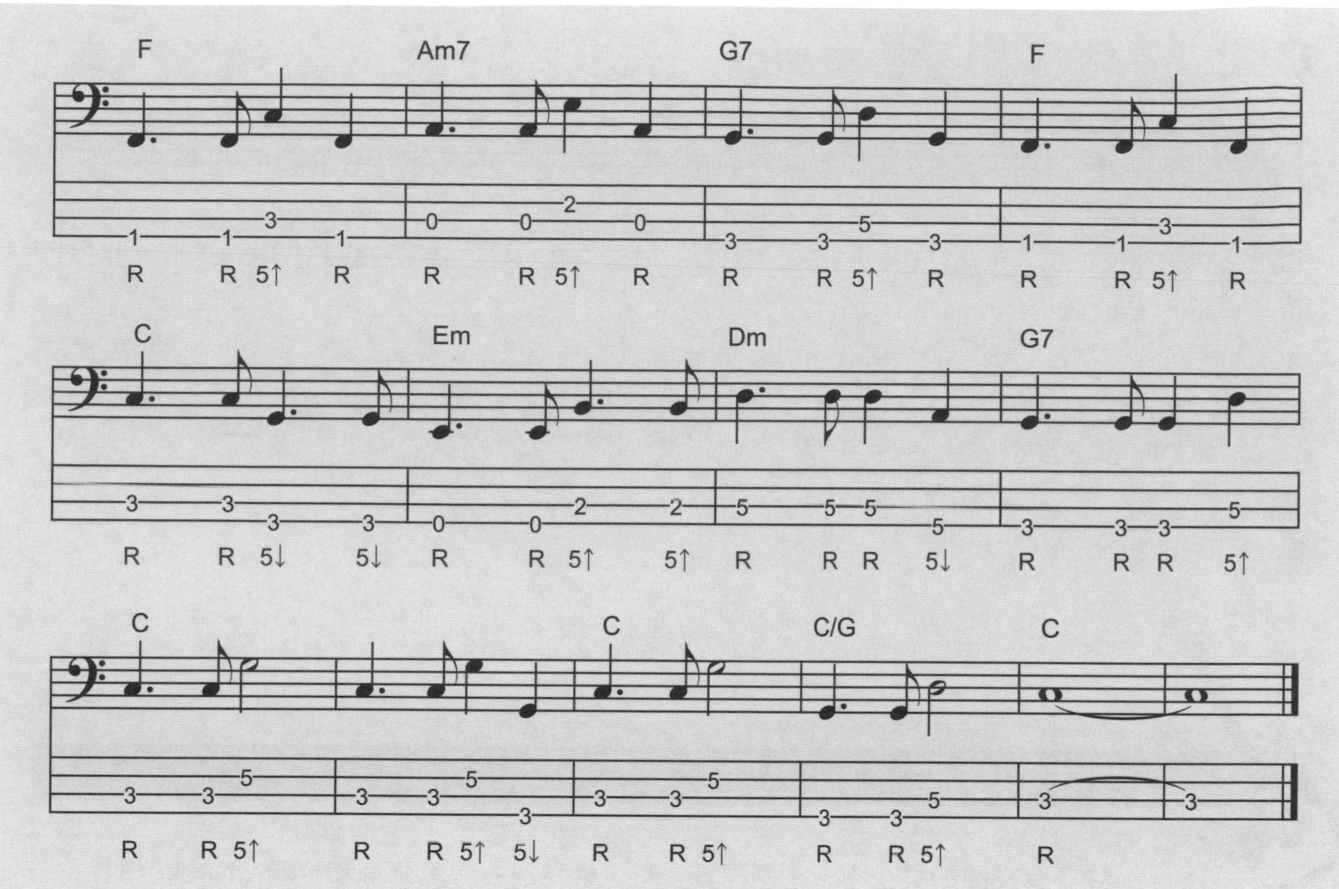

五度音彈奏技巧鍛鍊

熟悉五度音的位置和一般性的應用後，可以更一步地精進彈奏技巧。以下安排的練習是針對右手撥弦的密集鍛鍊，也是未來八度音跨弦彈奏的基礎。建議剛開始以慢速進行，確實注意每個音的音量和力度的表現，以及在鄰近兩弦間移動的流暢度，下一個階段才是速度的提升和耐力的訓練。這樣的練習對於貝士手來說是基本且重要，不論程度如何都要多花時間在練習上。

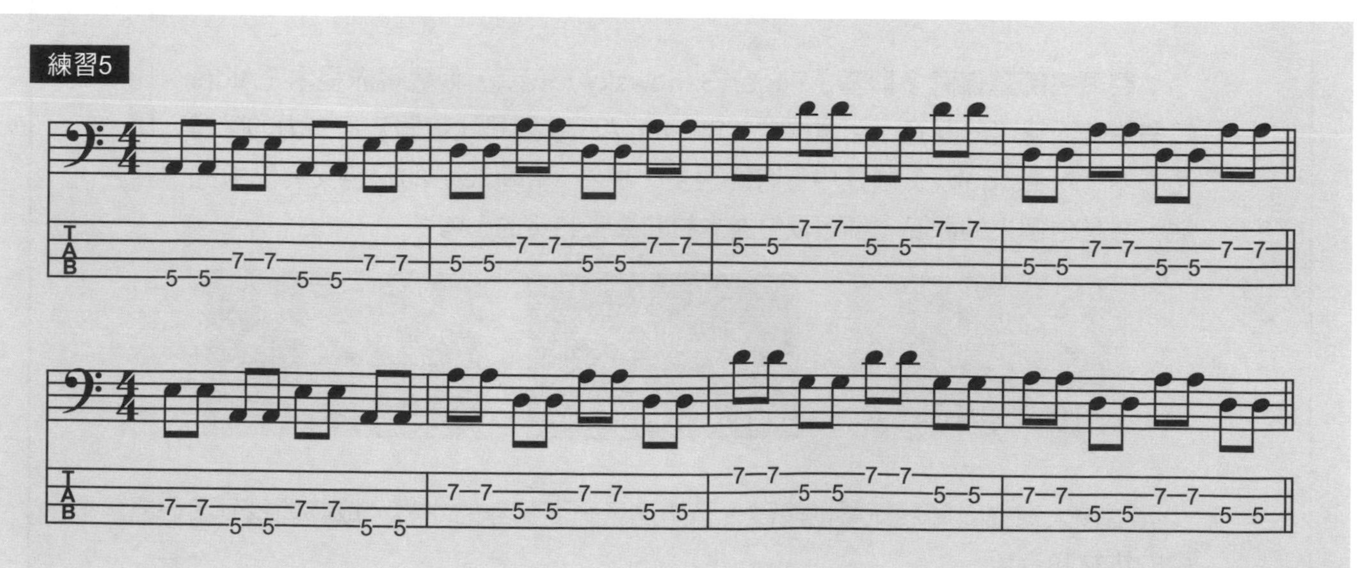

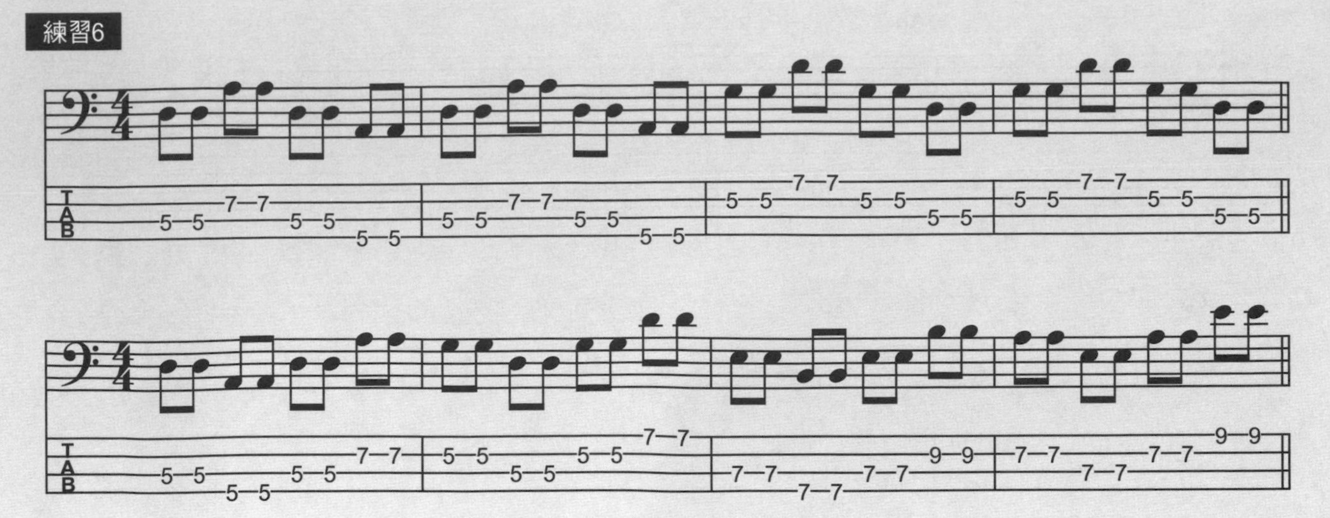

琴身木料選擇

許多有經驗的貝士手，在選擇貝士時，會特別去考量琴身和琴頸（Neck）的質材。因為他們知道，不同的質材會彈出不同的音色。例如：蓋瑞威理斯（Gary Willis）個人比較偏好重量較輕的木頭，不是因為他嫌琴太重，而是因為他需要較好的低頻共鳴。如果你也有類似的聽覺喜好，那麼鎖螺絲（Bolt-On）的結構，搭配低密度的琴身，例如：輕梣木（Light Ash）、赤楊木（Alder）或是菩提木（Basswood），變成是重要的選擇方向。

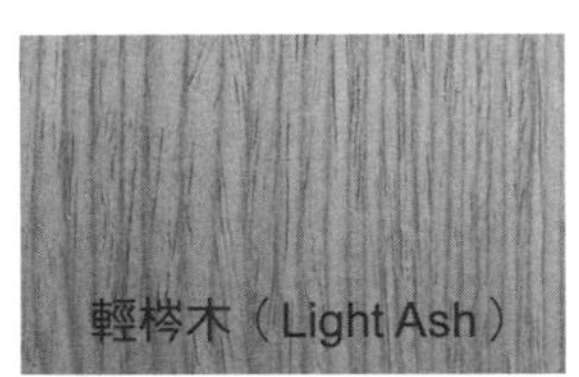
輕梣木（Light Ash）

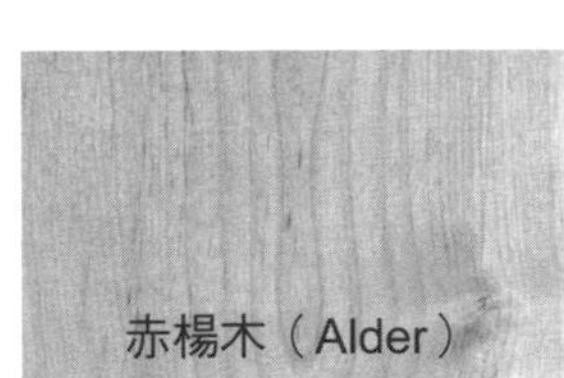
赤楊木（Alder）

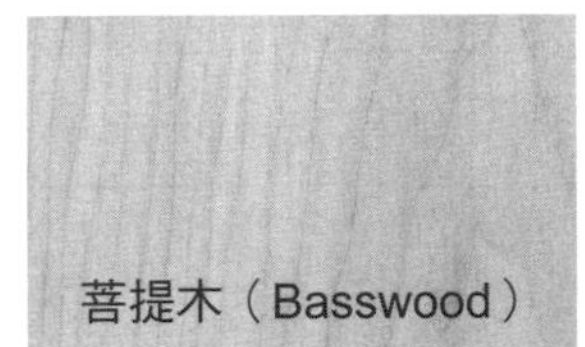
菩提木（Basswood）

製琴名師羅傑薩多斯基（Roger Sadowsky）表示，他覺得赤楊木（Alder）比較偏甜美而溫暖的聲音。沼澤梣木（Swamp Ash）則是比較緊實而有力的聲音。桃花心木（Mahogany）則是中音有點過多，楓木（Maple）的音色又有點太亮。當然，這是他個人的觀點，卻可以做為木材和聲音特質的參考。

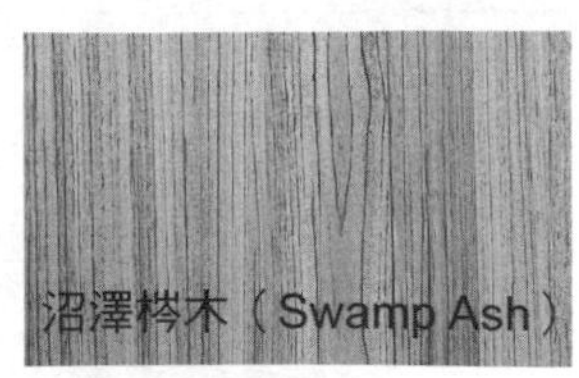
沼澤梣木（Swamp Ash）

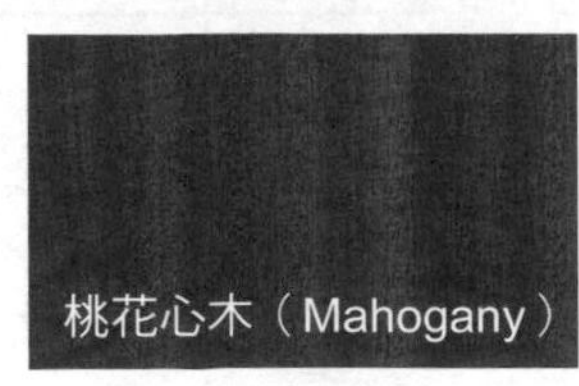
桃花心木（Mahogany）

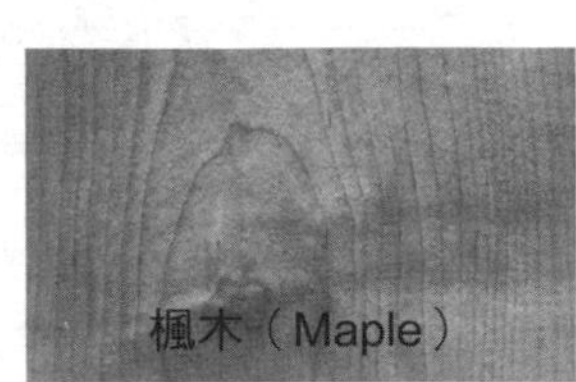
楓木（Maple）

往後大家在看琴或試琴的時候，不妨注意一下琴身的木材，或許能找到自己喜歡的質材和音色。

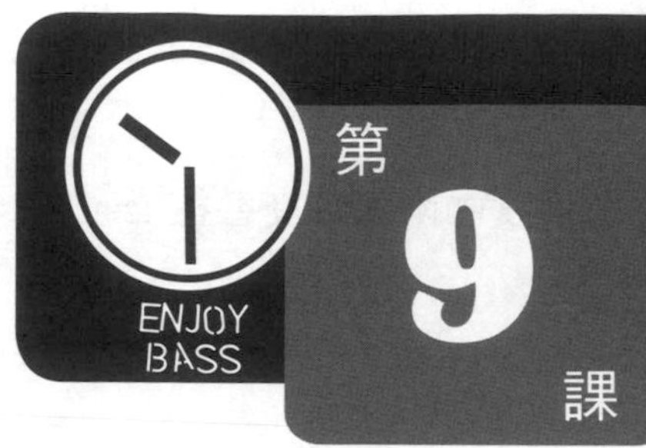

充滿活力的搖滾風

「搖滾」可說是一個以吉他為主的音樂類型。樂團也大多是由吉他、貝士、鼓和主唱等人，所組合起來的小型團體。貝士手主要的工作在於穩固和弦低音、與鼓手合作出強而有力的節奏、以及驅動整體音樂行進。

【解說】9-1

搖滾樂的彈奏技巧：

一般搖滾在節奏上，多以八分音符（Eighth Notes）為基礎，而且力度較強，速度較快。我們可以先從四分音符、八分音符混合的節奏模式出發，來練習掌握音符變化。

為了了解音符長短的變化，就用以下圖表表示。八分音符音長為四分音符的一半，所以在每一拍中間都用虛線分隔開，表示八分音符的位置。而灰色涵蓋的部分，則是實際聲音延續的長短。

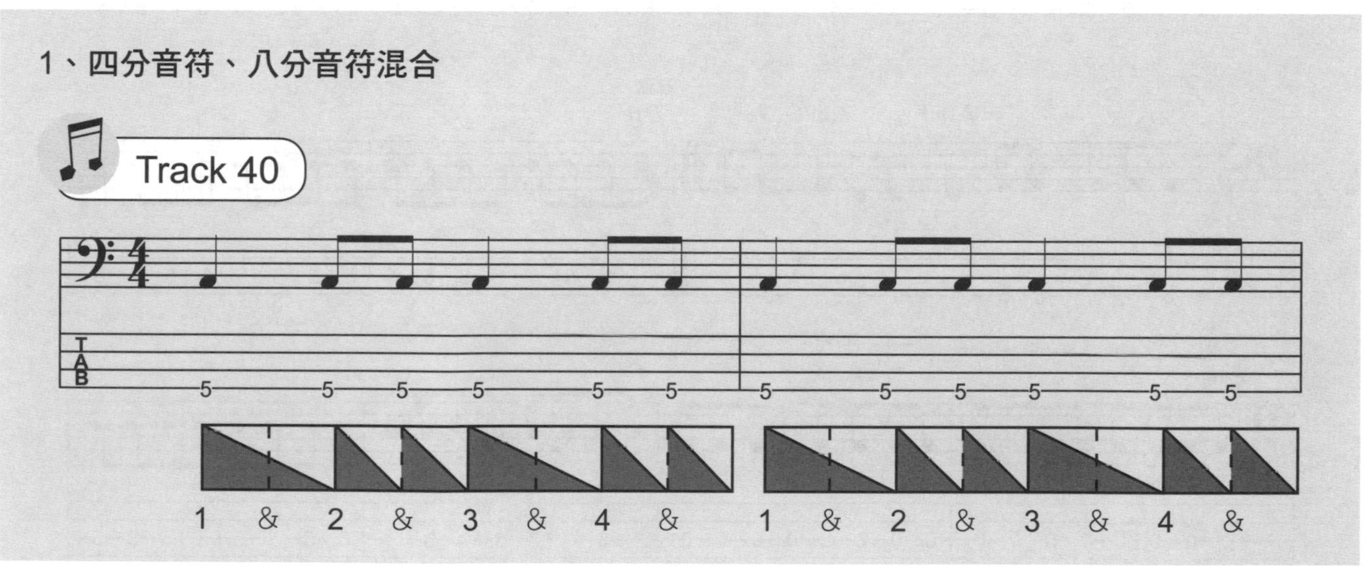

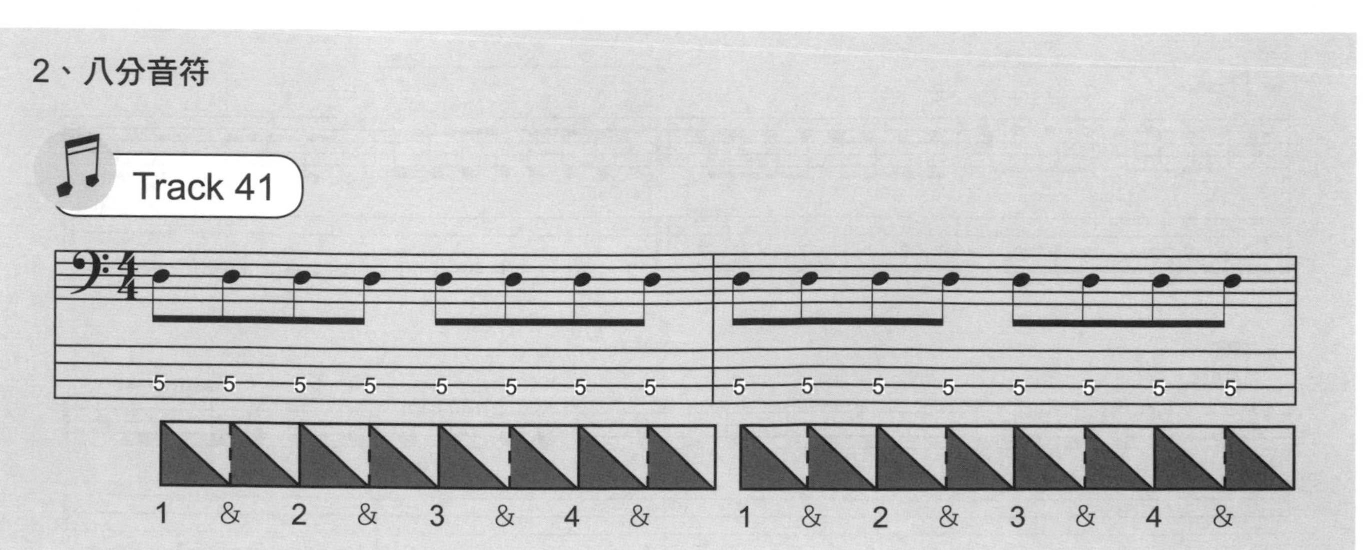

【練習曲】

熟悉音符的變化後，開始進行練習曲的部分。特別需要注意的是，右手食中兩指的交替撥彈，以及速度、力度和穩定度的提升。

【練習】9-2 Track 42

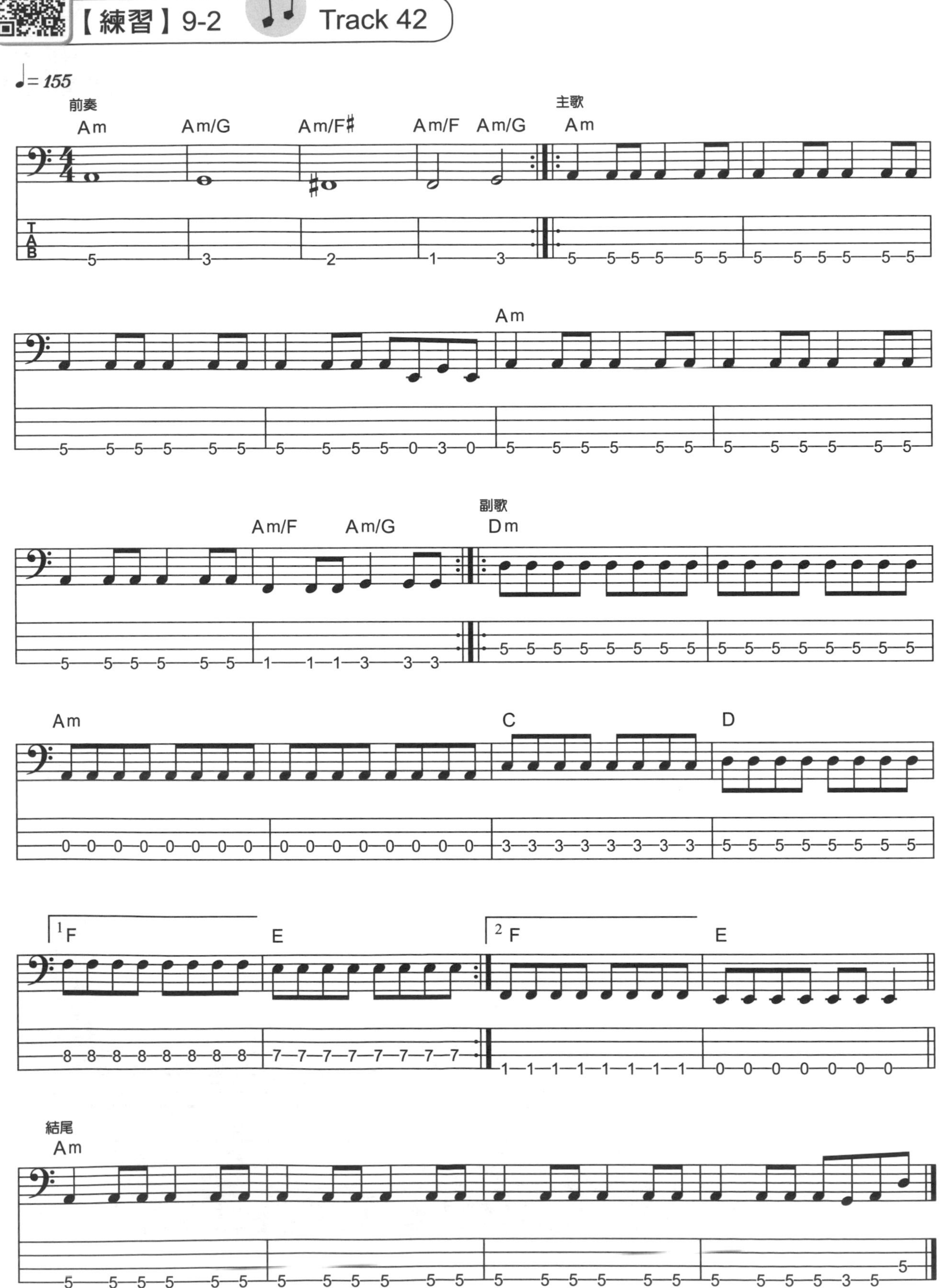

反覆記號

當某一個段落需要被反覆的時候，我們會在譜上標示反覆記號（Repeat Sign）。讀到時 :‖，需回到 ‖:，再執行這個段落一次。下方的譜，其演奏順序為1→2→3→4→1→2→3→4。

若小節上有標示 ⌈1 和 ⌈2，則代表反覆後，第二次執行時，將跳過 ⌈1 直接執行 ⌈2。下方的譜，其演奏順序為1→2→3→4→1→2→5→6。

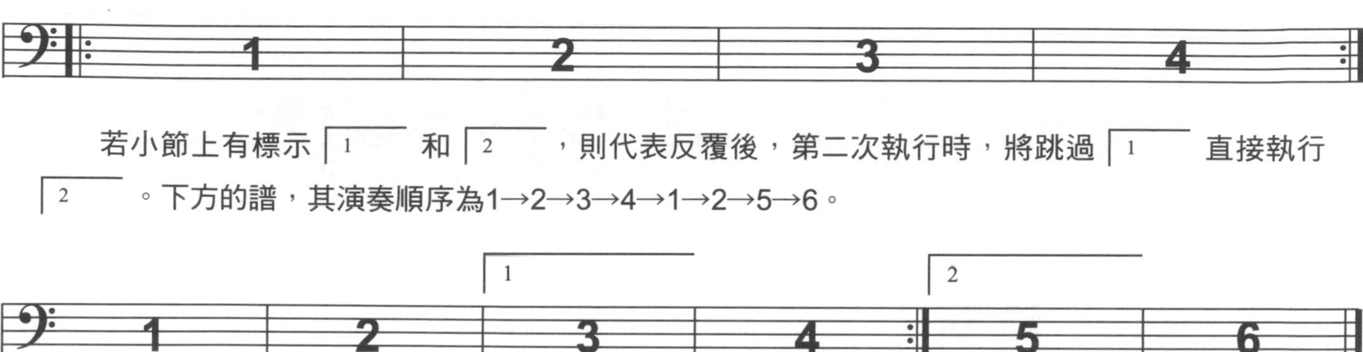

八分音符進階練習

由於大部分的搖滾節奏主軸都是以八分音符為核心，因此，再多補充一些進階的八分音符節奏練習。為了專注學習八分音符的掌控，以及八分音符所營造出獨特的節奏韻律，我們刻意減化了和聲上的變化，儘量將每個練習的主音都控制在A。第一階段的10個練習集中在四分音符和八分音符的搭配，第二階段安排了8個加入休止符變化的練習。

這些練習多半取自於經典的搖滾音樂，在彈奏這些練習時盡可能多次反覆，直到能在不同的速度上輕鬆駕馭這些節奏的變化。整個進階練習的目的就在於：實際掌握八分音符常見的變化型態，進而創造屬於自己的節奏變化。

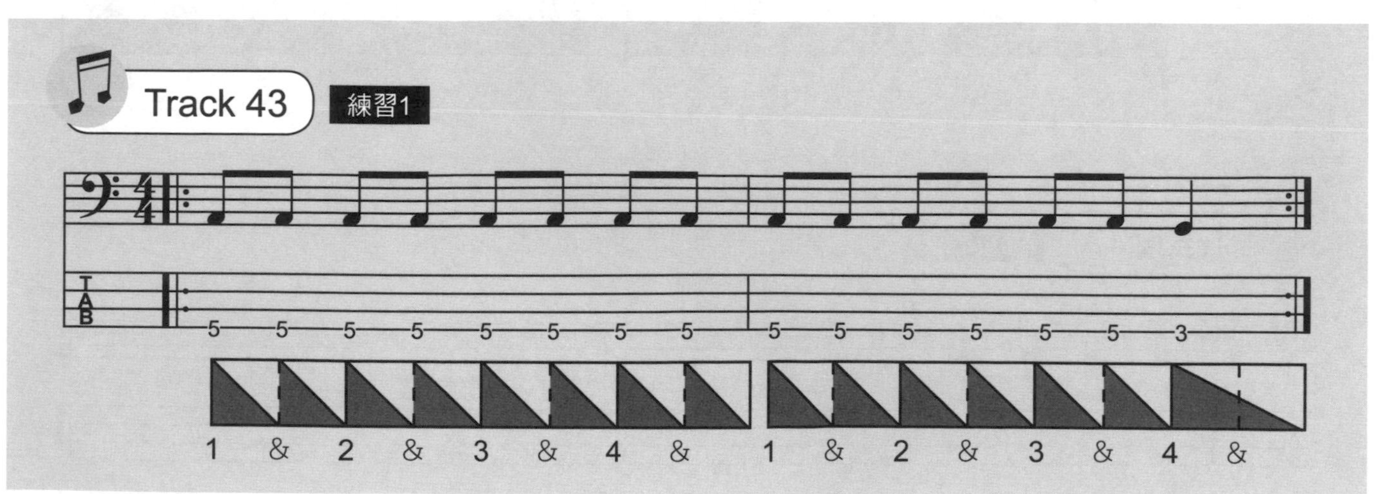

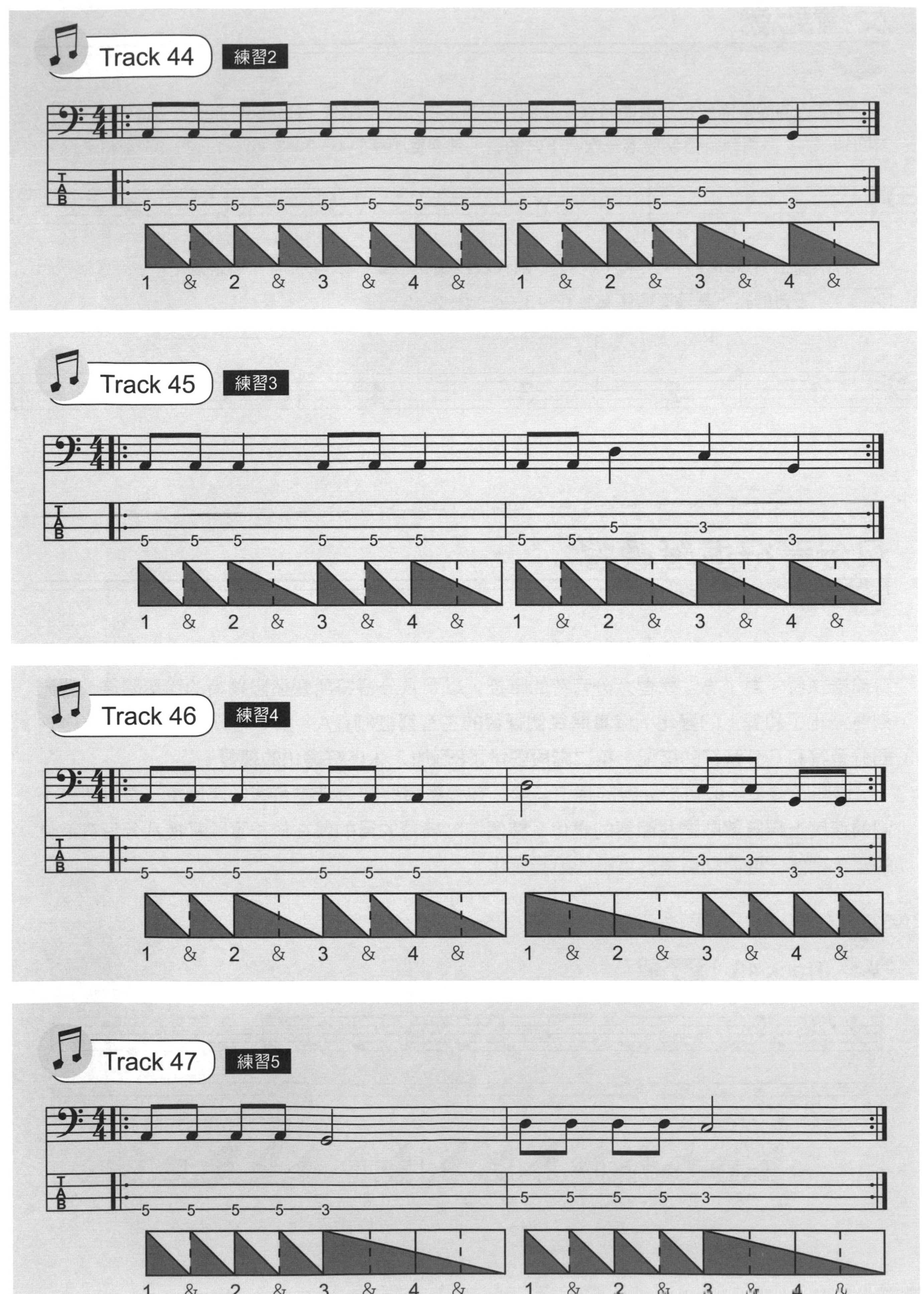
Track 44
練習2
1 & 2 & 3 & 4 & 1 & 2 & 3 & 4 &
Track 45
練習3
1 & 2 & 3 & 4 & 1 & 2 & 3 & 4 &
Track 46
練習4
1 & 2 & 3 & 4 & 1 & 2 & 3 & 4 &
Track 47
練習5
1 & 2 & 3 & 4 & 1 & 2 & 3 & 4 &

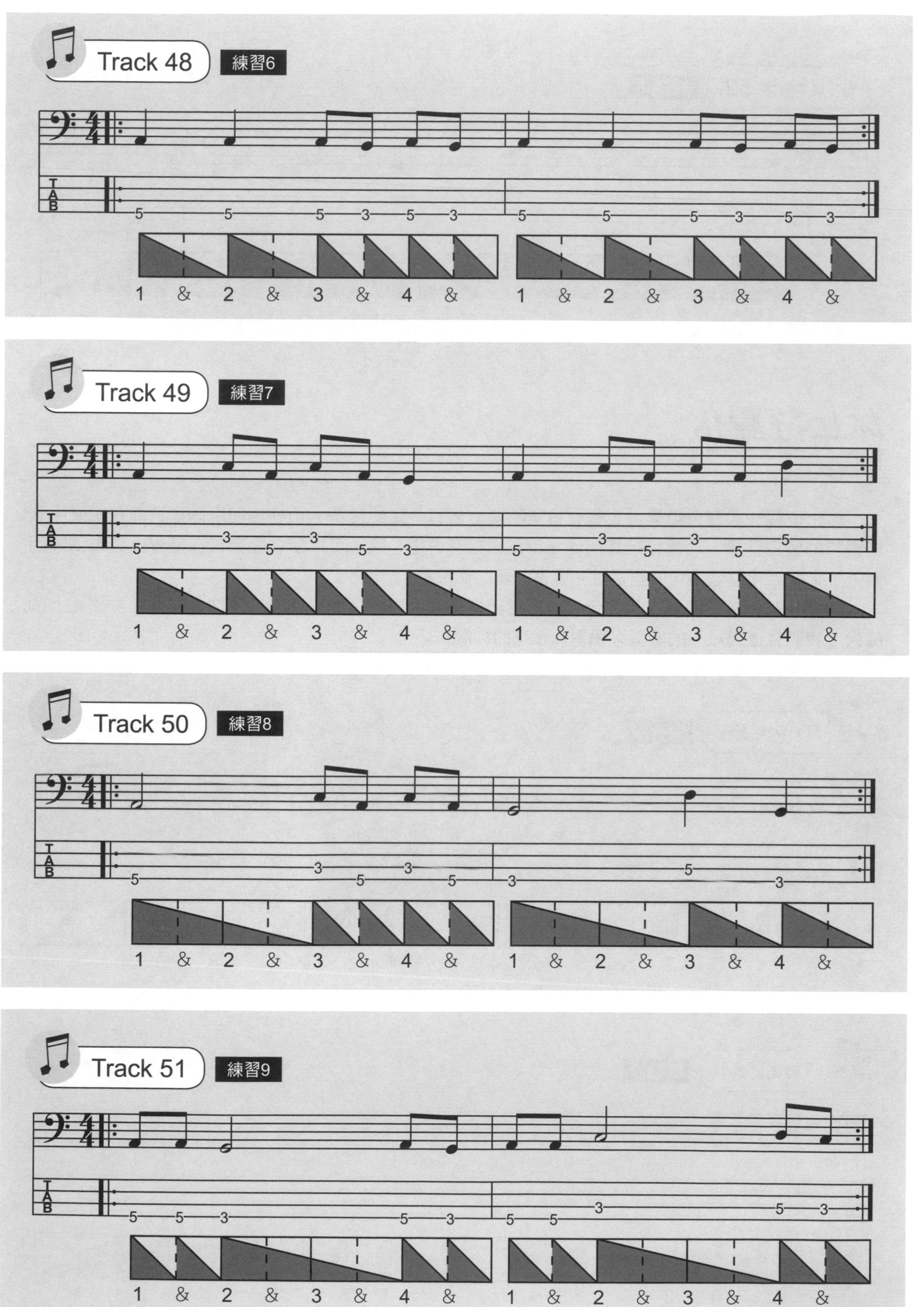
Track 48
練習6
5 5 5 3 5 3 5 5 5 3 5 3
1 & 2 & 3 & 4 & 1 & 2 & 3 & 4 &
Track 49
練習7
5 3 5 3 5 3 5 3 5 3 5 5
1 & 2 & 3 & 4 & 1 & 2 & 3 & 4 &
Track 50
練習8
5 3 5 3 5 3 5 3
1 & 2 & 3 & 4 & 1 & 2 & 3 & 4 &
Track 51
練習9
5 5 3 5 3 5 5 3 5 3
1 & 2 & 3 & 4 & 1 & 2 & 3 & 4 &

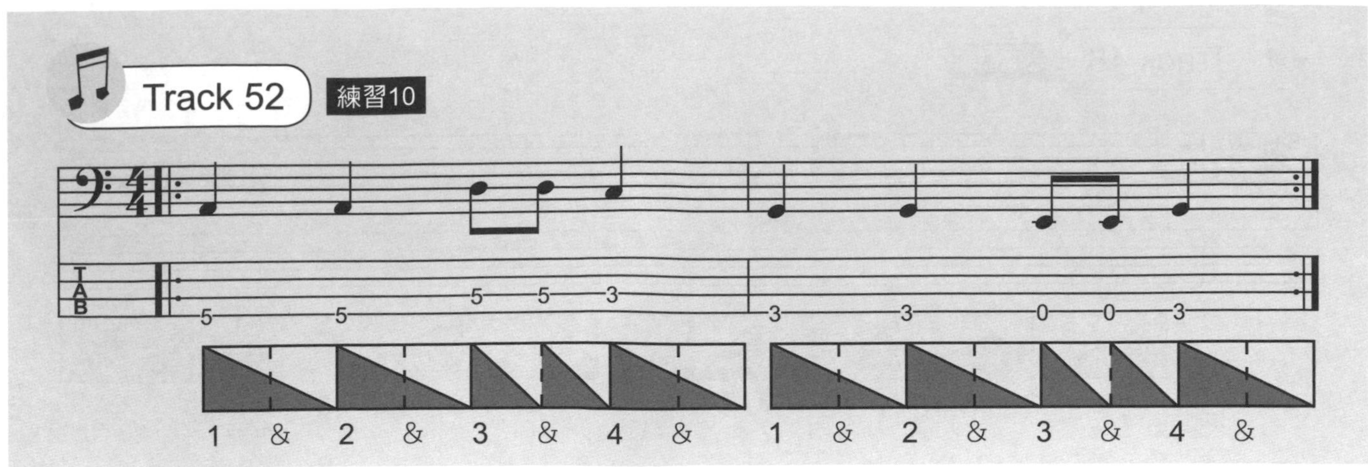

休止符變化

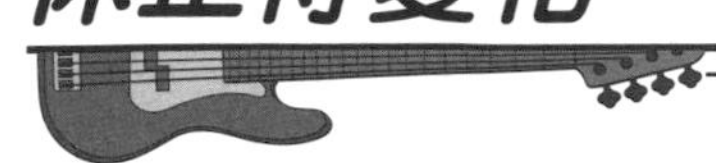

休止符與一般音符無異，也都在音樂時間上佔有一定的音長。巧妙地使用休止符能在聽覺中表現獨特的留白效果，若是技巧地將休止符穿插在音群中，除了可以使這些音符在聽覺上更為清晰明確外，還能活化整個樂句的靈活性，豐富節奏的律動感。

八分音符相較於四分音符或全音符，在節奏表現上更顯密集，更能展現休止符在節奏變化上的威力。我們就透過以下的練習來學習休止符的控制技巧。

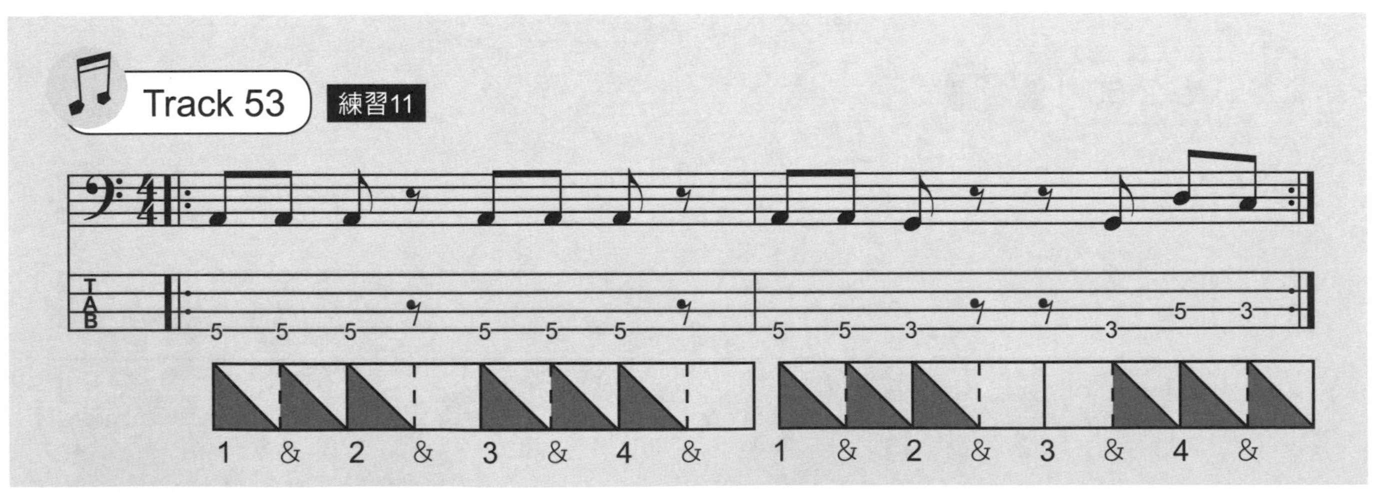

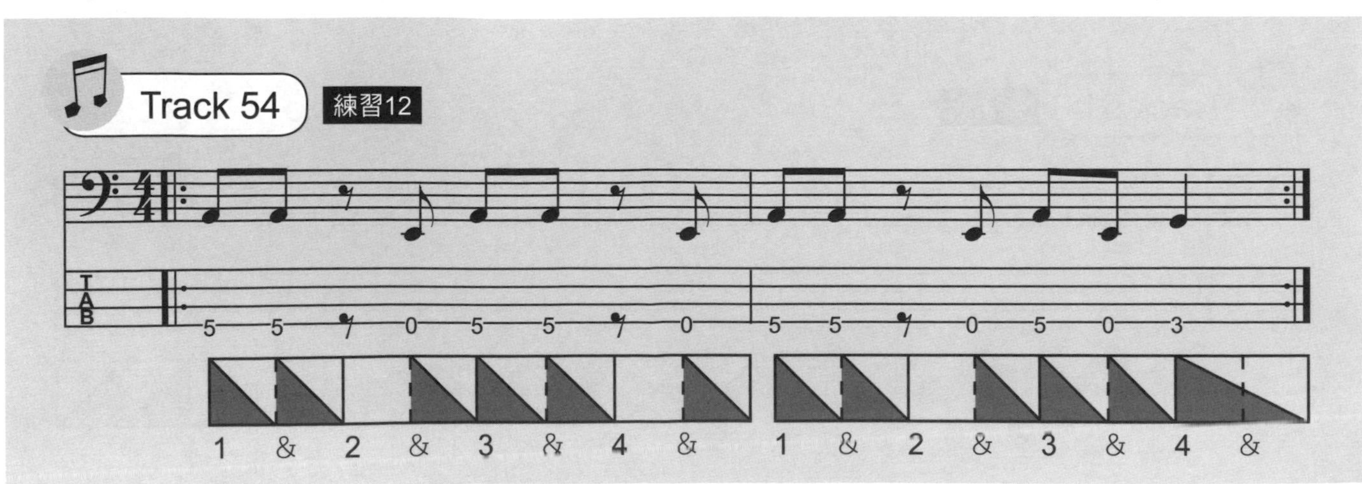

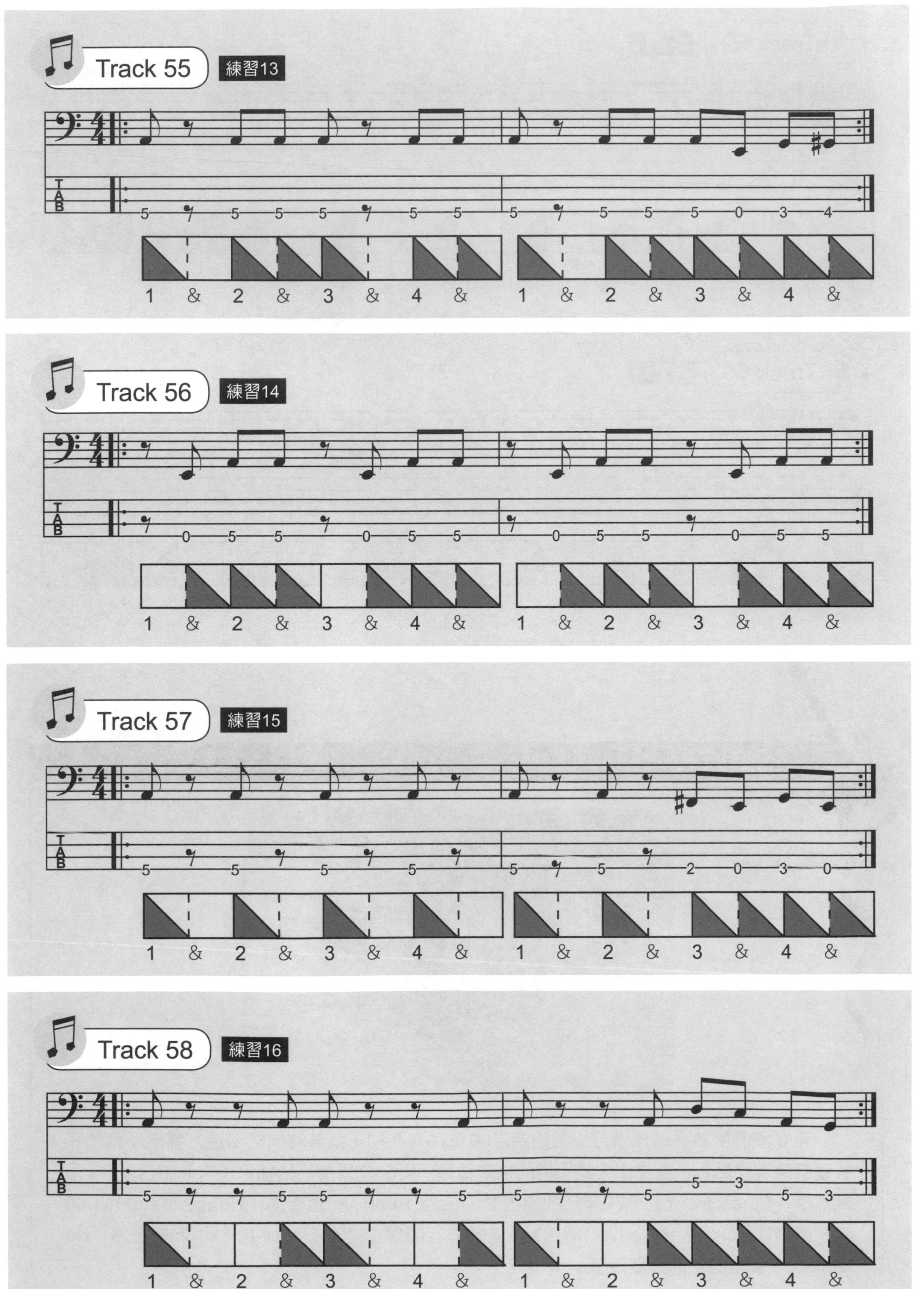
Track 55
練習13
5 5 5 5 5 5 5 5 5 5 0 3 4
1 & 2 & 3 & 4 & 1 & 2 & 3 & 4 &
Track 56
練習14
0 5 5 0 5 5 0 5 5 0 5 5
1 & 2 & 3 & 4 & 1 & 2 & 3 & 4 &
Track 57
練習15
5 5 5 5 5 5 2 0 3 0
1 & 2 & 3 & 4 & 1 & 2 & 3 & 4 &
Track 58
練習16
5 5 5 5 5 5 3 5 3
1 & 2 & 3 & 4 & 1 & 2 & 3 & 4 &

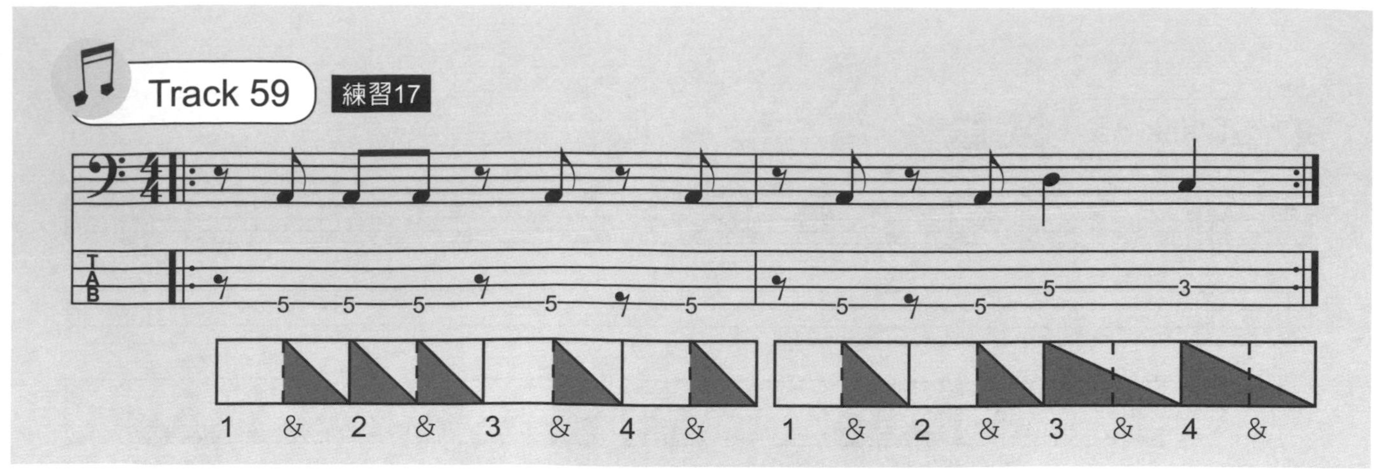

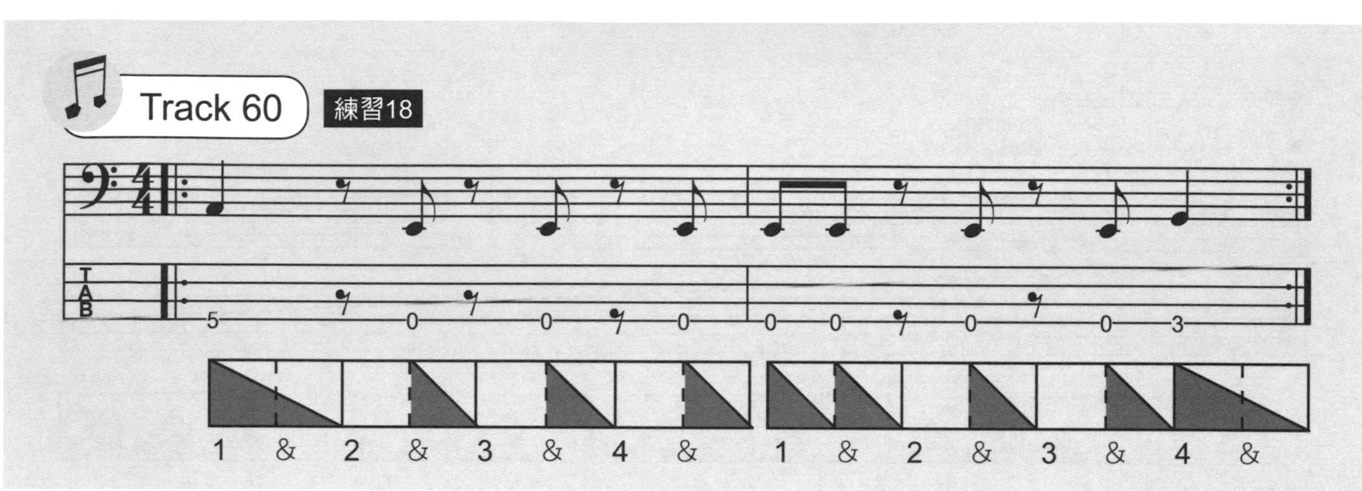

搖滾時代

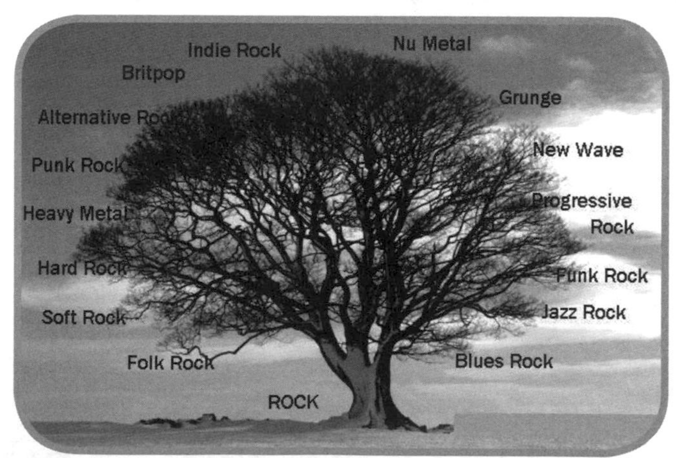

現在我們所熟悉的搖滾至少可追溯至60和70年代初。隨著時間的演進，搖滾不斷地和各種音樂風格結合，產生出大量不同的搖滾種類。從60年代的民謠搖滾（Folk Rock）、藍調搖滾（Blues Rock），70年代的硬搖滾（Hard Rock）、重金屬（Heavy Metal），80年代的另類搖滾（Alternative Rock），到90年代的獨立搖滾（Indie Rock）和新金屬（Nu Metal），都是搖滾的附屬類型。

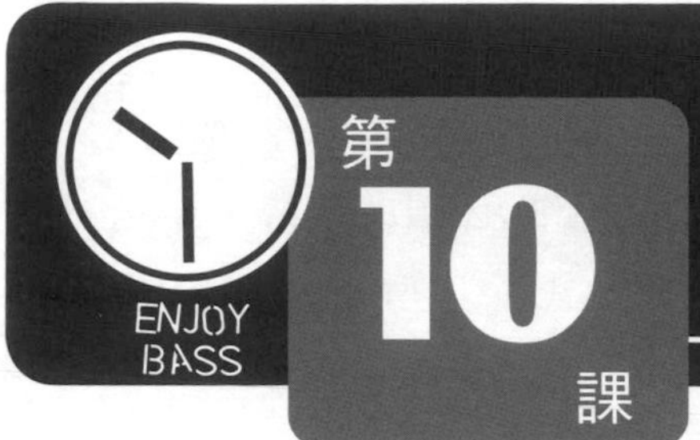

延音控制與數拍技巧

本課的重點除了四分音符、八分音符的混搭使用外，將介紹更多的延音技巧和連結線的觀念。

延音和連結線的應用

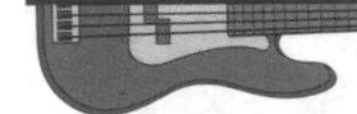

如果，在譜上看到兩個同音高的音之間，畫有一條連結線（Ties），則代表這個音將由第一個音延長至第二個音，音長是兩個音的總合。從以下的三組練習中，來了解延音和連結線的應用。

練習1 延音是從第一小節的第四拍後半開始，延續至第二小節結束。也就是說，在撥彈第四拍後半之後，不需要再次撥彈，僅按緊琴弦讓聲音持續即可。

Track 61

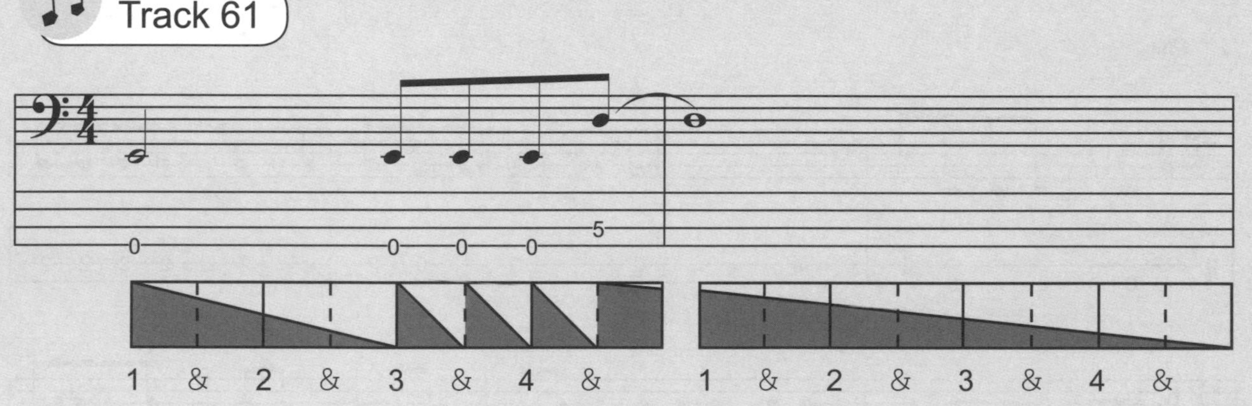

練習2 此練習仍是由第一小節第四拍後半開始，但只延續到第二小節的第一拍為止，之後仍然照常彈奏八分音符。

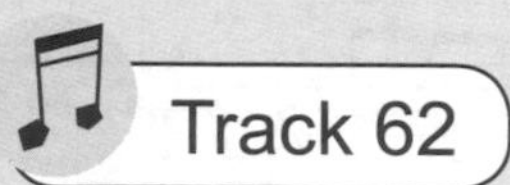

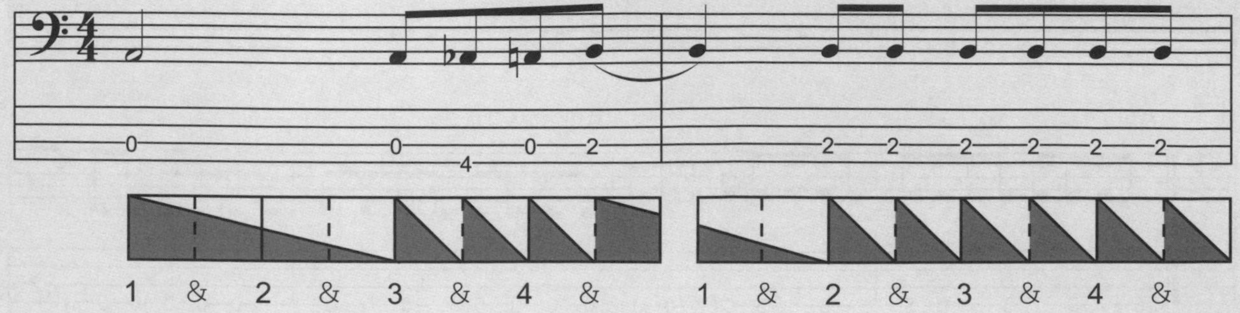

練習3 此練習是由第一小節第四拍後半，延續到第二小節第一拍前半，總音長只有一拍。第二小節第一拍會因為延音的關係變成後半拍出拍。相較之下，這是一組比較困難的練習。

Track 63

5 5 5 5 5 5 5 5 | 5 5 5 5 3 0 3

1 & 2 & 3 & 4 & | 1 & 2 & 3 & 4 &

【練習曲】

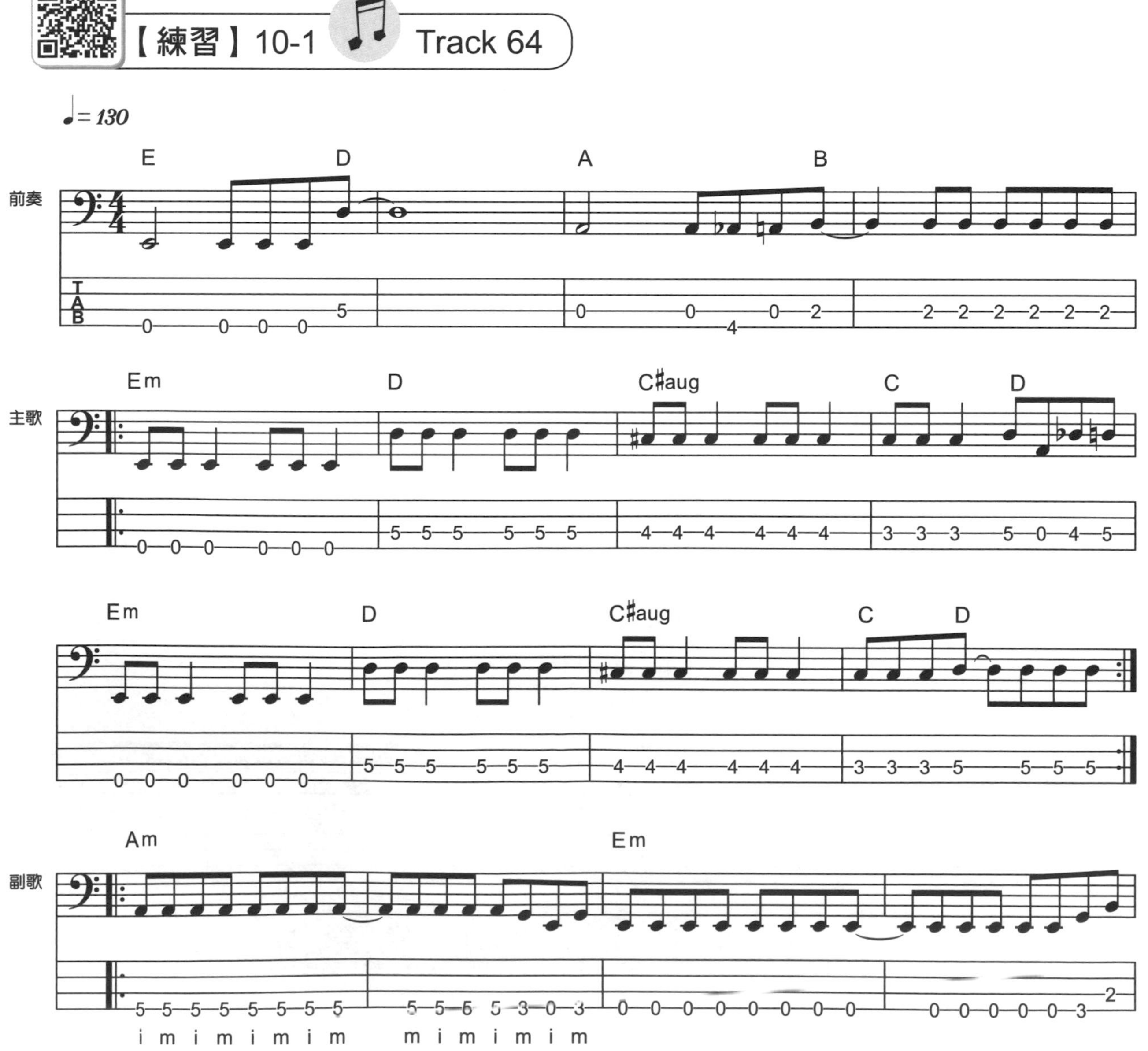

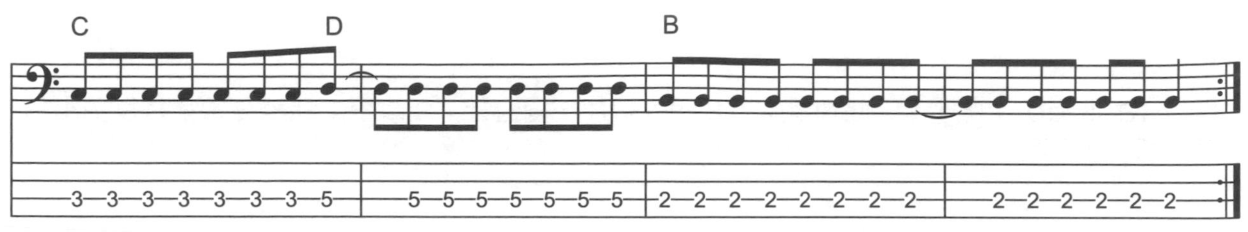

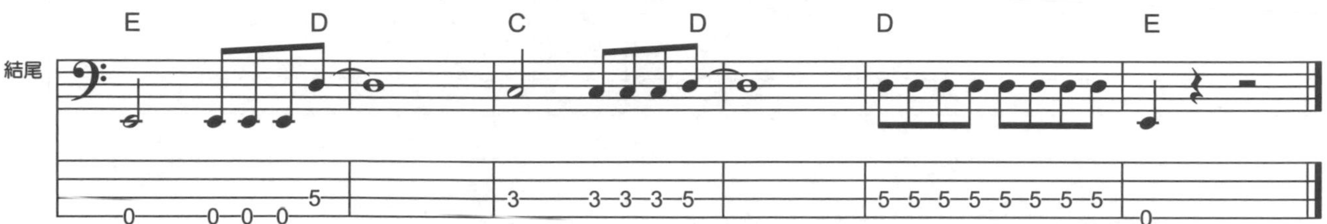

數拍技巧

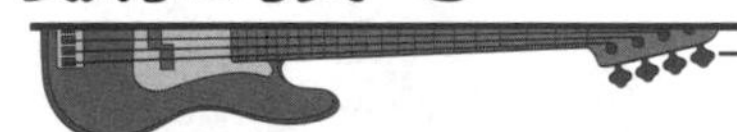

關於數拍，我們可以利用踏腳來輔助。彈奏的時候，試著以腳踏地來加重拍子，可以幫助我們保持在穩定的拍子速度上。當腳踏在地上時為正拍，腳抬起時則為反拍。

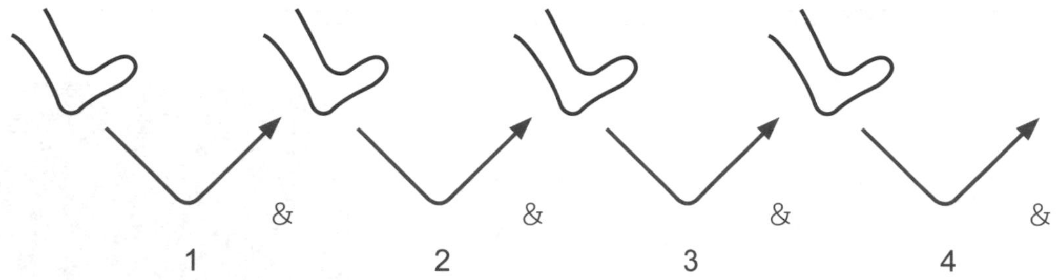

小節內的延音練習

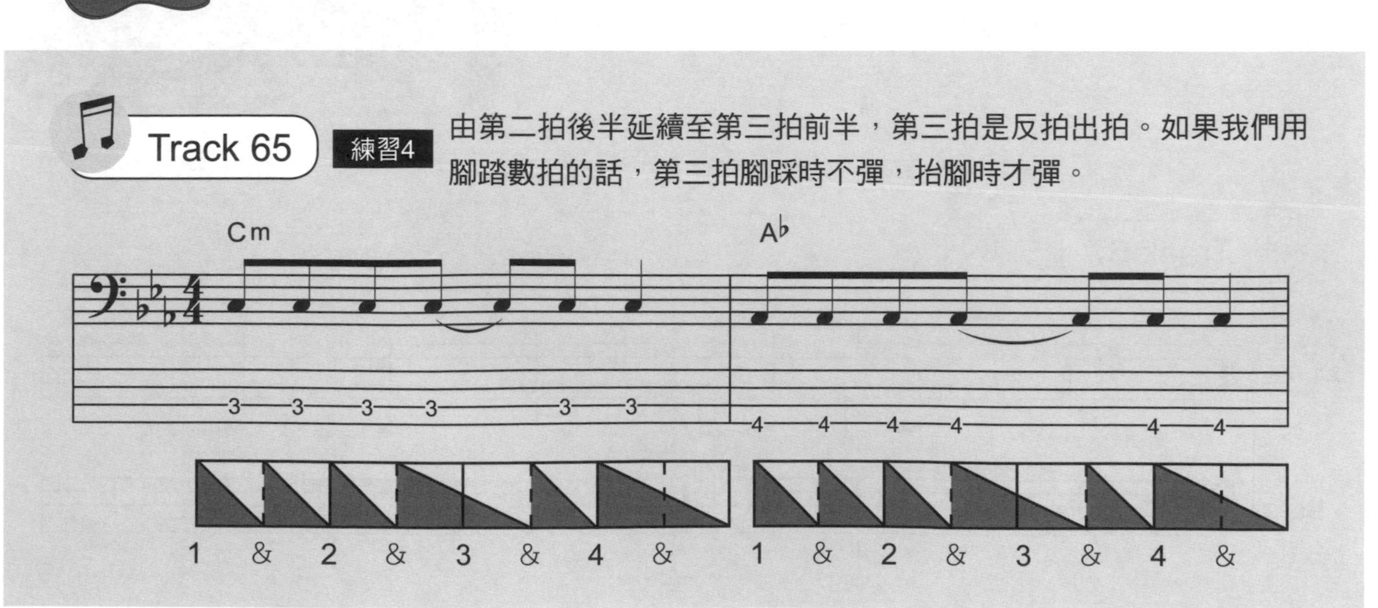

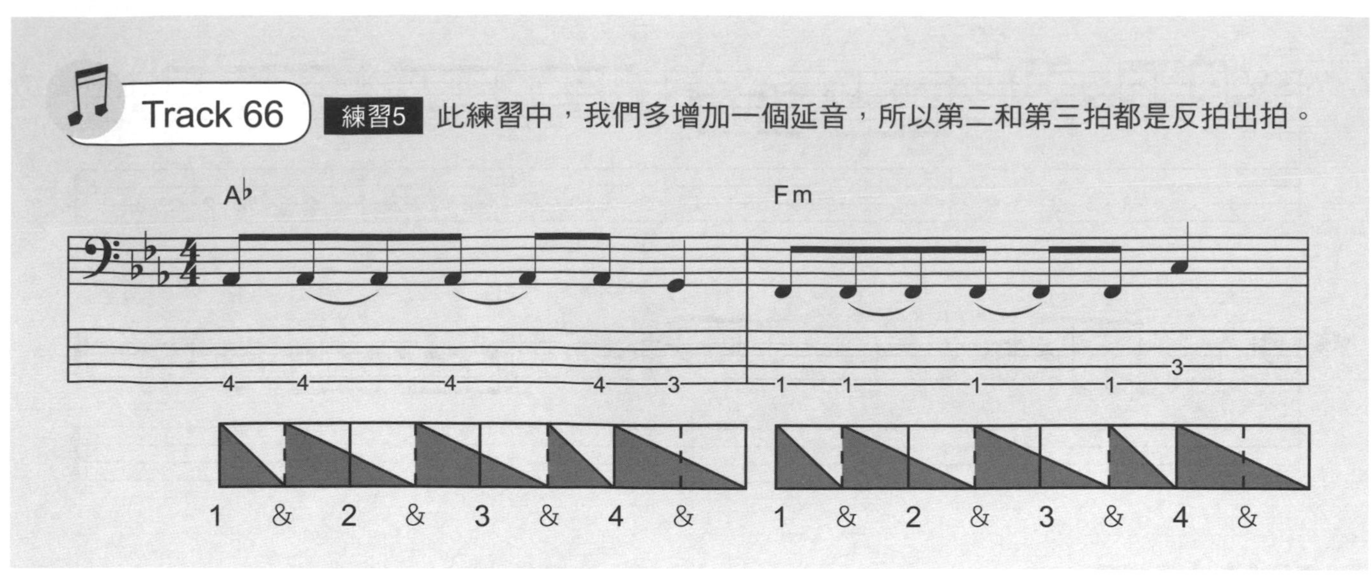

貝士與鼓的配合

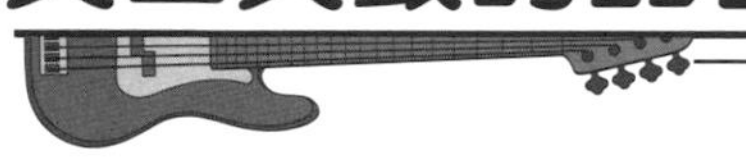

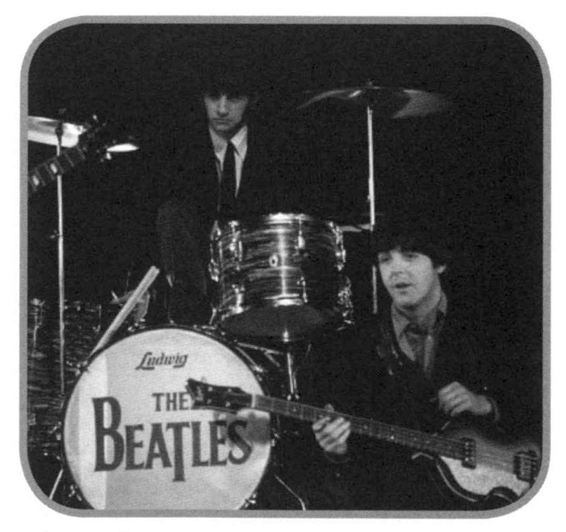

在處理這種延音變化時，除了加強自己的數拍能力，不妨也多聽其他樂器，尤其是鼓和打擊樂器的部分。跟著鼓的重拍彈奏，尤其是大鼓更能在節奏上整齊一致，強化節奏的表現。

從範例音檔的音軌中清楚聽到慢速撥放的鼓組聲響。若特別注意大鼓點的位置，將不難發現，大鼓點的擺放和貝士的延音處理或反拍出拍，在節拍上是一致的。

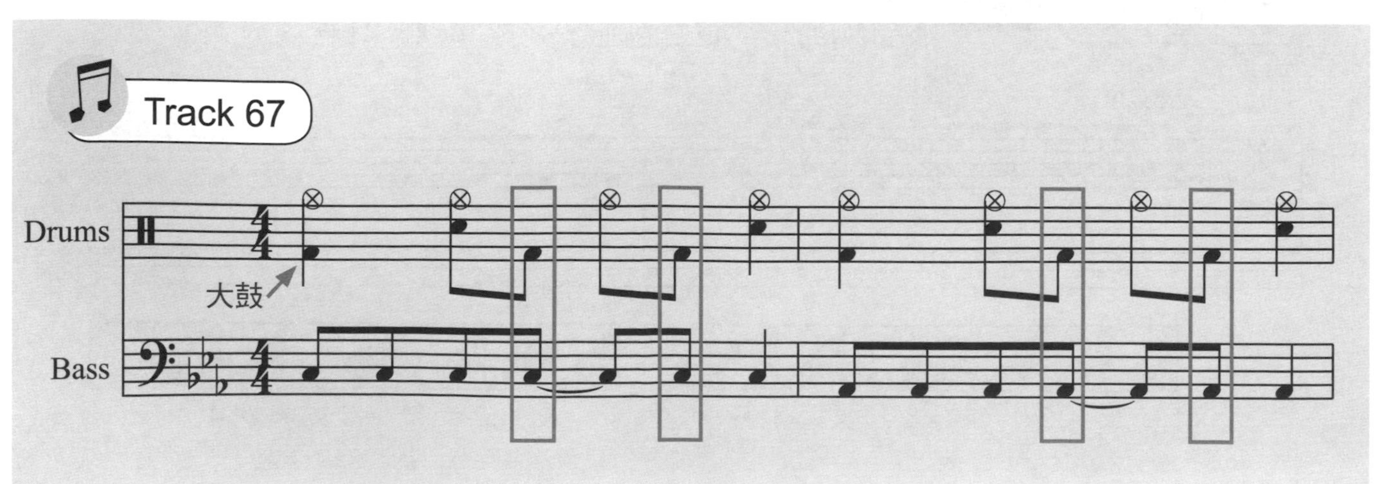

【練習曲】

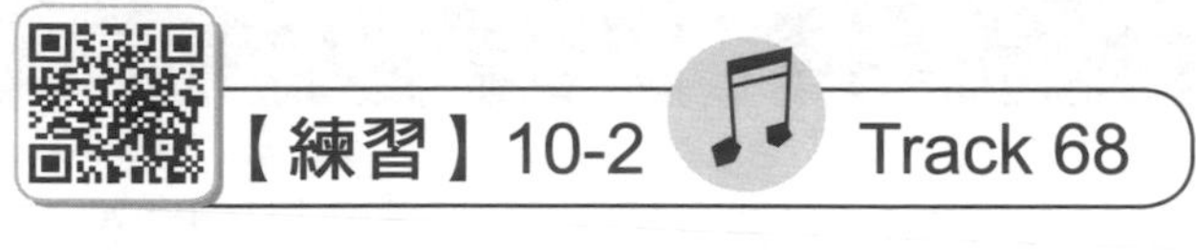

♩= 142

前奏
Cm | A♭ | Fm | G7
3-3-3-3 3-3 | 4-4-4-4 4-4 | 1-1-1-1 1-1 | 3-3-3-3 3-3

主歌
Cm | A♭ | Fm | B♭
3-3-3-3 3-3 | 4-4-4-4 4-4 | 1-1-1-1 1-1 | 1-1-1-1 1 1-2

Cm | A♭ | Fm | G7
3-3-3-3 3-3 | 4-4-4-4 4-4 | 1-1-1-1 1-1 | 3-3-3-3 3-3-3

副歌
A♭ | Fm | B♭ | E♭
4-4 4 4-3 | 1-1 1 1 3 | 1-1 1 1 0 | 6-6 6 6-8 6

A♭ | Fm | B♭ | G7
4-4 4 4-3 | 1-1 1 1 3 | 1-1 1 1 1 | 3-3 3 3-3-3

結尾
Cm | A♭ | Fm | G7 | Cm
3-3-3-3 3-3 | 4-4-4-4 4-4 | 1-1-1-1 1-1 | 3 3 3 | 3

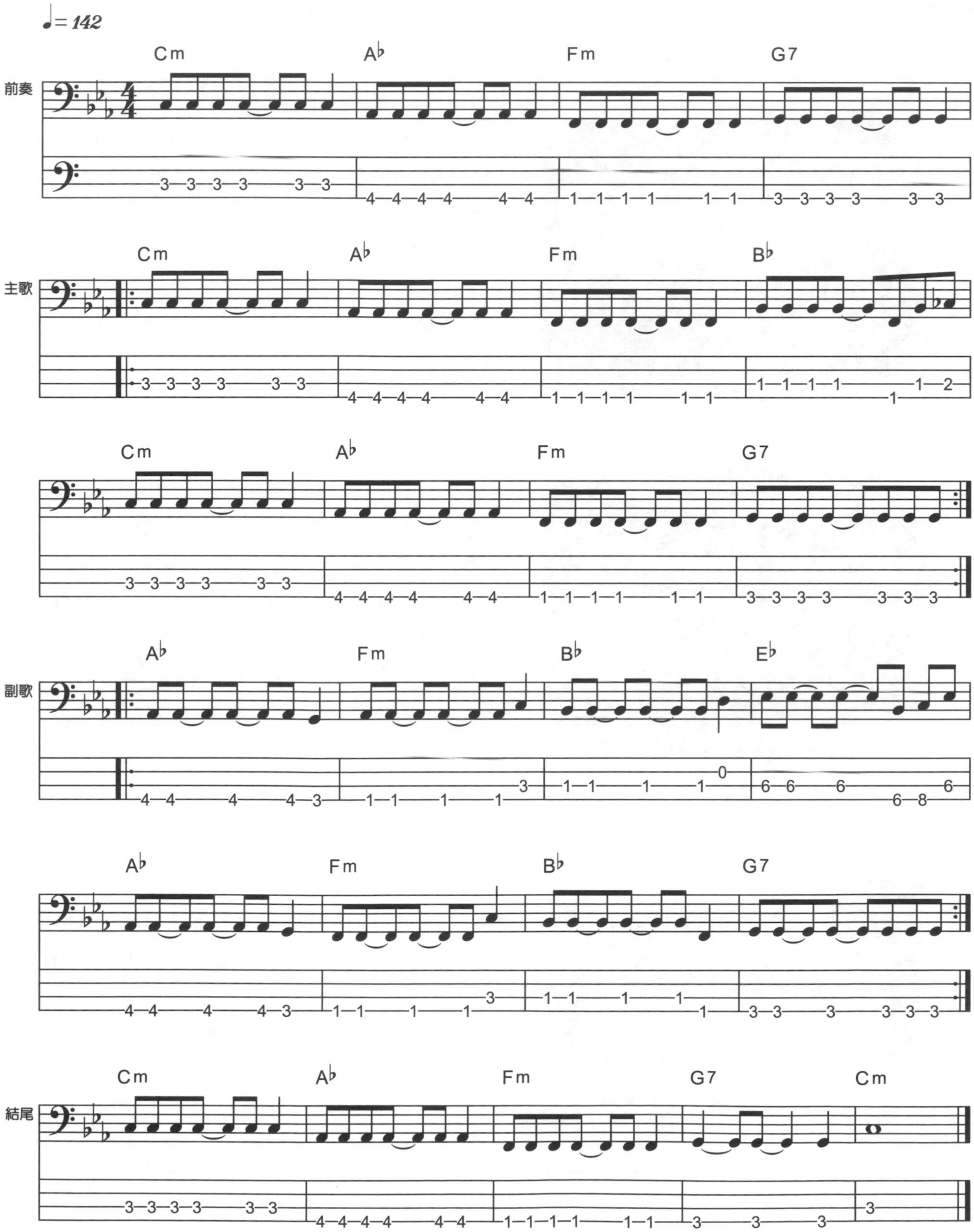

搖滾貝士手

搖滾樂產出了許多傑出的貝士手。他們都有獨特的演奏風格，皆能拓展貝士的演奏領域，奠定搖滾貝士的地位，並且持續不斷地影響之後的貝士手。以下，簡短地介紹三位重量級的搖滾貝士手。

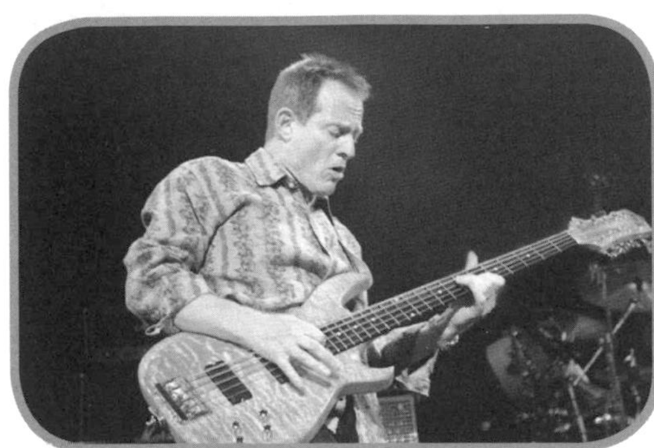

John Paul Jones

「Led Zeppelin」樂團之貝士手。John Paul Jones頗富旋律性的貝士彈奏，啟發了無數的貝士手。他與鼓手John Bonham的配合，也被譽為最經典的節奏組合。

建議聆聽曲目：〈Ramble Me〉、〈What Is And What Should Never Be〉、〈Lemon Song〉。

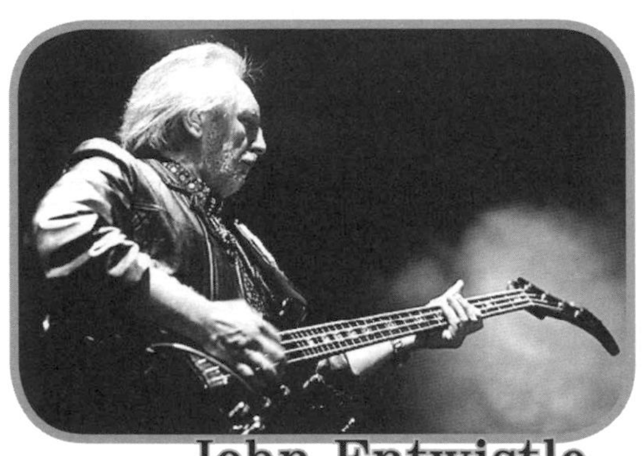

John Entwistle

搖滾樂團「Who」的貝士手。John Entwistle習慣在歌曲中加上明顯的樂句，適時地搭配貝士獨奏，將搖滾貝士推向主奏樂器的位置。他爆炸性的彈奏和大音量的演出風格，也為他贏得「雷霆手指」（Thunderfingers）的外號。

建議聆聽曲目：〈Won't Get Fooled Again〉、〈The Real Me〉、〈My Generation〉。

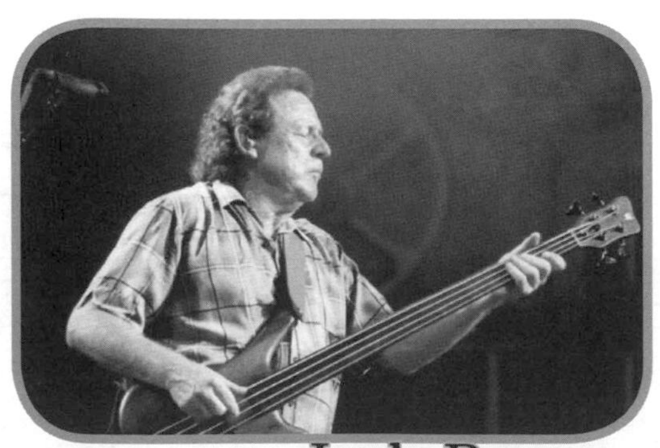

Jack Bruce

搖滾樂團「Cream」的貝士手。在60年代，Jack Bruce具有爆發力以及大量即興的彈奏風格，大大地拓展了搖滾貝士的彈奏領域。搖滾貝士不再只是單純的伴奏，還可以有更多自由即興的表現空間。

建議聆聽曲目：〈White Room〉、〈Sunshine of Your Love〉。

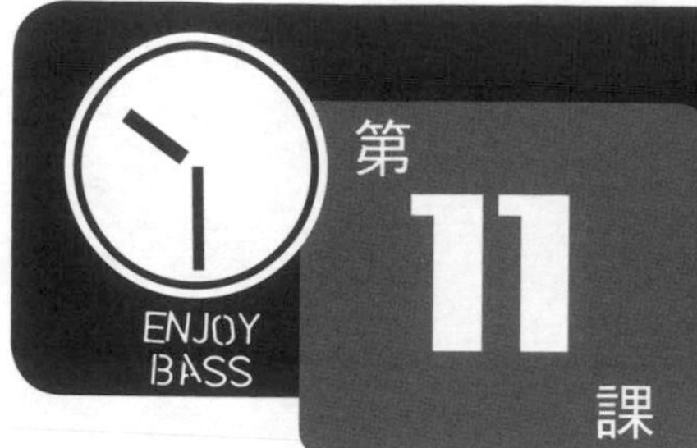

第11課 彈片彈奏技巧剖析

用彈片（Pick）彈貝士

【解說】11-1

除了手指撥弦之外，使用彈片也是一種很普遍的彈奏方式。尤其在許多龐克搖滾（Punk Rock）和重金屬（Heavy Metal）音樂裡，更常發現。那是因為使用彈片，能製造出堅硬的觸弦效果（Attack），和明亮而清晰的音色。

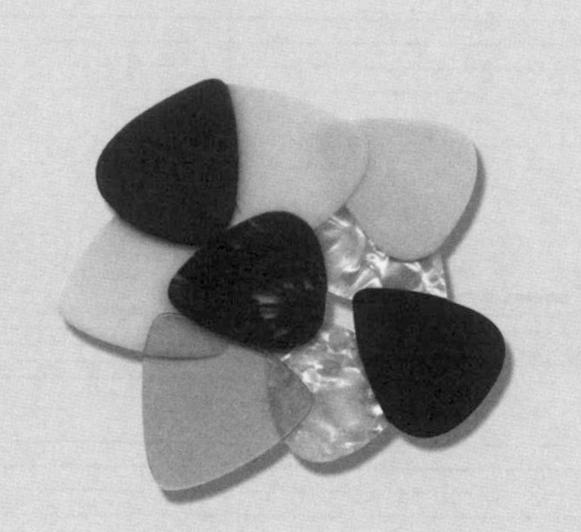

持握彈片的要領：

用大拇指和食指來拿彈片，適度用力以免彈片脫手，也要適度放鬆，保持彈片的靈活度。同時，彈片尖端也不宜過度突出，以免造成控制上的困難。

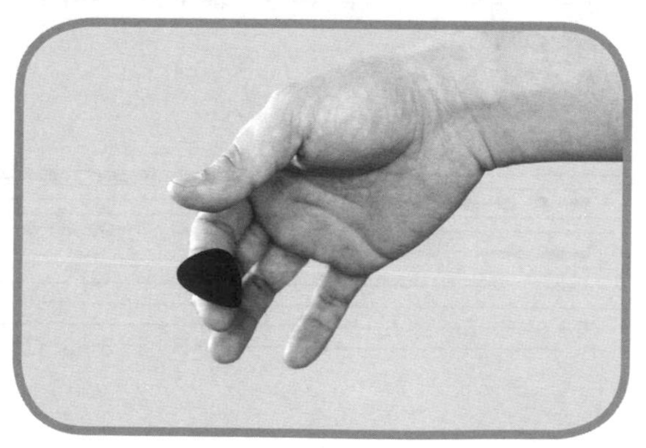

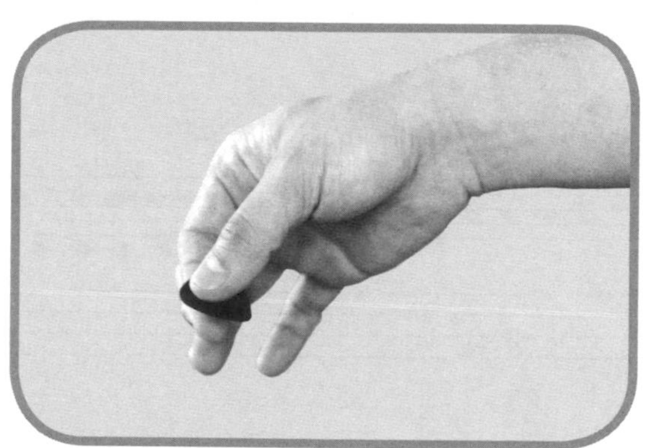

使用彈片撥弦的要領：

有些貝士手習慣單一方向撥弦，每一拍點都由上而下撥彈（Downstrokes），特別強調力度的表現。也有貝士手喜歡上下交替撥弦（Alternate Picking），用來應付快速以及高密度的彈奏風格。一般在譜上所見的撥彈方向符號如下：⊓＝下刷、V＝上刷。

【練習曲】

以下第一首練習曲先試著以單一方向，來完成全部的撥弦動作。

【練習】11-2 Track 69

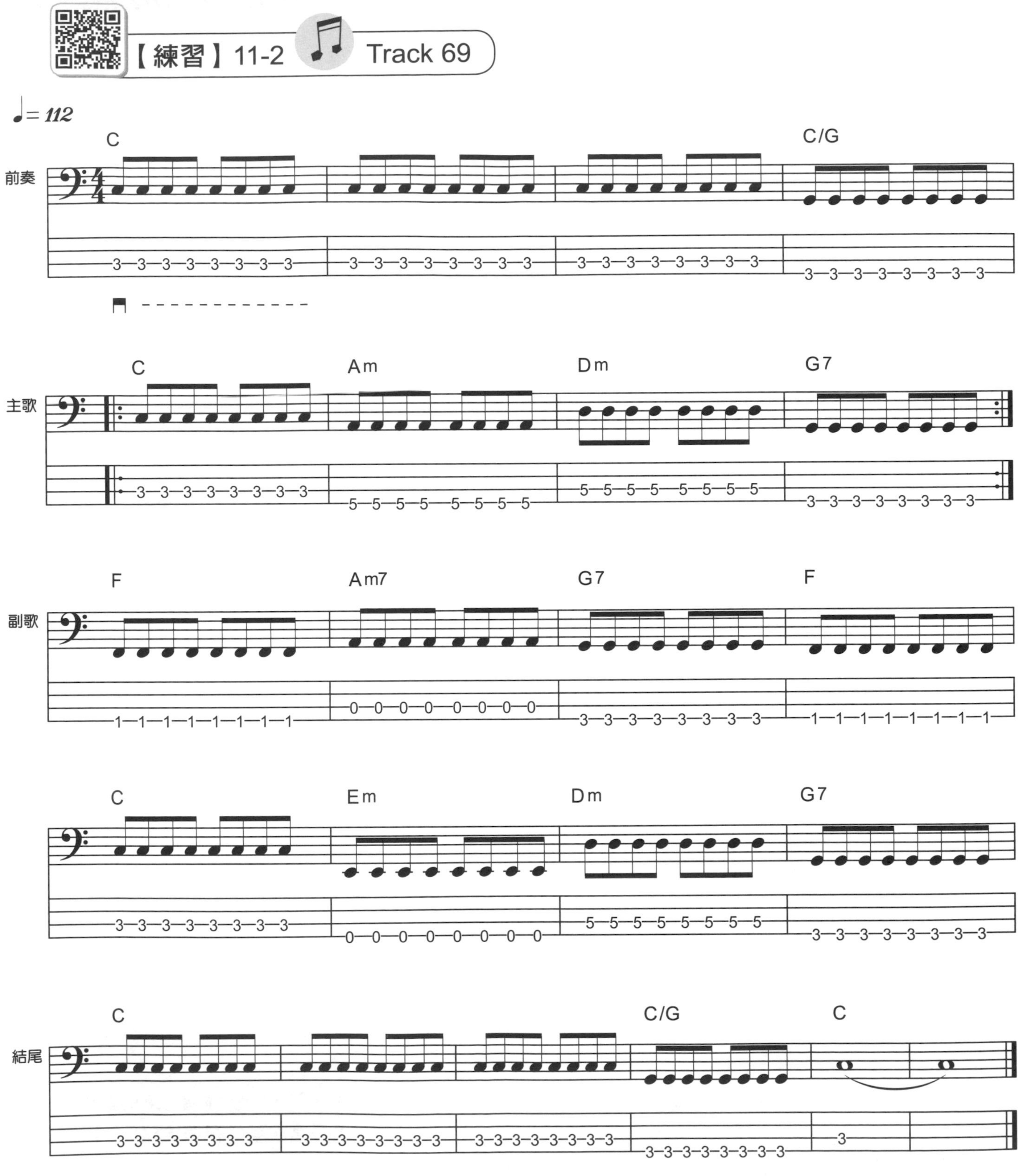

第二首練習曲，試著用上下交替的方式撥弦。

【練習】11-3 Track 70

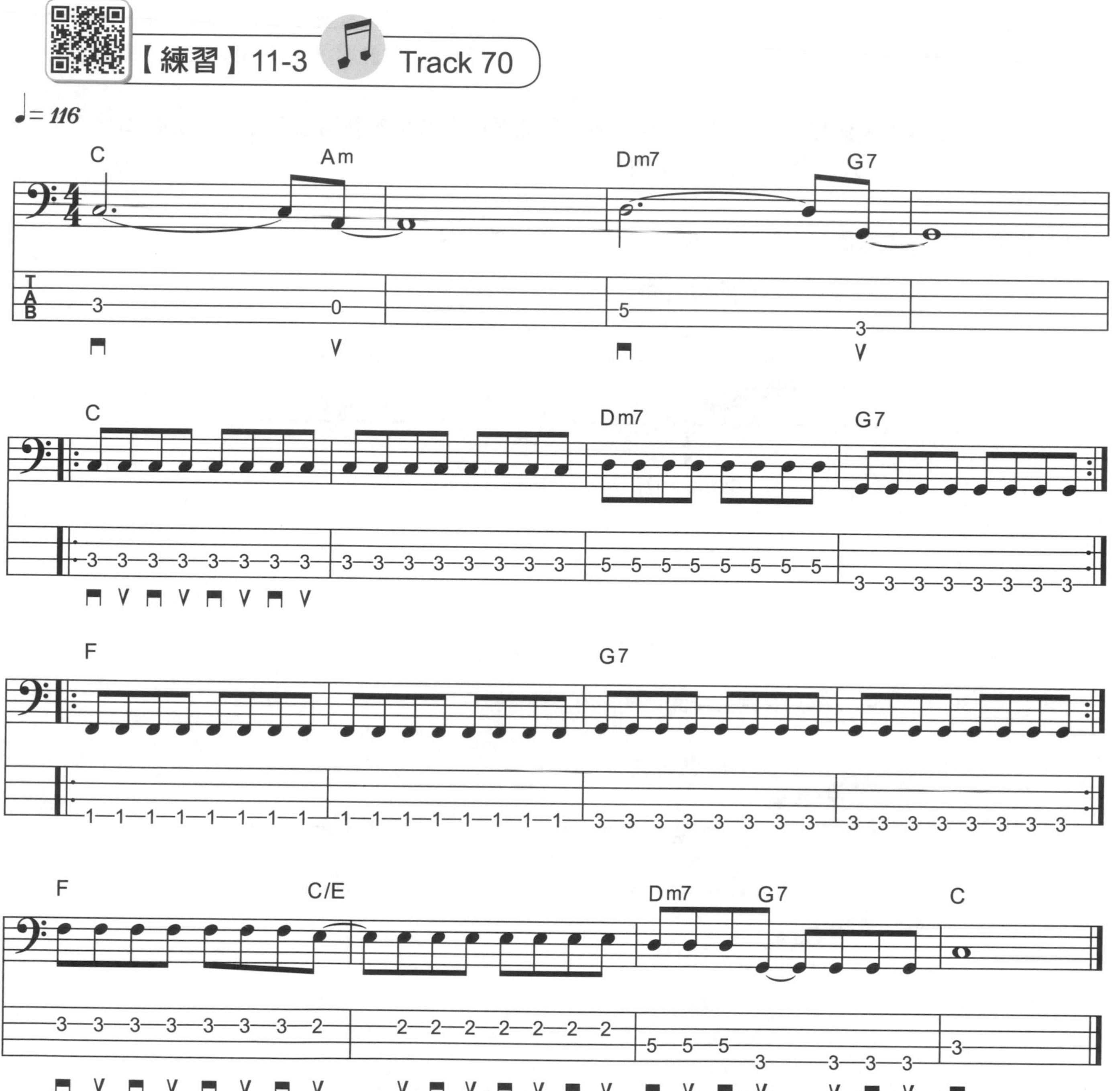

進階彈片彈奏技巧 ※以下內容難度較高，請耐心練習。

其實使用彈片撥弦與提琴類樂器的「弓」類似，上下交替的目的是為了更有效地節省右手運動的時間，所以這類上下交替的動作其實也是有規則可循的。由於貝士彈奏多集中於低音域，用音也多遊走於第四弦和第三弦之間，為了有效針對貝士彈奏的習慣，在此增加「鄰近兩弦跨弦彈奏」的技巧解說，進一步讓大家了解彈片彈奏的系統概念。

其實，不論左手運指的狀態如何，幾乎所有鄰近弦的彈片彈奏都可以還原成兩個基本動作：「由內向外」和「由外向內」，請參考下圖及練習。

1、**由內向外：**指的是彈片在兩弦中間，往「外」下上的撥弦。

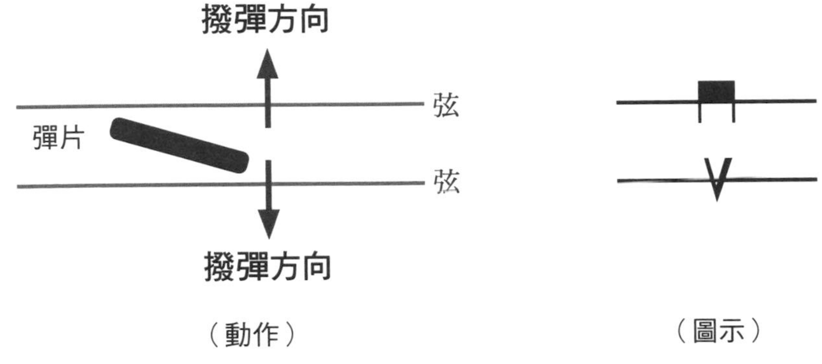

2、**由外向內：**指的是彈片在兩弦中間，往「內」做撥弦。

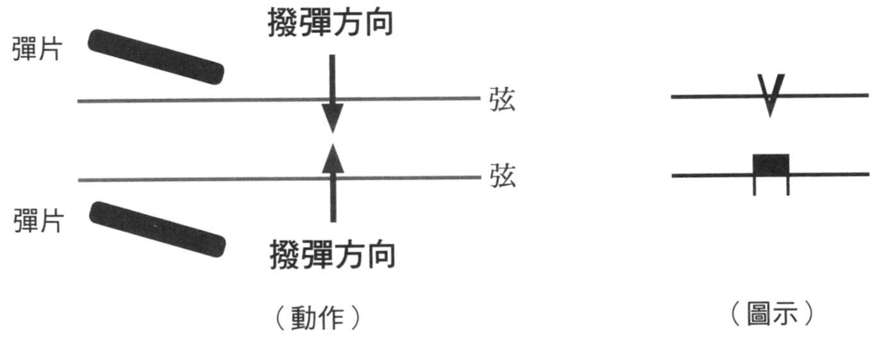

由於這兩個是還原到最終的動作，請大家務必多做以下的練習，熟悉彈片的運動方向，建立彈奏的慣性。

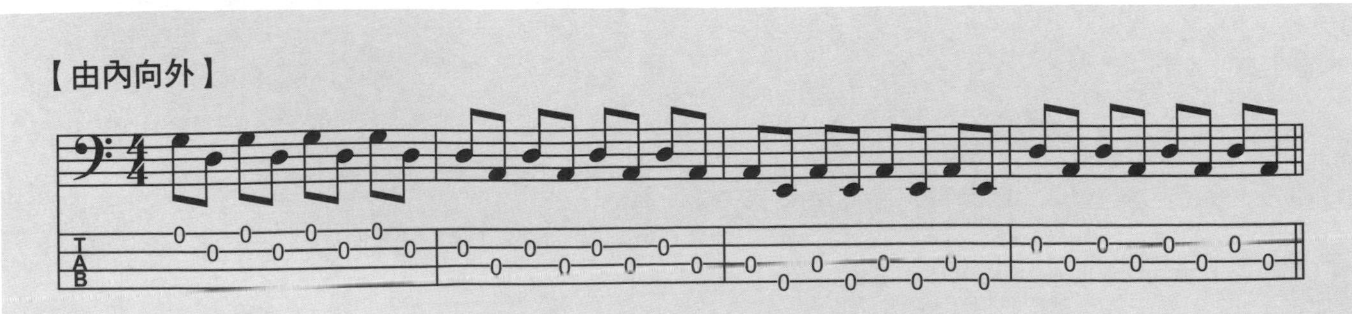

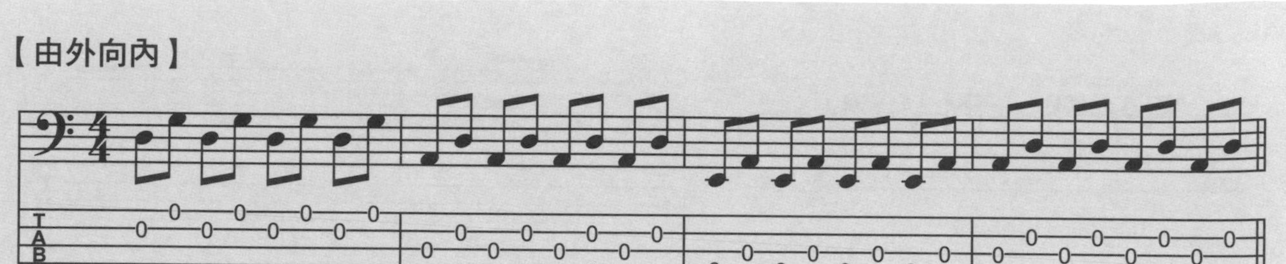

熟悉以上兩個基本動作之後，開始拓展使用範圍。廣泛從多樣彈奏環境取材，歸納成以下五組練習，每一種練習都代表某一種用音模式，透過這些模式可以熟悉彈片的使用方法。

圖示部分是用視覺來幫助想像和理解，譜例部分是實際的操作，等到熟悉這個模式後再拓展到指板上的其他把位。這些練習其實都是機械性的運動，練習目的在透過練習養成一種運動慣性，一但慣性養成，碰到類似的彈奏狀況就會自然地處理。所以多花點時間做這樣的練習對技巧的發展是相當重要的。

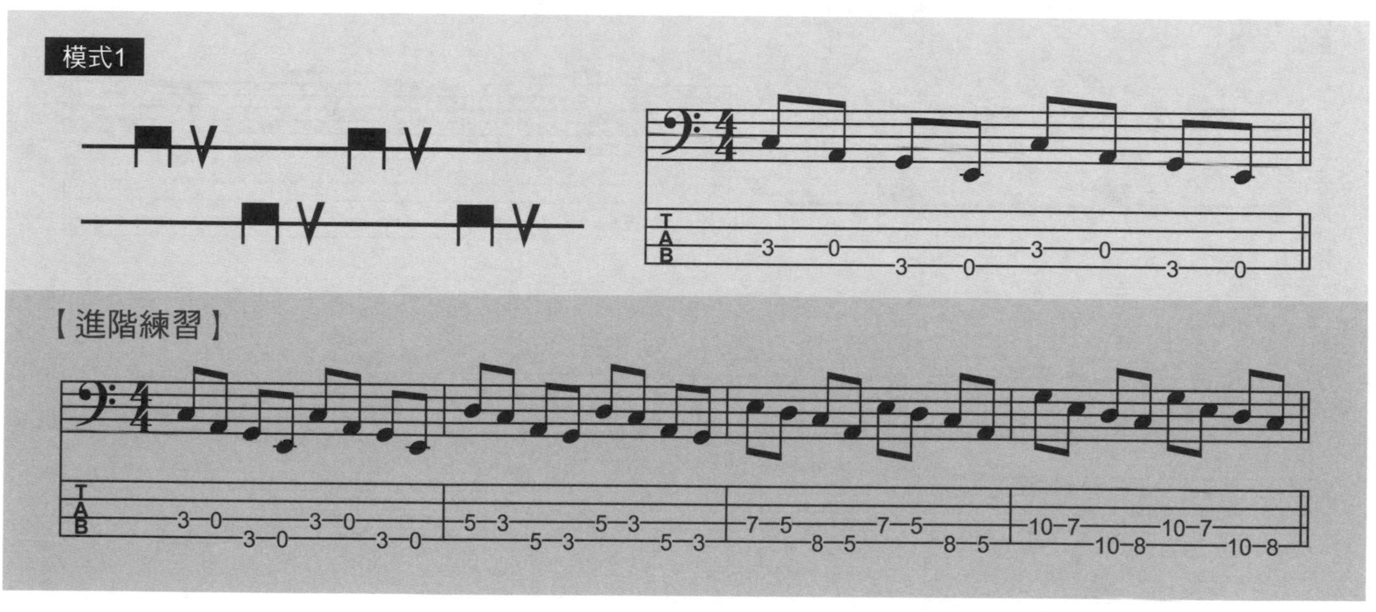

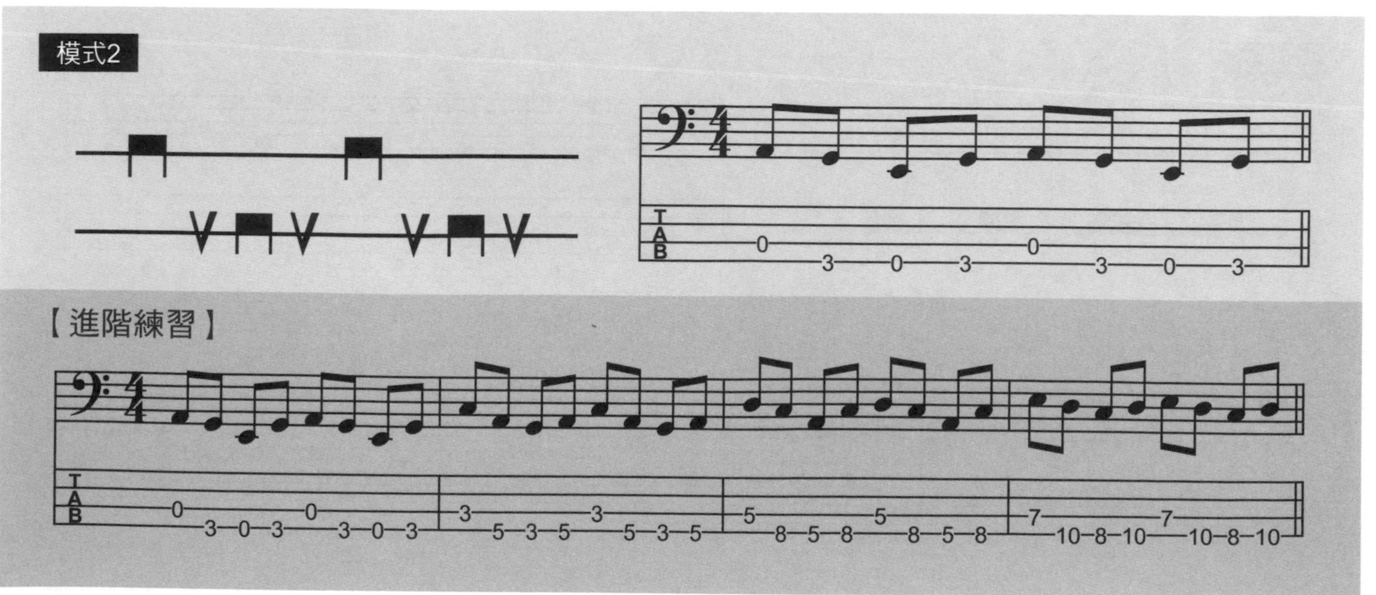

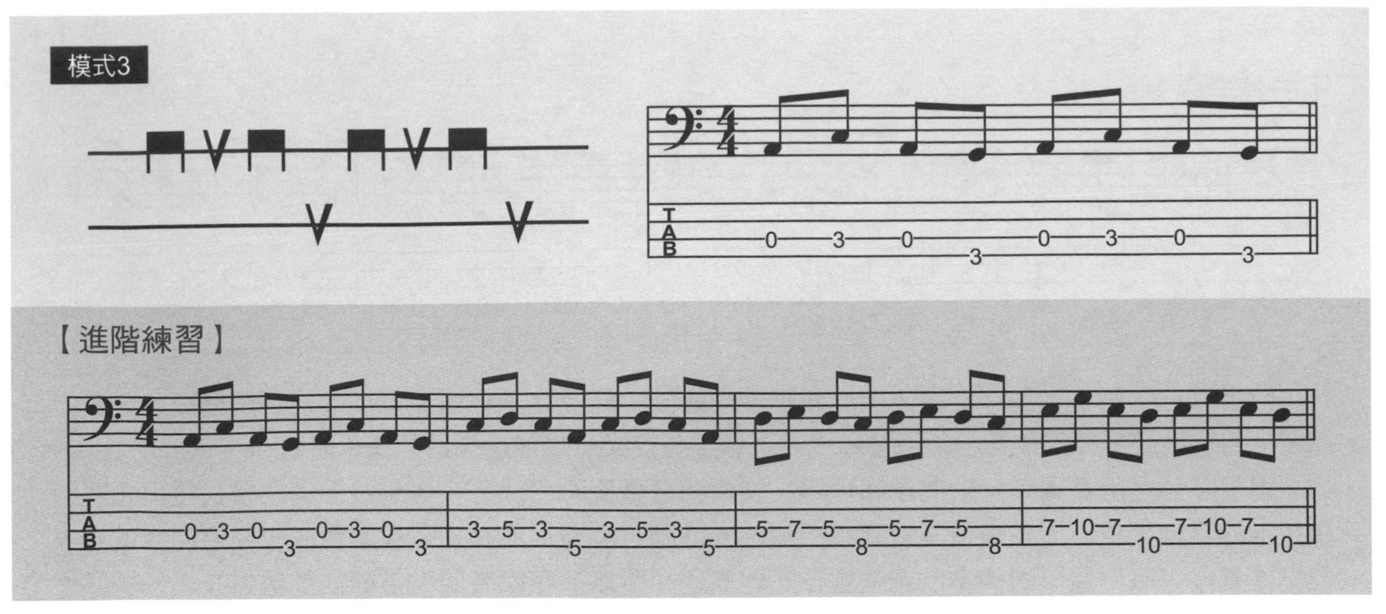
模式3
0 3 0 3 0 3 0 3
【進階練習】
0 3 0 3 0 3 0 3 | 3 5 3 5 3 5 3 5 | 5 7 5 8 5 7 5 8 | 7 10 7 10 7 10 7 10

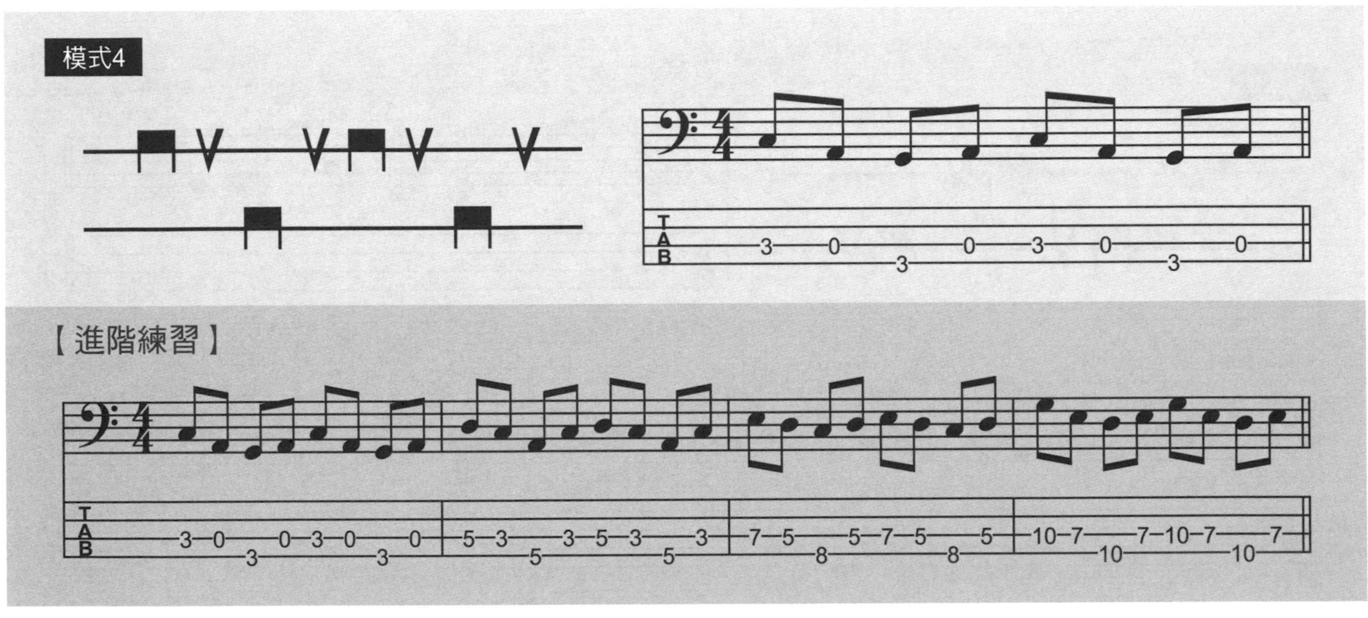
模式4
3 0 3 0 3 0 3 0
【進階練習】
3 0 3 0 3 0 3 0 | 5 3 5 3 5 3 5 3 | 7 5 8 5 7 5 8 5 | 10 7 10 7 10 7 10 7

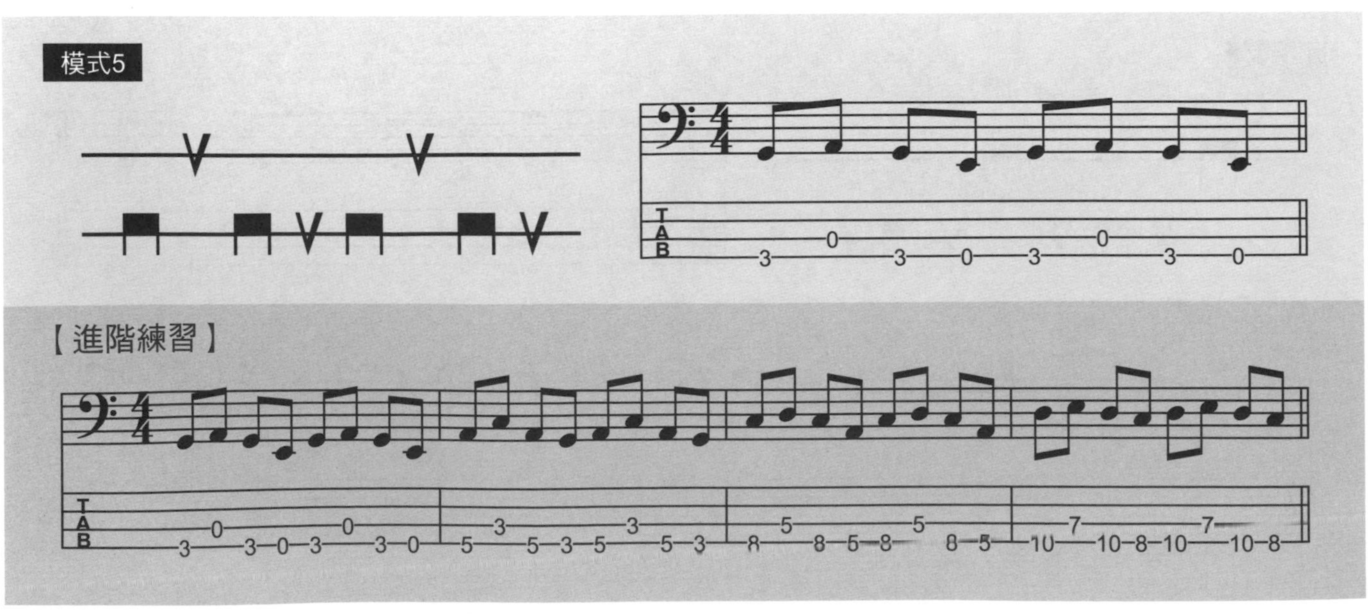
模式5
3 0 3 0 3 0 3 0
【進階練習】
3 0 3 0 3 0 3 0 | 5 3 5 3 5 3 5 3 | 8 5 8 5 8 5 8 5 | 10 7 10 8 10 7 10 8

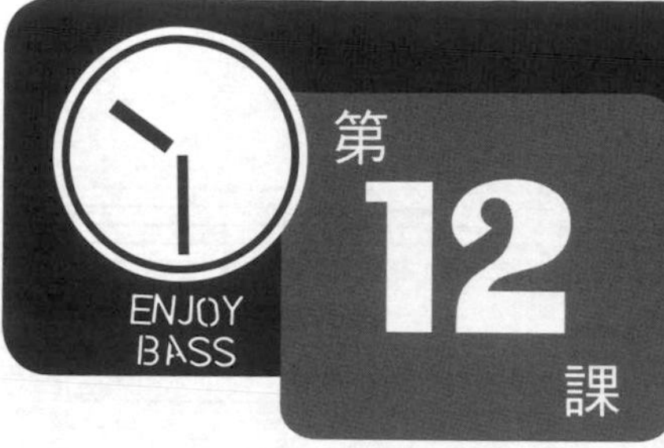

第12課 火力全開的金屬風

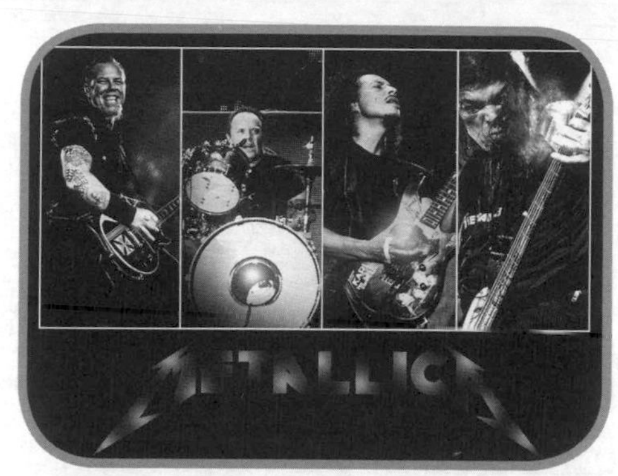

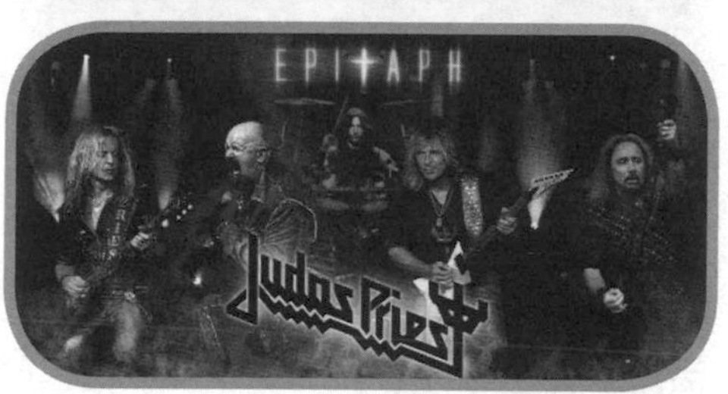

金屬樂是搖滾樂的一個支派，最早可溯及60末70初的英美地區。初期金屬樂以藍調和迷幻搖滾為基底，並且強調厚重和巨大的音量，以及過載破音的效果，成為一個獨特的音樂類型。隨著時間的發展，金屬樂也分化出許多不同的風格。

貝士在金屬樂的角色相當關鍵。貝士能產出豐厚的低音，並且能跟隨吉他彈奏樂句。貝士和吉他的互動，就是金屬樂的核心元素。

本課中，我們將討論如何使用彈片來彈奏延音或反拍出拍。關於延音的概念，請參考本書第10課中的相關內容。本課的學習重點將放在手部的動作和彈奏上。

反拍出拍撥弦

【解說】12-1

先將練習簡化，了解手部律動的規則之後，再逐漸增加音符數量和彈奏難度。在練習1和練習2中，右手部分始終保持下上的交替撥弦。到了練習3，出現了反拍出拍並且延音的狀況。延音時，建議仍然保持右手下上的交替動作，以方便保持律動和計數拍子。

用括號（ ）將下或上的動作框起，表示有揮手動作，但不觸及琴弦。

練習4、練習5和練習6都是以練習3為基礎，逐漸添加用音數，以添補貝士線的密集度。不論拍子的變化如何，我們都能保持規律的手臂揮動，只是控制撥弦與否而已。

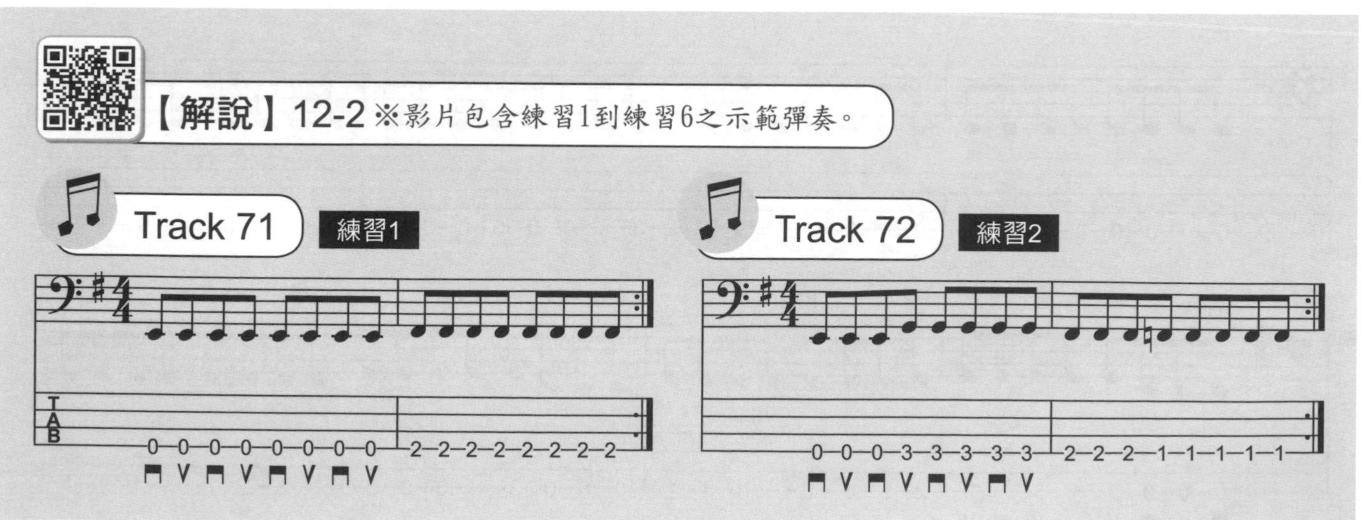

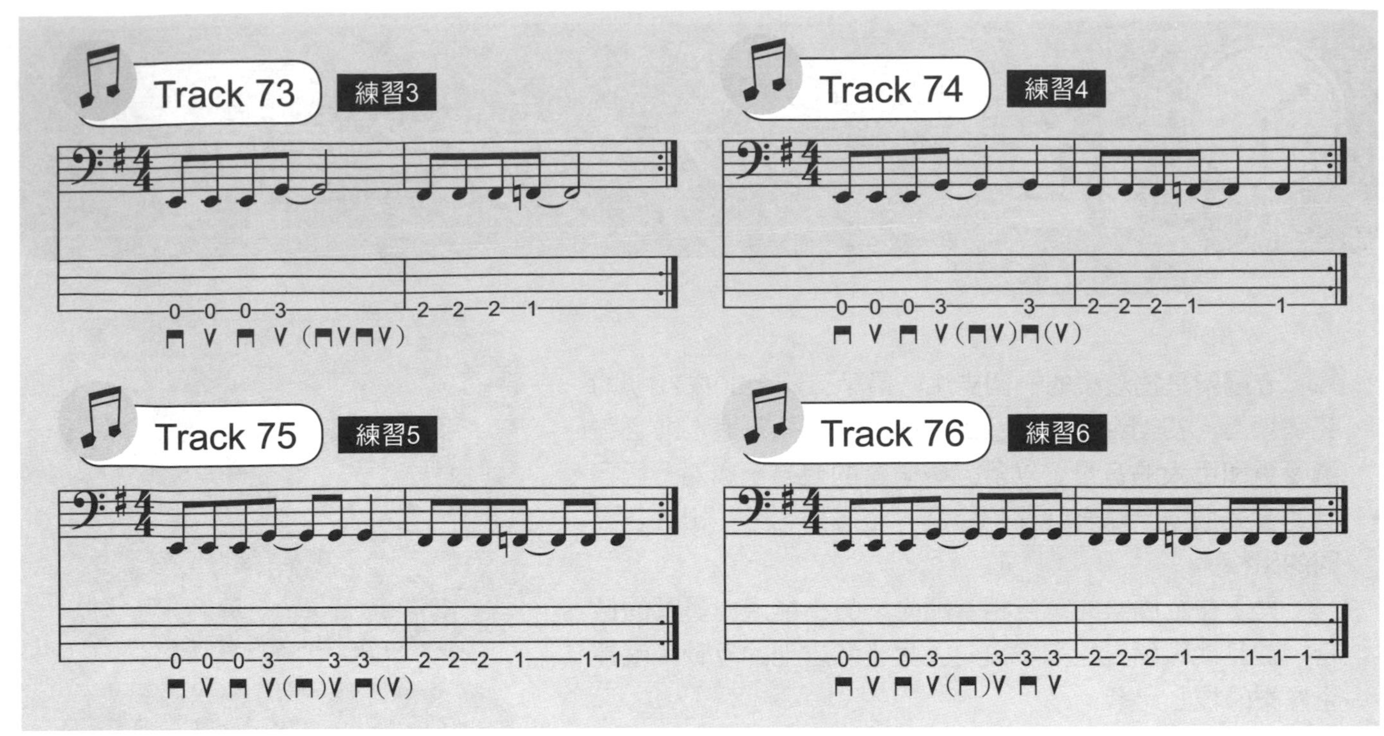

【練習曲】

【練習】12-3 Track 77

♩= 140

前奏

E

T A B

0—0—0—0—0—0—0—0 | 0—0—0—0—0—0—0—0 | 0—0—0—0—0—0—0—0 | 0—0—0—0—0—0—0—0

主歌

Em | | | Em Em/A Em/G

0—0—0—0—0—0—0—0 | 0—0—0—0—0—0—0 | 0—0—0—0—0—0—0—0 | 0—0—0—5—5—5—3

Em

0—0—0—0—0—0—0—0 | 0—0—0—0—0—0—0 | 0—0—0—0—0—0—0—0 | 0—0—0—0 0—0

副歌

Em G | F♯ F | Em G | F♯ F

0—0—0—3 3—3—3 | 2 2 2—1 1—1—1 | 0—0—0—3 3—3—3 | 2—2—2—1 1—1—1

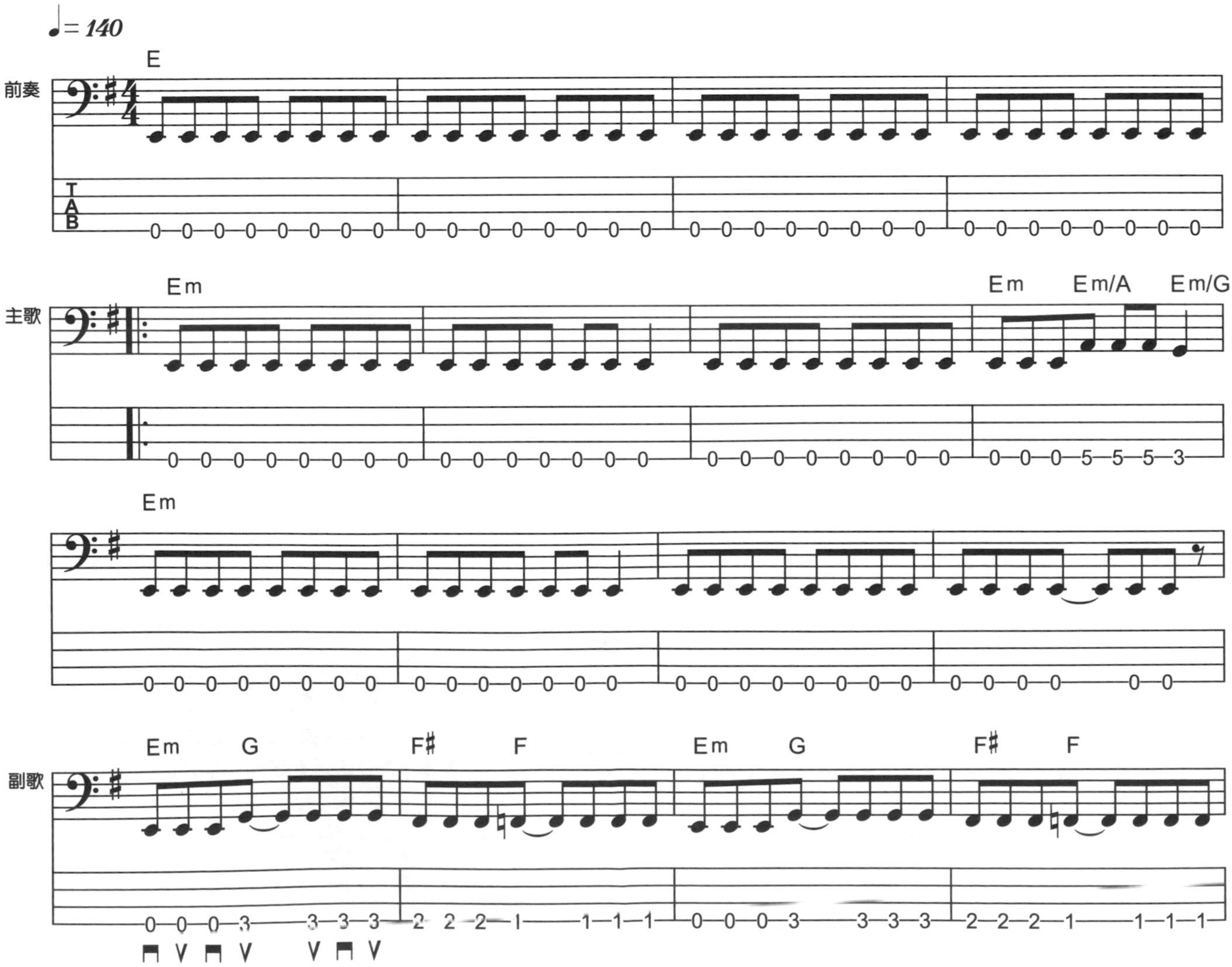

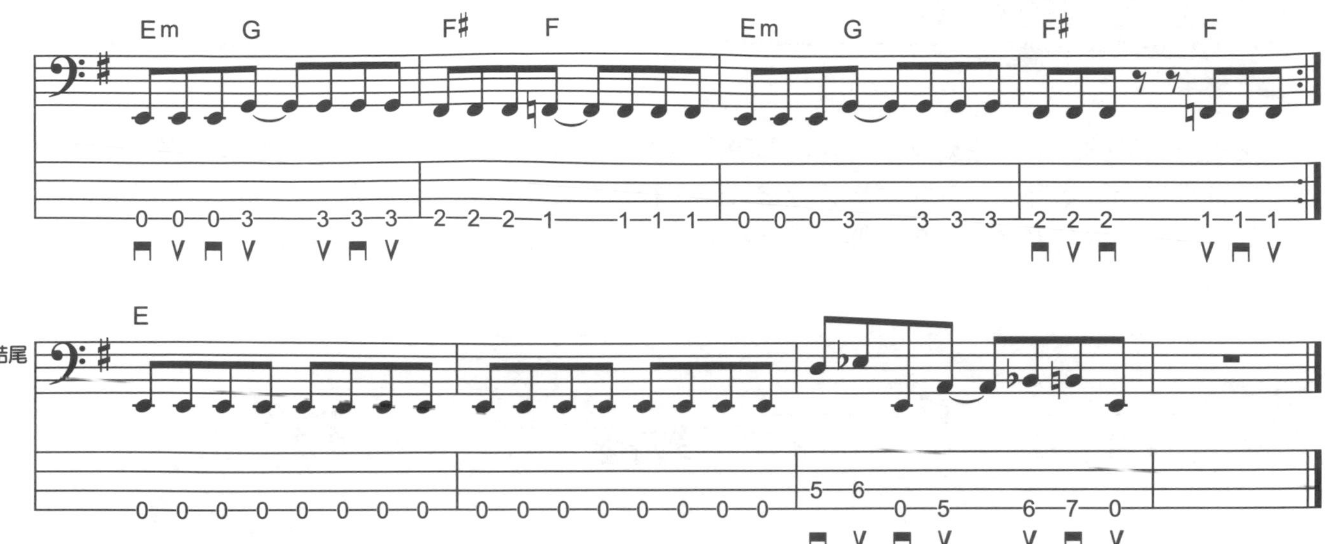

金屬貝士手

Cliff Burton和Steve Harris是兩位在金屬樂界中，頗具份量和影響力的貝士手，在此，簡單的介紹一下。

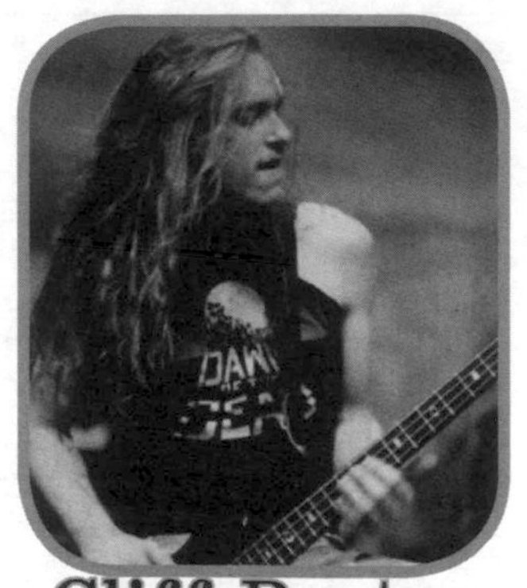

Cliff Burton

被譽為最有影響力的金屬貝士手之一。曾為美國金屬樂團Metallica效力的他，除了能穩定樂團的和聲和節奏之外，更能彈奏出具有旋律性的貝士獨奏。不幸於1986年九月瑞士巡迴的車禍意外中喪生。

建議聆聽曲目：〈Orion〉、〈The Call Of Ktulu〉、〈For Whom The Bell Tolls〉、獨奏曲〈Anesthesia-Pulling Teeth〉

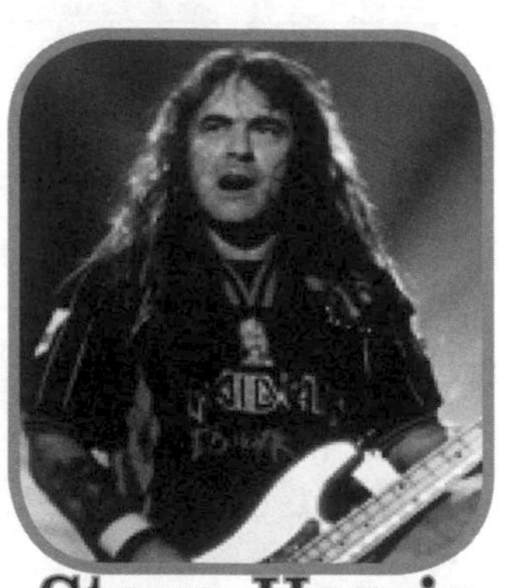

Steve Harris

英國新浪潮金屬樂團Iron Maiden創團元老，身兼樂團領導、作曲、合音、鍵盤和貝士演奏。曾經是建築設計師和職業青年足球隊員的Steve，於1975年籌組樂團至今，其紮實穩健的貝士彈奏，深深影響後進。知名大廠Fender，也於2009年推出他的簽名貝士。

控制弦間距彈奏

接續上段所強調的反拍處理，而在這階段多增加一些撥弦的難度。請大家參考第11課關於彈片使用的進階技巧訓練部分，在處理鄰近弦撥弦時，特別需要掌握弦間的距離。再加上右手細微的移動才能夠準確地撥到琴弦，均勻地控制聲音和音量。能從以下四組漸進式的練習，多學習控制弦間距的技巧。

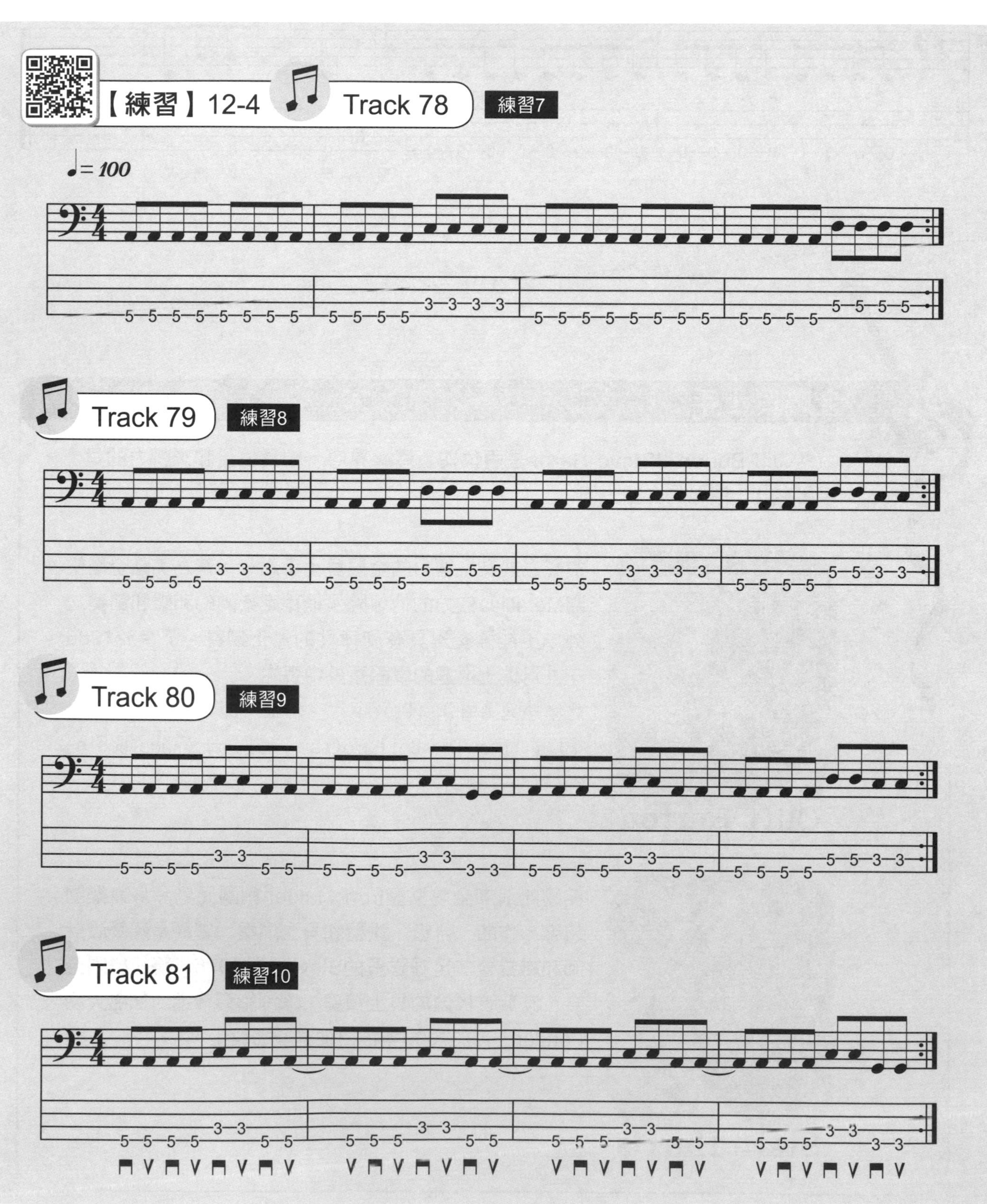

【練習曲】

【練習】12-5 Track 82

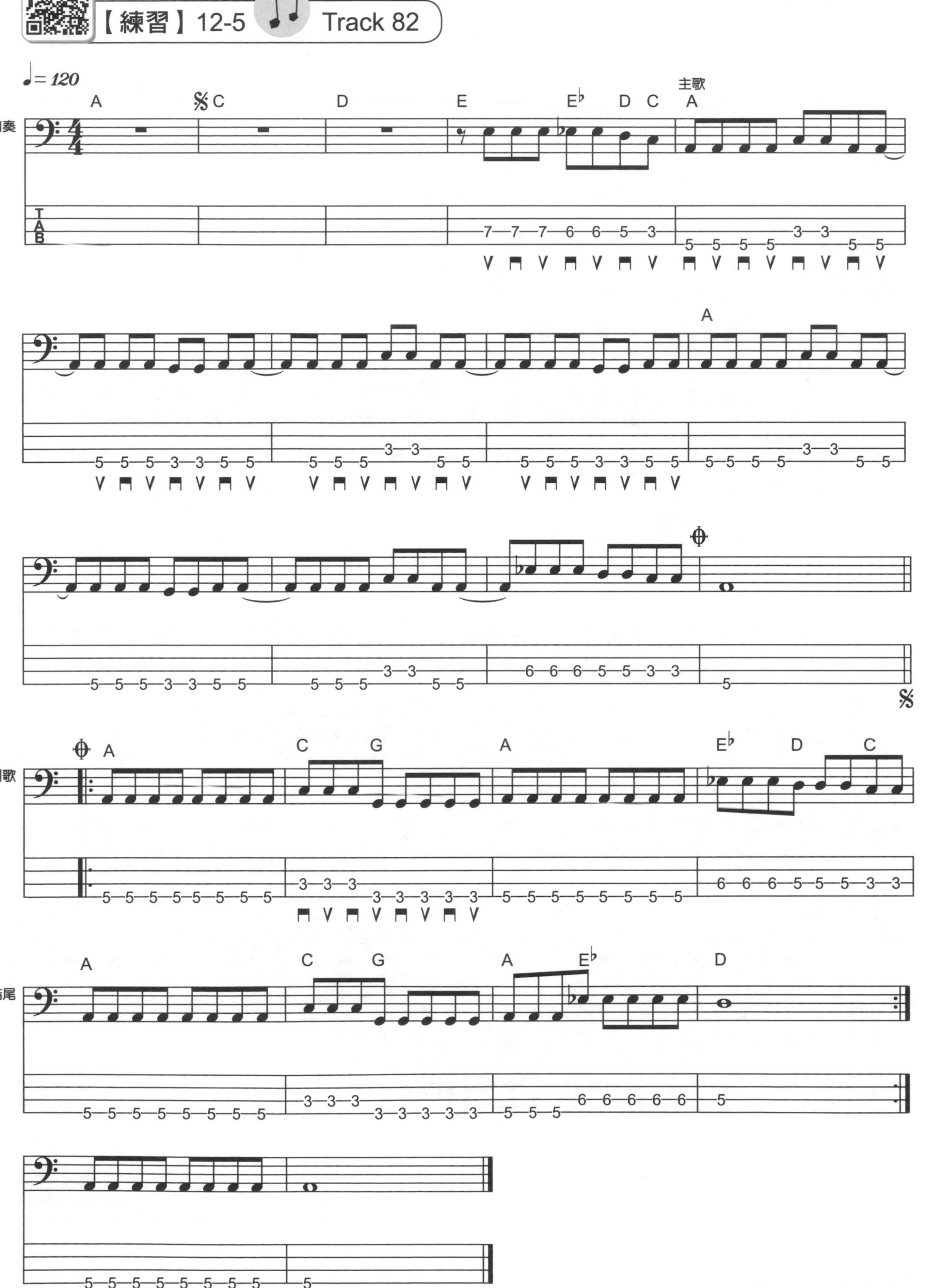

增加左手搥弦技巧

這一階段，添加一個常用的左手技巧，一般稱為「搥弦」。在傳統的解釋中，搥弦屬於圓滑彈奏技巧中的一種，可以柔化兩音之間的連接讓聲音更有表情。

在搖滾或金屬音樂中，搥弦的使用目的就不再是柔化效果了。在這講求速度和密度表現的音樂風格裡，透過左手的搥弦動作，其實可以大幅減低右手撥弦的工作量和壓力，有效地降低高密度彈奏的困難度。

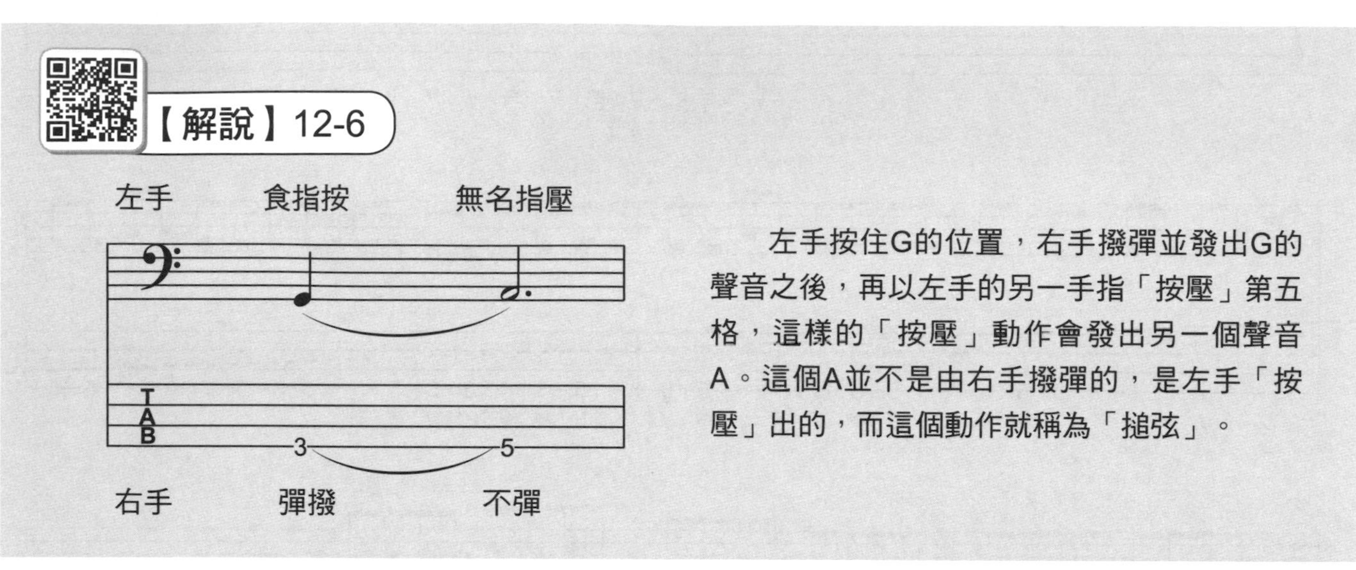

左手按住G的位置，右手撥彈並發出G的聲音之後，再以左手的另一手指「按壓」第五格，這樣的「按壓」動作會發出另一個聲音A。這個A並不是由右手撥彈的，是左手「按壓」出的，而這個動作就稱為「搥弦」。

以下是一些搥弦的基本練習。需注意按壓出來的音量最好能與撥彈出的音量一致。在注意左手搥弦動作的同時也別忘了控制右手的動作，建議先從慢速開始進行。

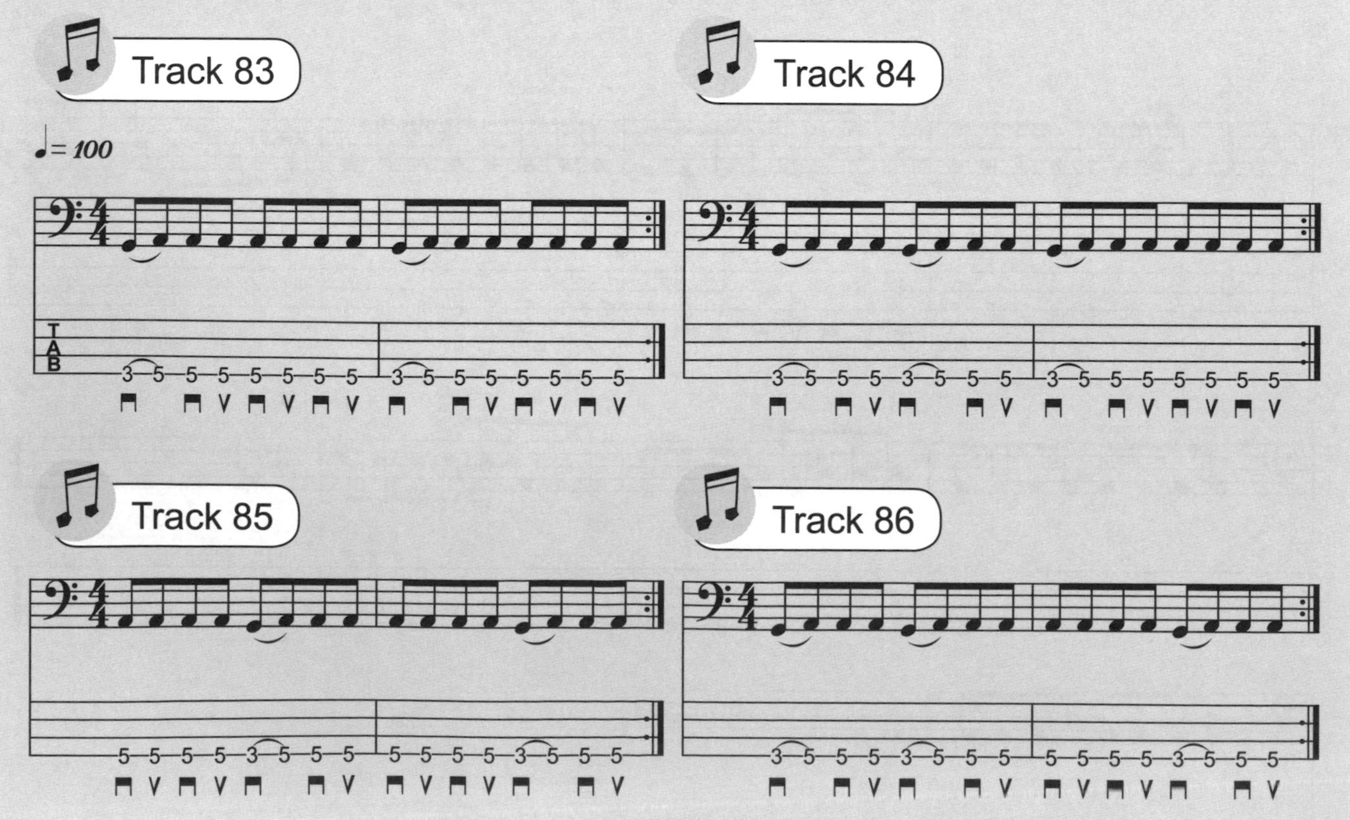

【練習曲】

【練習】12-7 Track 87

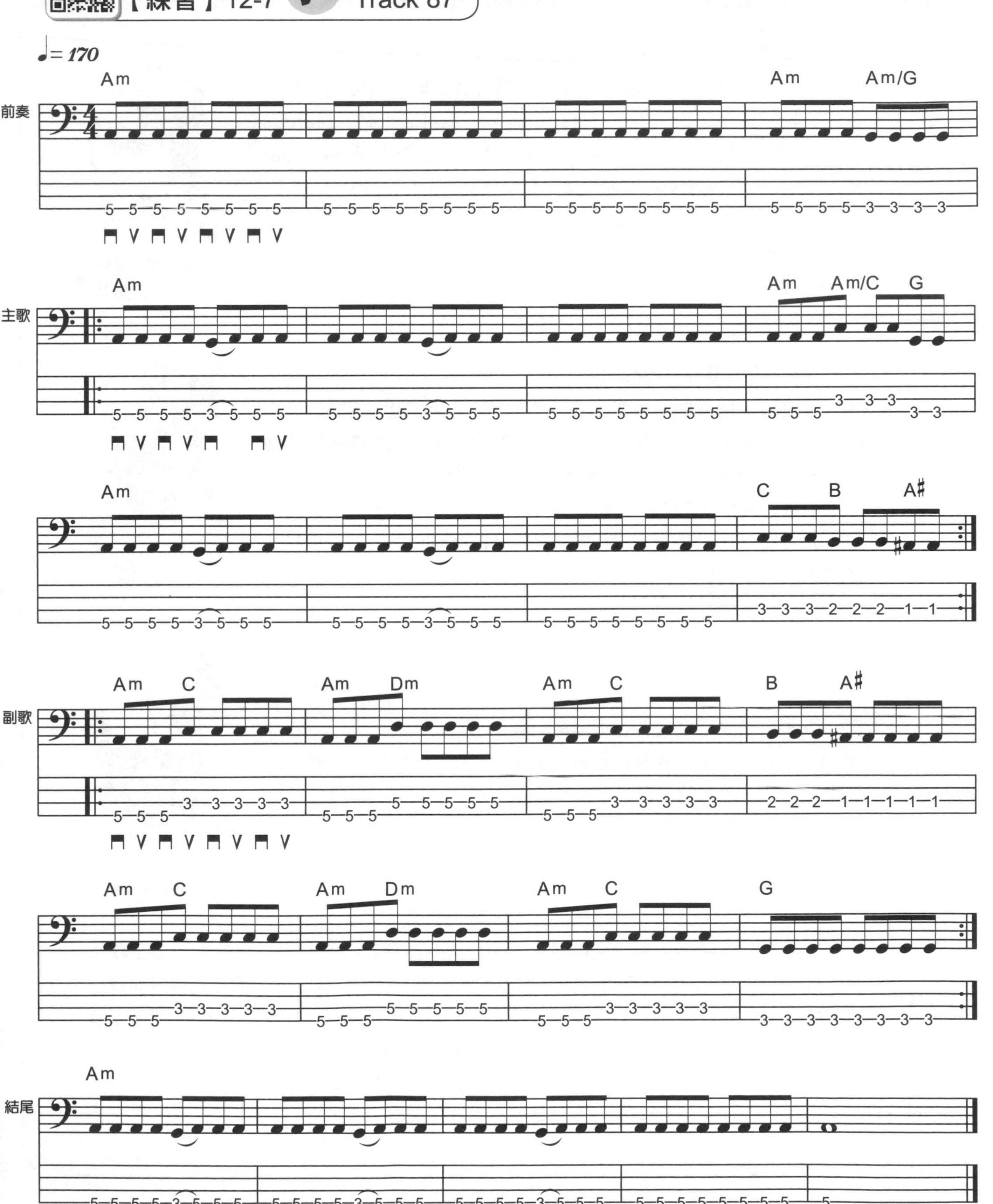

拾音器的種類

1、Jazz Bass Pickups

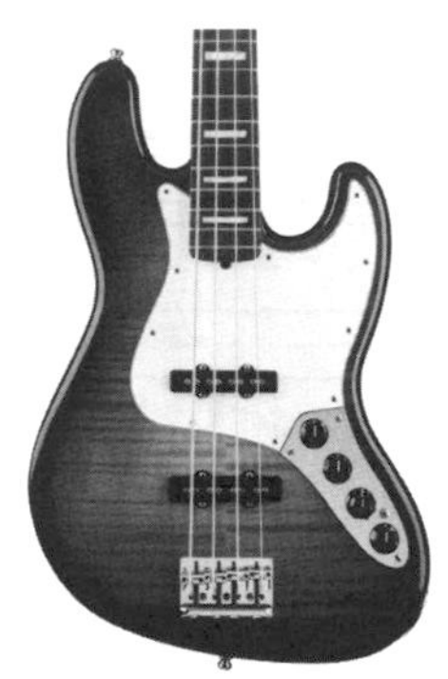

Fender在六零年代推出Jazz Bass。這個款式的曝光率極其之高，從傑克帕斯托瑞爾斯（Jaco Pastorius）、馬可斯米勒（Marcus Miller）到蓋迪里（Geddy Lee），無數的電貝士英雄手持Fender Jazz Bass，開創驚人的音樂成就。Jazz Bass所使用的拾音器，是由兩個單線圈（Single-Coil）組成。在中音和高音頻方面，擁有更明亮更豐富的質感，音色表現上也較為精緻細膩，足以展現許多聲音表情和細節。

2、Precision Bass Pickups

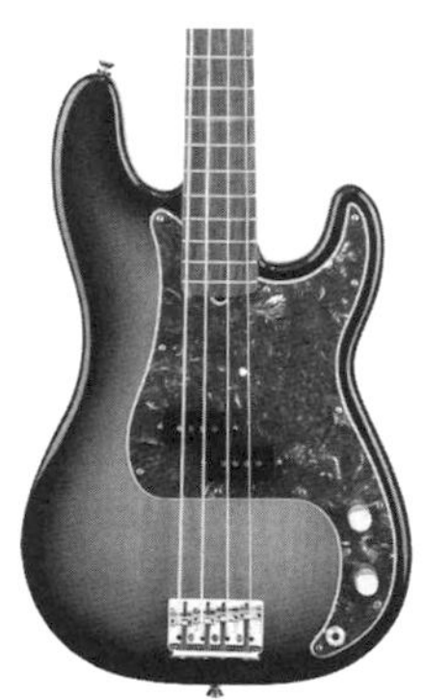

另一個典型，則是同一家公司在五零年代，所出推出的Precision Bass。從放克大師喬治波特（George Porter Jr.）到金屬名將史蒂夫哈里斯（Steve Harris），都是P Bass的愛用者。P Bass所使用的拾音器是一組錯開式的設計，多半裝設在琴身中央，正好是右手撥彈的位置。聲音深沉、飽滿、厚實、而且強而有力，足以填補大量的低頻聲音空間。

3、Music Man StingRay Bass Pickups

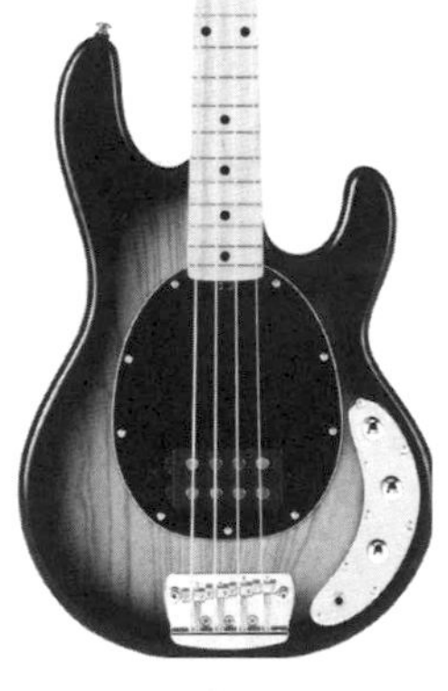

Music Man的StingRay也是電貝士的典範之一，使用的是一個大顆的Humbucker拾音器，而且裝設在較為靠近琴橋的位置。搭配著主動式的電路，在強調高頻的同時，也能顧及豐富的低音。

那到底哪一種拾音器搭配方式最好呢？每個樂手都有自己的習慣、喜好、以及工作需求，自然會選擇不同的搭配和聲音。像蓋瑞威理斯（Gary Willis），他就覺得只裝設一個單獨的拾音器，較能集中接收琴弦的振動，聲音也比較忠實。Nashville的錄音室貝士名家戴夫包摩爾（Dave Pomeroy），同時也是Earwave Productions製作人的他，就比較喜歡各種不同的拾音器搭配，以及複雜繁多的音色變化。

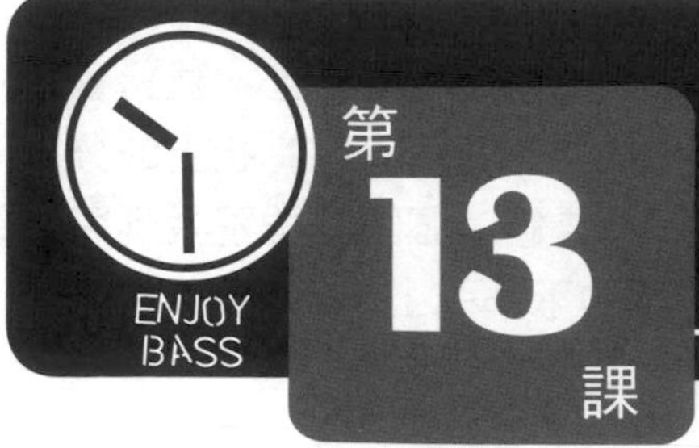

第13課 五零年代的復古風

「Rock and Roll」特別指1950年代初期，美國地區所發展出的一種流行音樂。最初這種音樂是合併了藍調、鄉村和福音等音樂，逐漸形成出來的。

在Rock and Roll中，鋼琴、薩克斯風和吉他都是常見的主奏樂器。節奏部分則是遵循著Boogie Woogie的藍調風格，並且特別加重二四拍。

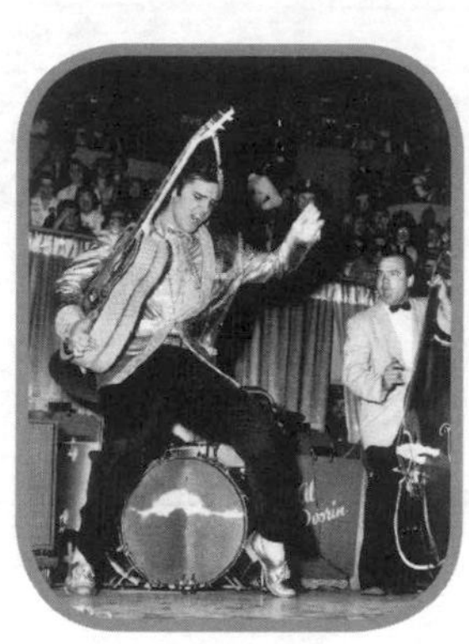

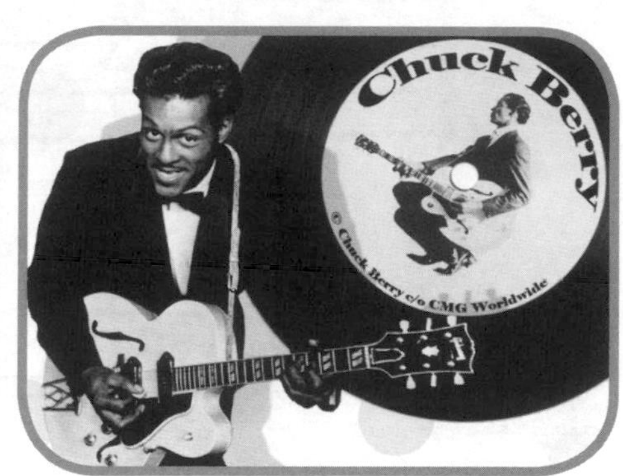

三度音

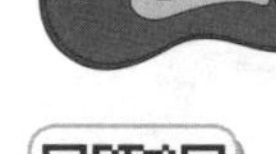

【解說】13-1

繼之前五度音的介紹後，再增加一個架構貝士旋律線（Bass Lines）的重要用音。三度音與五度音的推算方法其實一樣，三度音就是在根音之上的第三個音。例如：根音為C，其三度音則為E；根音為G，其三度音則為B 。

另外，在第5課有介紹過三度音程還可以更精緻地區分為大三度（Major）和小三度（Minor）。大三度是根音和三度音之間的距離為四個半音，而小三度則為三個半音。以根音C為例，C和E的距離為四個半音，則可以說C和E之間的距離為大三度音程，或說E是C的大三度音。

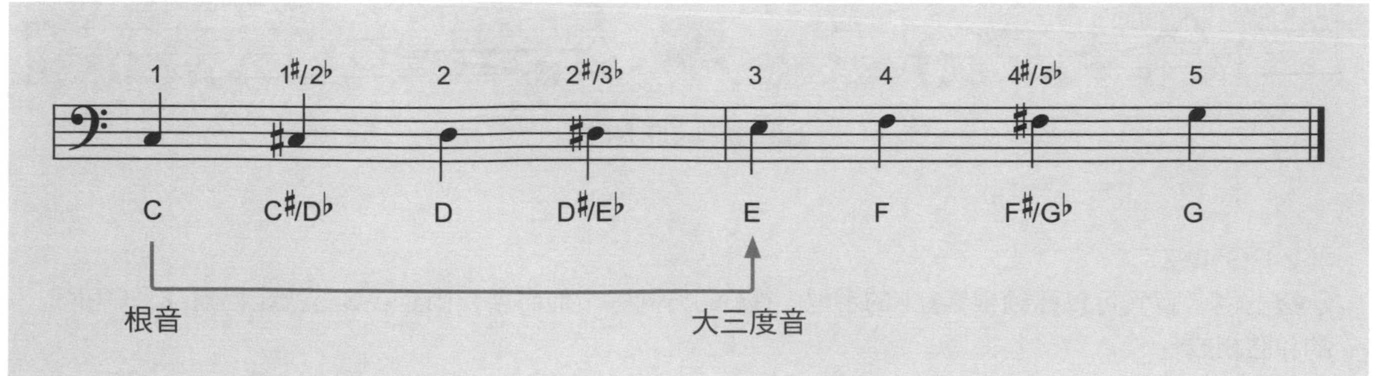

了解三度音的樂理定義後，再進一步地將這樣的音程關係，落實在貝士的指板分布上。建議參考第5課的課程內容，一方面能加強三度音程在樂理上的推算，也可以更加熟悉三度音在指板上的分布情形，一但熟悉了這個相關位置之後，不管和弦根音換到哪個音，都能透過這個固定位置找到所對應的大三度音。大三度音的位置基本上都會固定落在（1）根音前一格的下一弦上；（2）或是與根音同一弦，距離根音四格的位置。

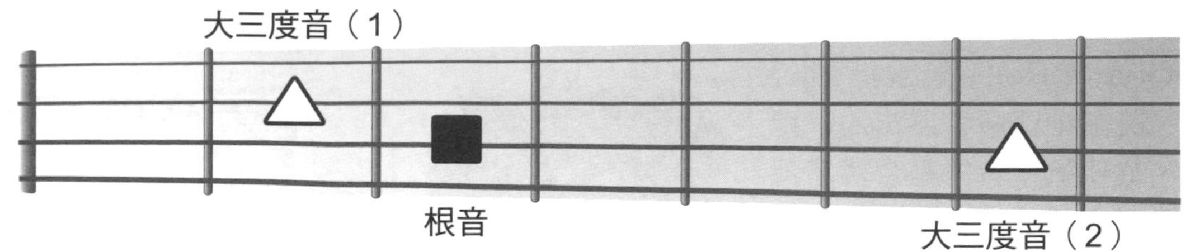

中指型運指模式

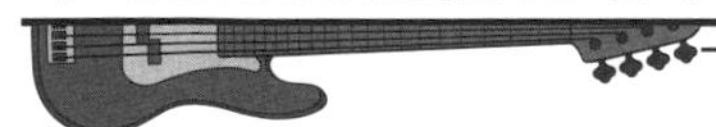

將根音、大三度音和五度音串連起來可形成一個三角形。可以利用這個三角形來做左手運指的參考。以中指定住和弦根音，以食指按大三度，小指按完全五度，形成一個固定的手型。（下圖以根音在C為例）

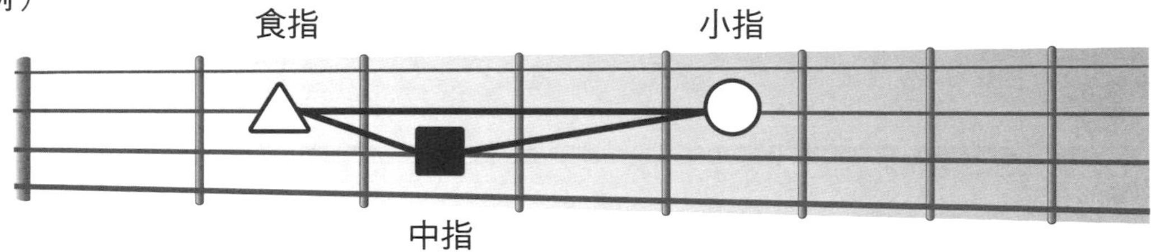

指型挪移概念：

可以在指板上移動此指型，透過練習就能容易找出其他和弦的位置。（以下僅列舉2種，其他和弦位置請自行發展）

（1）F和弦：

移動原本根音在C的手型，將根音換成F，雖然所在把位不同，但這個固定的「三角形」是不會變。

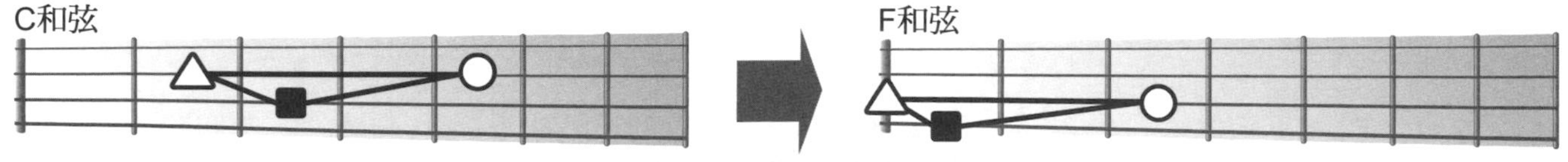

C和弦換到F和弦

（2）G和弦：

承接上例，我們可以移動根音在F的手型，往G的方向去，並將中指固定在G上就能輕易找到G和弦的和弦組成音。

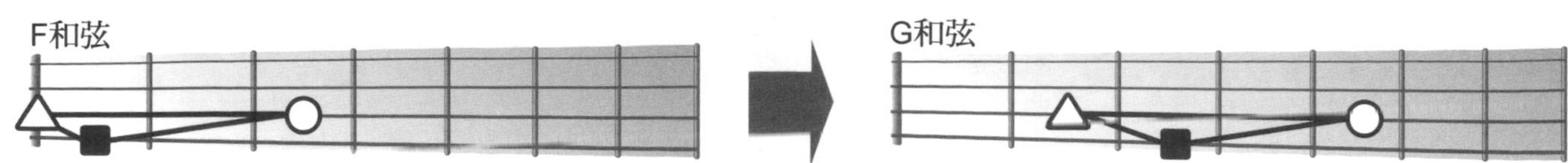

F和弦換到G和弦

透過以下練習，來熟悉這樣的指型挪移。

【練習】13-2

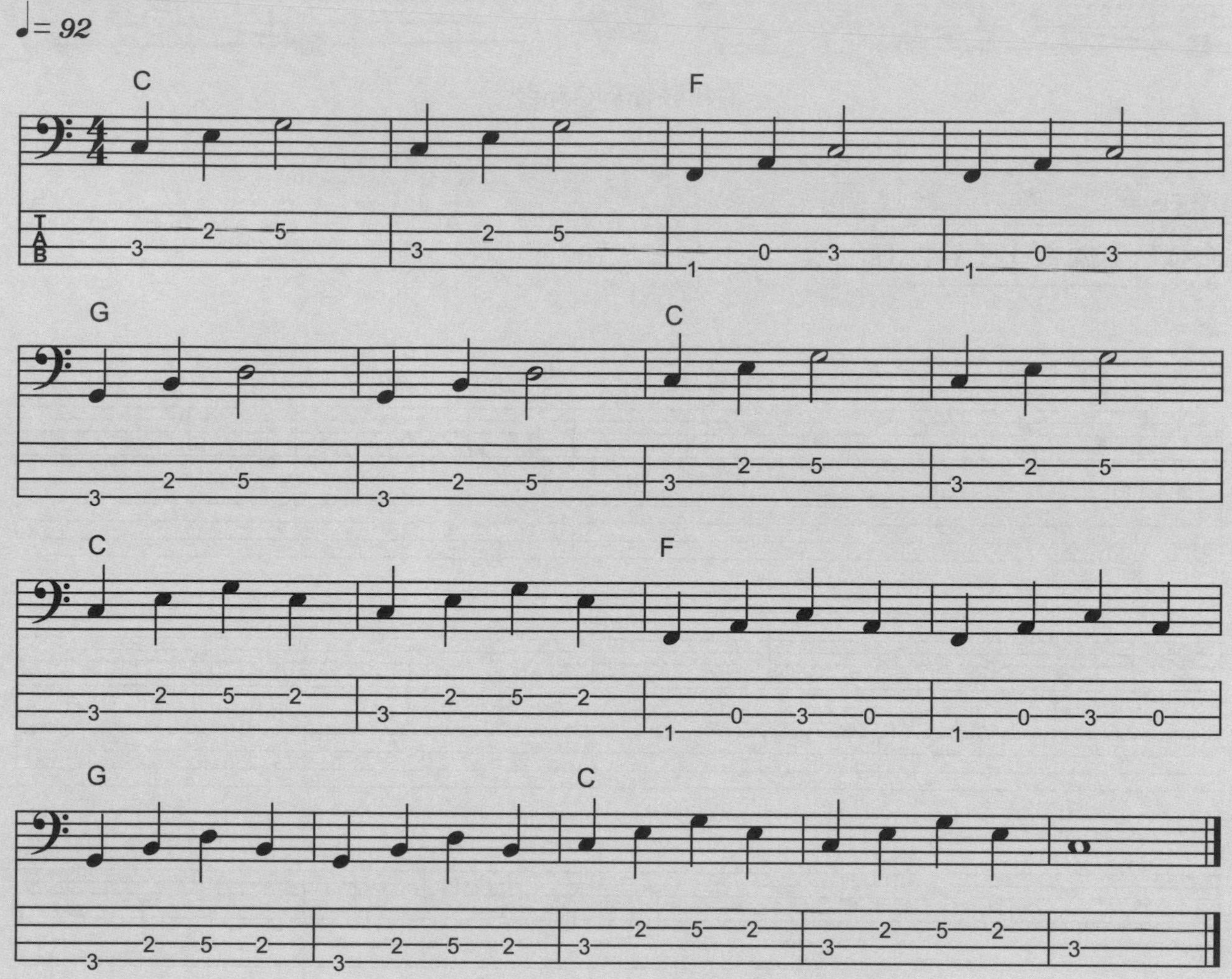

♩= 92

C　F

G　C

C　F

G　C

食指型運指模式

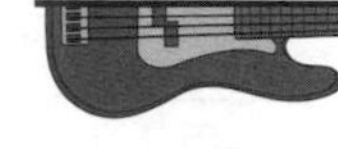

【解說】13-3

在認識中指型後，提供另一組的運指參考。這個指型是以食指控制根音，平行移動無名指來按大三度音，食指再按下一弦的完全五度音。這種以食指控制根音的指型，相對適合手較小的彈奏者使用。

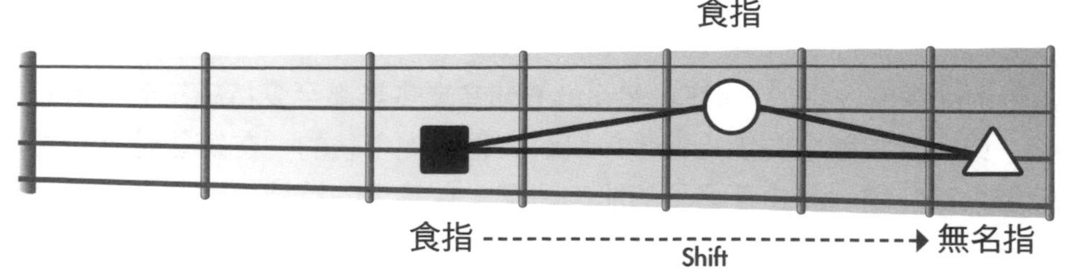

指型挪移概念：

同樣的，也需要多練習這個指型的移動。可以利用從C和弦到F和弦，以及從F和弦到G和弦，這樣的和弦進行來練習。刻意使用與上面一樣的和弦進行， 是希望大家能多比較一下「中指型」和「食指型」的不同。

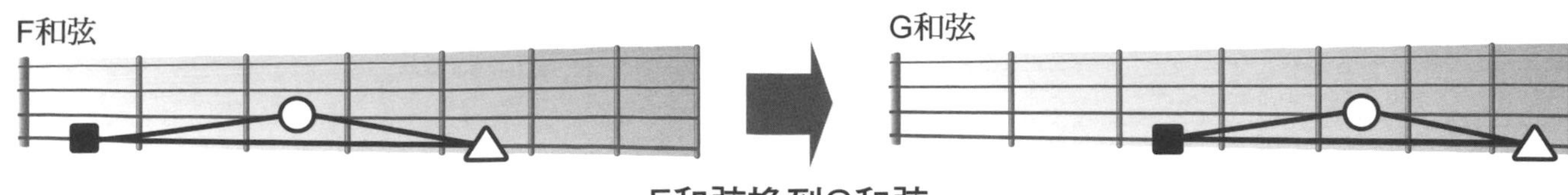

F和弦換到G和弦

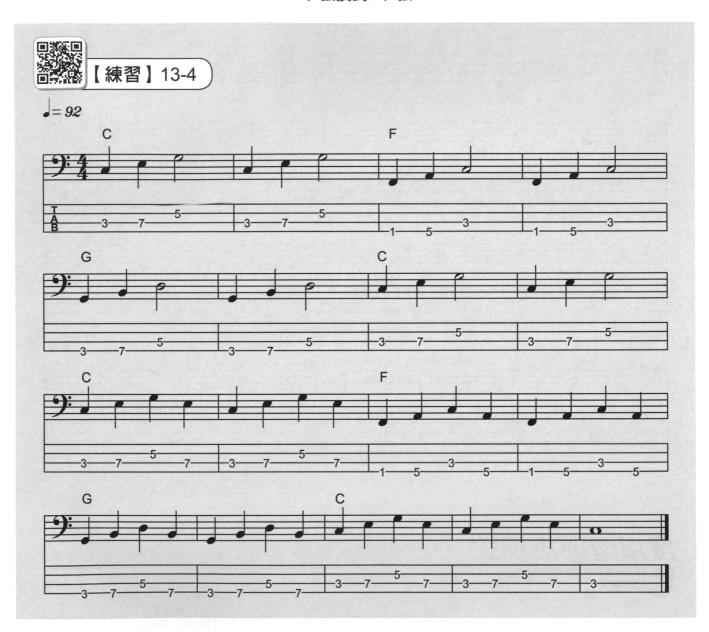

【練習】13-4

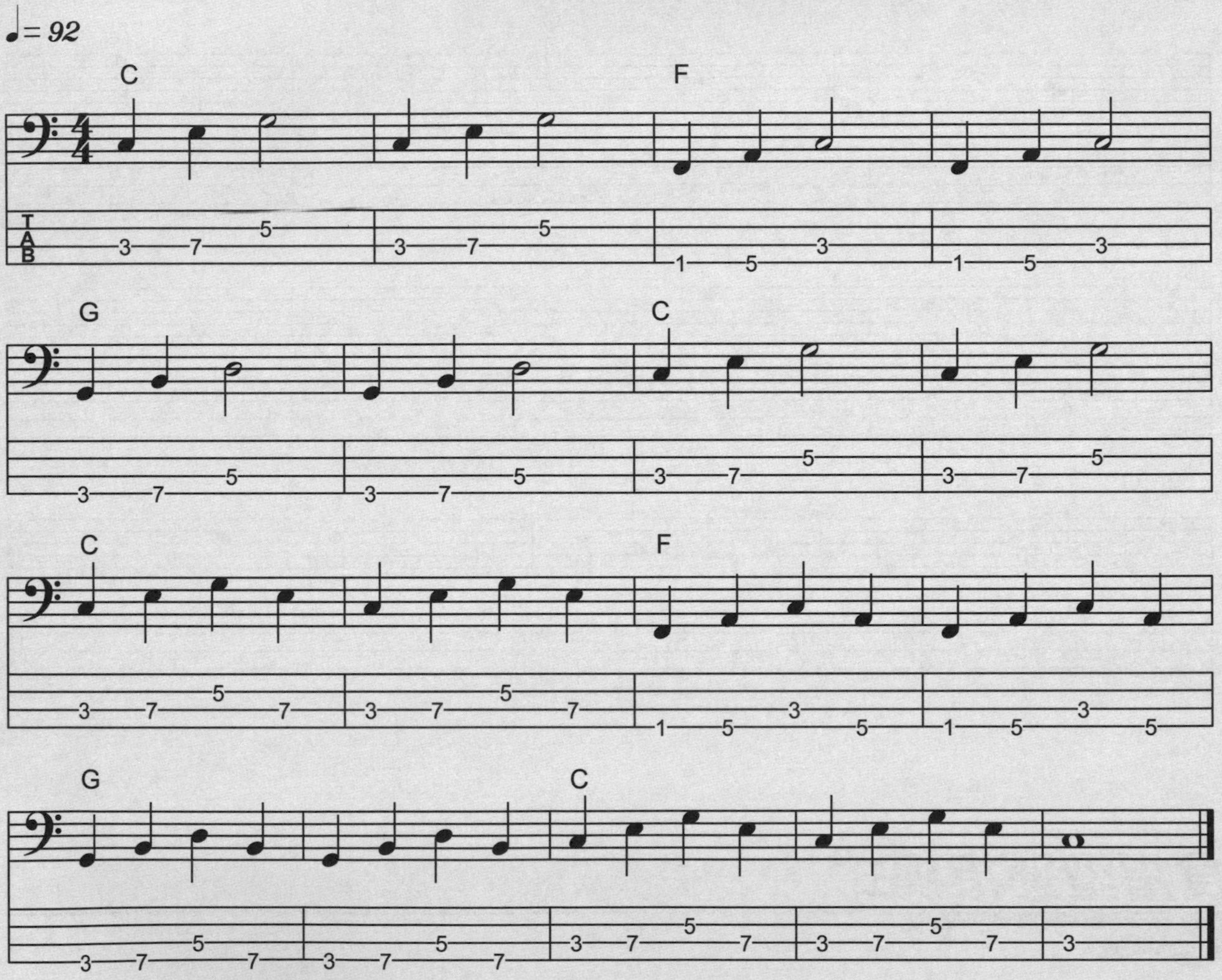

♩= 92

C F

G C

C F

G C

三度音的指型運用

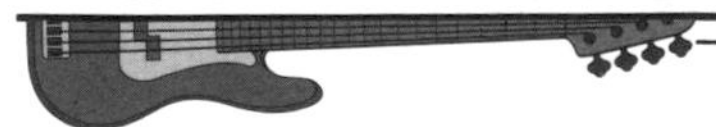

以下開始進行歌曲練習，由於一般Rock and Roll音樂多半都至少持續三到五分鐘，所以在面對不論是「中指型」或「食指型」的手指擴張，肌耐力是很受考驗的，在練習時多注意時間的控制，儘量避免一次練習太長時間而產生不必要的肌肉疲勞。在每天的持續練習中，慢慢地加長彈奏時間較為妥當。

【練習曲】

1、中指型運指模式：

【練習】13-5 Track 88

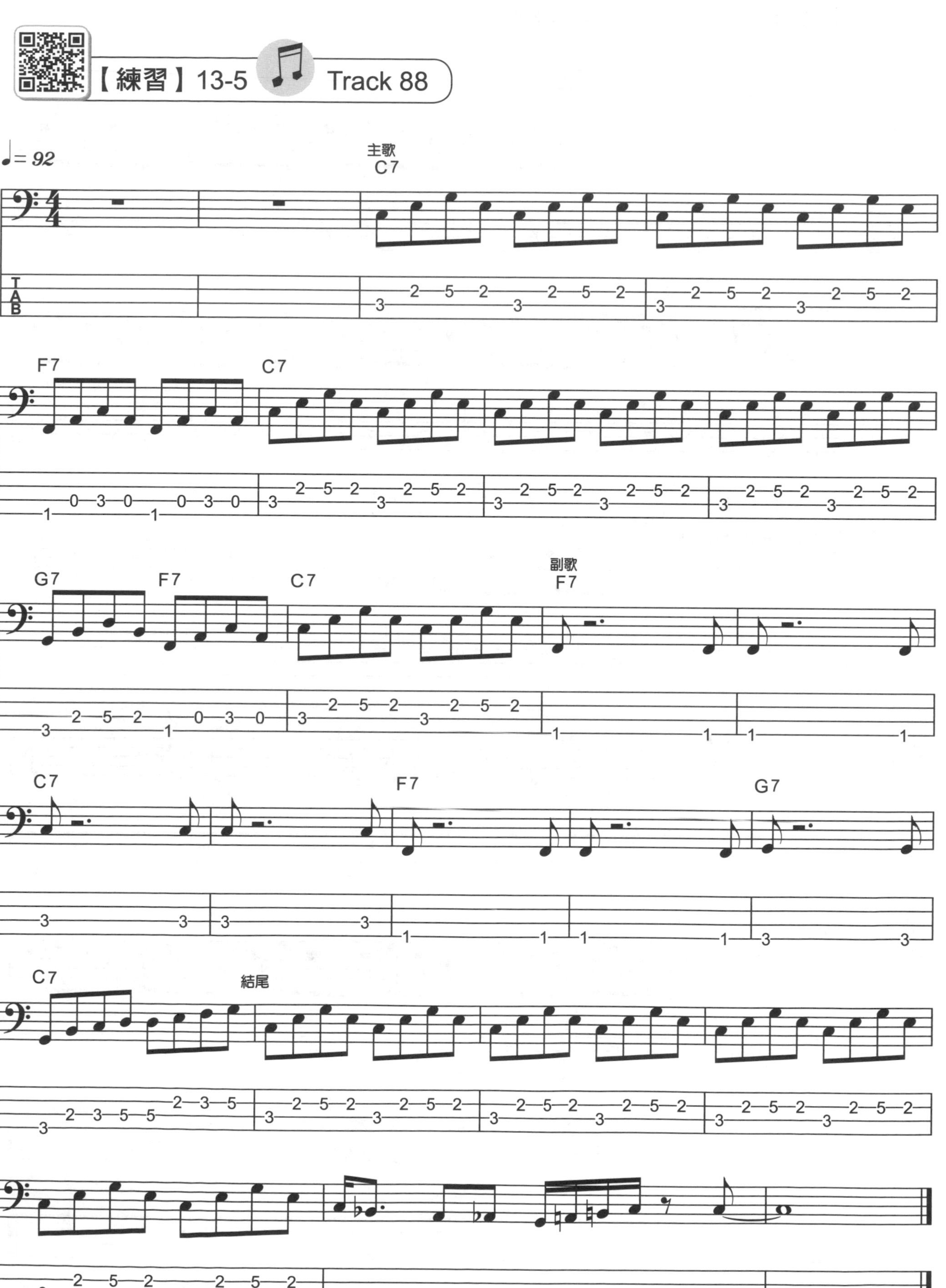

2、食指型運指模式：

【練習】13-6 Track 88

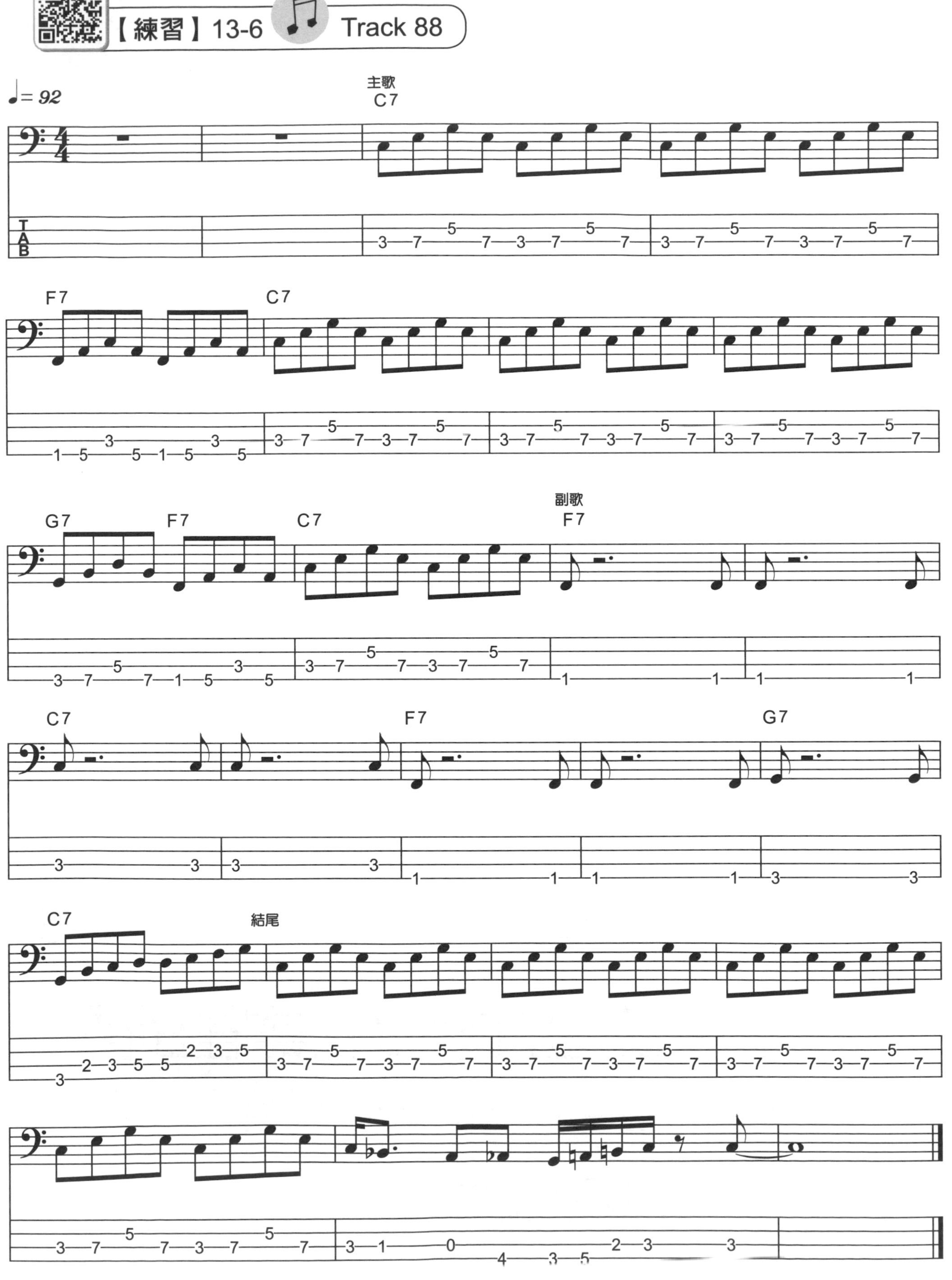

大六度音（Major 6th）

【練習】13-7

為了讓貝士旋律線更加豐富，除了前述的五度音、三度音之外，可以再添加大六度音。大六度音的使用是以突出旋律效果為主，適當地使用六度音可以延伸原有的貝士旋律線，並且更有旋律起伏的感覺。略過樂理方面的描述，直接在指板上，找出大六度音的位置。

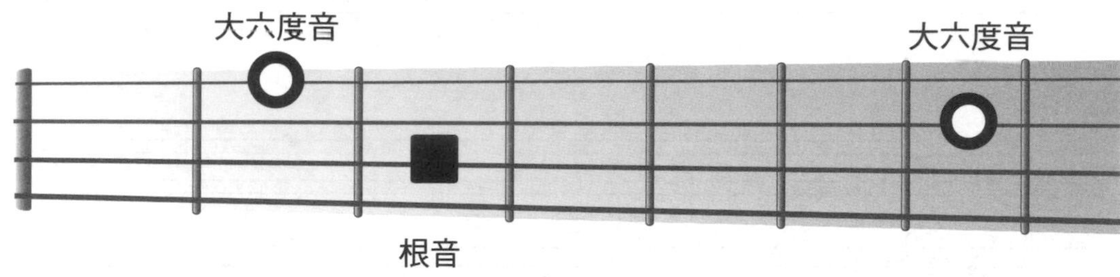

大六度音的運指模式及運用

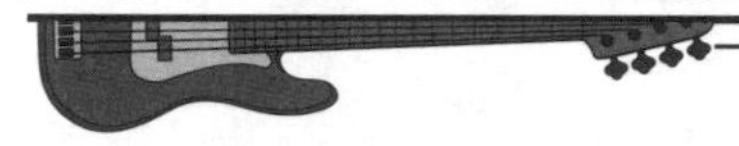

清楚大六度的位置後，我們可以將大六度加到原有的「根音＋大三度＋完全五度」指型中。同樣的，分成「中指型」與「食指型」兩組運指模式。

1、中指型運指模式：

手指的分布與剛剛大三和弦一致，中指負責根音，食指負責大三度音，擴張小指來按完全五度音，至於延伸出的大六度音則由負責同一琴格的食指來按。

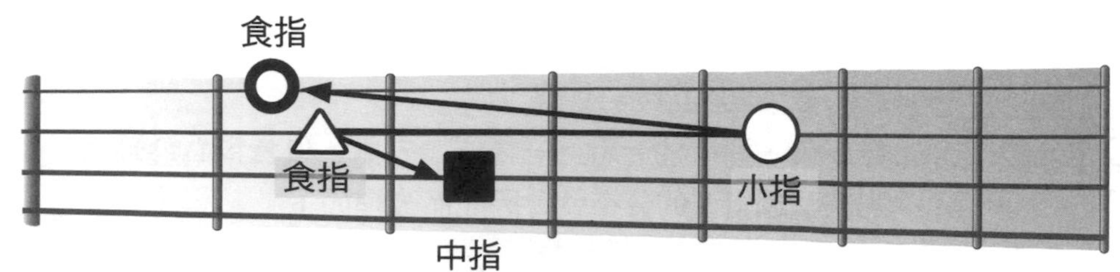

這個指型同樣也需要練習挪移，由於版面的限制就不一一列出圖示，請大家直接配合下頁的練習，來想像指型挪移的狀況。

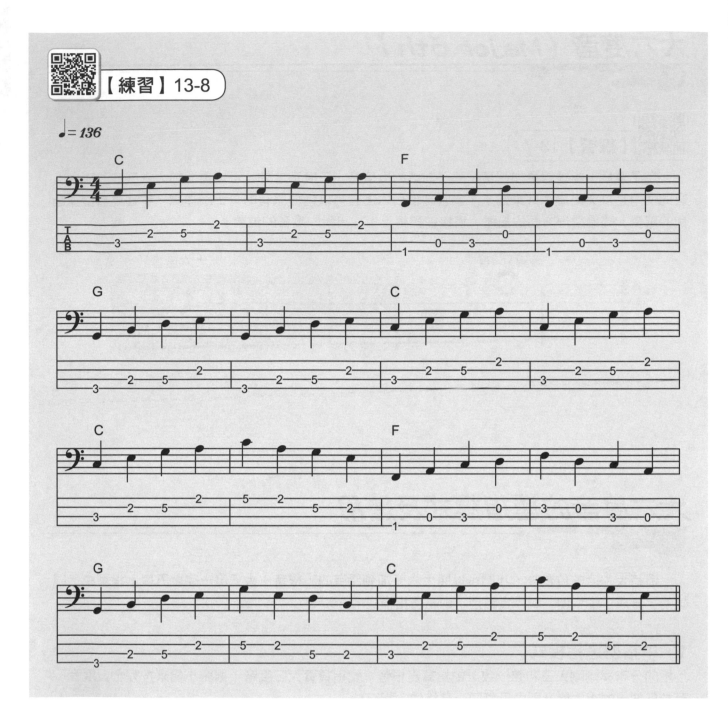

【練習】13-8

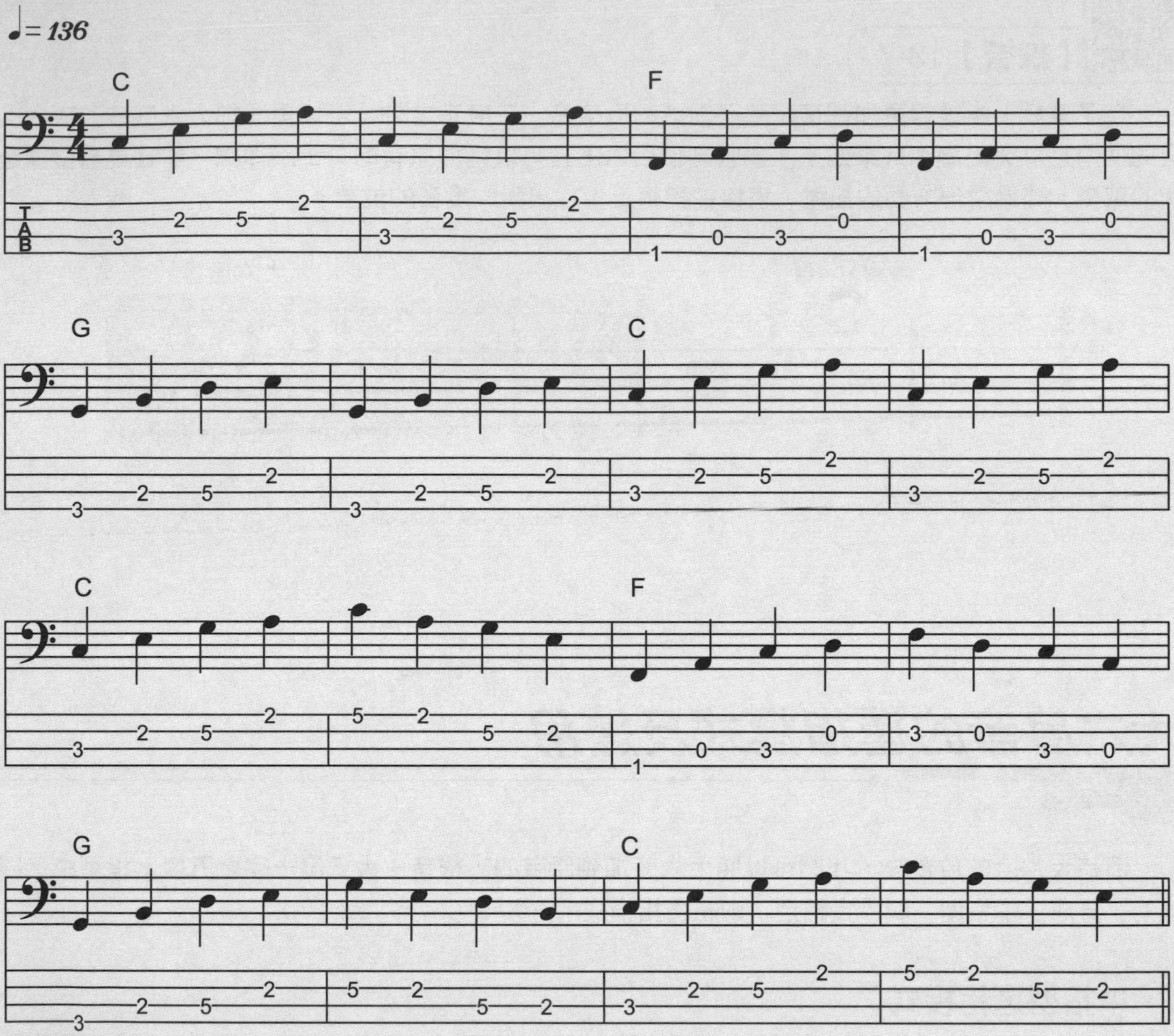

♩= 136

【練習】13-9

2、食指型運指模式：

接下來，把這些音用另一種方式安排。以食指為發動者，負責根音，那麼整個指型的分布就會因此而改變如下：

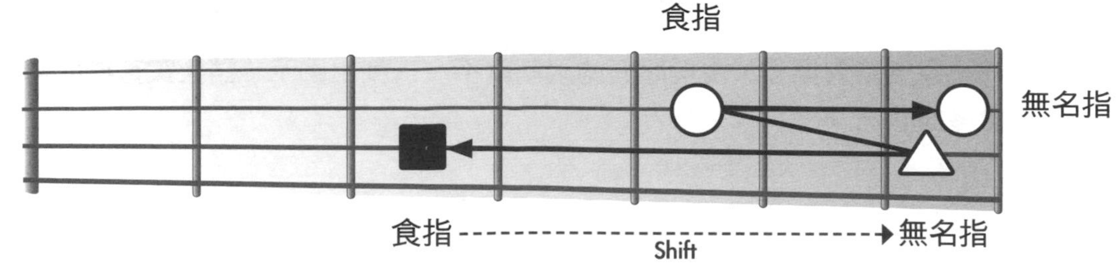

【練習】13-10

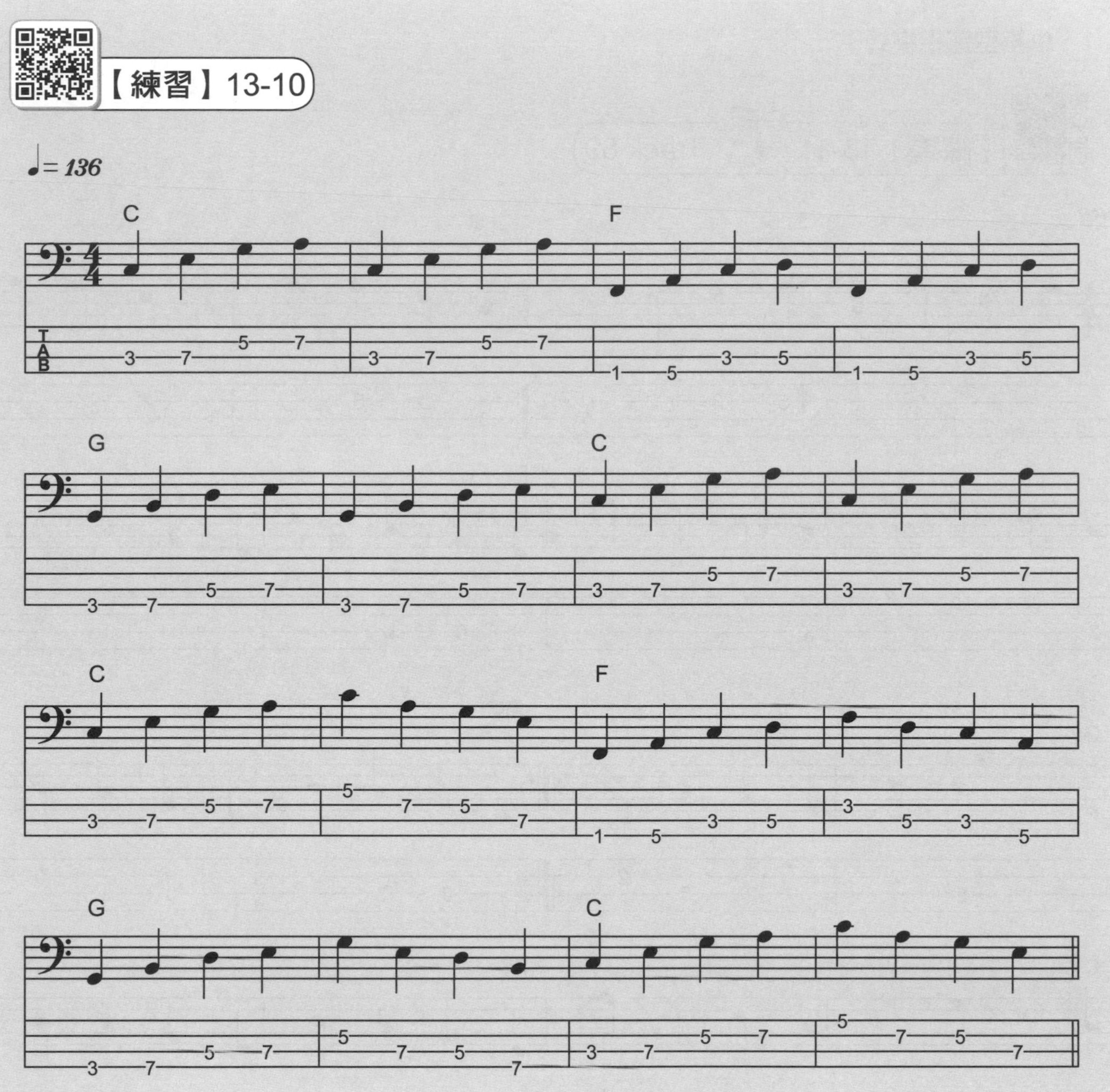

【練習曲】

1、中指型運指模式：

【練習】13-11 Track 89

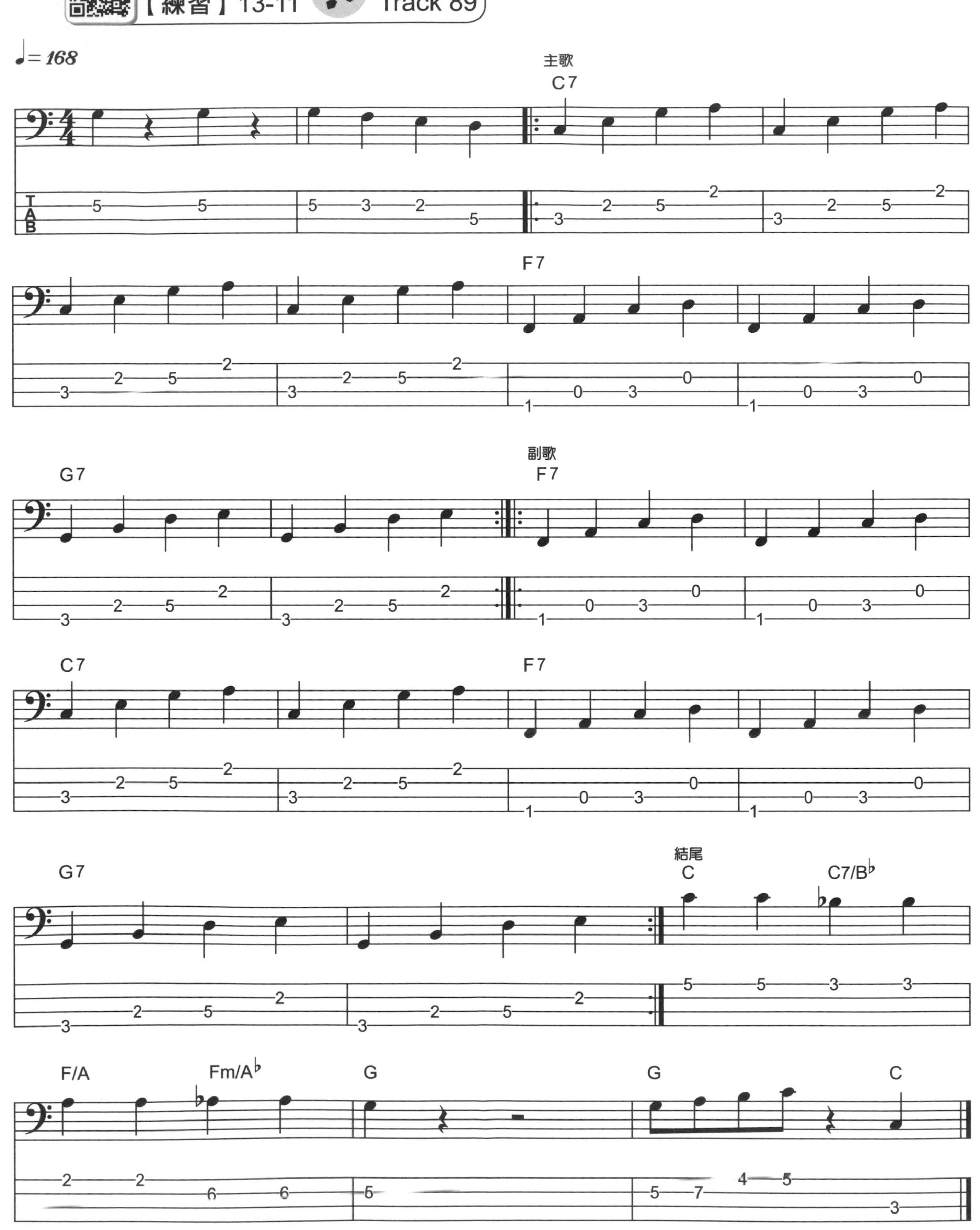

2、食指型運指模式：

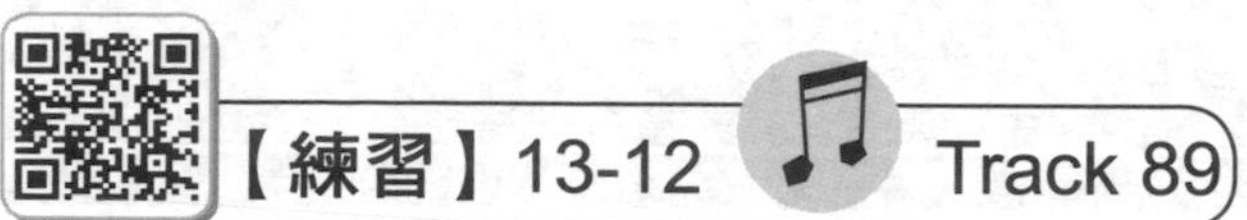

♩= 168

主歌

C7

F7

G7

副歌

F7

C7

F7

G7

結尾

C

C7/B♭

F/A

Fm/A♭

G

G

C

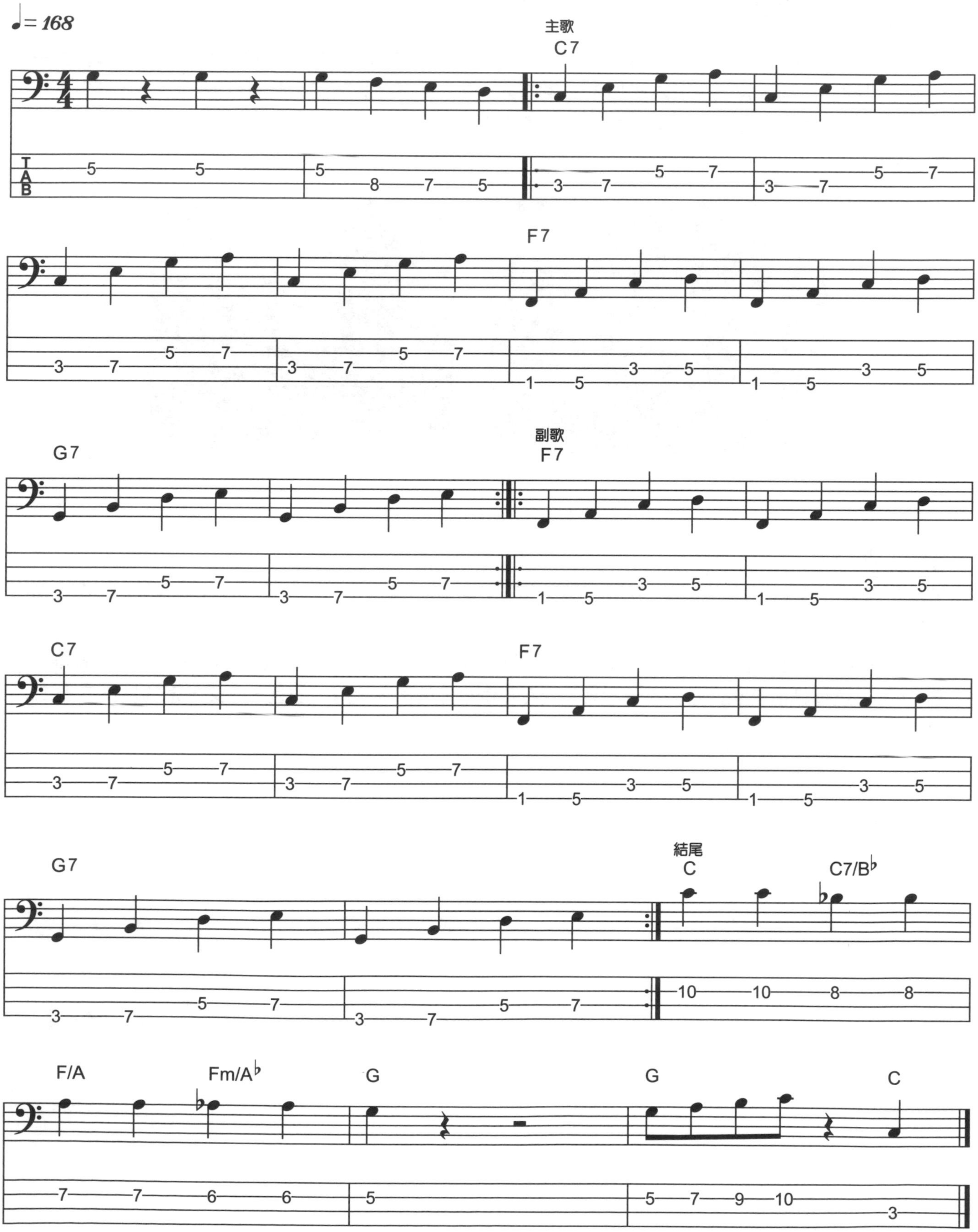

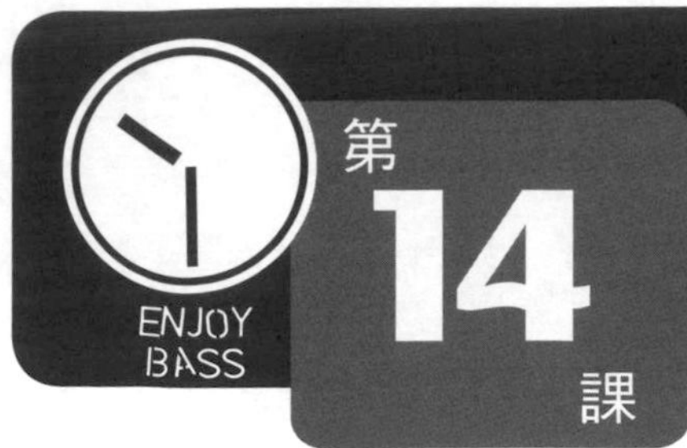

歷久彌新的藍調風

藍調（Blues）音樂發源於1890年代，美國密西西比河三角洲地區。傳統的藍調音樂大概就是一個歌手搭配簡單的木吉他，有時候加入一些口琴。搭配著憂鬱的歌詞，藍調音樂充分表現出失落和寂寞的感覺。隨著時間和多元文化的影響，現今的藍調音樂早已是多樣樂器搭配，多種表現形式的音樂類型。

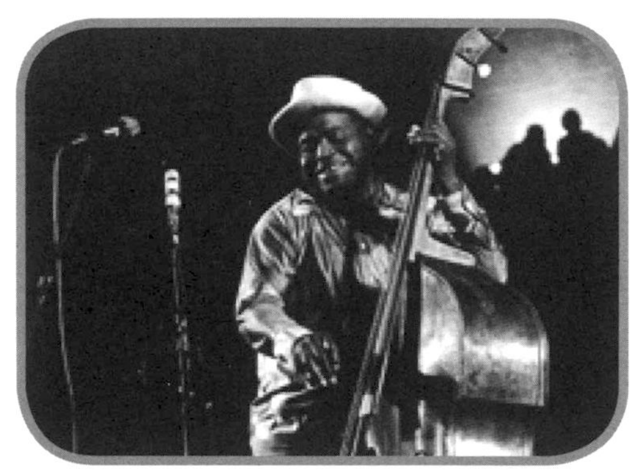

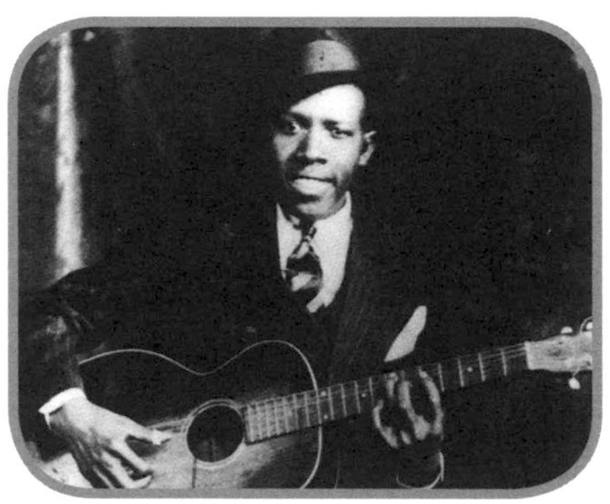

藍調十二小節

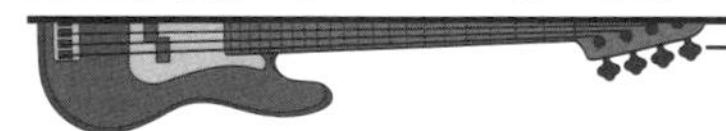

在大部分的藍調音樂裡，有一個基本的歌曲結構，稱為「藍調十二小節」（The 12 Bar Blues Form）。這種結構有點像是公式一般地，規範每個小節的和弦使用，並且一遍又一遍的反覆這十二個小節。

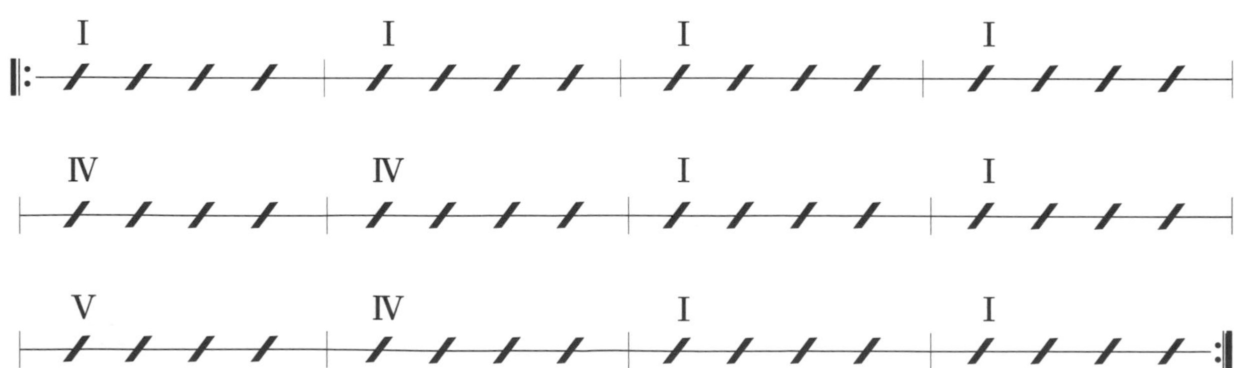

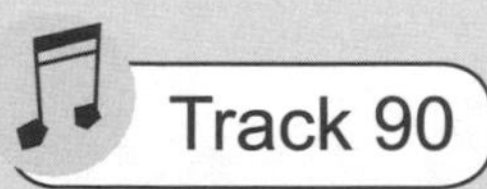

圖中的羅馬數字 I、IV、V分別代表一級、四級和五級和弦。以C調歌曲為例子：這I、IV、V就分別代表著C、F、G三個和弦，如下圖所示：

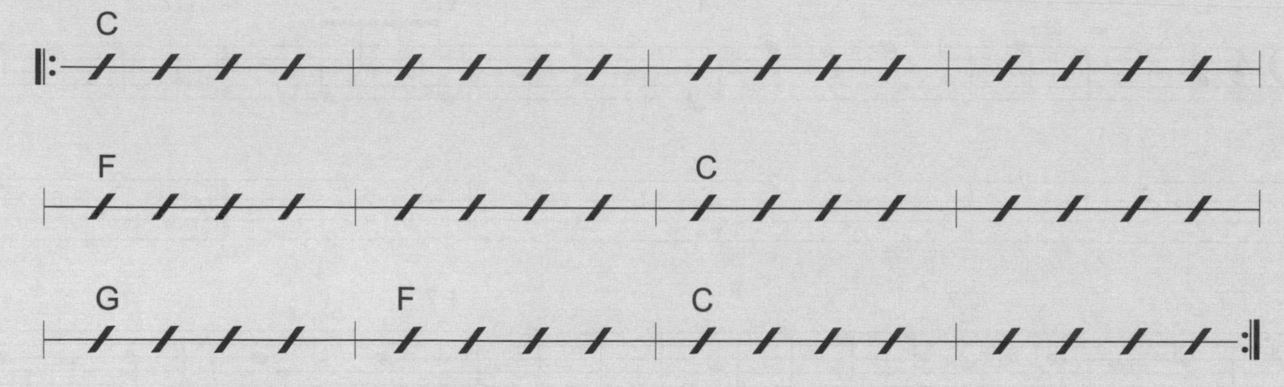

為了讓聽覺能適應這樣的進行模式，建議儘可能地重複播放範例音檔的背景音樂，並嘗試著靠聽力感受和弦進行的變化。也可以一邊聽一邊看著上面的簡譜跟著數拍，這樣就能清楚地知道音樂進行到哪個小節。

當然，不是所有的藍調音樂都死板地依循這樣的和弦進行，許多藍調歌曲會在這樣的基礎上少量修改，或是增添一些和弦的變化。一般傳統的變化多半集中在第二、第十和第十二小節。從下表清楚得知。左半邊的部分標示著和弦的級數，右半邊則是以C調為例，實際的和弦名稱，也可以找吉他手一起來做這樣的練習。

十二小節和弦級數公式				十二小節C調和弦進行			
I	I or IV	I	I	C	C or F	C	C
IV	IV	I	I	F	F	C	C
V	V or IV	I	I or V	G	G or F	C	C or G

我們用以下的練習曲為例，將第二小節的 I 改成IV，並將第十二小節的 I 改成V。句型方面，將上一課的「根音＋大三度＋五度＋大六度句型」修改，並分兩種運指方式，進入全曲練習。需特別留心的是副歌部分有趣的節奏變化，Good Luck！

【練習曲】

1、中指型運指模式：

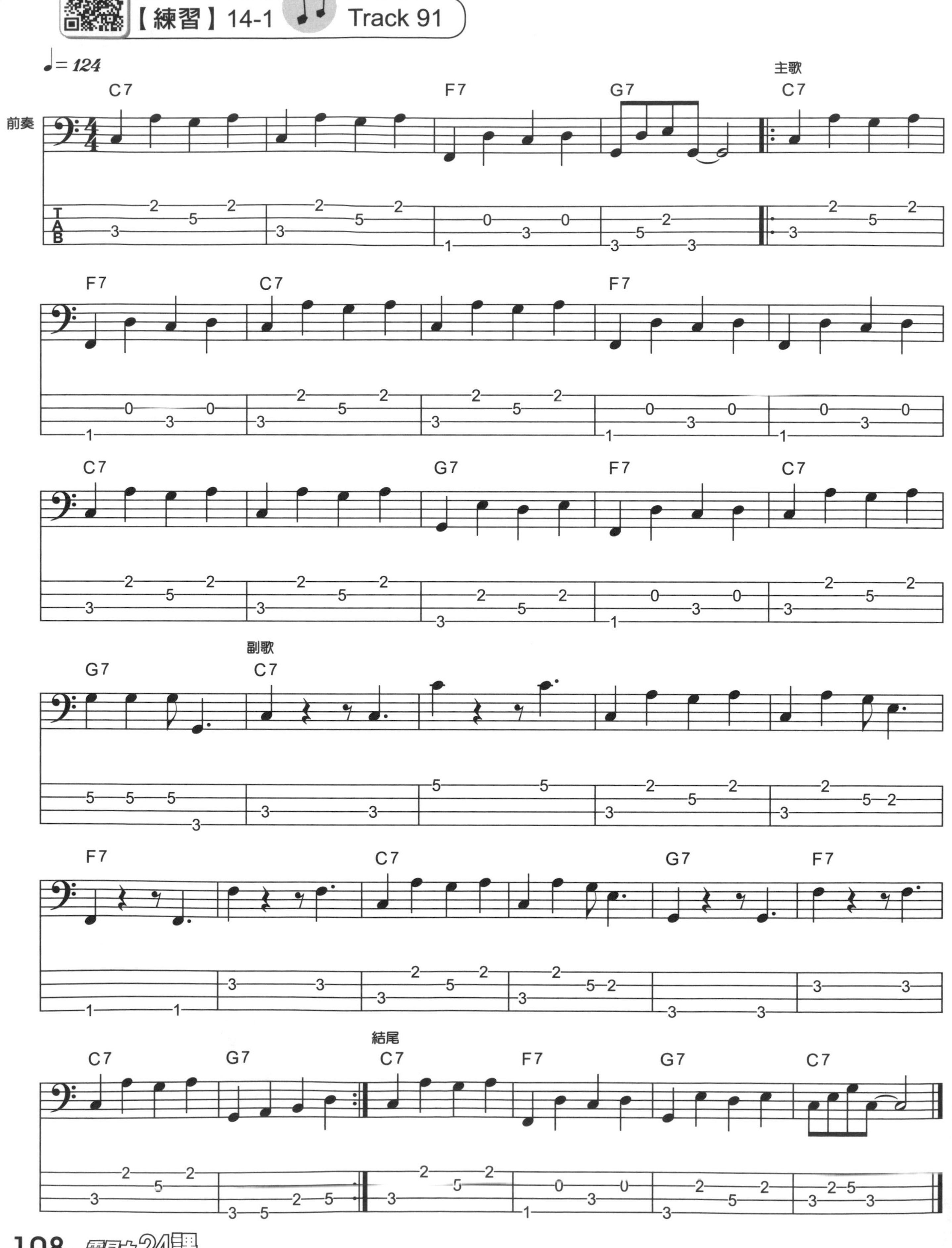

2、食指型運指模式：

【練習】14-2 Track 91

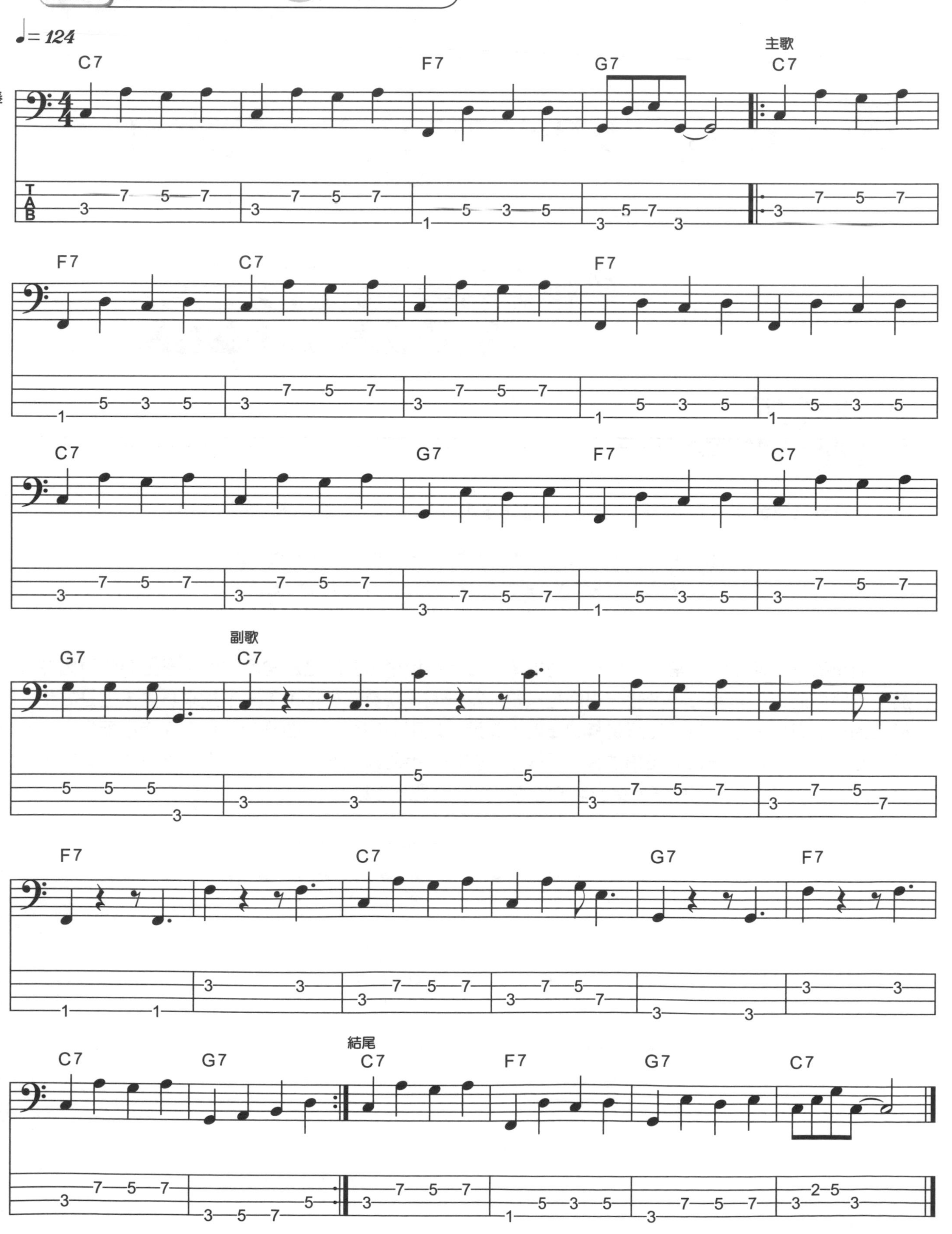

三連音（Triplet）

三連音（Triplet）本身的字義是「三個一組」的意思，所以當我們將一拍的音長加以三等分，如右圖所示，就可以稱為「Triplet」。當拍子記號為4/4時，我們可以將一小節內四個拍點全部三連音，就會形成以下的節奏變化。

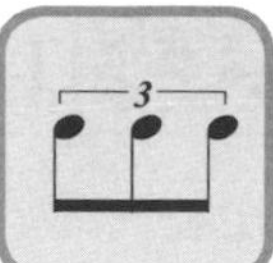

【練習】14-3

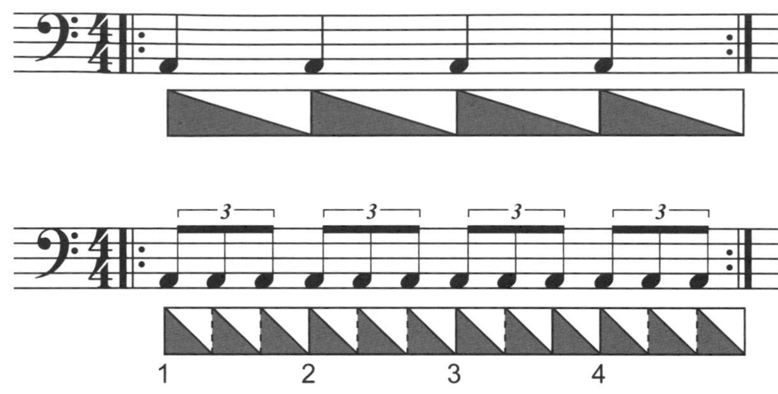

撥弦技巧

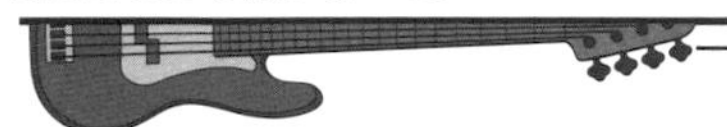

在彈奏三連音時，多半會平均分配右手的食指和中指。以下為右手撥弦的順序參考：

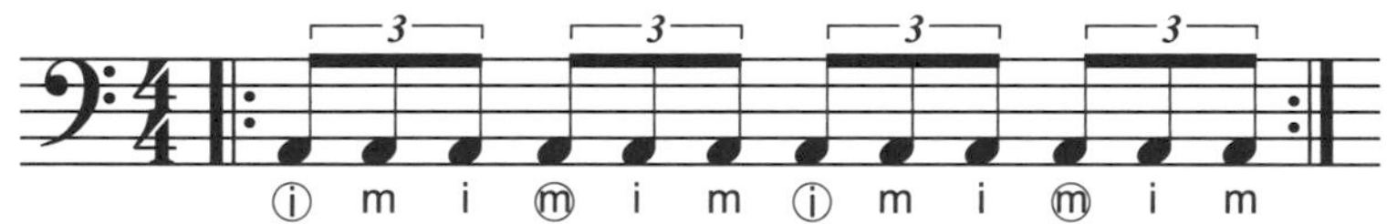

剛開始彈三連音時，常會感覺抓不到拍子，右手手指撥弦混亂是經常發生的。最主要的原因在於，若我們將每一拍都三連音化，那麼每一拍的第一個音就會交替地由不同手指來負責，這是右手撥弦的一個難度考驗。為了克服這樣的障礙，先進行以下的練習，以四分音符和三連音搭配為主，目的在於幫助記得每一拍的正拍位置，這樣才能安排右手的撥弦順序。練習譜上並沒有標示音高，所以大家可以在指板上選擇任何自己想彈的音，重點還是放在數拍和手指的撥弦上。

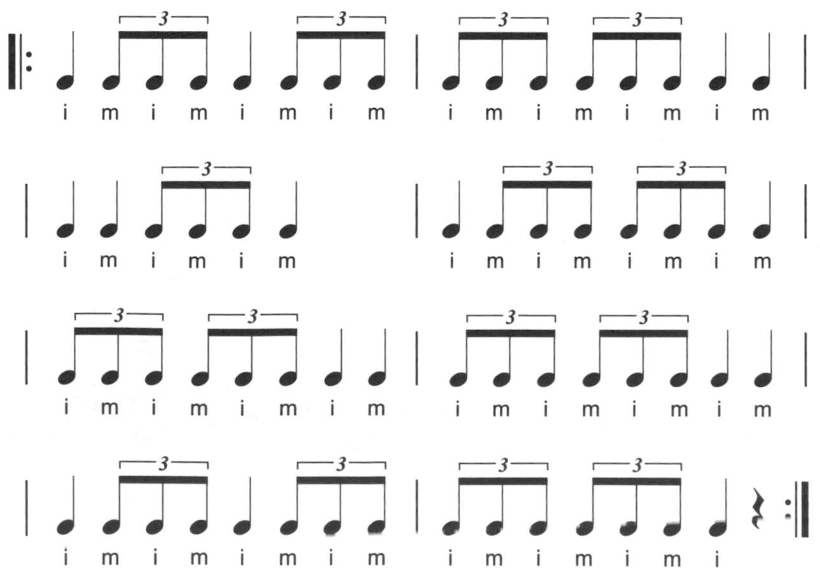

【練習曲】

接下來，進行樂句練習，練習分成兩個段落：第一段落為基本型，重點在掌握三連音的拍子數算和右手撥弦的流暢。第二段落為變化型，在原有的句型上添加一些經過音和Turnaround。

1、基本型：

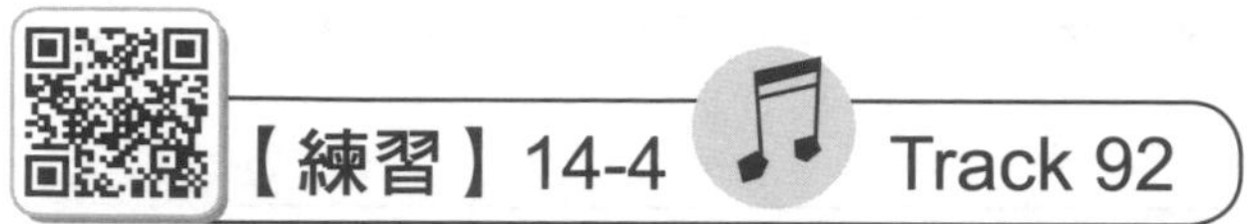

※影片為基本型與變化型的練習曲不反覆連續彈奏。

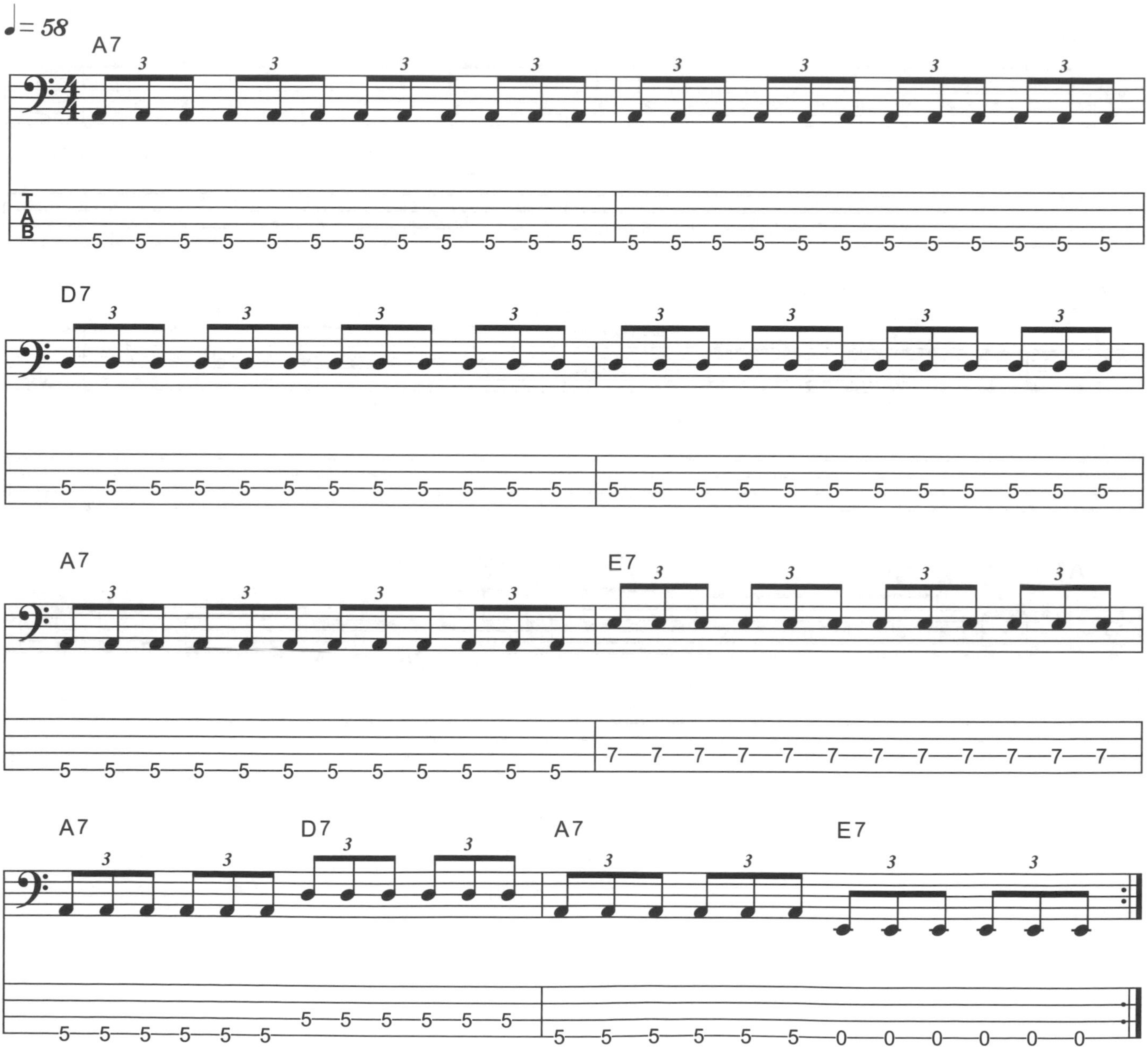

♩= 58

A7

D7

A7　E7

A7　D7　A7　E7

2、變化型：

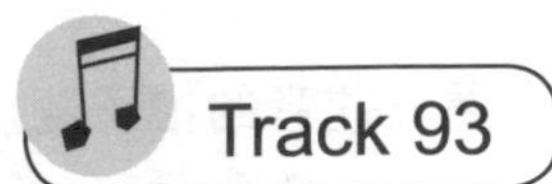

A7

D7

A7 E7

A7

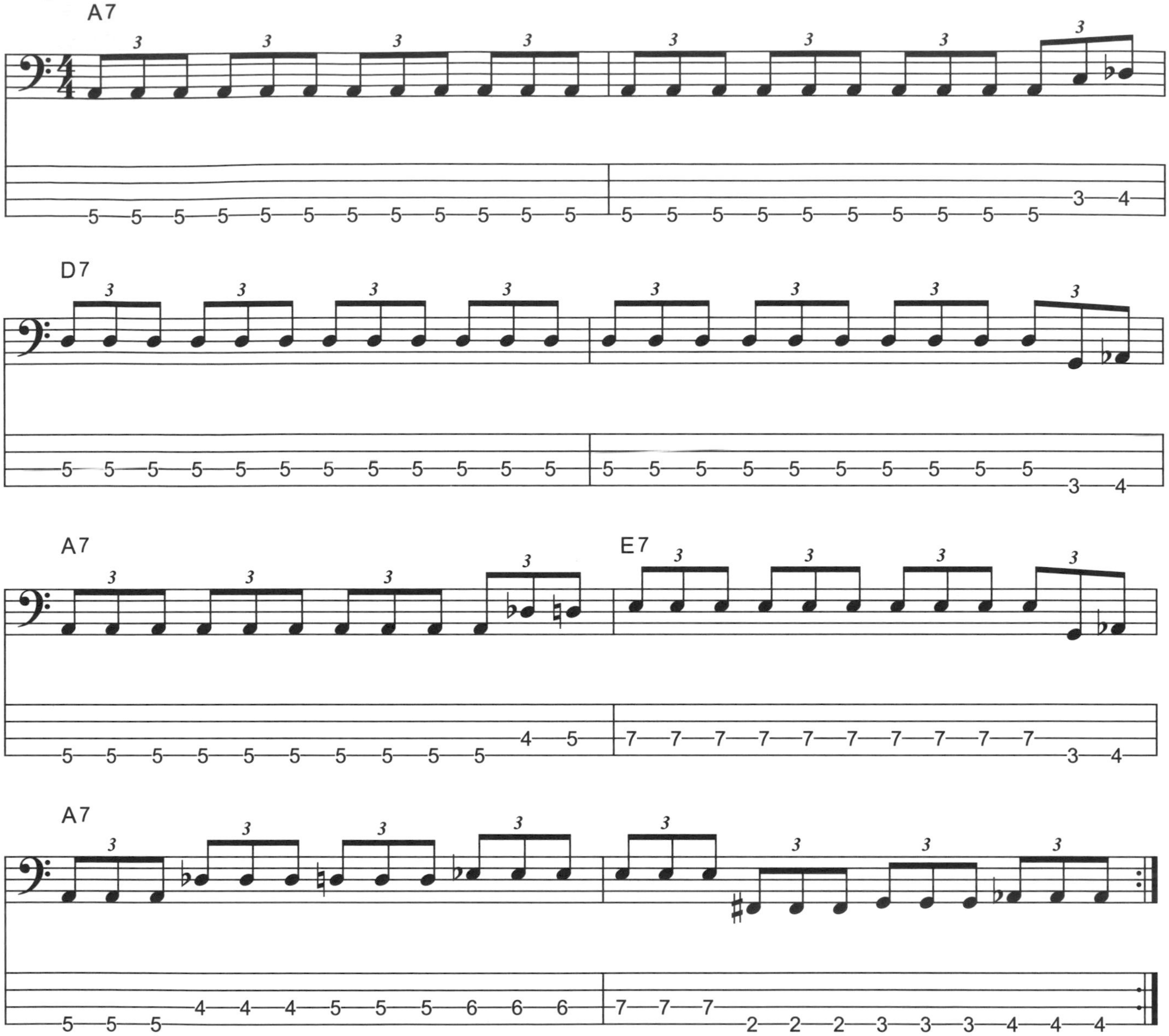

Shuffle Feel

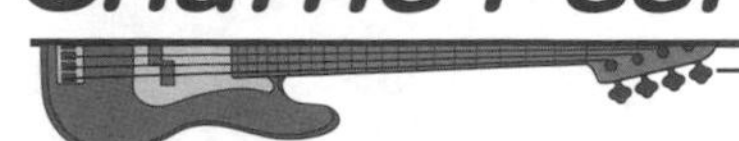

除了十二小節的進行模式外，藍調音樂的另一個特徵就是，以三連音為基礎的節奏表現，其中包含我們常聽到的Shuffle。熟悉八分音符的三連音之後，進一步作一些節奏上的變化。當將三連音的第一和第二部分的音長連結起來，就可以輕易地將拍子改變成「不平均」的分配。

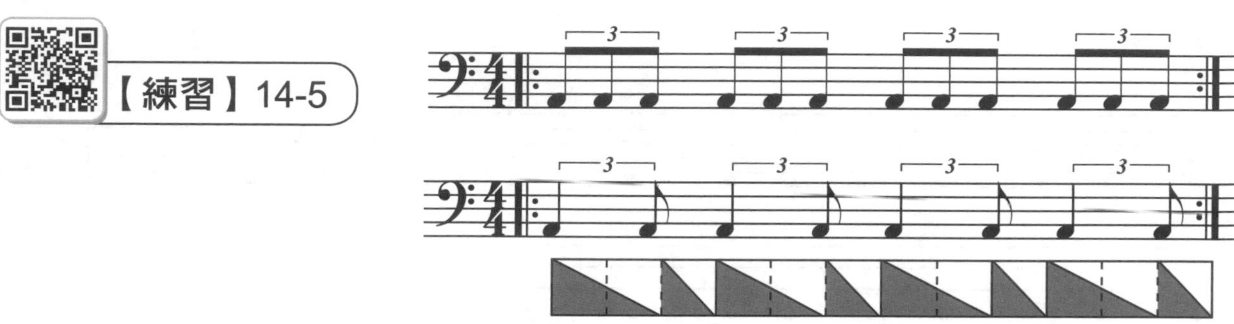

從上圖中灰色區域不難發現，這種拍長「前重後輕」的「不平均分配」感。為了記譜方便，有時我們會在譜表旁註記 ♫ = ♩♪（三連音），表示譜上所示之八分音符全為Shuffle Feel的不平均分配。

隨堂筆記 MEMO

【練習曲】

1、基本型：

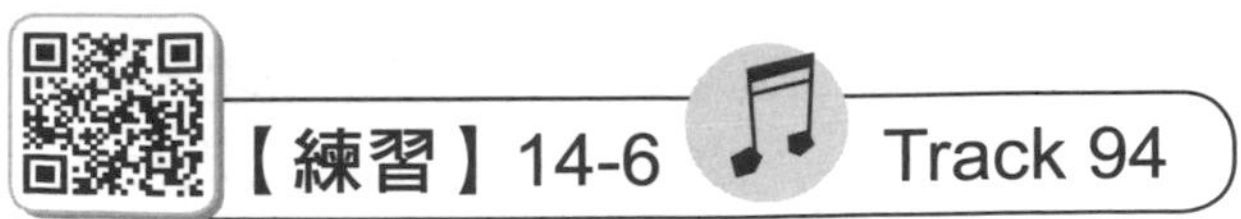

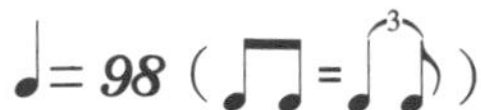

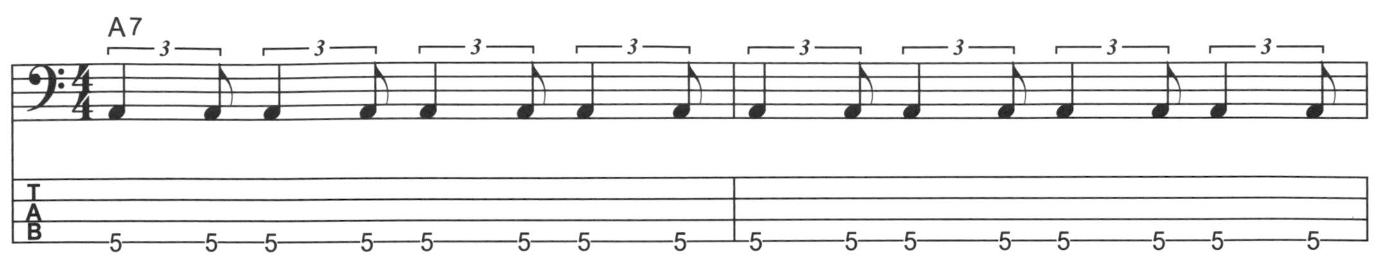

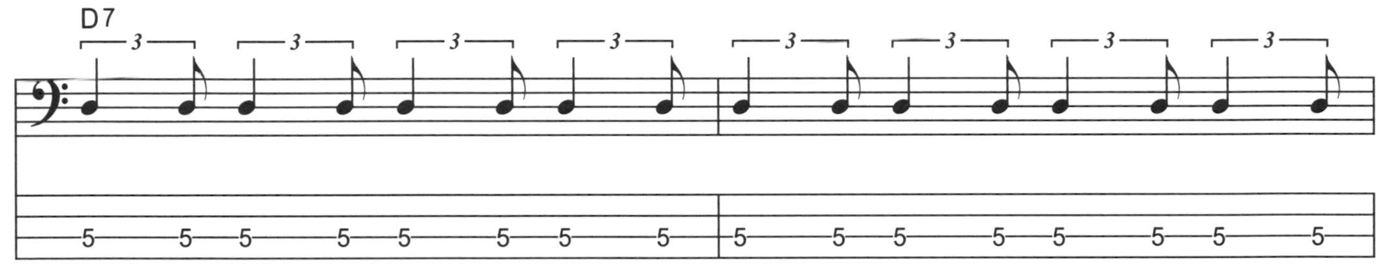

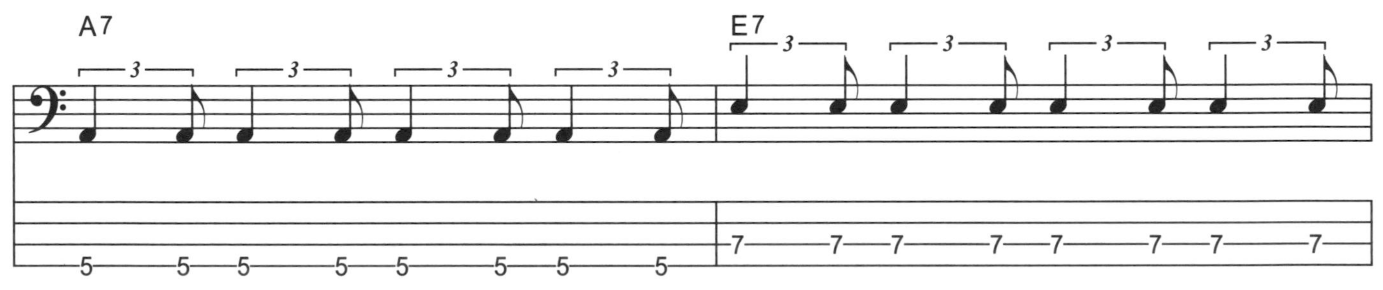

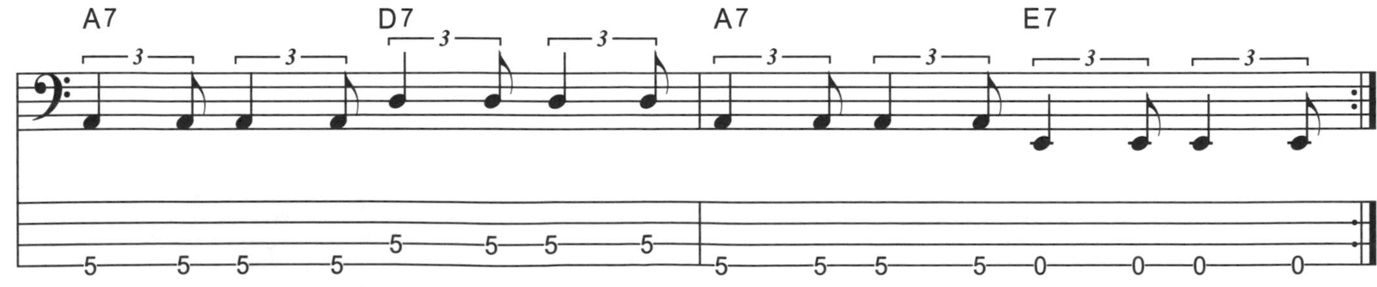

2、變化型：

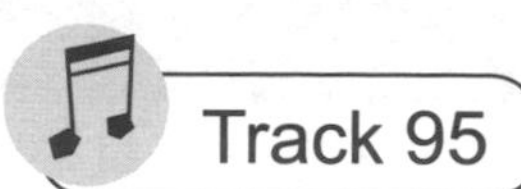

A7

5 5 5 5 5 5 5 5 | 5 5 5 5 5 5 5 4

D7

5 5 5 5 5 5 5 5 | 5 5 5 5 5 5 5 3

A7 | E7

5 5 5 5 5 5 5 6 | 7 7 7 7 7 7 3 4

A7

5 5 4 4 5 5 6 6 | 7 7 4 4 5 5 6 6

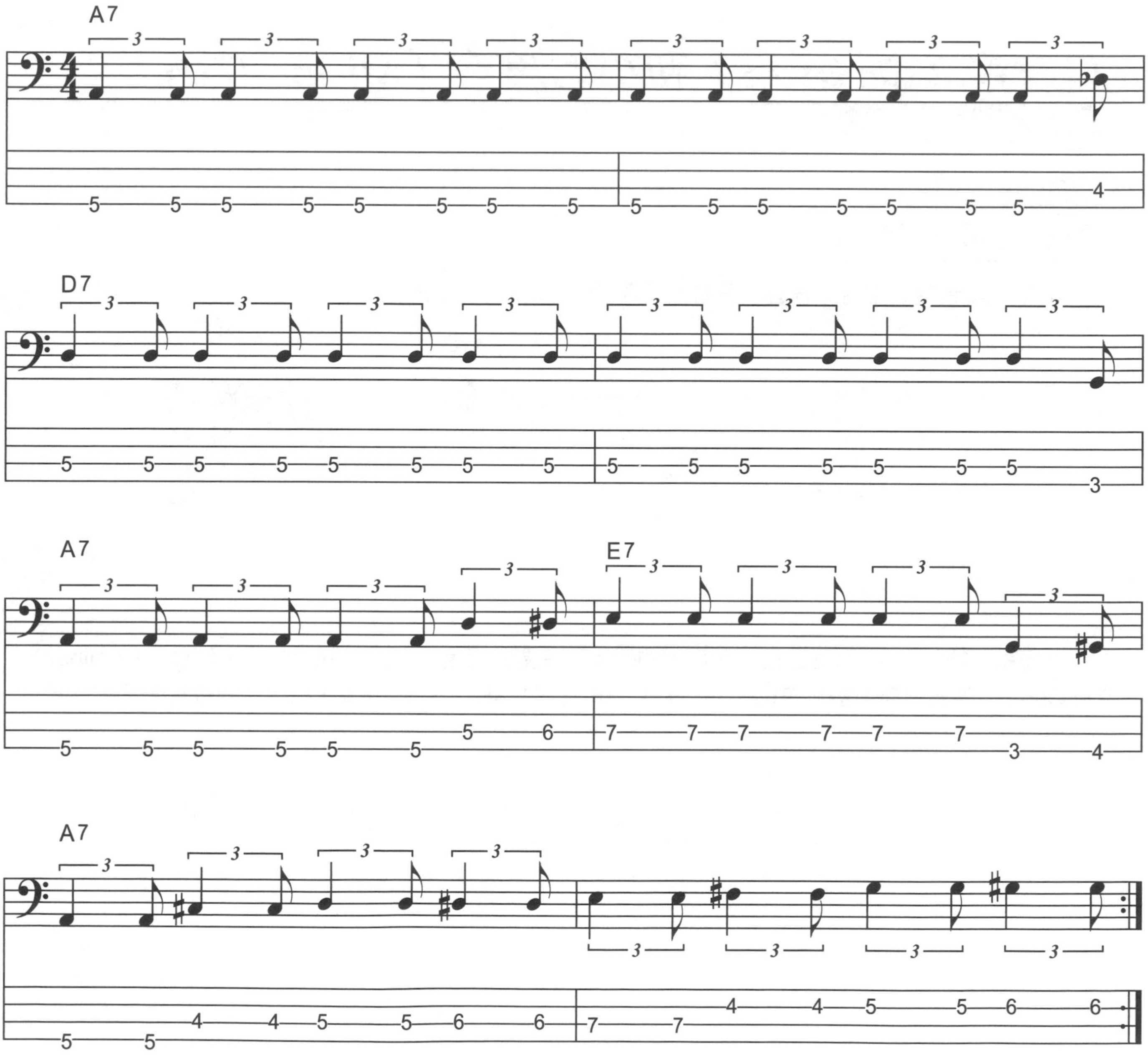

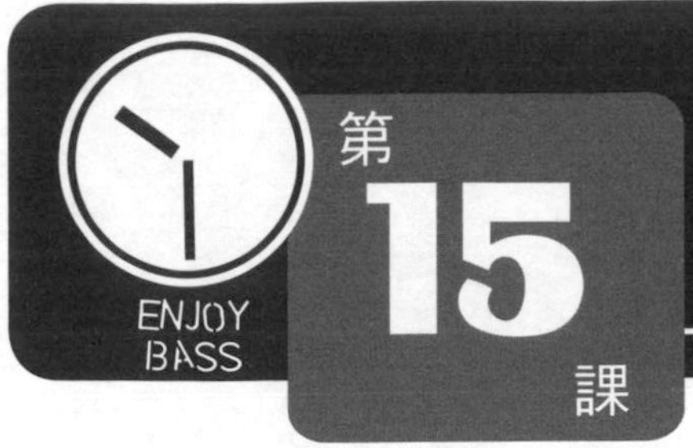

實用藍調句型大整理

在這一課中，我們將多介紹一些貝士樂句中常使用的音。

八度音（Octave）和小七度音（Minor 7th）

【解說】15-1

其實八度音就是主音或根音，只有上下八度的區別而已。指板位置如下：

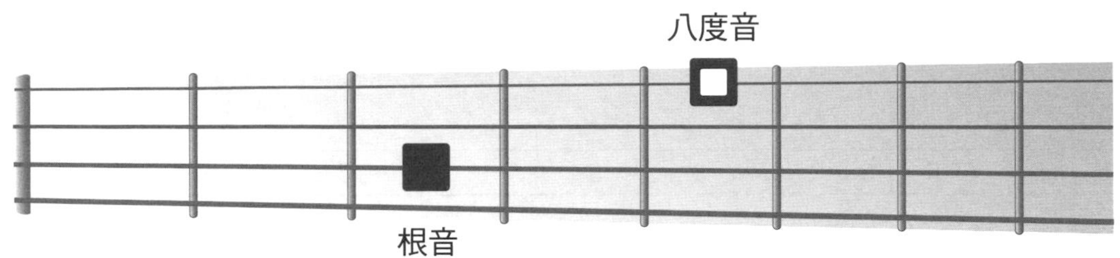

在藍調音樂中，小七度音是經常出現的用音。主要的原因為藍調和聲是以屬七和弦（Dominant 7th Chord）為基底所發展出來的，而小七度音正是屬七和弦的特色用音。指板相關位置如下：

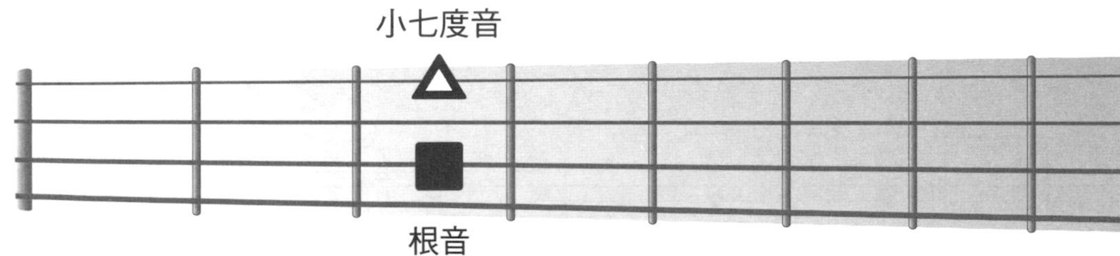

跨弦彈奏（Cross-String）

為了因應八度或小七度音在指板上的位置，彈奏時多半會以「跳過」或「跨過」中間弦的方式撥弦，這種右手撥弦模式稱為「跨弦彈奏」。以Shuffle節奏型態，進行以下八度音，以及八度音與小七度音的配合練習。

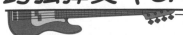

【練習曲】

【練習】15-2 + 15-3

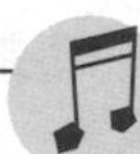

Track 96 + Track 97

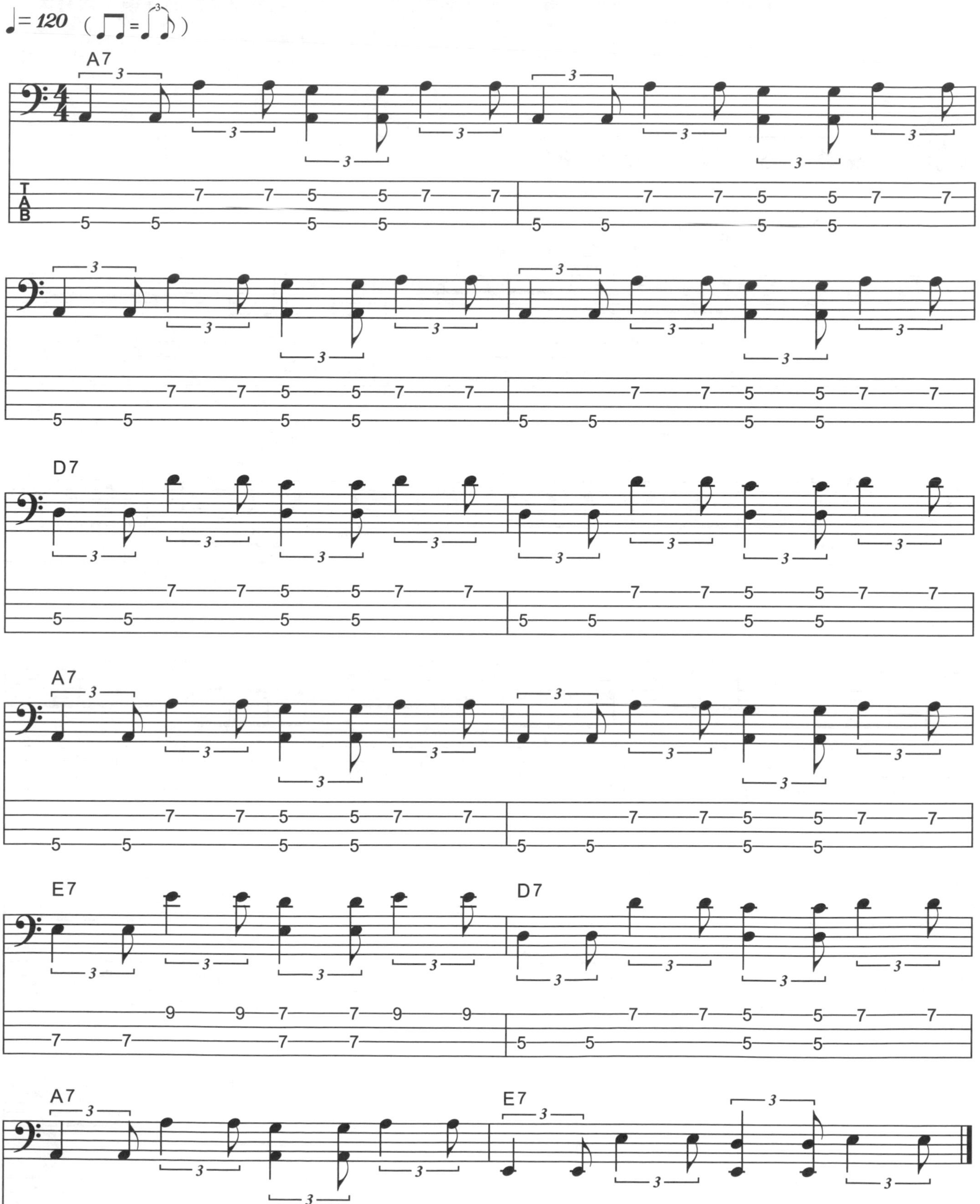

♩= 120 (♫ = ♩♪ 3)

A7

A7

D7

A7

E7 D7

A7 E7

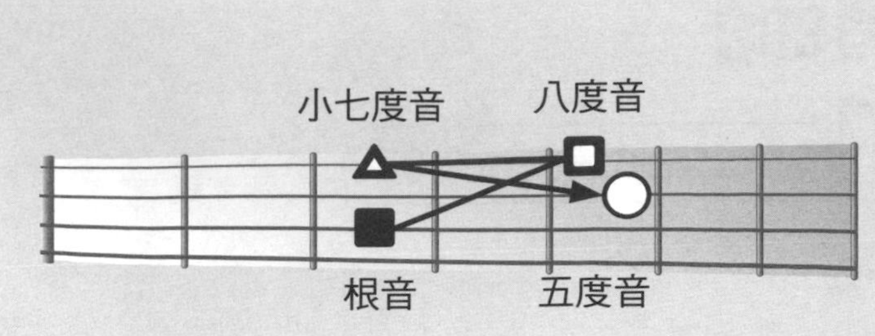

【根音＋五度＋小七度＋八度指型】

再將五度音加進來一起組成樂句。也可把這些音依序排列在指板上，形成一個指型模式。在彈奏樂句時，在腦中想像這樣的指型，這會大大有助於左手的運指。

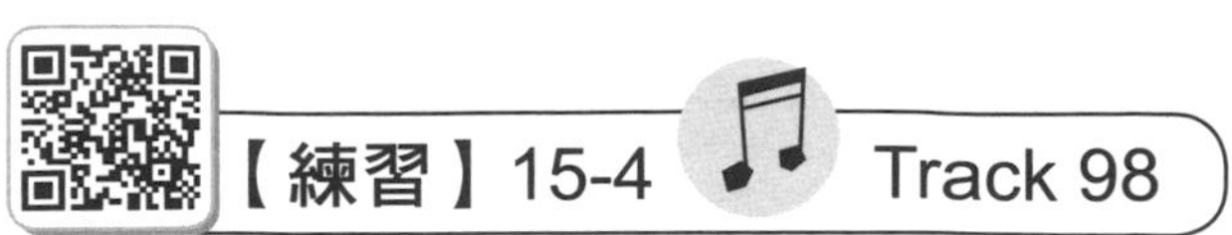

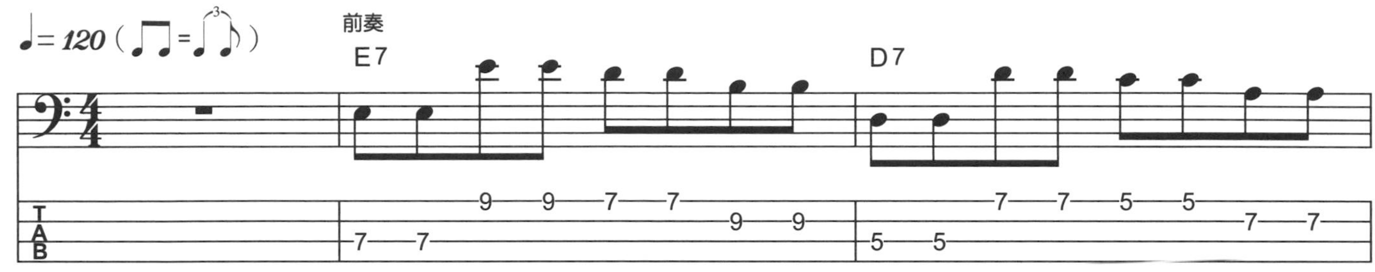

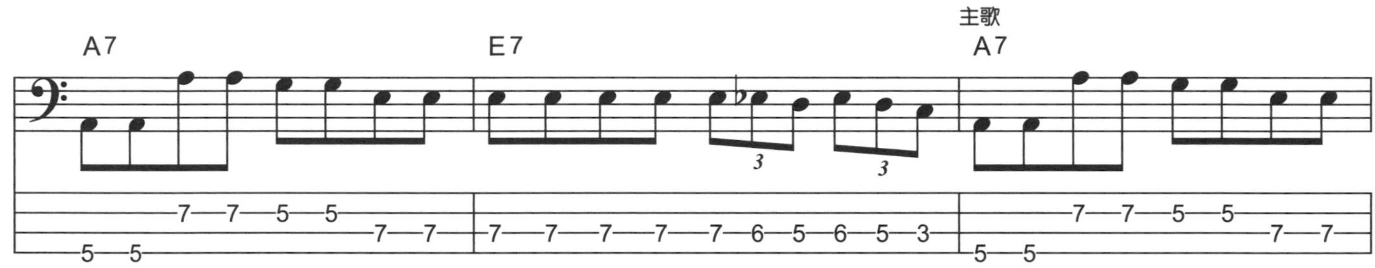

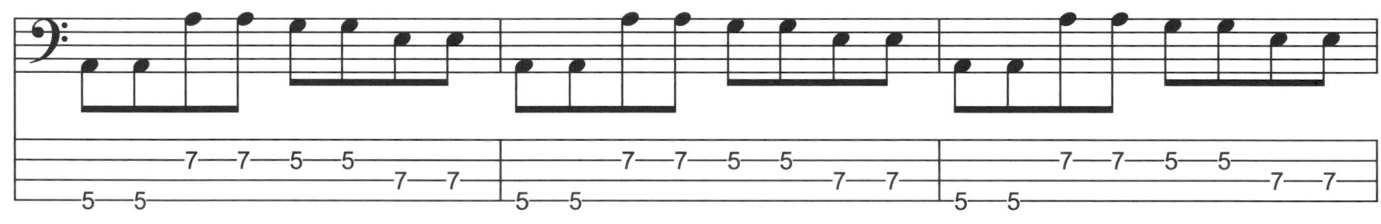

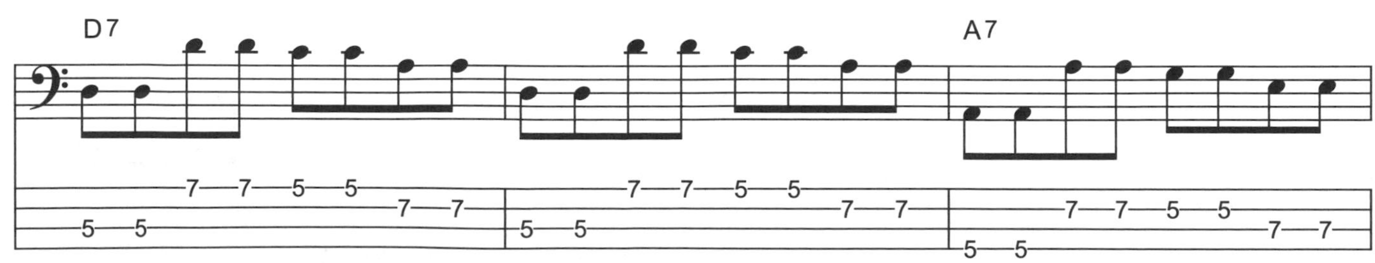

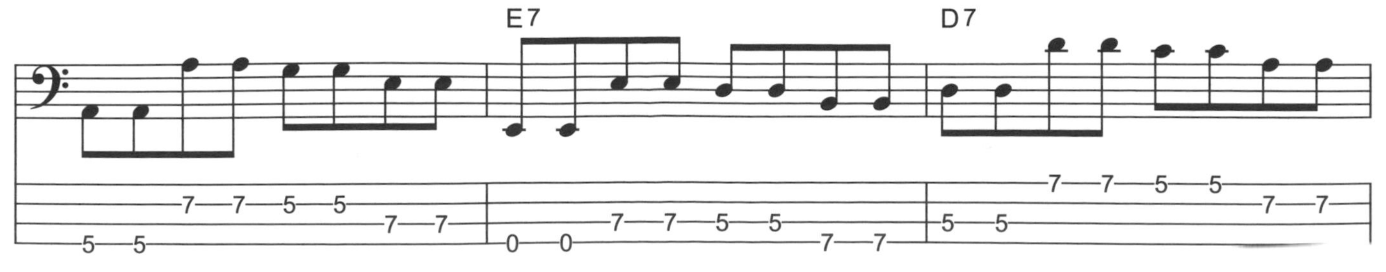

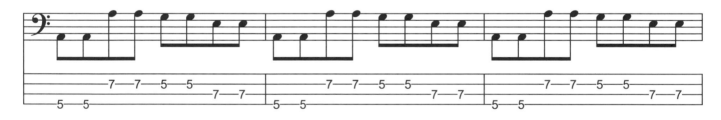

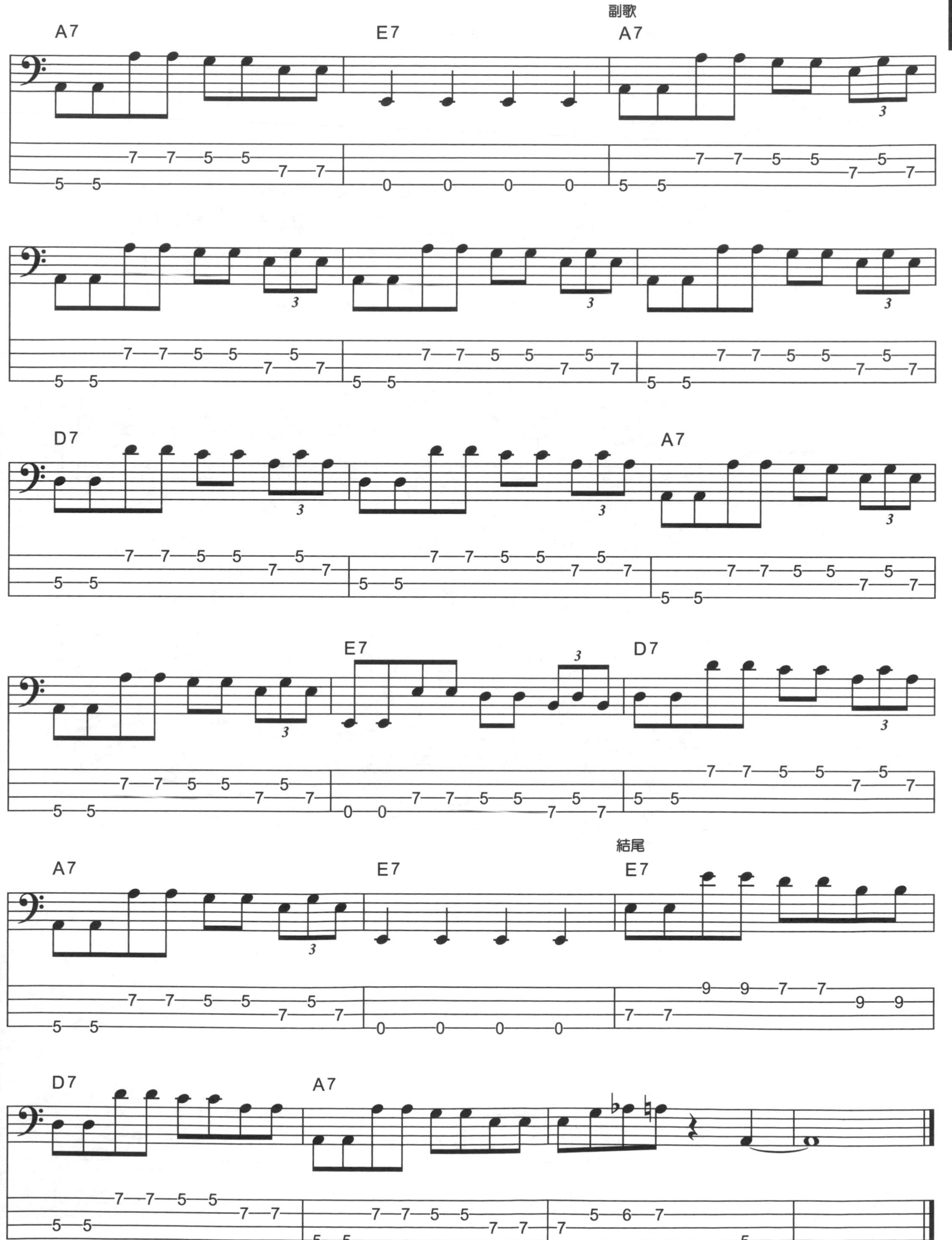
副歌
結尾
A7
E7
D7
A7
E7
D7
A7
E7
E7
D7
A7

藍調常用句型及指型運用

以下整理一些藍調音樂常用的句型。我們將同樣的句子寫在一級、四級和五級和弦中，目的是讓大家能靈活應用這些句子，並可以自行組成藍調十二小節進行。多熟練記憶這些句子，對於即興演奏是有絕對而直接的幫助。為了節省版面，只會在兩個指型中選擇列出一個，有興趣的朋友可以自行練習將同一個句子用不同的指型彈出，這對於指板熟悉是有很大幫助的。

Track 99 練習1

【根音+大三度+五度+大六度句型 － 食指型】

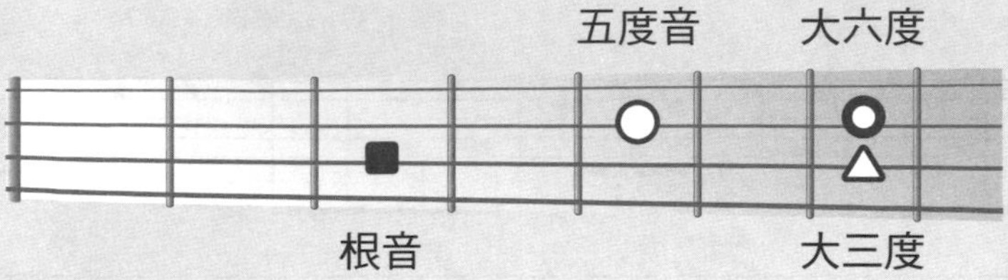

五度音　大六度

根音　大三度

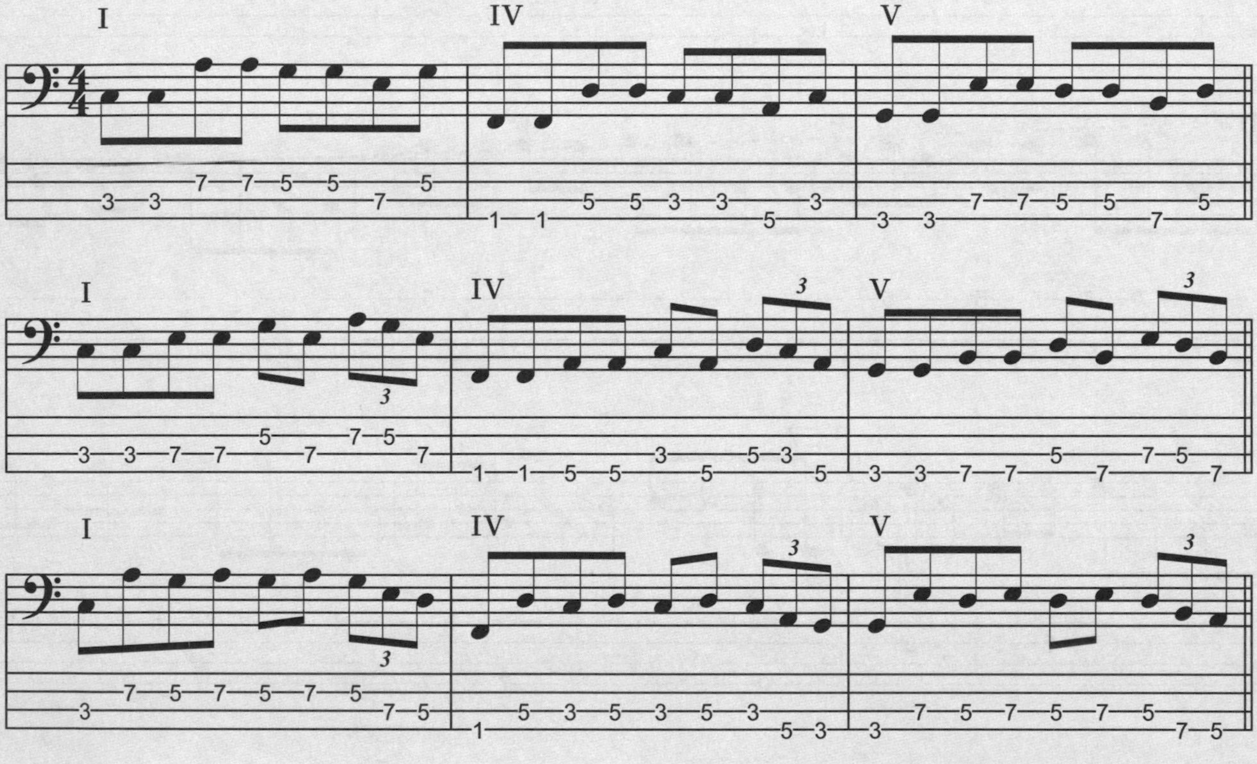

I　IV　V

3-3-7-7-5-5-7-5 | 1-1-5-5-3-3-5-3 | 3-3-7-7-5-5-7-5

I　IV　V

3-3-7-7-5-7-7-5-7 | 1-1-5-5-3-5-5-3-5 | 3-3-7-7-5-7-7-5-7

I　IV　V

3-7-5-7-5-7-5-7-5 | 1-5-3-5-3-5-3-5-3 | 3-7-5-7-5-7-5-7-5

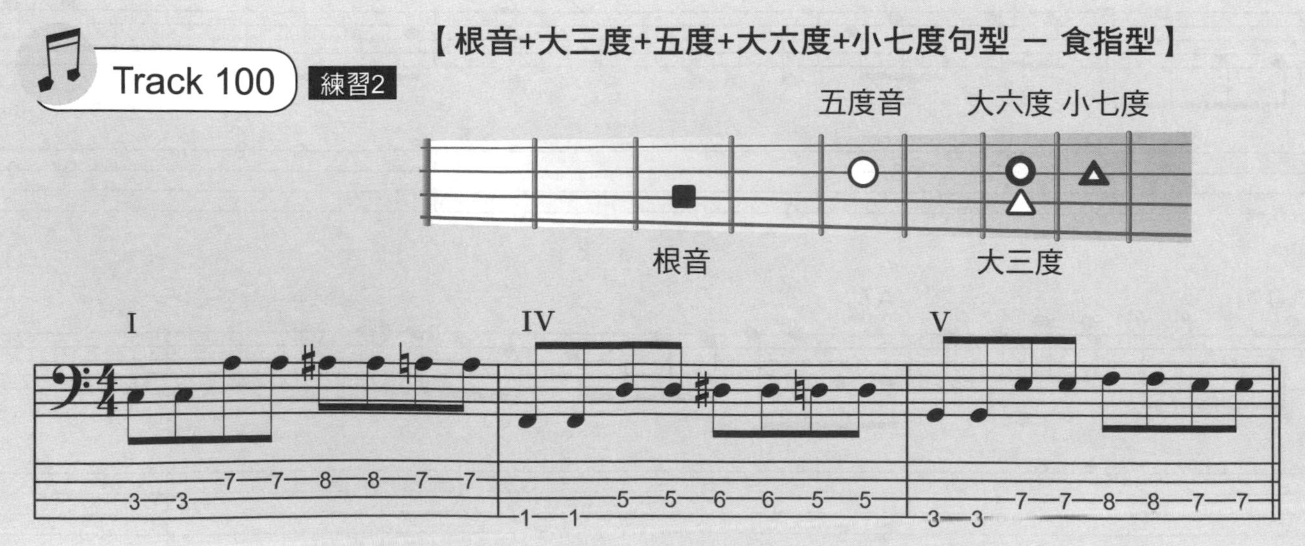

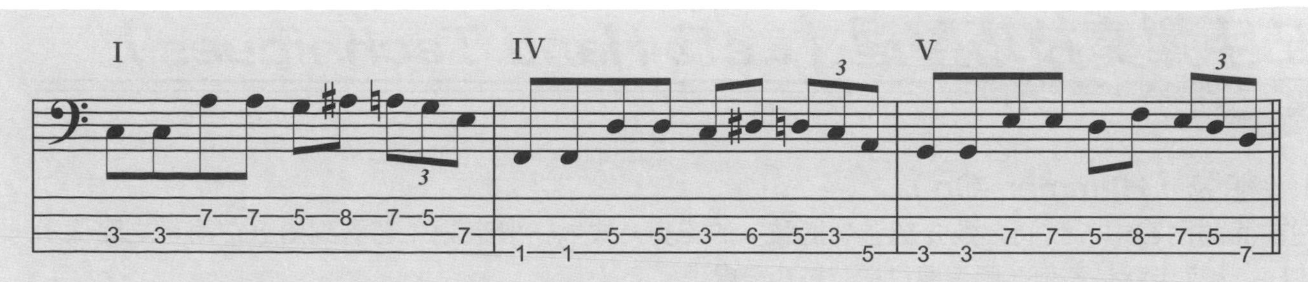

Track 101 練習3

【根音+五度+大六度+小七度句型 – 中指型】

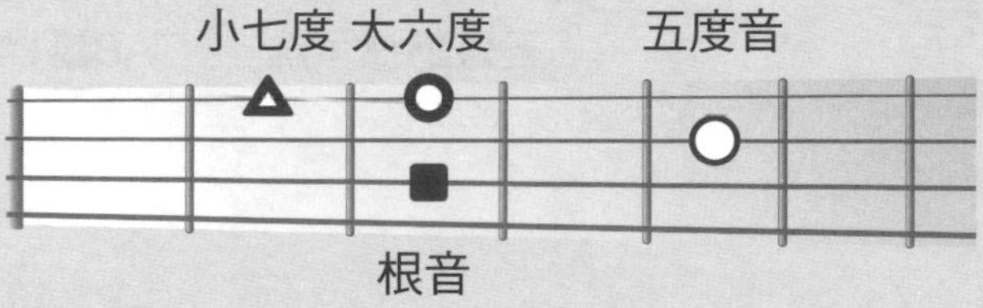

小七度 大六度 五度音

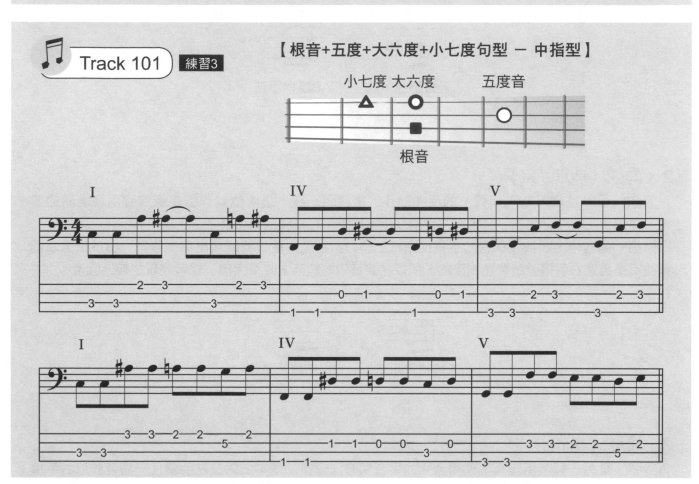

根音

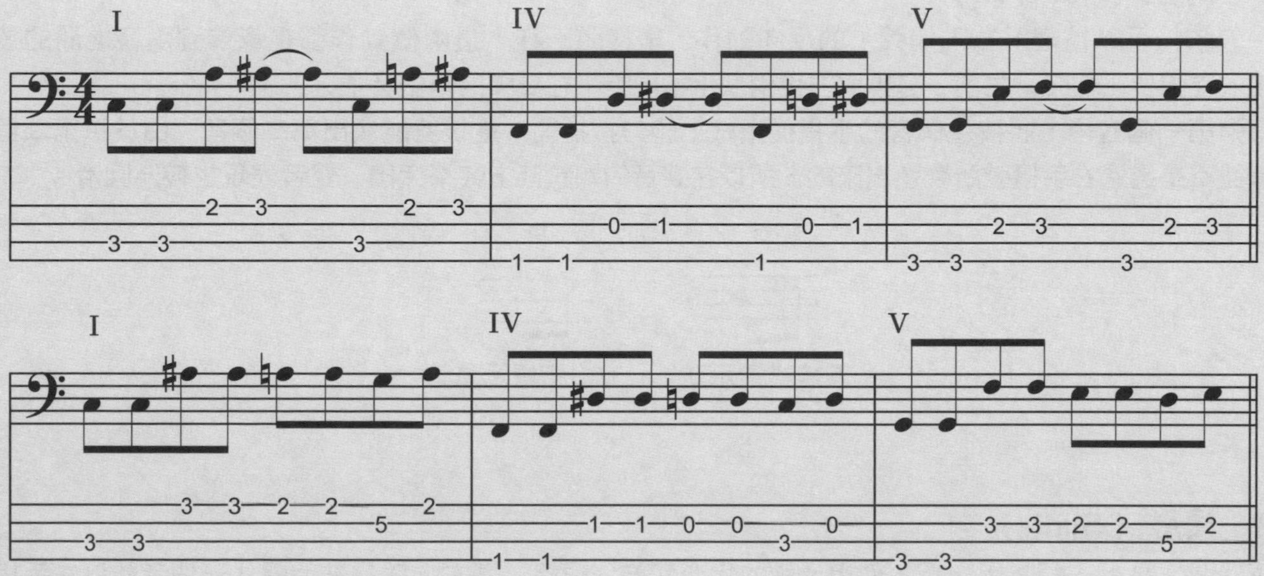

I IV V

I IV V

Track 102 練習4

【加八度音句型】

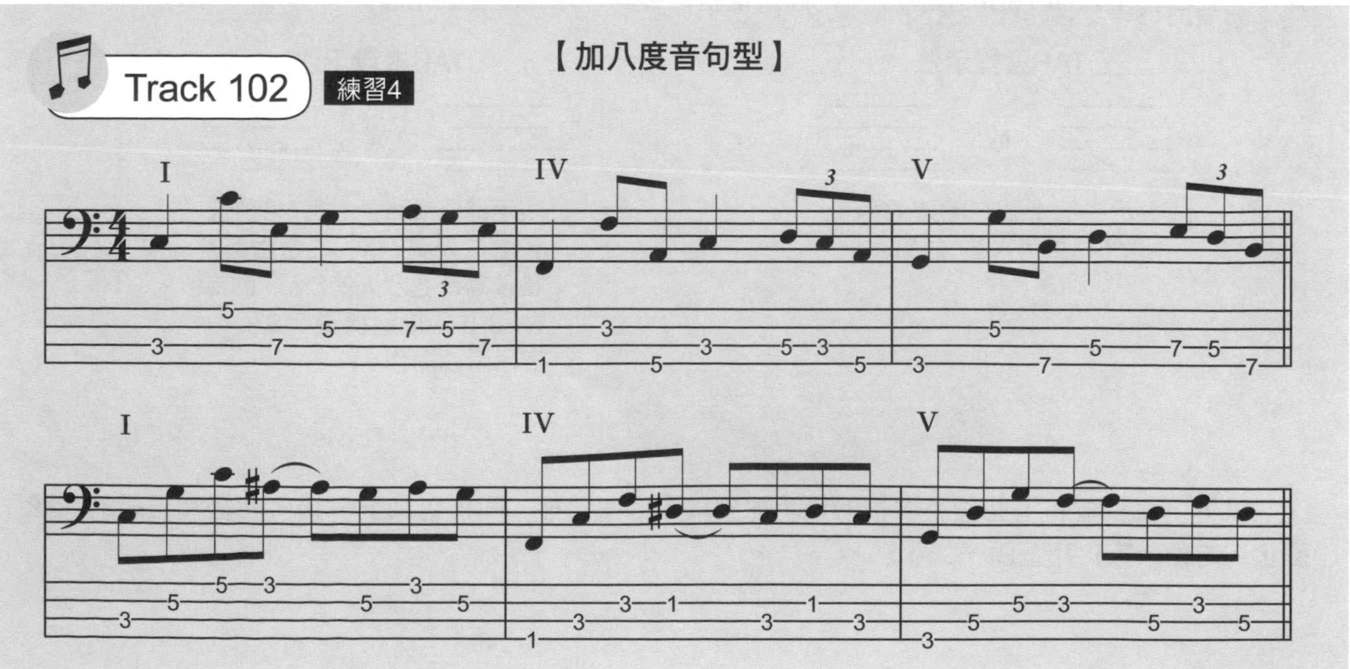

左手彈奏技巧整理（Left Hand Techniques）

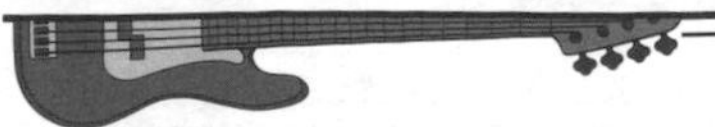

1、搥弦（Hammer-On）：

在前面的內容中，我們大致介紹過「搥弦」的彈奏方式。一般來說，若看到譜上在兩音之間標示「H」，多半就是表示這兩音要以搥弦技巧來處理。

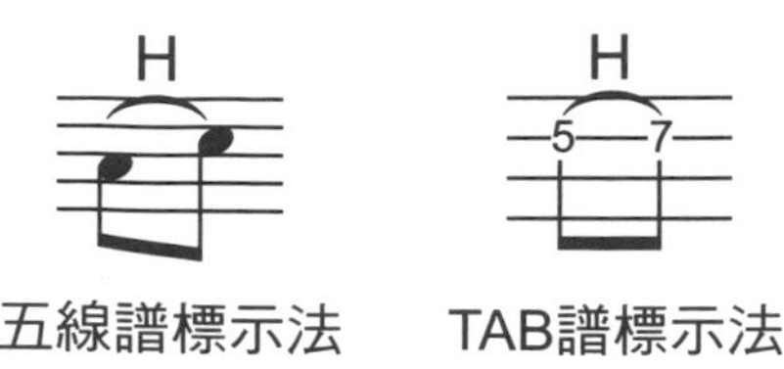

五線譜標示法　TAB譜標示法

2、勾弦（Pull-Off）：

「勾弦」可以被理解為「搥弦」的反向動作，與搥弦一樣，這兩個動作都是牽涉到兩音之間的連結。在彈奏「勾弦」之前，必須將左手兩個手指同時壓在要彈的兩個音上。

撥彈第一個音後，將按這個音的手指從指板上施力拉扯開，這樣就能發出第二個音。由於這第二個音並不是透過右手撥弦所製造出來的，所以在聲音的顆粒感上較不突出，聲音表現也較為圓滑。

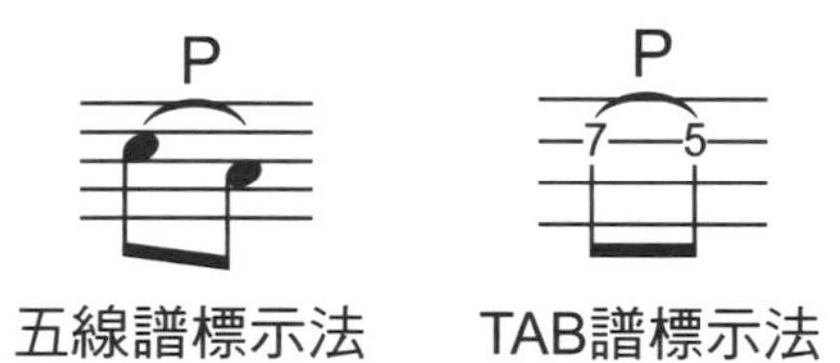

五線譜標示法　TAB譜標示法

3、滑弦（Slide）：

「滑弦」是另一個常用技巧，使用滑弦的場合和方法很多，基本上就是左手壓住一個音並以右手撥弦後，在左手不鬆開手指的情況下，向高或低把位移動，以此產生圓滑音。

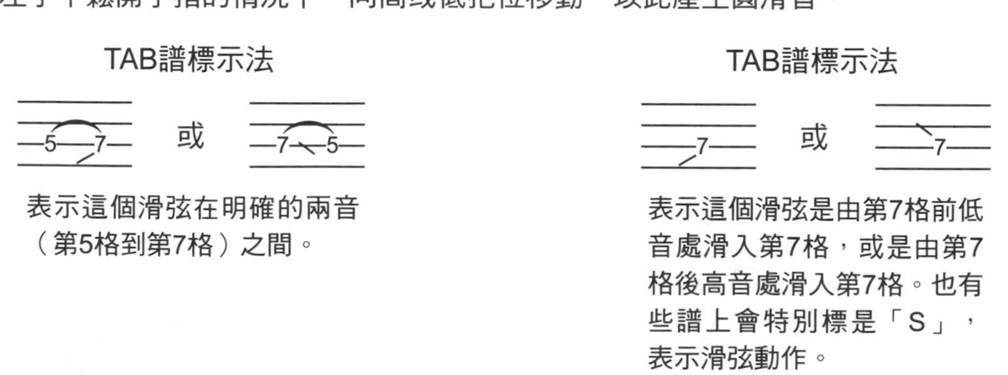

表示這個滑弦在明確的兩音（第5格到第7格）之間。

表示這個滑弦是由第7格前低音處滑入第7格，或是由第7格後高音處滑入第7格。也有些譜上會特別標是「S」，表示滑弦動作。

以下，就試著將這些帶有表情的技巧加到以下的樂句裡。同樣會加上一級、四級和五級的和弦變化，方便大家自組藍調十二小節。

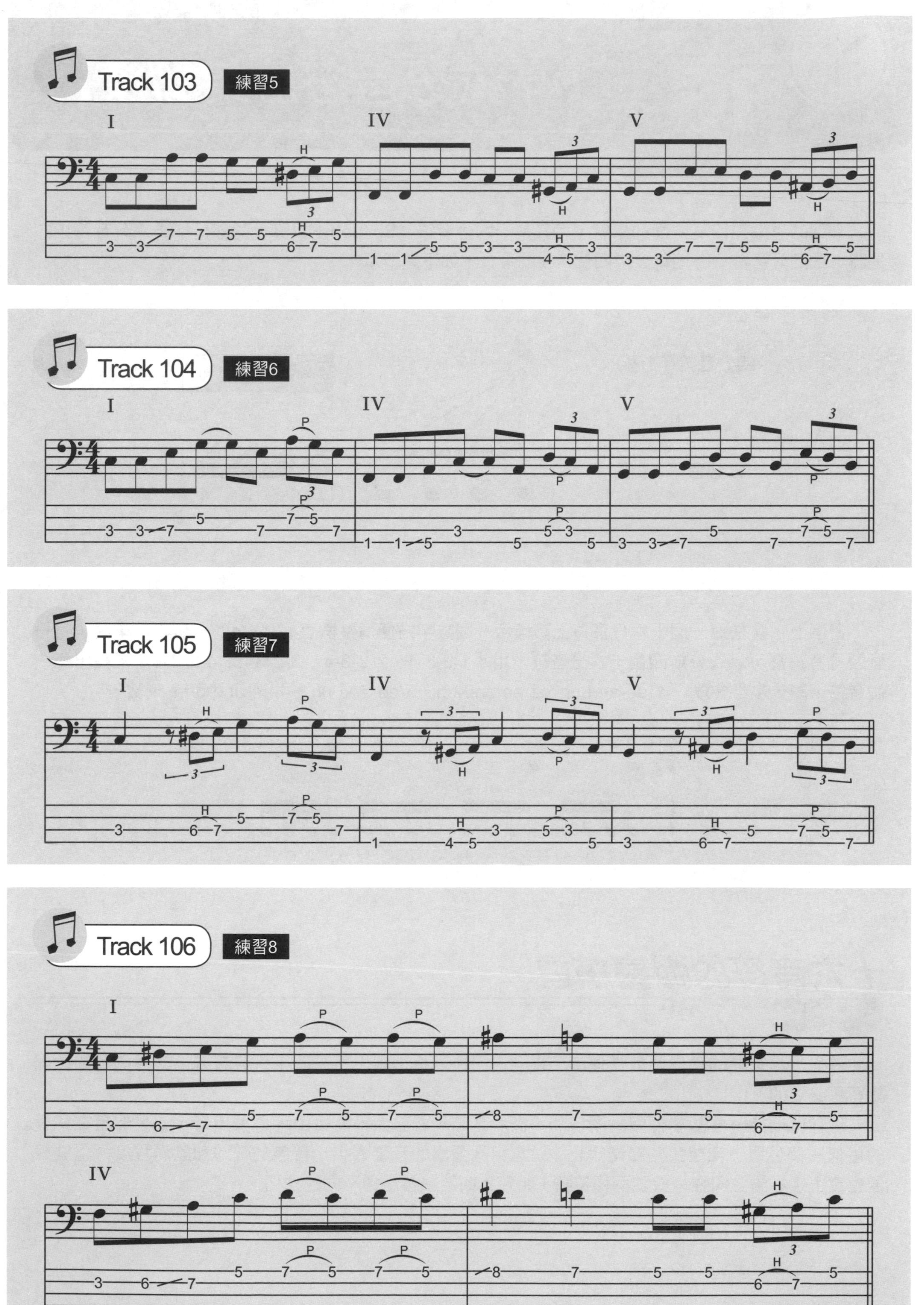
Track 103
練習5
I
IV
V
Track 104
練習6
I
IV
V
Track 105
練習7
I
IV
V
Track 106
練習8
I
IV

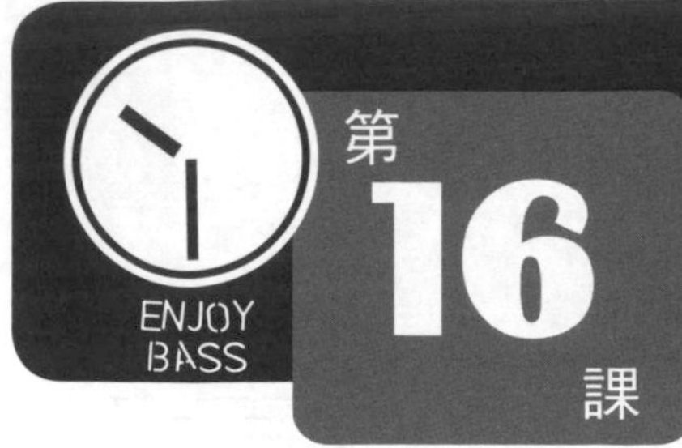

十六分音符密集訓練

本課的重點在節奏方面的學習，尤其是十六分音符（Sixteen Notes）的部分。十六分音符指的是將一個四分音符均等地劃分成四個等量的音長，如下圖所示：

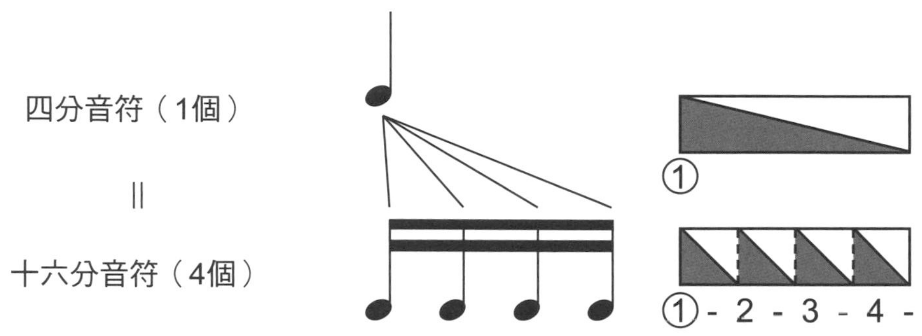

習慣上，會在每一個十六分音符上都標示一個數字方便清楚數算。以4/4的一個小節來說，每一個四分音符都可以均分成四個十六分音符，用「1-2-3-4、2-2-3-4、3-2-3-4、4-2-3-4」來數出每一個音符，國外多半會以 「1-ee-and-uh、2-ee-and-uh、3-ee-and-uh、4-ee-and-uh」來數。

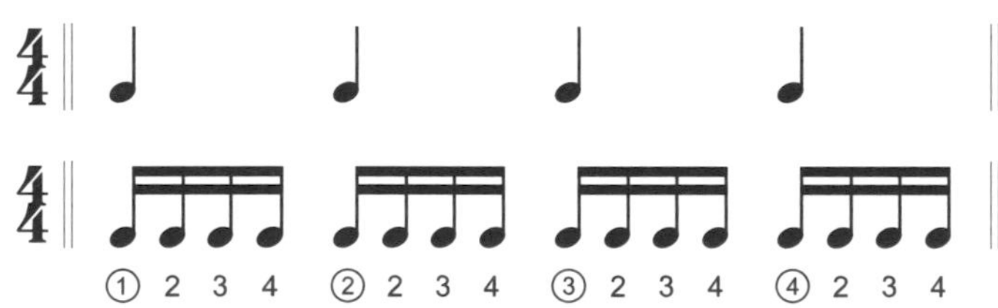

十六音符的彈奏練習

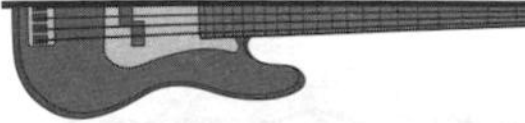

首先，最重要的就是要放慢速度，慢到自己能清楚地數出每一個十六分音符，當然開著節拍器練習是必要的。

現在就開始一些基本練習，同樣的不標示音高，希望大家能自由地選擇用音，並且儘量在指板的任何一個位置上練習這些節奏變化、注意自己彈出的音量大小、音色的乾淨和飽滿程度。這些練習會寫上手指撥弦和彈片撥弦兩種符號，希望大家能練習兩種不同的技巧。

練習1 四分音符與十六分音符

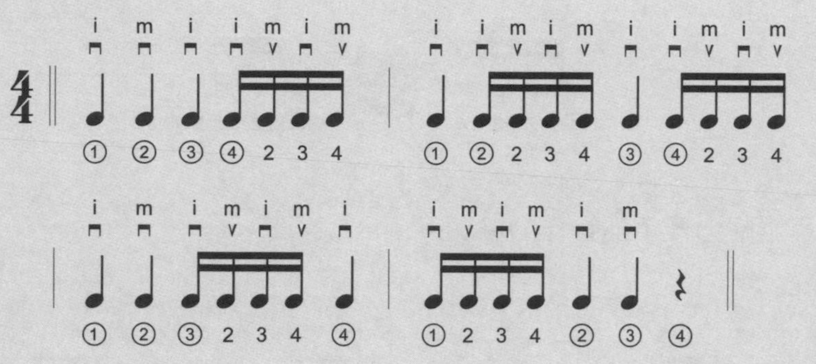

練習2 加入八分音符

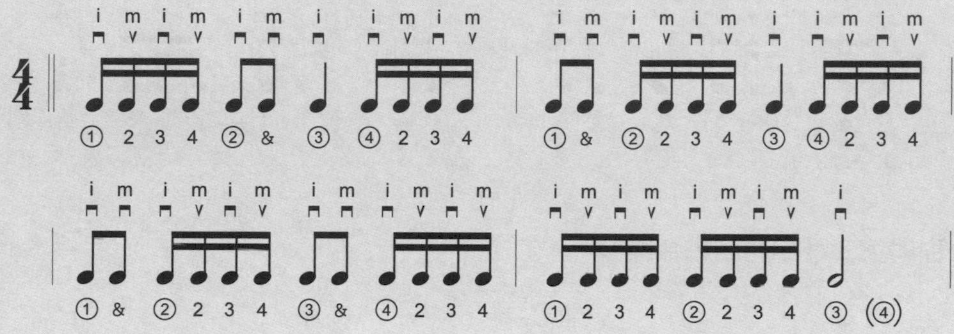

十六分音符的變化

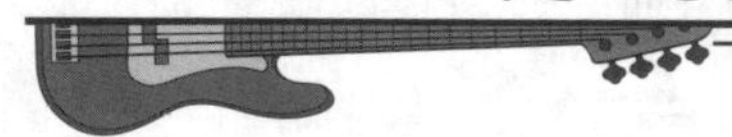

接下來介紹十六分音符三個常見的變化：

1、將十六分音符四連音的「前面」兩個音連結起來，形成一個八分音符。這時候一樣照常數拍，只是將原本要讀出來的「2」省略，如下圖所示：

練習3

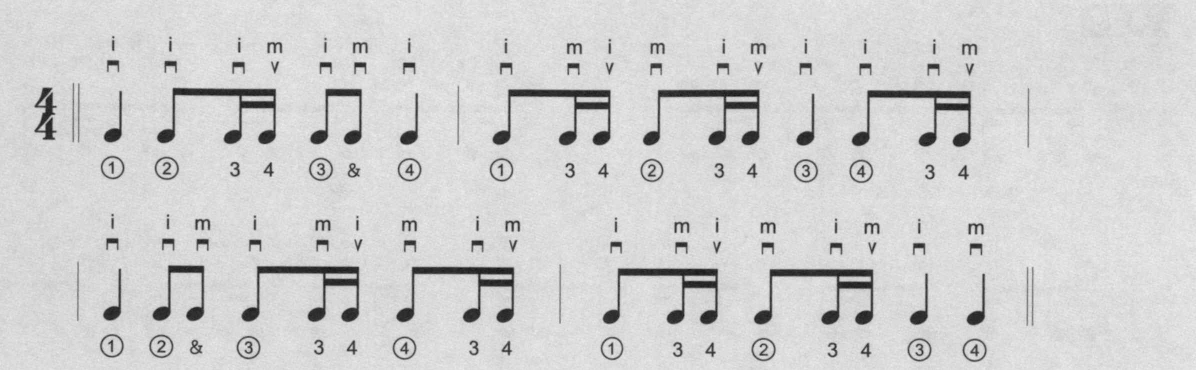

2、將十六分音符四連音的「後面」兩個音連結起來，這正好與上一個變化相反。數拍時，則是省「4」，請見下圖，並接著練習。

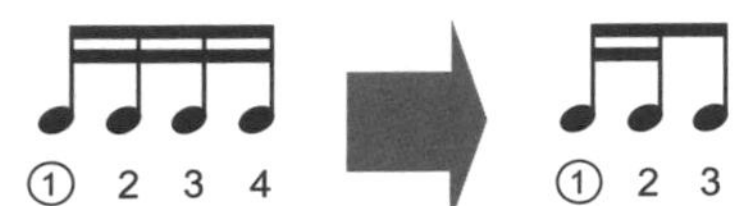

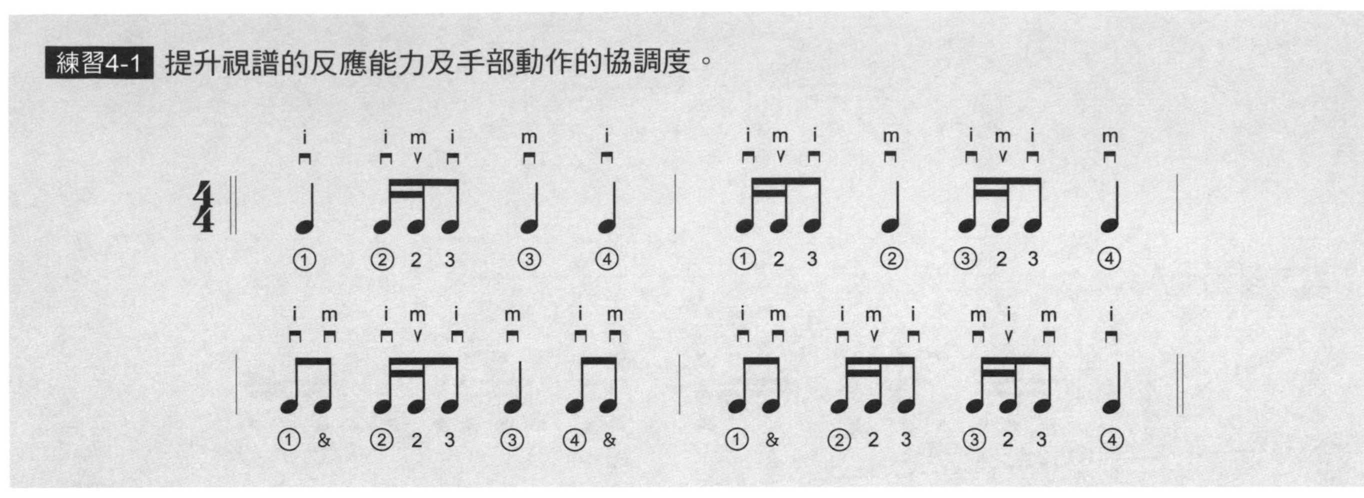

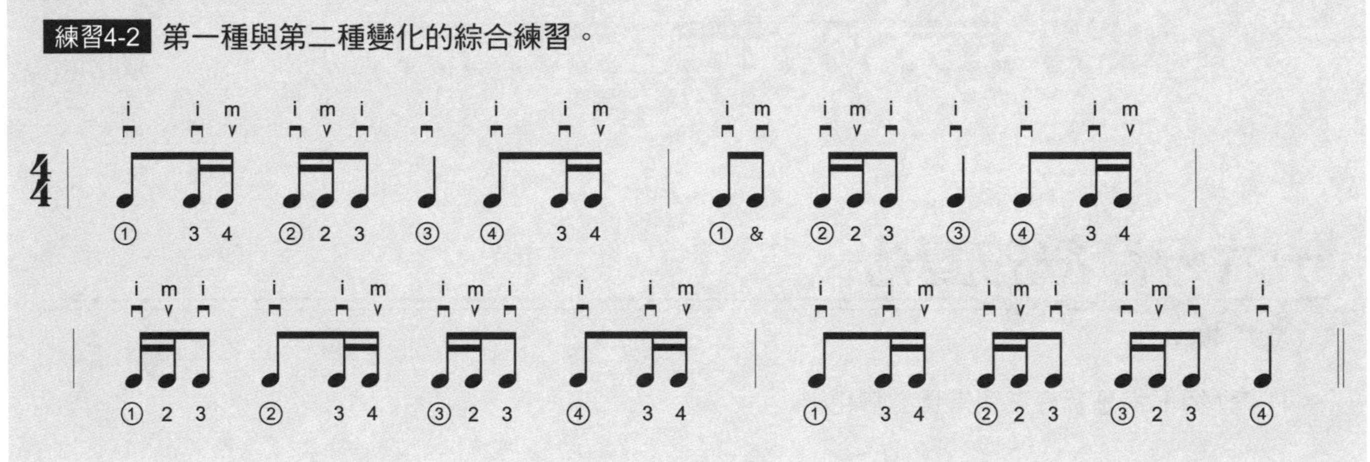

3、將十六分音符四連音「中間」兩個音連結起來，數拍時，試著省略四連音的「3」。請見下圖：

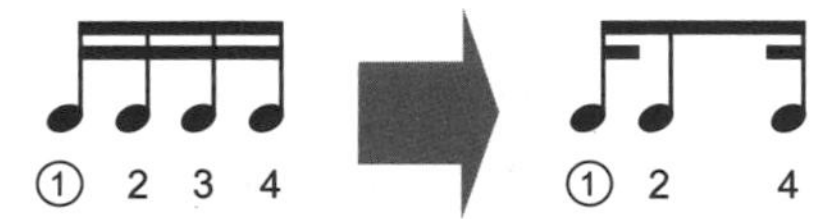

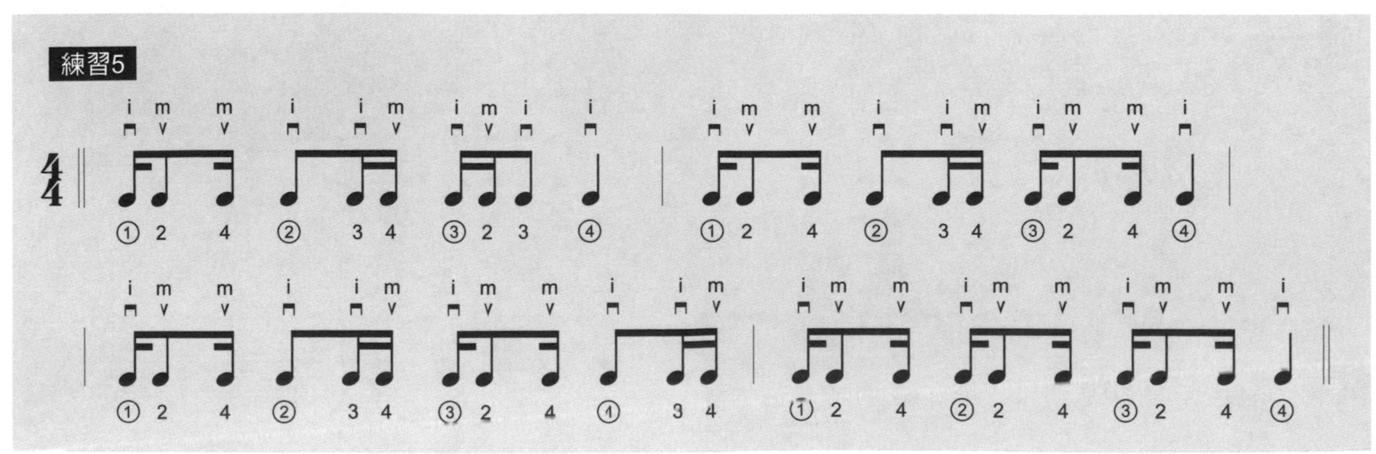

十六分音符的運用

將三種十六音符常見的變化實際運用在金屬的樂句中，為了在應用的時候能與前面作連結，以下依照之前講述的順序列出重金屬常用的句型。

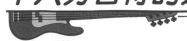

Track 107 練習6 以下為十六分音符四連音加上八分音符的句型，注意第二小節高把位的部分，刻意將D音移到第四弦第十格，原因是最粗的第四弦較能表現粗厚的聲音。

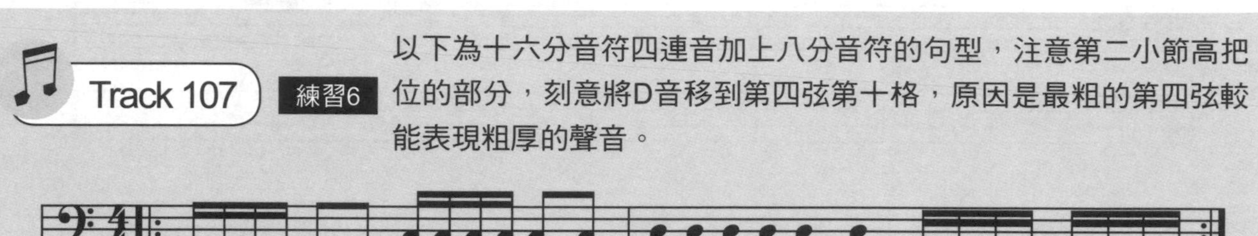

Track 108 練習7 此樂句是由 ♪ ♫ 組合出來的，在金屬團體（Iron Maiden）的音樂裡常常出現這樣的節奏表現。

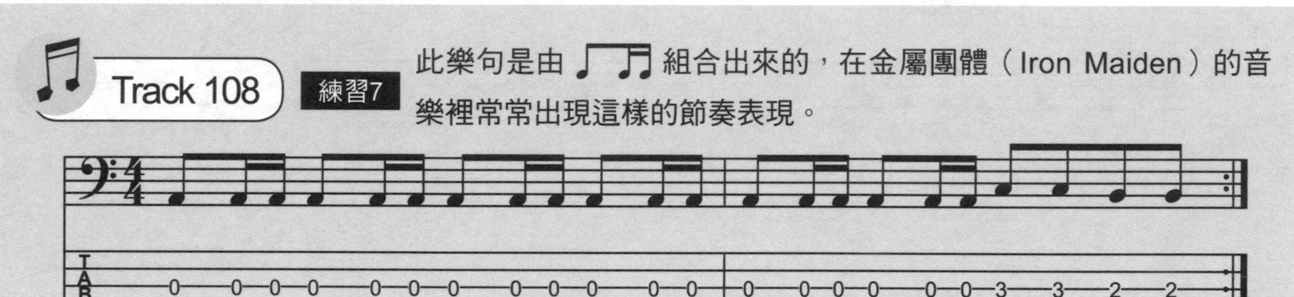

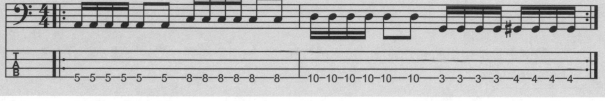

Track 109 練習8 將第一種變化型結合十六分音符四連音。

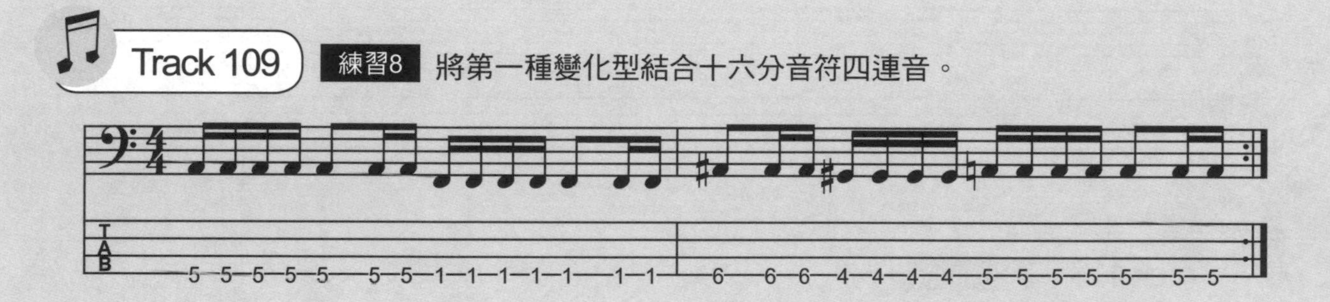

Track 110 練習9 用 ♫♪ 所組成的句子。

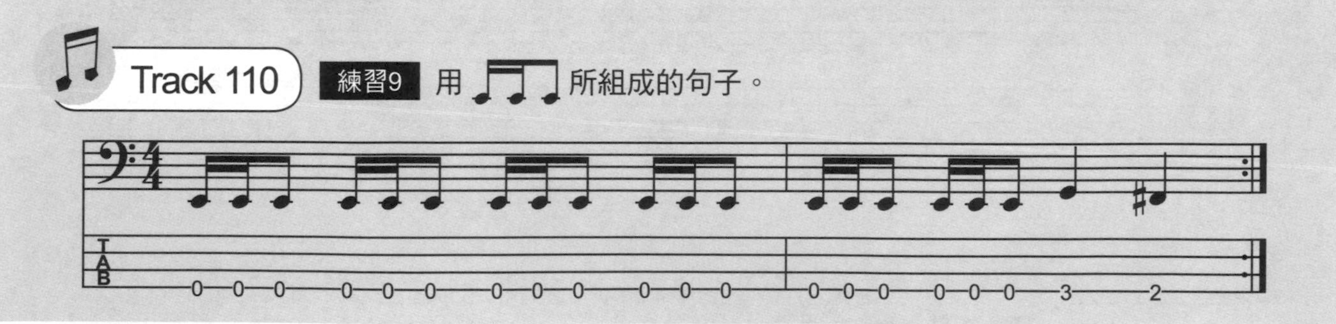

Track 111 練習10 將 ♫♪ 搭配不同的拍子變化。

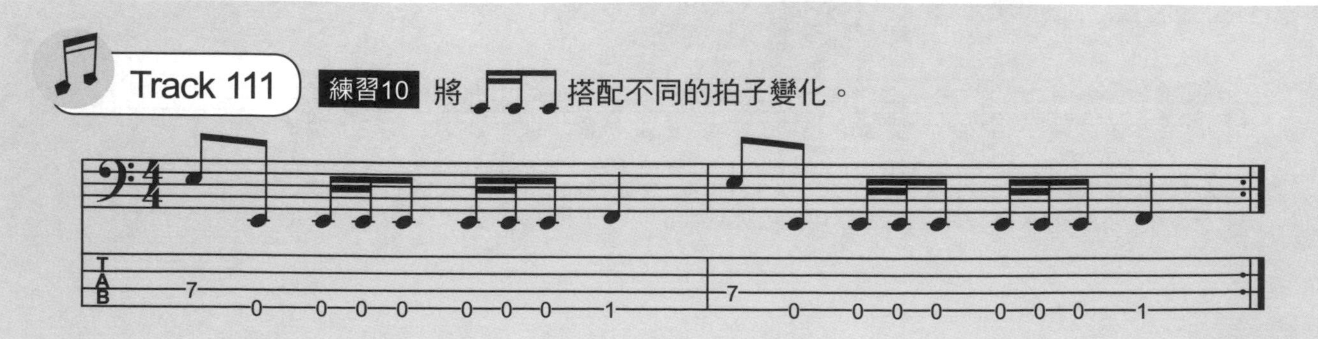

Track 112 練習11

將第一種與第二種變化組合起來，在Ozzy Osbourne的音樂裡常有這樣的節奏搭配。

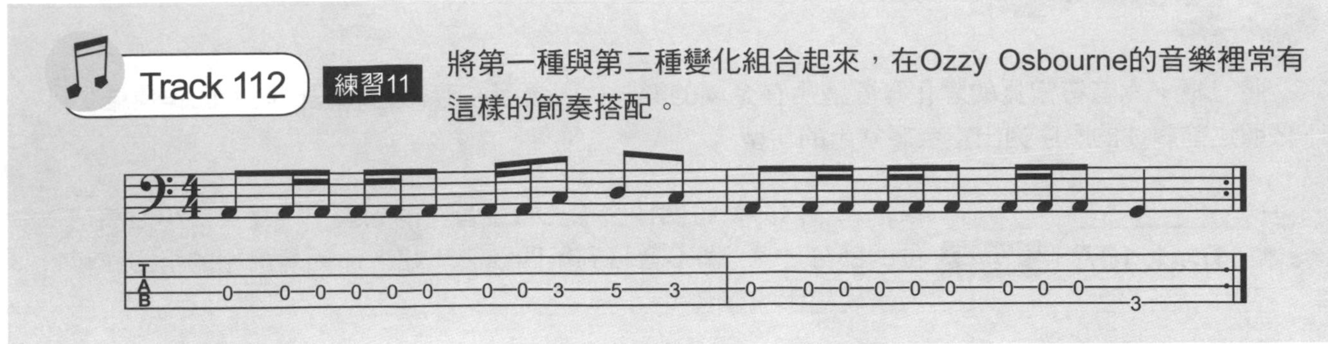

以下三個例子是走相似的和弦進行，加入滑弦和槌弦的左手技巧，學習讓運指部分更流暢。

Track 113 練習12-1

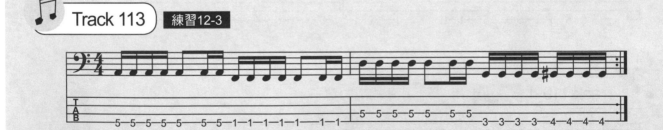

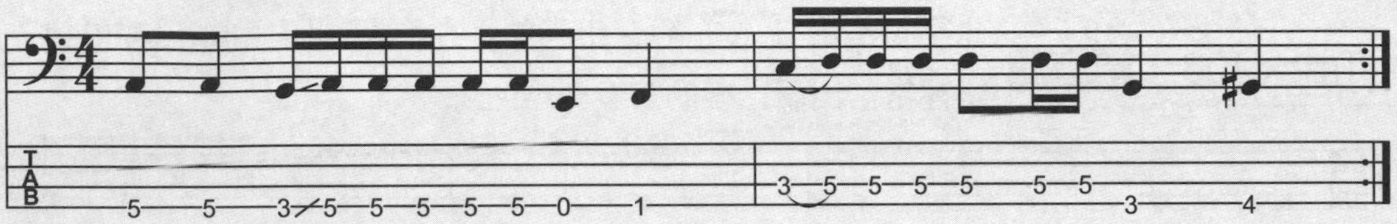

Track 113 練習12-2

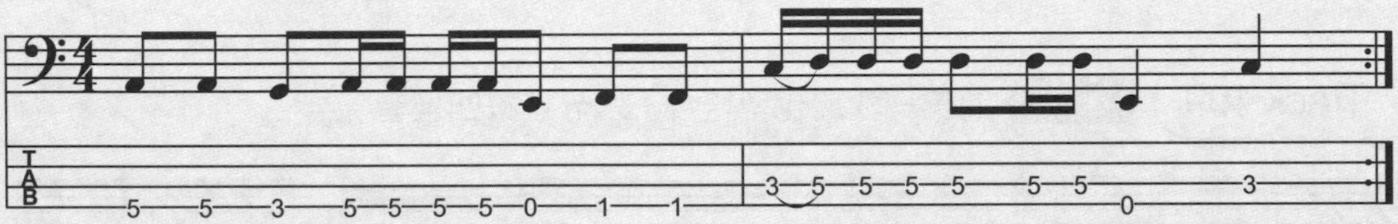

Track 113 練習12-3

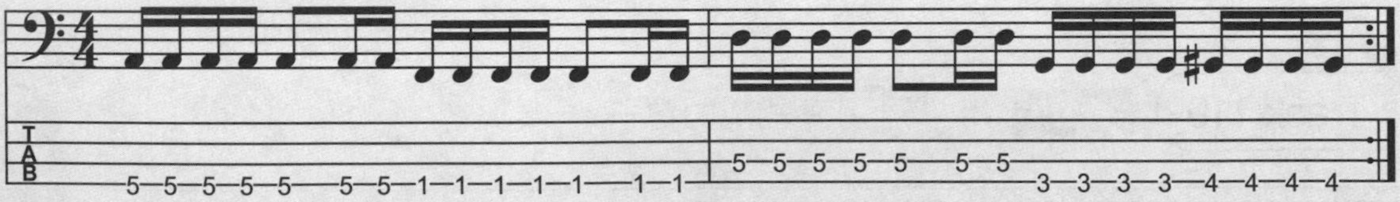

Track 114 練習13

以下是 ♫ 的應用，這種變化可以產生獨特的反拍出拍的效果，或稱為「Off-Beat」。在金屬樂團White Zombie的音樂中常常能聽到這樣的感覺。

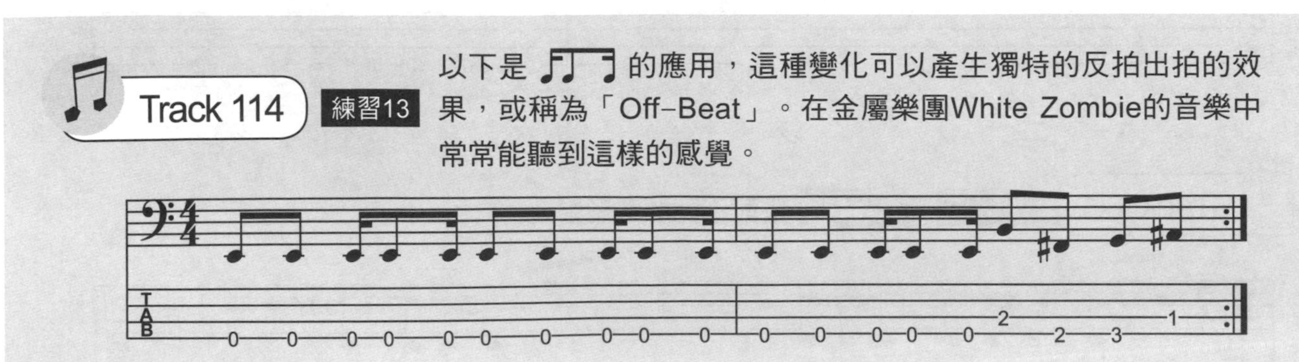

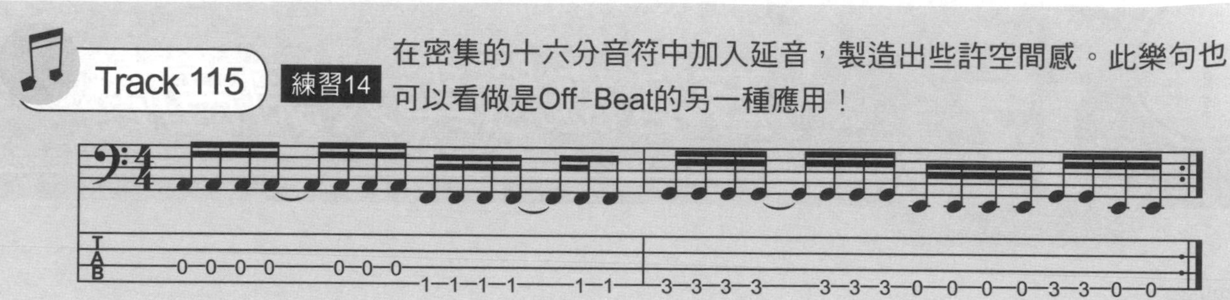

在密集的十六分音符中加入延音，製造出些許空間感。此樂句也可以看做是Off-Beat的另一種應用！

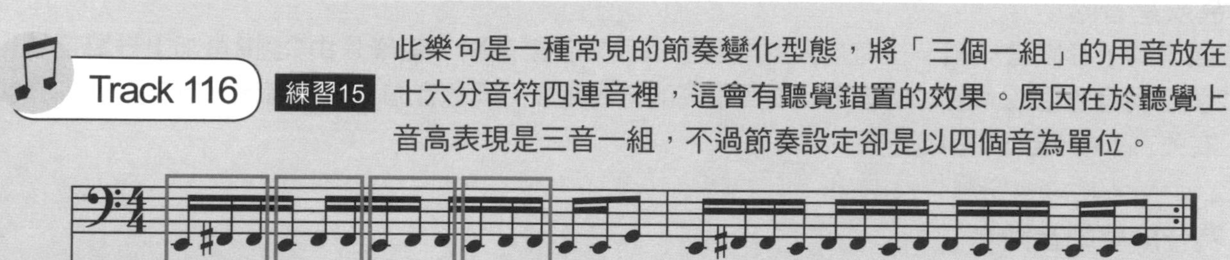

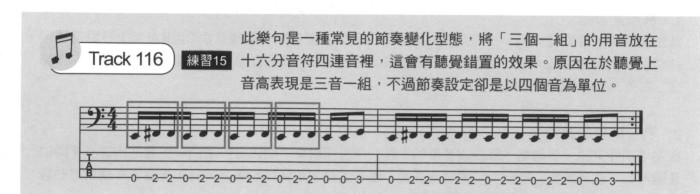

此樂句是一種常見的節奏變化型態，將「三個一組」的用音放在十六分音符四連音裡，這會有聽覺錯置的效果。原因在於聽覺上音高表現是三音一組，不過節奏設定卻是以四個音為單位。

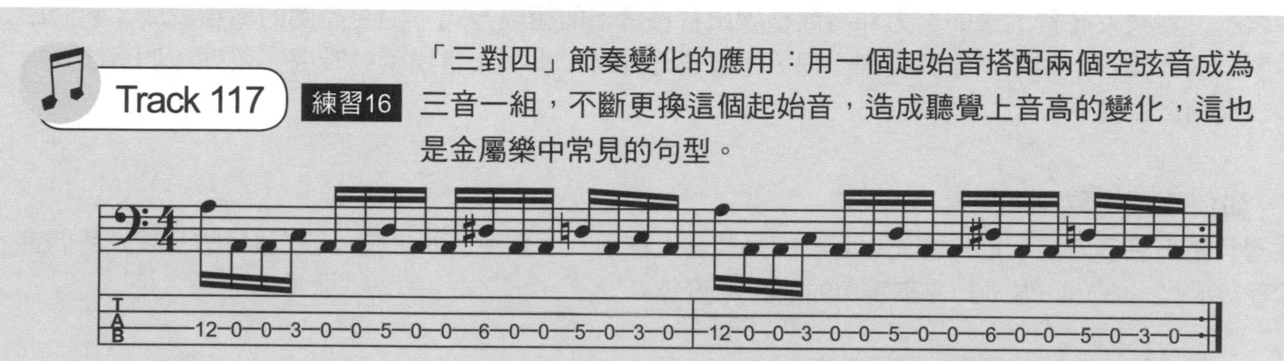

「三對四」節奏變化的應用：用一個起始音搭配兩個空弦音成為三音一組，不斷更換這個起始音，造成聽覺上音高的變化，這也是金屬樂中常見的句型。

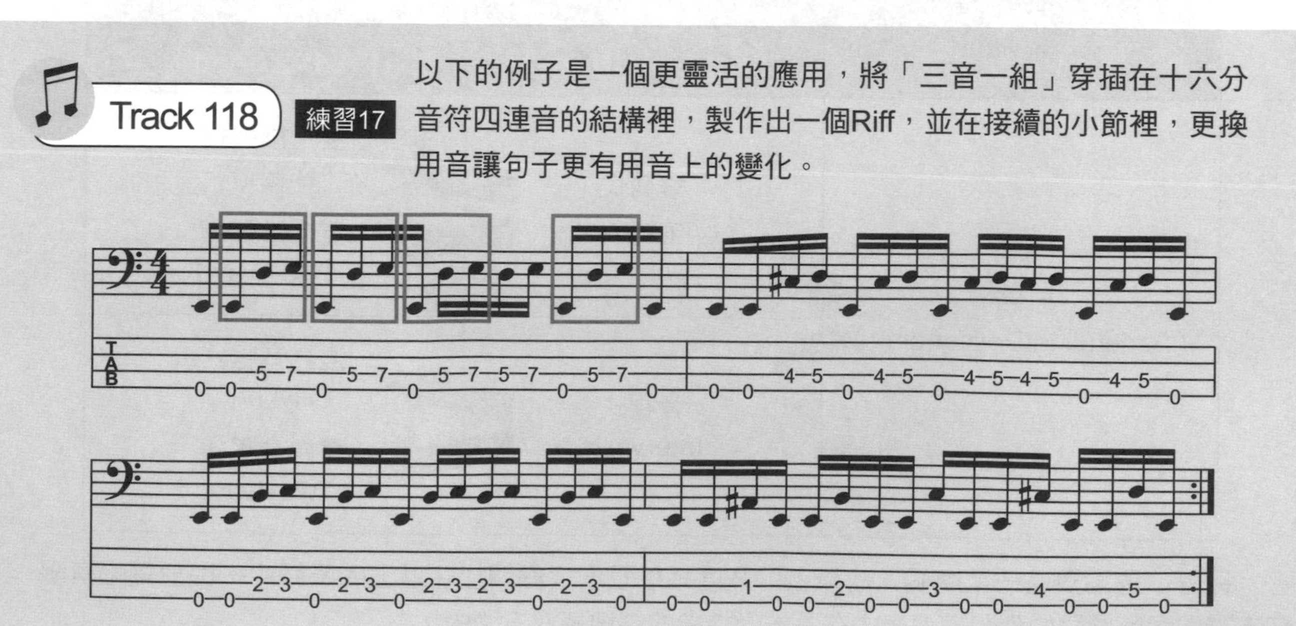

以下的例子是一個更靈活的應用，將「三音一組」穿插在十六分音符四連音的結構裡，製作出一個Riff，並在接續的小節裡，更換用音讓句子更有用音上的變化。

ENJOY BASS 第17課

音階概念與大調音階

【解說】17-1

1、甚麼是音階？

就定義來講，音階是一組一組有規則的樂音。以西方音樂來說，音樂是由C到B再加上升降記號，共12個不同音所組成。這12個音可以依照不同的方式組成不同的音階。有的音階只有5個音、有的6個、有的7個、甚至到8個或更多。

2、為什麼要學音階？

因為以功能來說，音階是一個表達音樂的工具。幾世紀以來，歷代音樂家們早已發展出許多不同的音階。每一個音階都有自己獨特的聲音感覺，因著這些音階特殊的聲音特質，作曲家在使用這些音階時，多半都是帶著音樂目的來架構想要的音樂感覺和效果。

在電貝士上練習這些音階，有助於學習如何掌握這些特殊的聲音，進而有系統地增進對音樂的感受和理解。音樂家花費大量的努力和時間整理出各種音階的組成方式，隨著時間的累積就成了我們口中所說的「樂理」。不一定非要學樂理，不過樂理卻可以省掉大量摸索的時間，幫助我們更快且有效率地學習音樂。

3、如何練習音階？

練習音階有許多方法，首先會先在音階的每個音上標示一個數字，如果是一般7個音的音階，我們會順著以1、2、3、4、5、6、7來表示並稱呼每個音。

一般來說，紮實的音階訓練系統如下：

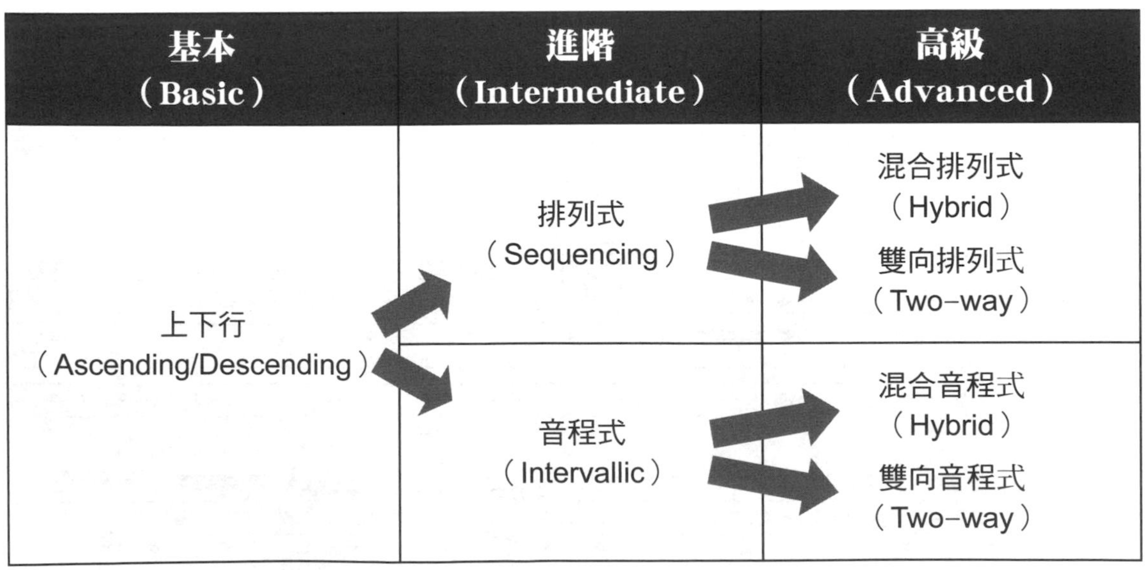

基本（Basic）
進階（Intermediate）
高級（Advanced）
上下行（Ascending/Descending）
排列式（Sequencing）
音程式（Intervallic）
混合排列式（Hybrid）
雙向排列式（Two-way）
混合音程式（Hybrid）
雙向音程式（Two-way）

另外，還需要將一至兩個（或以上）八度，以及十二個調加在以上的系統中。由於篇幅有限，在本書的音階課程中僅將練習集中在基本到進階的幾種練習方法中。

由本課開始，至第19課的課程內容將會跟大家介紹到常用的大調音階（Major）、大調五聲音階（Major Pentatonic）、密克索利地安調式（Mixolydian Mode）、小調音階（Minor）、小調五聲音階（Minor Pentatonic）和小調藍調音階（Minor Blues）共六種常見音階。

大調音階（Major Scale）

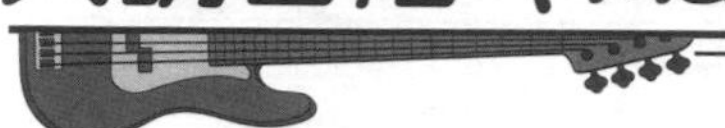

「大調音階」是大家最熟悉的音階種類，以下兩個是較為常用的指型，一個為「中指型」，另一個為「食指型」。可以對照之前大三和弦的相關課程一起比較，以便加深印象。下方指板圖中所標示的數字為手指符號（1＝食指、2＝中指、3＝無名指、4＝小指）。手指分配則是依據「一指一格」（One-Finger-Per-Fret）的原則。

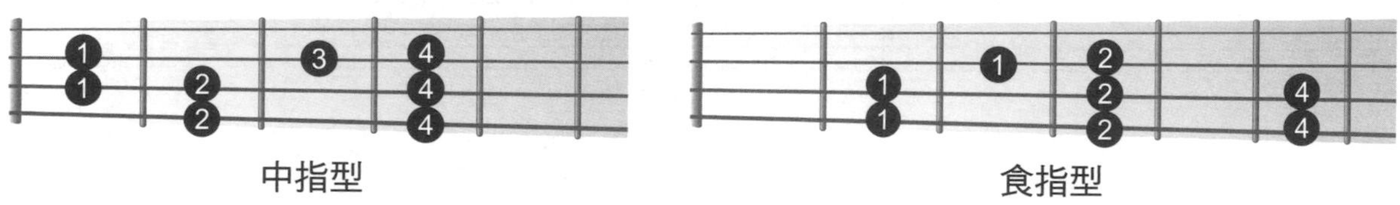

中指型　　食指型

1、上下行練習（Ascending / Descending）：

先以「中指型」再用「食指型」作上下行練習。

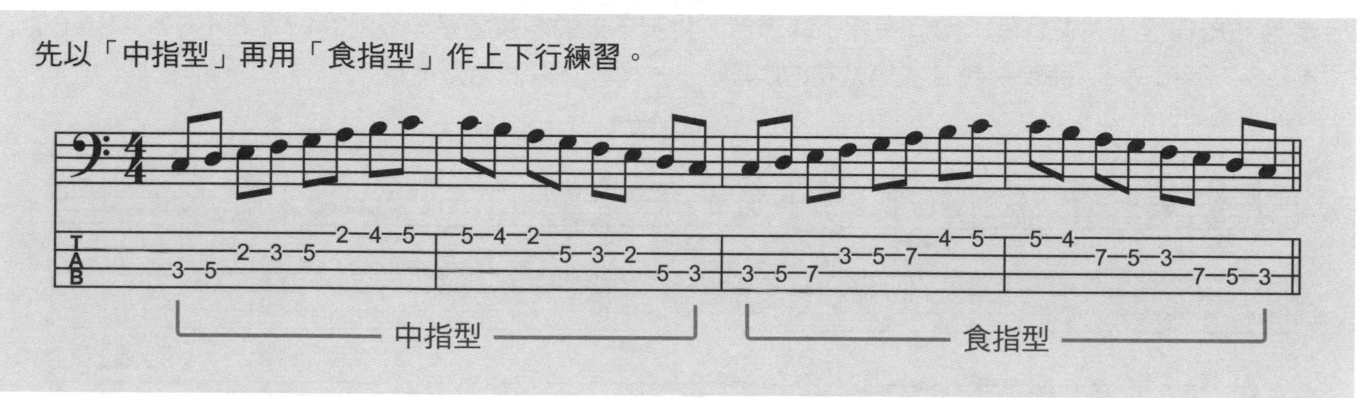

以上的練習是以C為主音，套用大調音階指型所發展出來的C大調音階，在練習音階指型時多半建議儘量在指板各處多做練習。現在就用五度圈（Circle Of Fifths）概念進行各調練習。我們可以先記好主音的變換方向，這樣除了方便練習，更能熟習五度進行的路徑模式。由於版面有限僅列出6個調，依序為C、G、D、A、E、B。

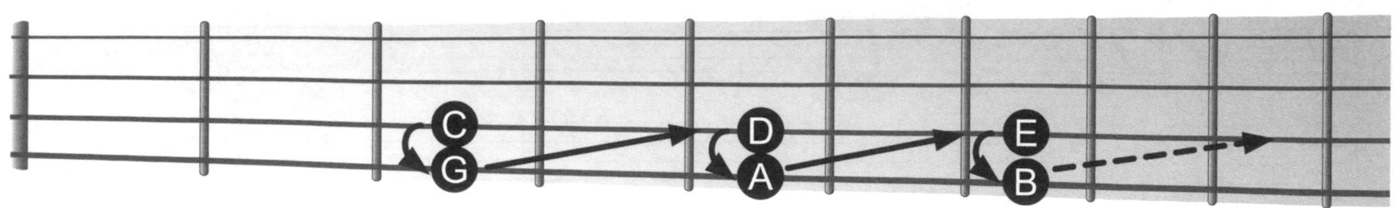

主音五度音走勢圖

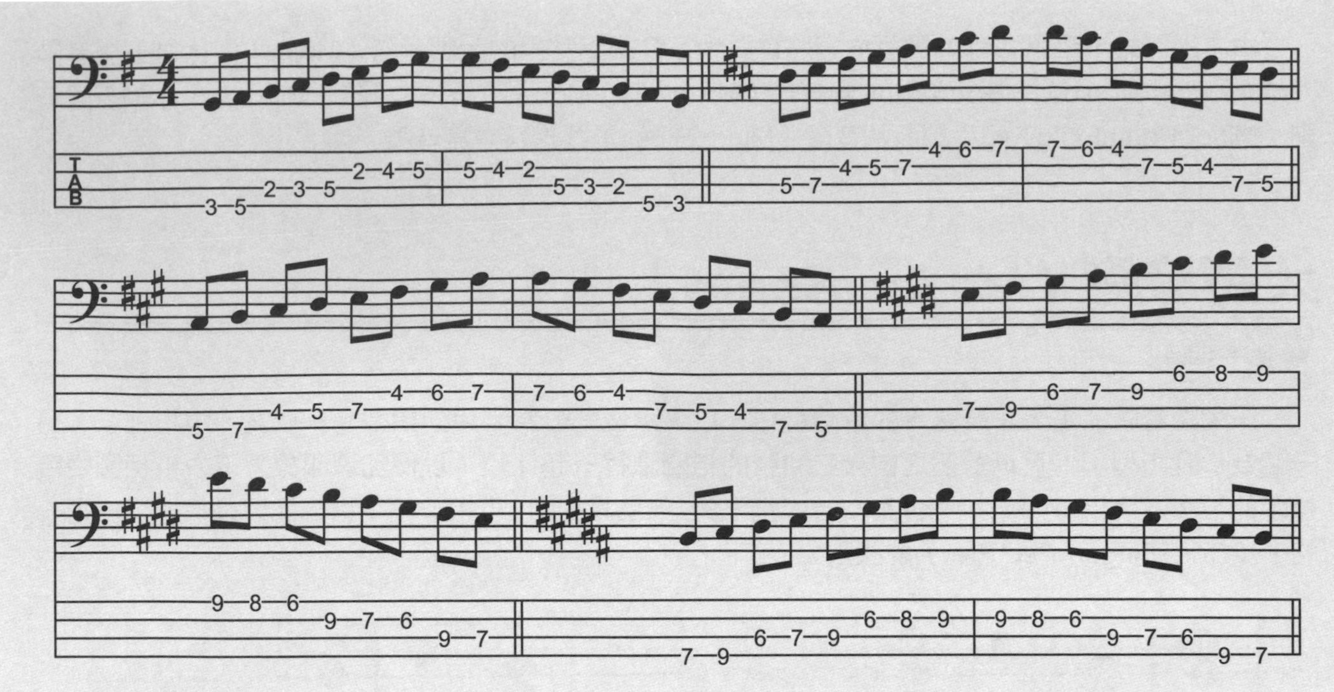

2、排列式練習（Sequencing）：

排列式練習是以固定數量的音為單位，一個音群一個音群的移動，這種練習更能表現出音階的音樂性和旋律性。先來試試「四音一組」的練習，排列下來的順序會是：1-2-3-4 / 2-3-4-5 / 3-4-5-6 / 4-5-6-7 / 5-6-7-8，將練習設定從第八格的C開始，一樣分為兩個指型進行。

【中指型】

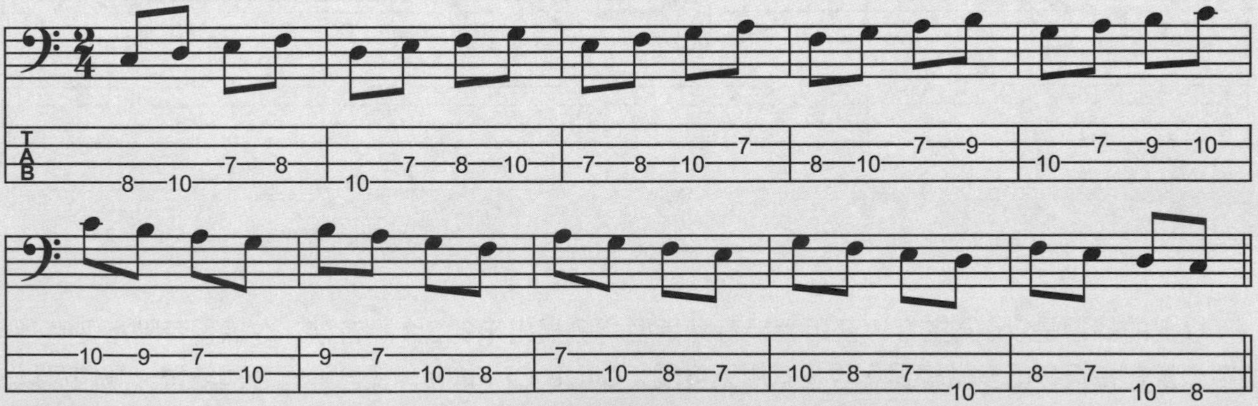

【食指型】

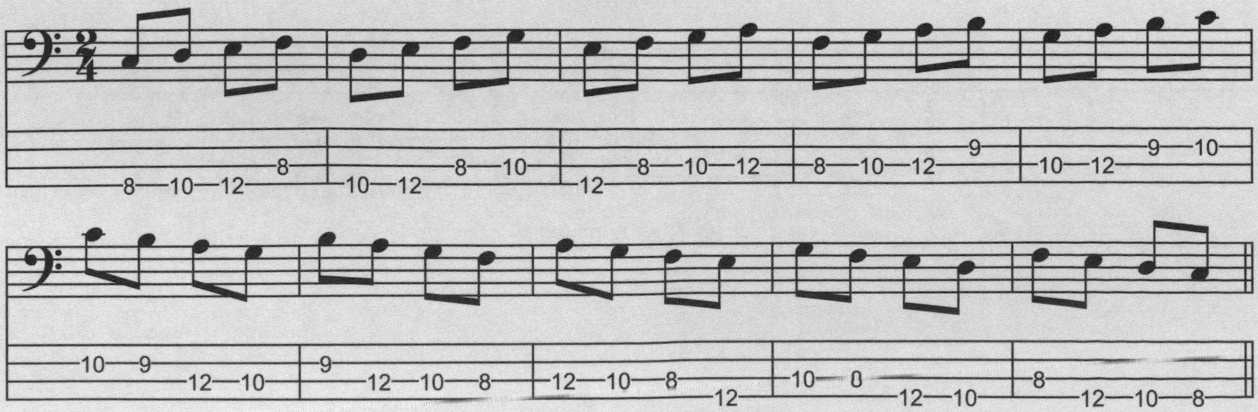

接下來，換「三音一組」來試試，排列順序如下：1-2-3 / 2-3-4 / 3-4-5 / 4-5-6 / 5-6-7/ 6-7-8。

【中指型】

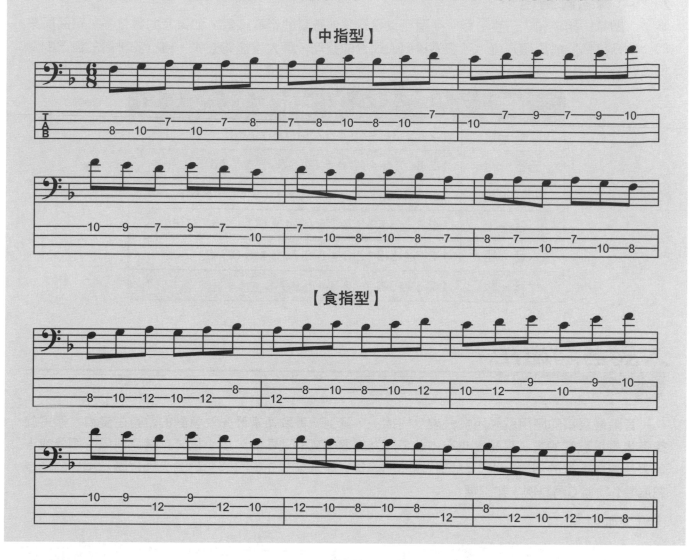

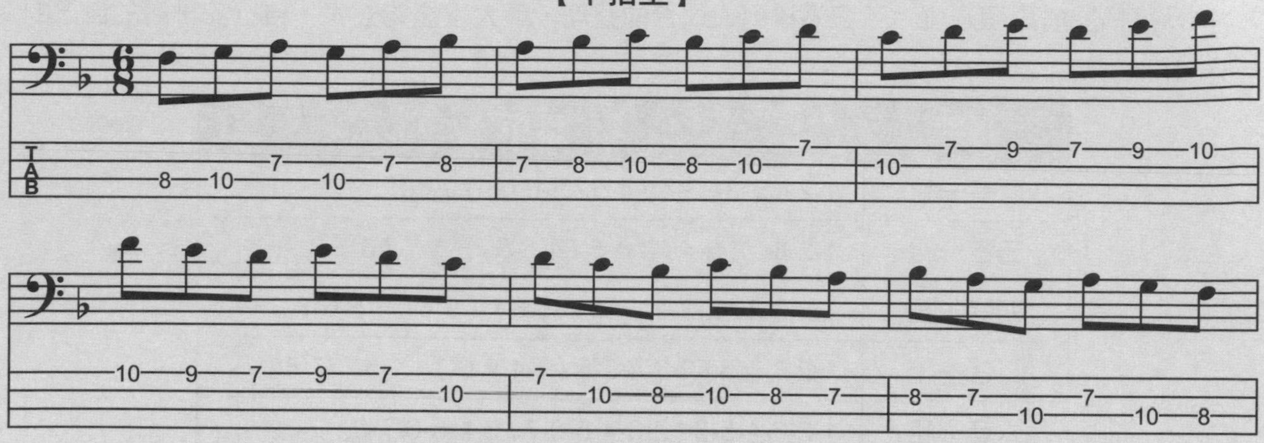

```
G|---------------------|------------------7--|----7---9---7---9---10-|
D|---------7------7--8-|-7--8--10--8--10-----|-10---------------------|
A|--8--10------10------|---------------------|-----------------------|
E|---------------------|---------------------|-----------------------|

G|--10--9--7--9--7-----|-7-------------------|-----------------------|
D|-----------------10--|----10--8--10--8--7--|--8--7------7----------|
A|---------------------|---------------------|--------10-----10--8---|
E|---------------------|---------------------|-----------------------|
```

【食指型】

```
G|---------------------|---------------------|------------9-------9--10-|
D|-------------------8-|-----8--10--8--10--12|-10--12--------10--------|
A|--8--10--12--10--12--|-12------------------|--------------------------|
E|---------------------|---------------------|--------------------------|

G|--10--9-------9------------|--------------------------|--------------------------||
D|----------12------12--10---|--12--10--8--10--8--------|--8-----------------------||
A|---------------------------|-----------------------12-|-----12--10--12--10--8----||
E|---------------------------|--------------------------|--------------------------||
```

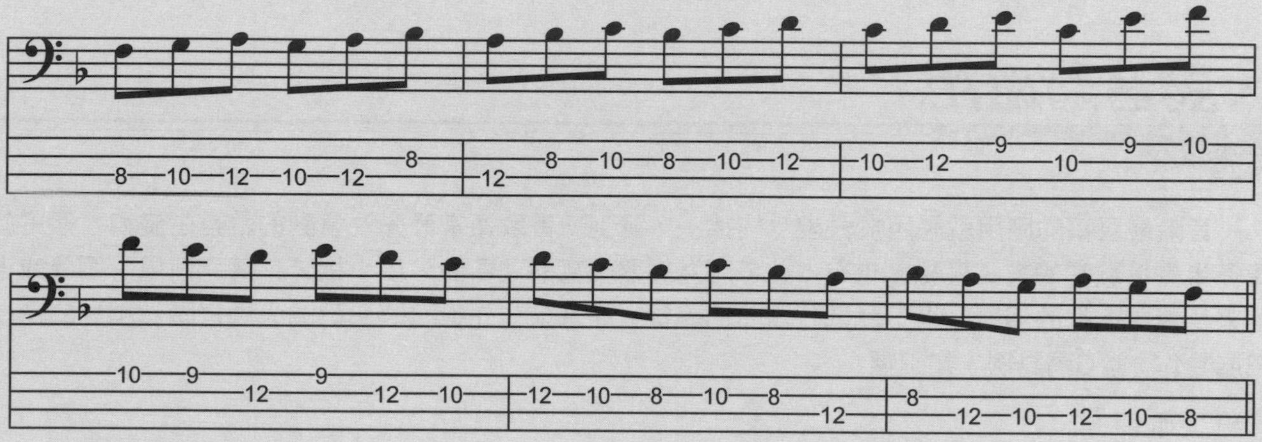

熟悉這「四音一組」和「三音一組」後，可將這樣的練習以四度圈（Circle Of Fourths）的方式逐一練習。以下為四度圈的主音變換行徑，由於篇幅關係只將走勢圖列於下方，請有興趣的朋友自行演練。

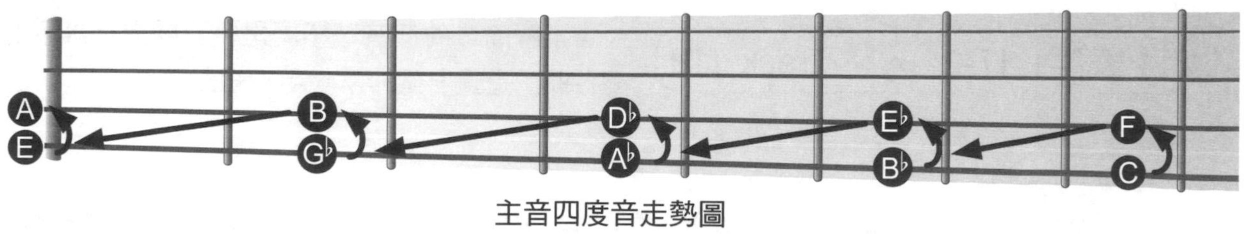

主音四度音走勢圖

排列式練習總整理：

除了「四音一組」和「三音一組」，還可以進行其他數量的音群練習。如果音的數量多，可將原來的一個八度拓展成兩個八度。下表為排列式練習的整理，讓大家能夠查表，自行安排屬於自己的每日練習。

音數	排序
兩音一組	1-2 / 2-3 / 3-4 / 4-5 / 5-6 / 6-7 / 7-8 …
三音一組	1-2-3 / 2-3-4 / 3-4-5 / 4-5-6 / 5-6-7 / 6-7-8 …
四音一組	1-2-3-4 / 2-3-4-5 / 3-4-5-6 / 4-5-6-7 / 5-6-7-8 …
五音一組	1-2-3-4-5 / 2-3-4-5-6 / 3-4-5-6-7 / 4-5-6-7-8 …
六音一組	1-2-3-4-5-6 / 2-3-4-5-6-7 / 3-4-5-6-7-8 …
七音一組	1-2-3-4-5-6-7 / 2-3-4-5-6-7-8 …

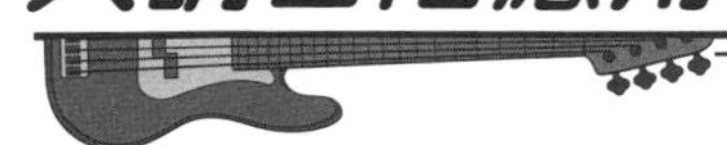

大調音階應用

音階最直接的應用就是用於表現「旋律」，聽到一首歌通常最先注意到的就是主旋律，但主旋律多半是以歌唱的方式表現。也有一些專門為樂器編寫的演奏曲，以小提琴、薩克斯風、鋼琴或吉他來負責主旋律的演奏。以下就進行短曲的練習。練習前，先從已經熟悉的大調音階做稍許的音域擴展動作，以C調為例，如下圖：

【低音延伸】

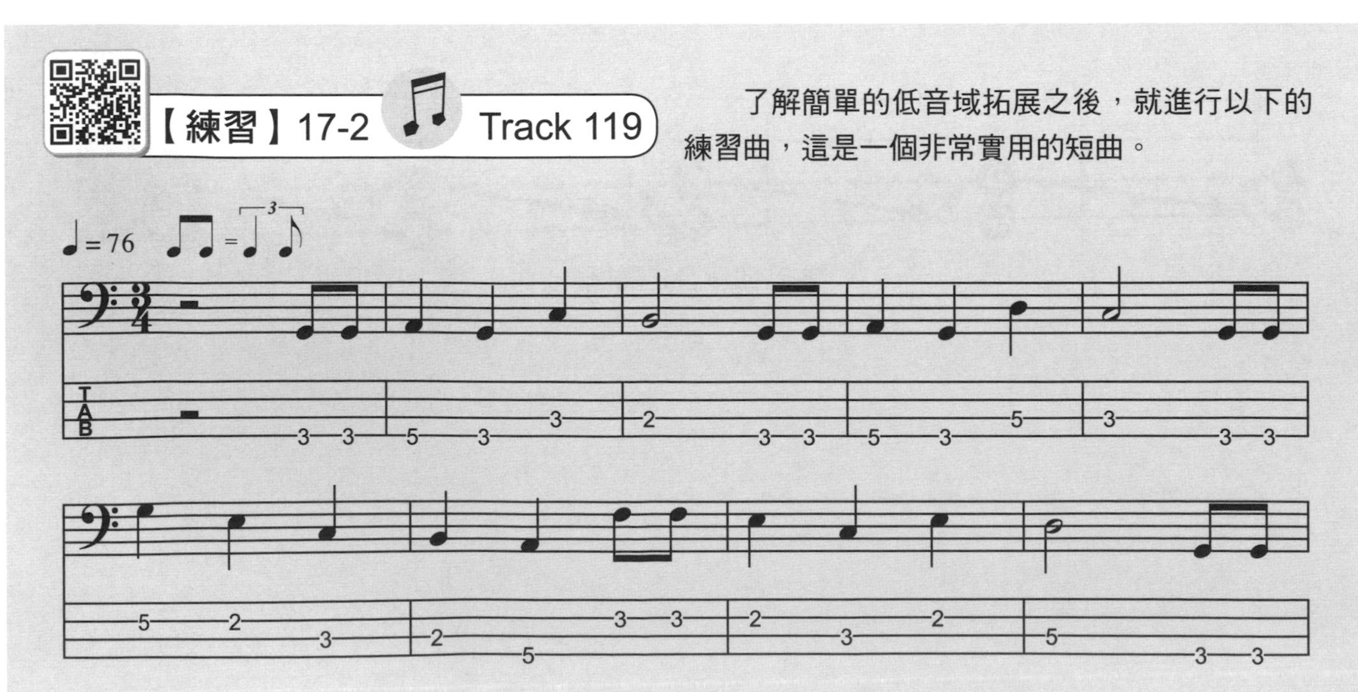

了解簡單的低音域拓展之後，就進行以下的練習曲，這是一個非常實用的短曲。

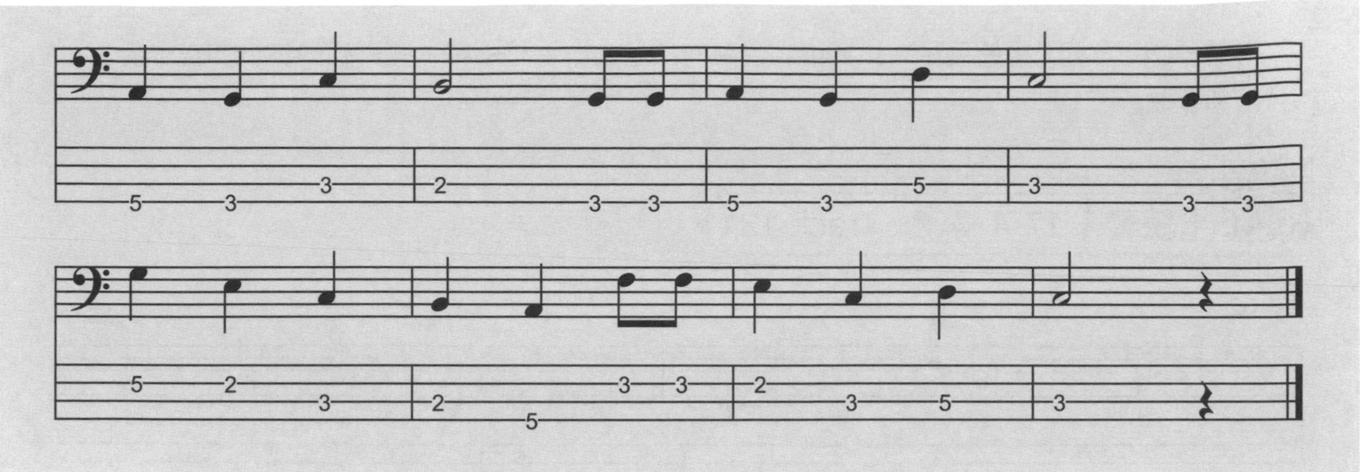

經過之前的指型移動訓練，知道在指板上移動相同指型可以直接地做出移調的效果。以下，將整個指型向右平移兩琴格，讓原本的C調移位，主音換到D的位置成為D大調，並進行下一個練習曲。這個練習曲段落取自於貝多芬的第九號交響曲。

【把位平移】

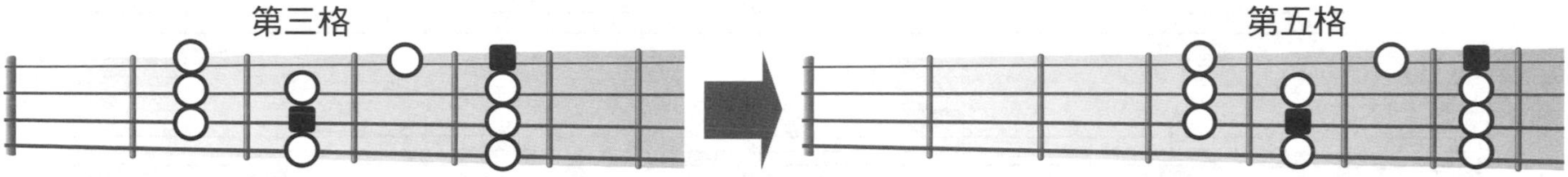

第三格 → 第五格

【練習】17-3　Track 120

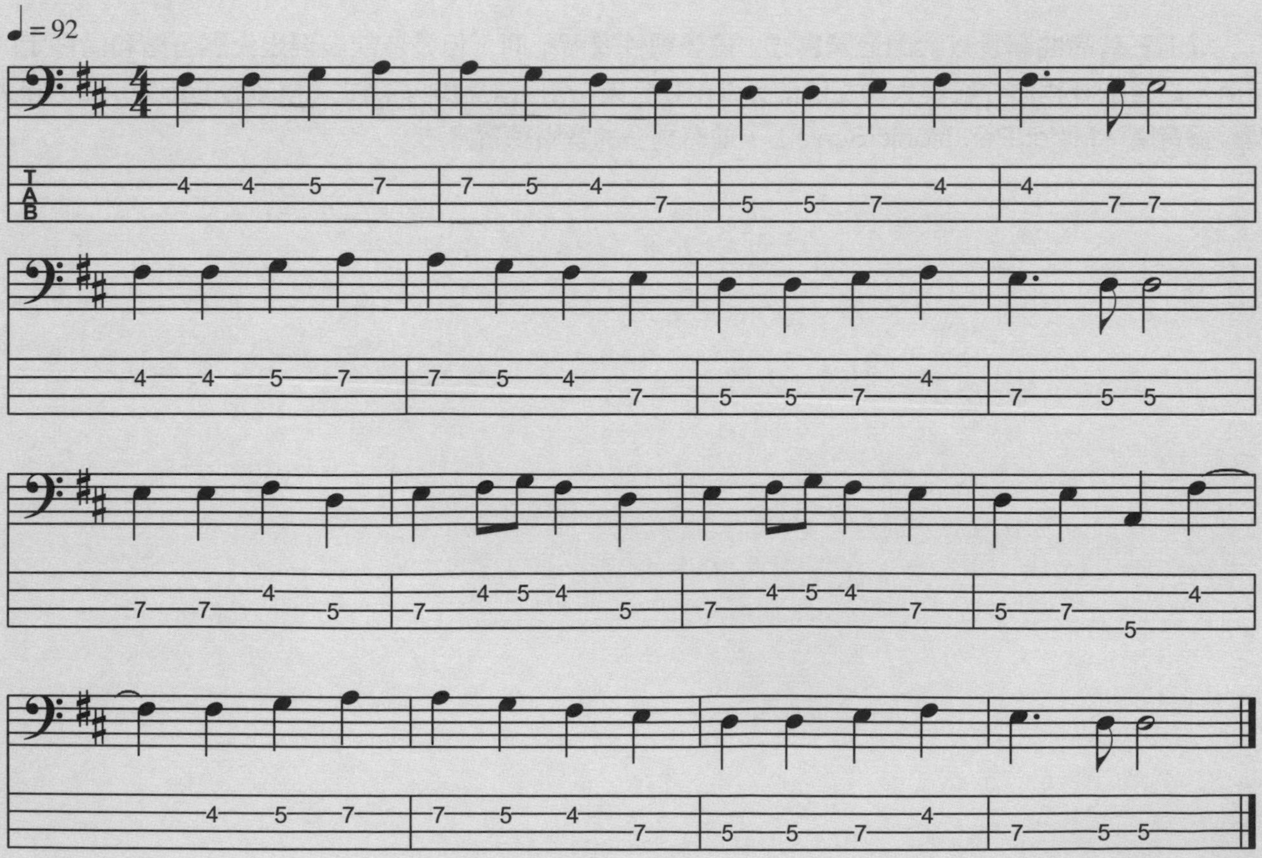

♩= 92

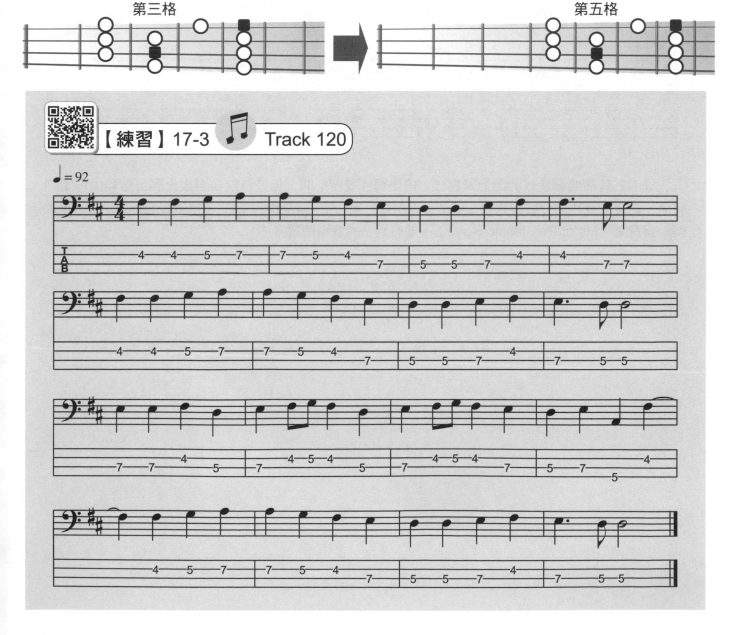

再看一個平移至E調的例子。只要再將現有的指型向右平移兩格，彈同樣的指型即可彈奏出E大調音階和歌曲。

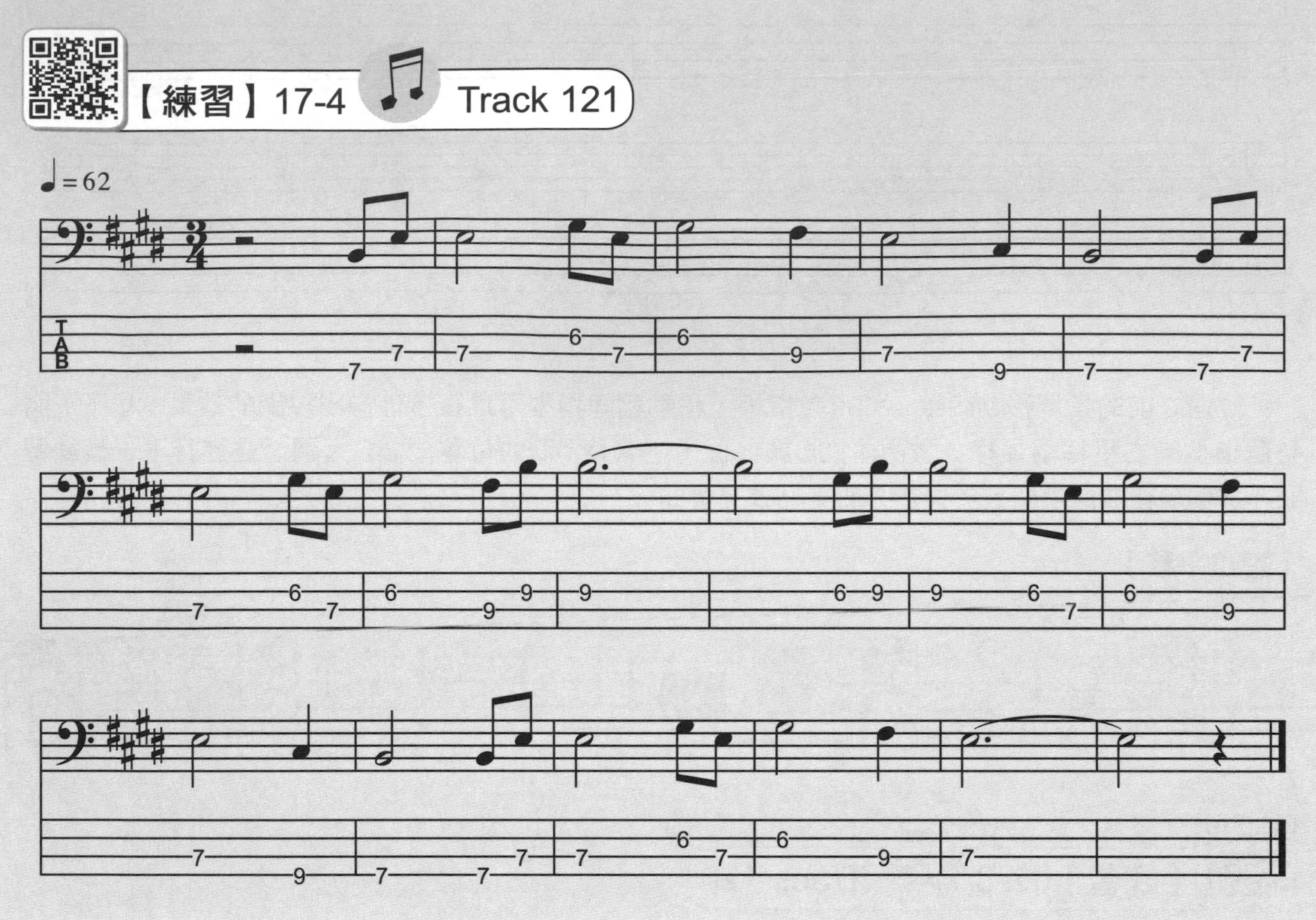

以上三首短曲都是以大調音階寫成，儘管調性有所不同，但是皆能表現出大調音階和諧穩定的特色。之後的課程將介紹與大調相關的另外兩種音階：密克索利地安調式（Mixolydian Mode）和大調五聲音階（Major Pentatonic Scale），並有更多的音階練習方法。

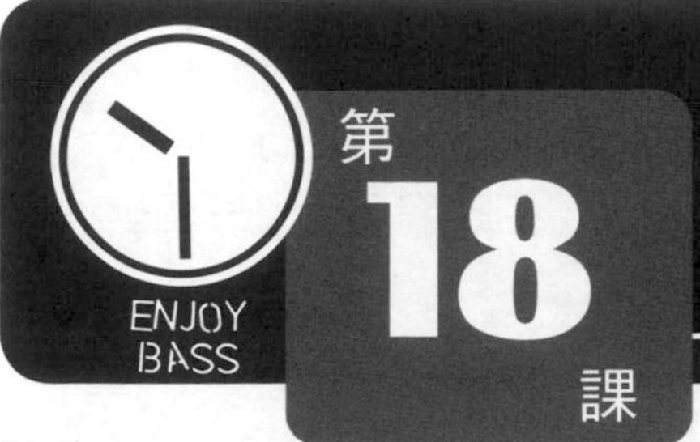

密克索利地安調式 與大調五聲音階

密克索利地安調式（Mixolydian Mode）

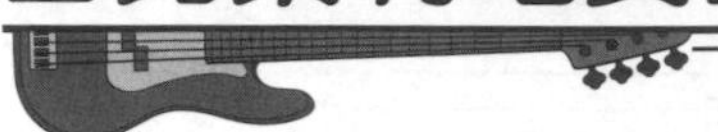

這個調式的結構其實是從大調音階而來，從大調音階的第五個音出發，行走一個八度音就是所謂的「Mixolydian mode」了。

Mixolydian和大調音階的差別可以從下圖看出兩者的不同，差別就在第七個音，大調音階所有的第七音（七度音）比Mixolydian的第七音（七度音）高出半音。

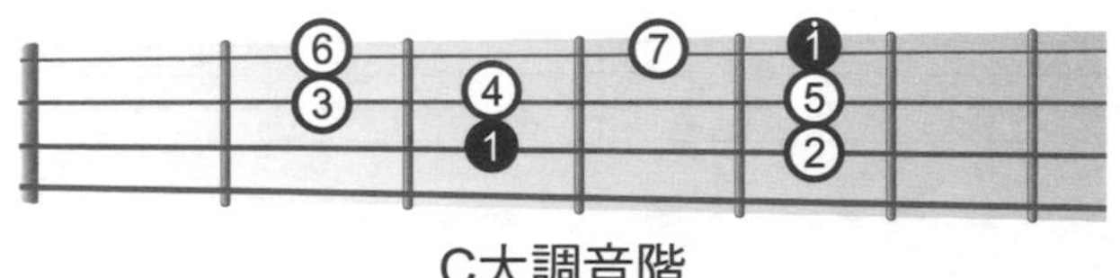

C大調音階

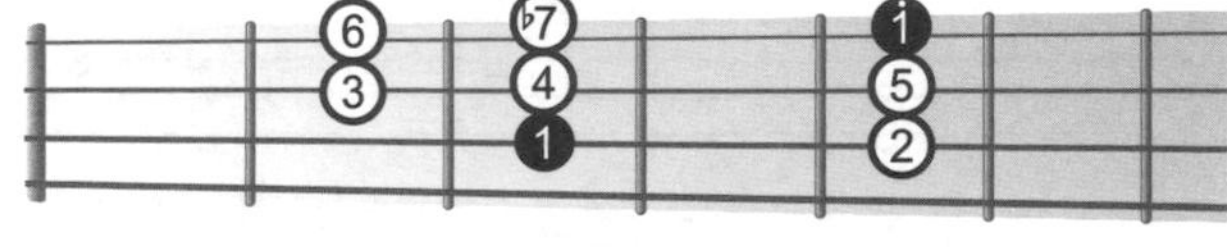

C Mixolydian

在Mixolydian中的七度音是小七度，與屬七和弦（Dominant7th Chord）剛好一致，所以常用屬七和弦的音樂中自然也就常用Mixolydian。藍調與其相關的音樂占流行音樂的版圖甚大，例如：搖滾、放客（Funk）、靈魂（Soul）和節奏藍調（R&B），這些都與藍調有關連，而藍調正是以屬七和弦及相應的Mixolydian為基礎的音樂類型。

回顧前幾課所介紹的藍調以及藍調的諸多句型變化，尤其是帶有大六度和小七度用音的句型，其實都是Mixolydian的應用。鼓勵大家在練習完本課的Mixolydian後，回到第14課與第15課的藍調課程做複習，你將發現樂理的應用其實是如此的自然。

1、上下行練習（Ascending / Descending）：

先來做上下行練習，以便了解運指上的安排。將主音從第三弦的C移到第四弦的位置，這樣的安排後各音間距在指板上距離較小，在運指上比較輕鬆。除此之外，需要注意的是這次將「食指型」和「中指型」交叉混合，請多注意運指上的變化喔！

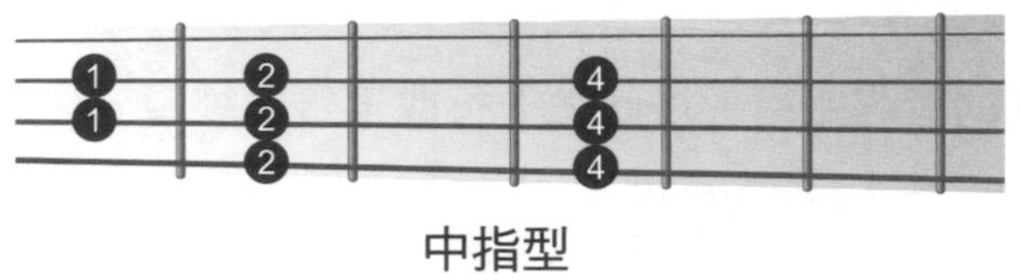

中指型

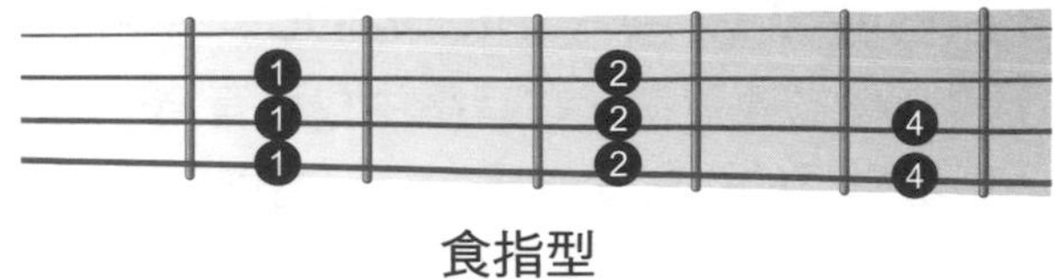

食指型

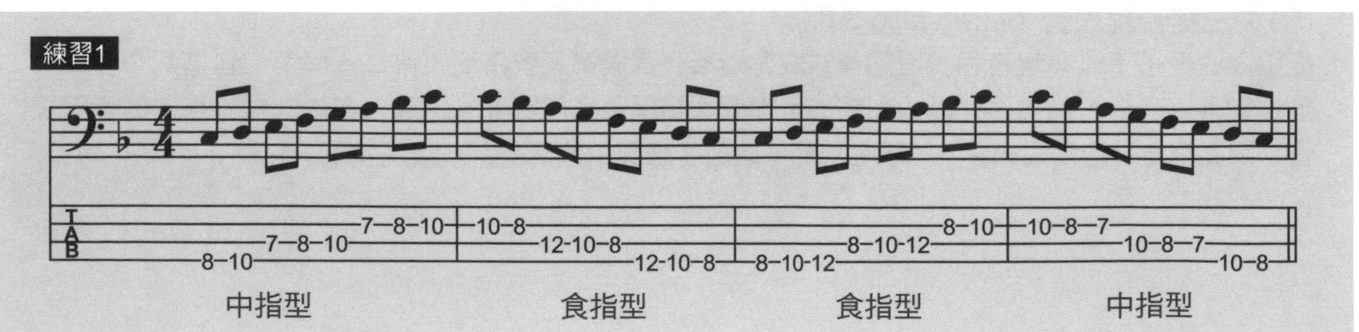

練習2 再添加一個循環混合式的練習方法，先用中指型搭食指型的方式以四度走音階上行，再以五度走音階下行。這種練習方式可以將「指型」、「四度/五度」、「上行/下行」三個變數混合在一起，還能夠做反覆循環。

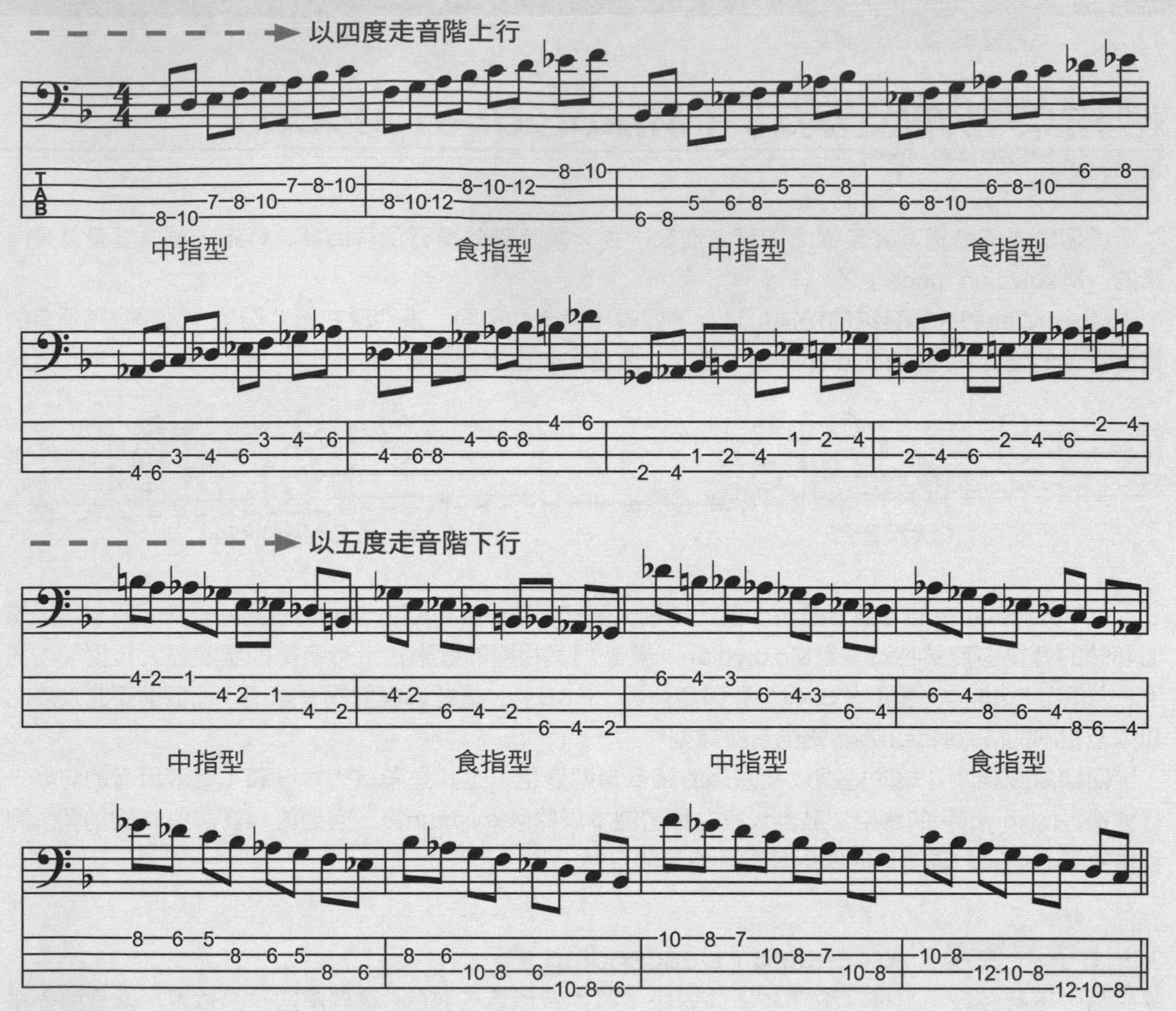

2、音程式練習（Intervallic）：

所謂音程式練習就是在音階中以兩音為一組固定之間的音程距離，以此做上行或下行的練習。先以一般最常見的「三度音程」練習為例。

（1）三度音程練習（Intervallic 3rd）：

從下面的例子不難發現音程練習的模式取音階第一音與第三音搭配、第二音與第四音搭配…以此類推走完整個音階。而這每個兩兩一組的音中間都相隔著三度距離，這等於是以音程堆積出的音階練習，因此稱為「音程式練習」。現在用簡單的數字來表示這個練習，順序如下：1-3 / 2-4 / 3-5 / 4-6 / 5-7 / 6-8。

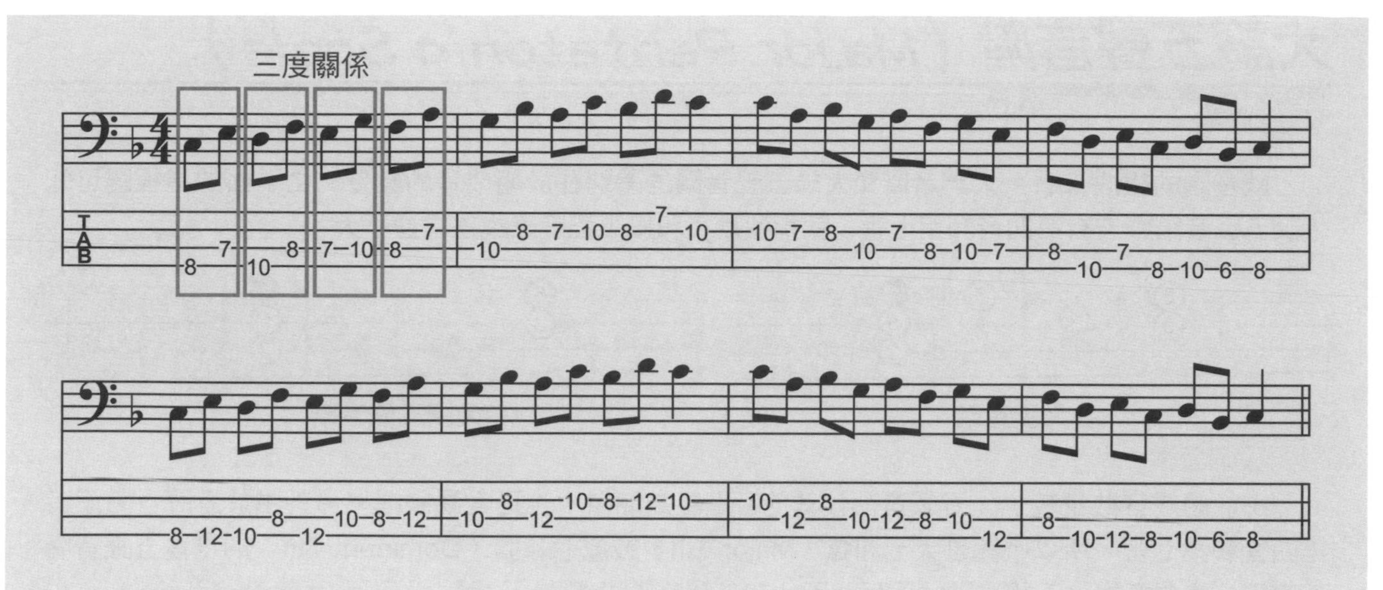

(2)五度音程練習(Intervallic 5rd):

由於五度音程的距離較三度音程大，所以要多注意手指的縱向擴張以及右手跨弦撥弦的動作。由於較大音程的跨越，這種練習在聽覺上的感受也與其他練習不一樣。建議大家多花點時間習慣這種大音程的擴張，用數字來表示這個練習的順序，如下：1-5 / 2-6 / 3-7 / 4-8。

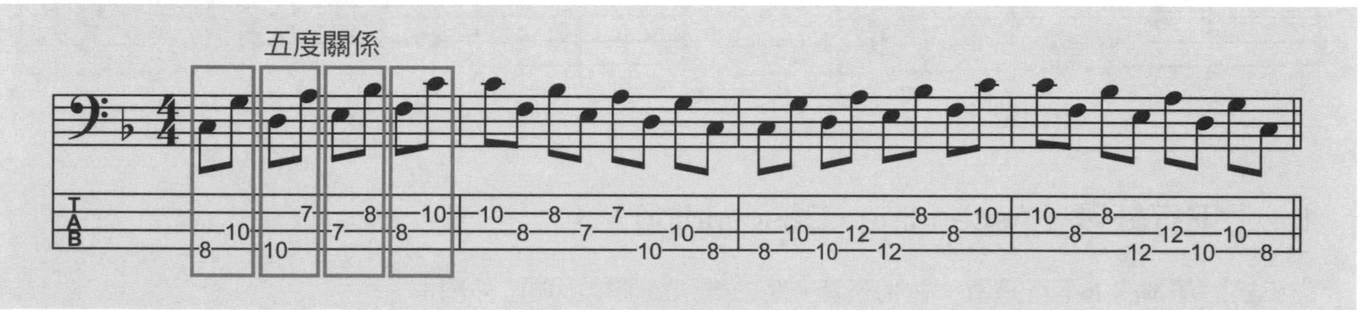

(3)音程式練習總整理：

音程式練習一般多集中在兩度和三度音程的練習，尤其是三度音程的運用最多。就樂理上，仍然可以掌握這個排列原則，將其他的音程加進來豐富練習。透過下表的整理能夠安排自己的練習進度。在練習時，多多參考之前介紹音程的課程，在這樣的對照下能在樂理部分打下更完整的基礎。

音數	排序
兩音一組	1-2 / 2-3 / 3-4 / 4-5 / 5-6 / 6-7 / 7-8…
三音一組	1-3 / 2-4 / 3-5 / 4-6 / 5-7 / 6-8…
四音一組	1-4 / 2-5 / 3-6 / 4-7 / 5-8…
五音一組	1-5 / 2-6 / 3-7 / 4-8…
六音一組	1-6 / 2-7 / 3-8…
七音一組	1-7 / 2-8 …

大調五聲音階（Major Pentatonic Scale）

就音階的組成來看，大調音階和大調五聲音階的差別在於組成音的數量。由下面的指板圖可知大調五聲音階中沒有第四音和第七音，就指型規模和擴張程度來說差異並不大。

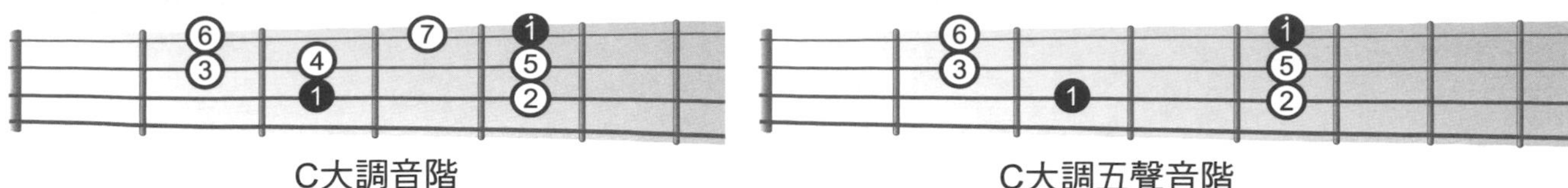

由於組成音數量較少，五聲音階較其他音階更為簡單，也更容易掌握。另外由於五聲音階沒有第四音和第七音，所以不論是大七和弦（Major 7th）或屬七和弦（Dominant 7th）的環境五聲音階都適用。換句話說，五聲音階的應用範圍比起其他音階更廣。

再看一下不同指型的運指的方式，這次將主音C放回原本第三弦上的位置，就中指型而言，運指的方式與大調音階或Mixolydian類似。但就食指型來說，通常建議以食指滑動（Shift）來掌握第一音和第二音，這樣的方式較為適合，一方面可以大幅減輕手指擴張的需要。更重要的是，這樣的滑行動作可以讓音階的拓展更自然、更容易。

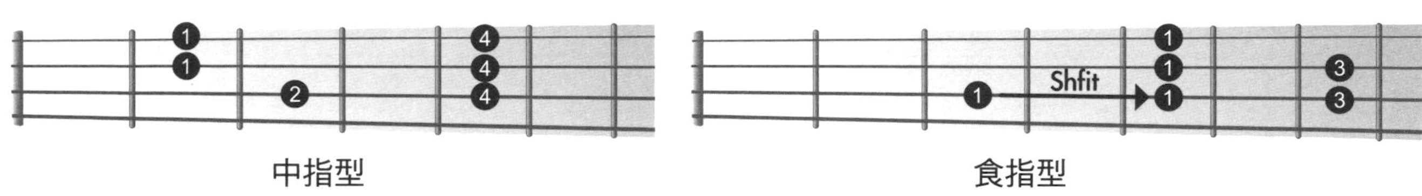

1、上下行練習（Ascending / Descending）：

先來熟悉基本的上下行練習，並把三音一組的排列放在後面做延伸練習。

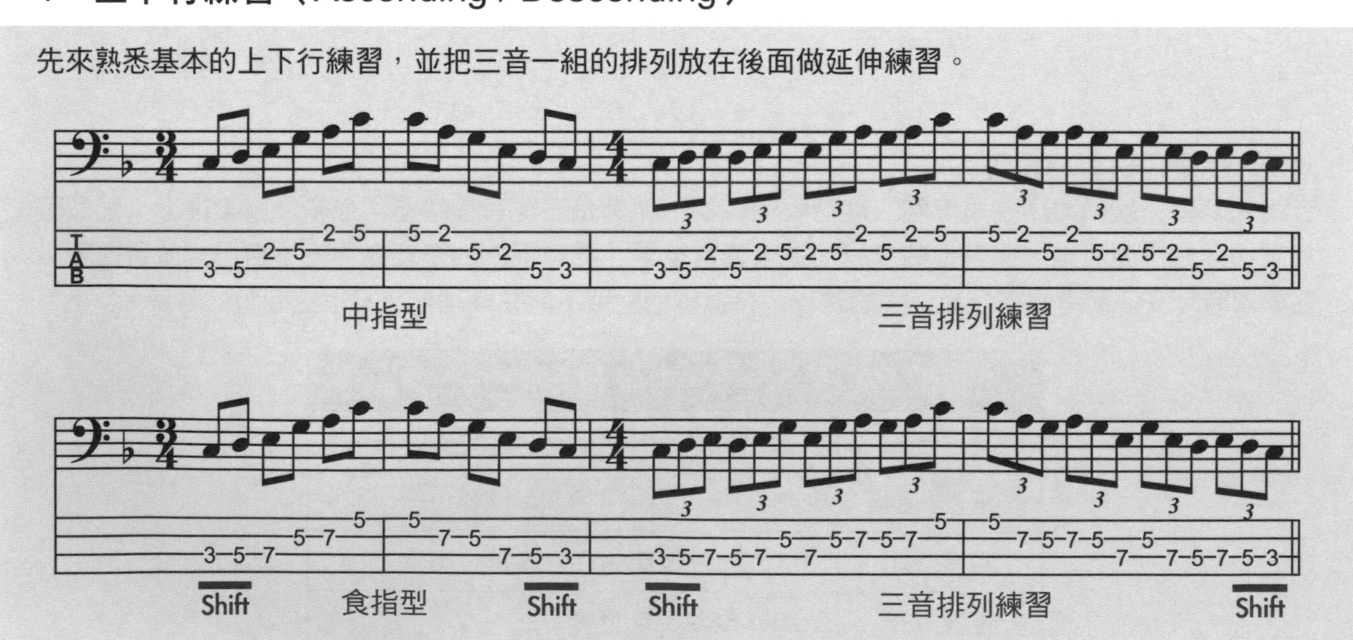

2、五聲音階的應用：

了解中指型和食指型的部分後，進一步來說明如何把這些指型實際應用在樂句裡。這是個跨接理論和實際應用的部分，也是一般傳統樂理教學或書籍較少談論到。多花些時間，耐著性子，把這個部份一步一步紮實得走完，相信對大家的樂理應用和彈奏一定有不少的幫助。

（1）貝士旋律線（Bass Line）直接應用實例：

由下圖即可發現，每個和弦都是以該和弦根音所展開的大調五聲音階來發展出貝士旋律線，這是大調五聲音階實際應用最直接的例子。

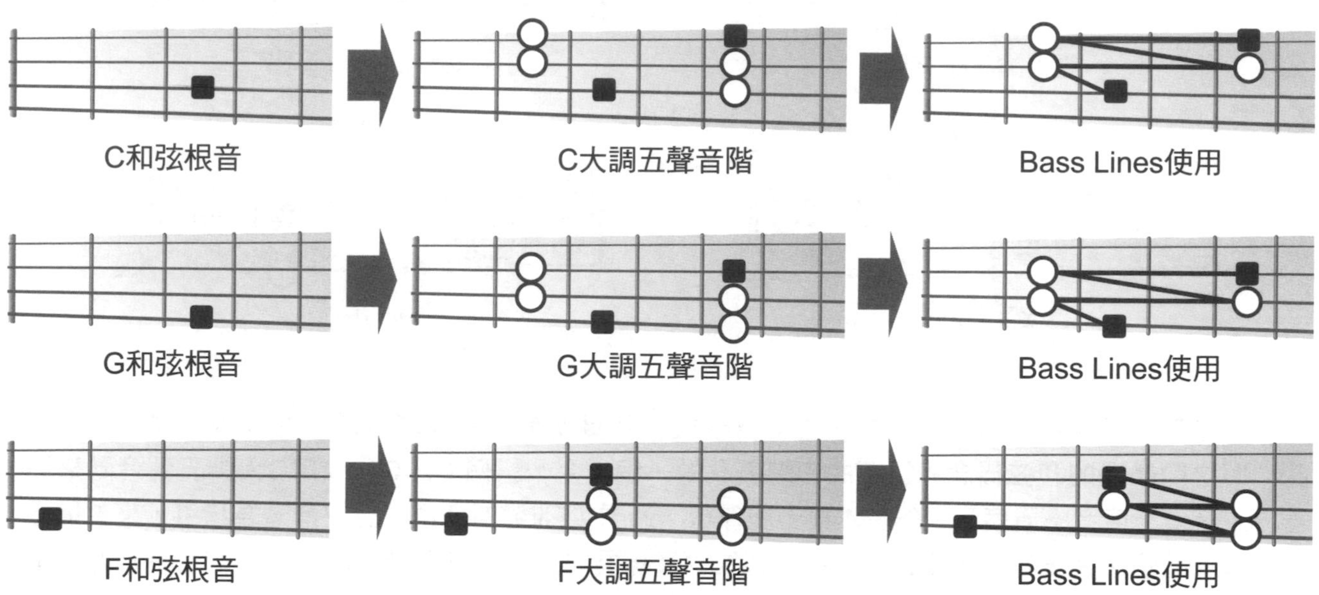

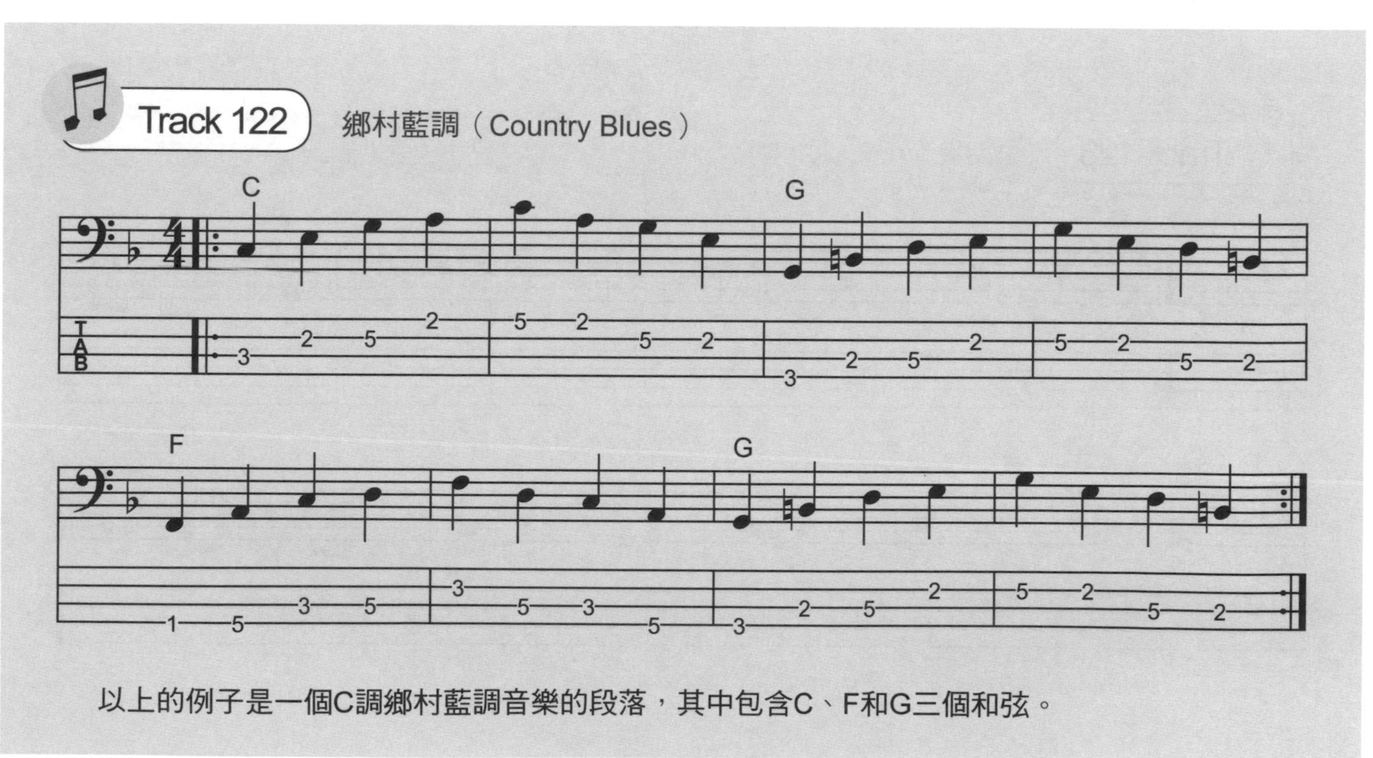

以上的例子是一個C調鄉村藍調音樂的段落，其中包含C、F和G三個和弦。

在中指型或食指型的選用部分，實際彈奏並沒有一定的規則，大部分是取決於貝士手的彈奏習慣，例子中C和G和弦是用中指型，而F和弦用食指型。在這樣的搭配下，每個轉換和弦的時候，手指需要移動的距離是很小的，這樣可以有效節省換和弦所需要的時間，也可以顧及到音長的需要。所以，多熟悉不同的指型絕對是有利於我們在彈奏上的安排。

（2）三度音伴奏與過門應用實例：

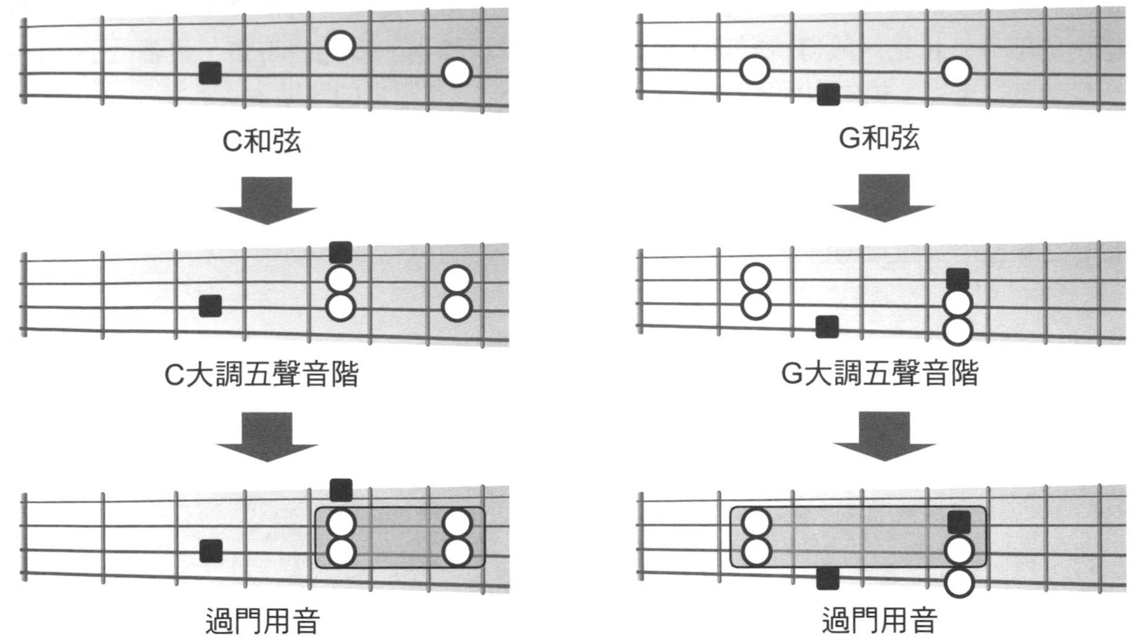

「主音＋三度音＋五度音」的貝士伴奏模式，其實就是五聲音階最常見的表現方式之一。在此，將之前學過的和弦概念和這裡的音階概念做一個結合，譜例中的C和弦用C大調五聲音階來涵蓋「主音＋三度音＋五度音」的基本貝士旋律線。過門（Fill）部分也以五聲音階為指引，來架構過門。請見圖示：大三和弦組成音，添第二和第六音發展成大調五聲音階，而發展出的音階正好是架構過門的用音參考。

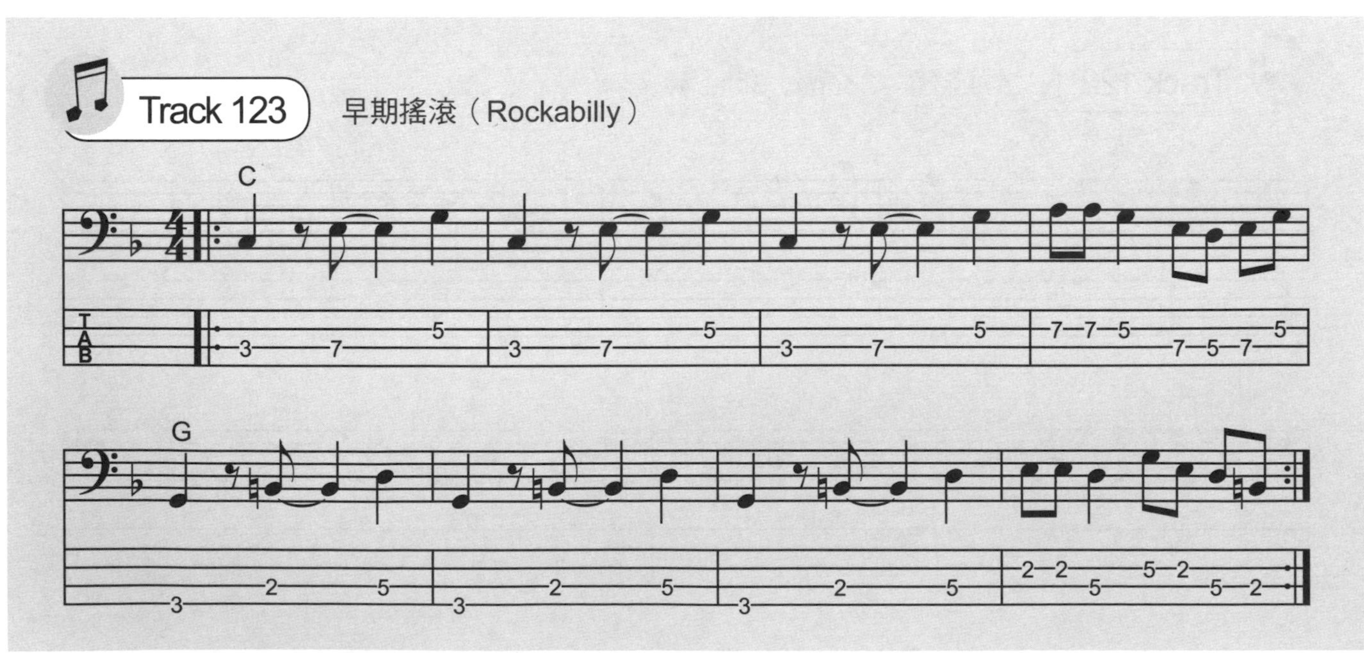

（3）Riff應用實例：

Riff是由Licks組成（Licks：由幾個音或是一個音群組成，然後把這些音依音樂性組織在一起）。在搖滾和藍調音樂裡，尤其是節奏組的部分常常會聽到一段短樂句不斷地重複再重複，這段短樂句支撐整個歌曲段落，也指引歌曲的前進方向，這就是「Riff」。譜例就是一個兩小節的Riff，在這個Riff裡完全使用大調五聲音階。可以試著視譜彈奏，並在空白紙上畫出音階指型圖，對於記憶指型的分布很有幫助。

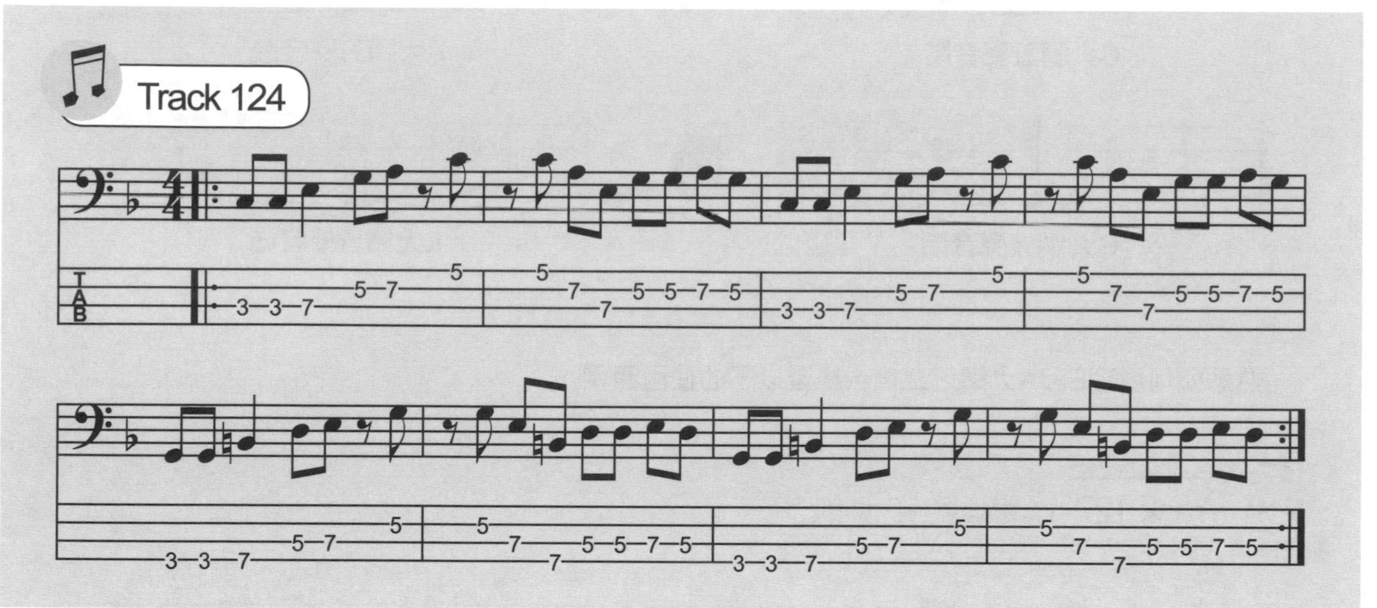

（4）低音延伸使用實例：

若主音位置在第三弦，那麼不論是中指型或食指型，一個八度用音所涵蓋的區域是第三到第一弦，空出的第四弦則正好可做為低音延伸的空間，建議參考上一課大調音階的練習曲，以下則是低音延伸在Riff方面的應用實例。

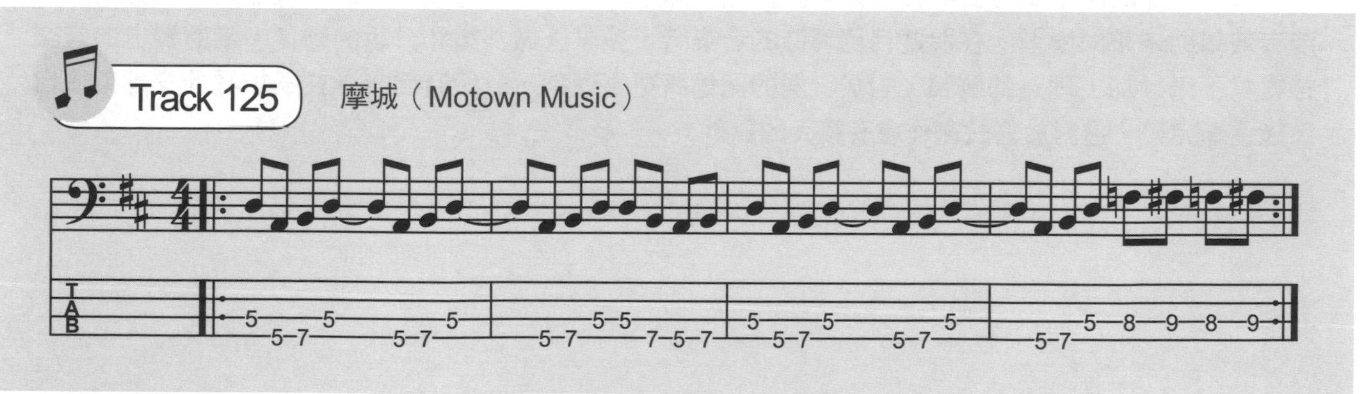

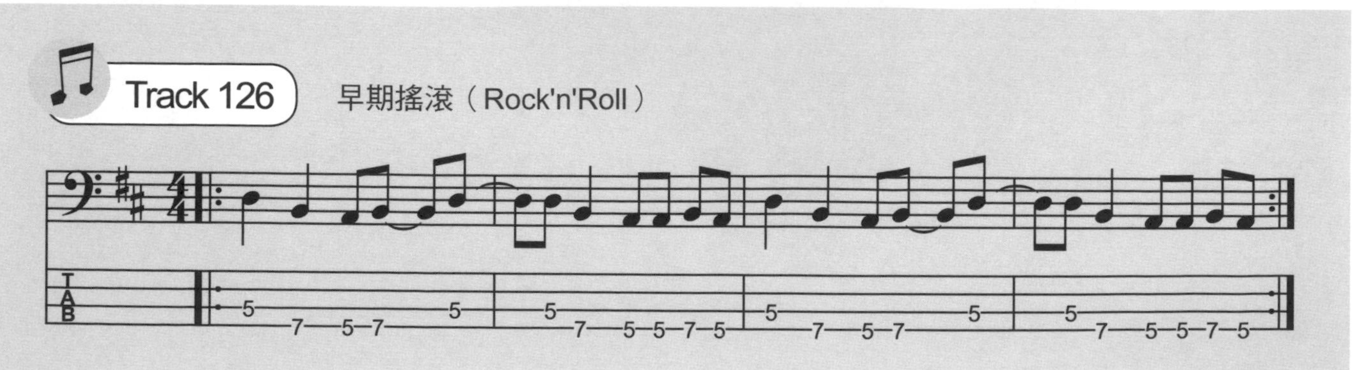

（5）空弦音使用範例：

當碰到E或A和弦時，可以將指型移往低音部分，以空弦音來做主音。下圖表示如何從C大調五聲移到A大調五聲，以及如何從G大調五聲移到E大調五聲。多熟悉指型的移位，有助於處理不同的和弦和情形。

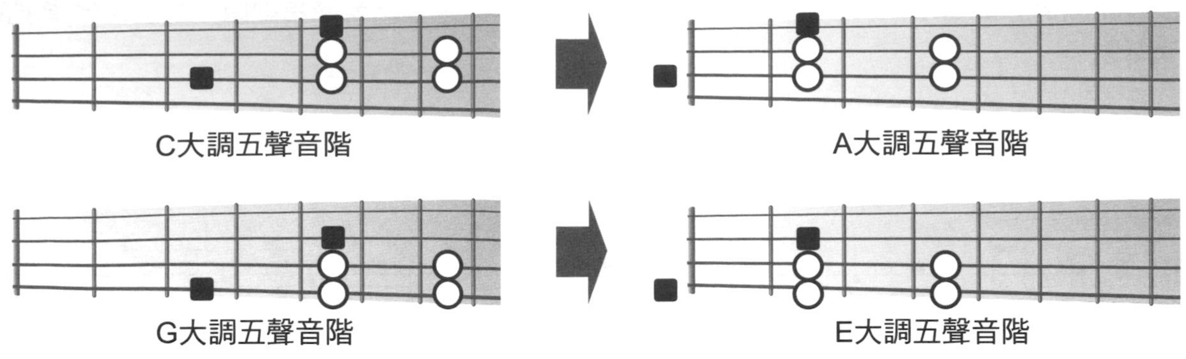

熟悉如何處理E和A大調五聲後，練習以下的使用範例。

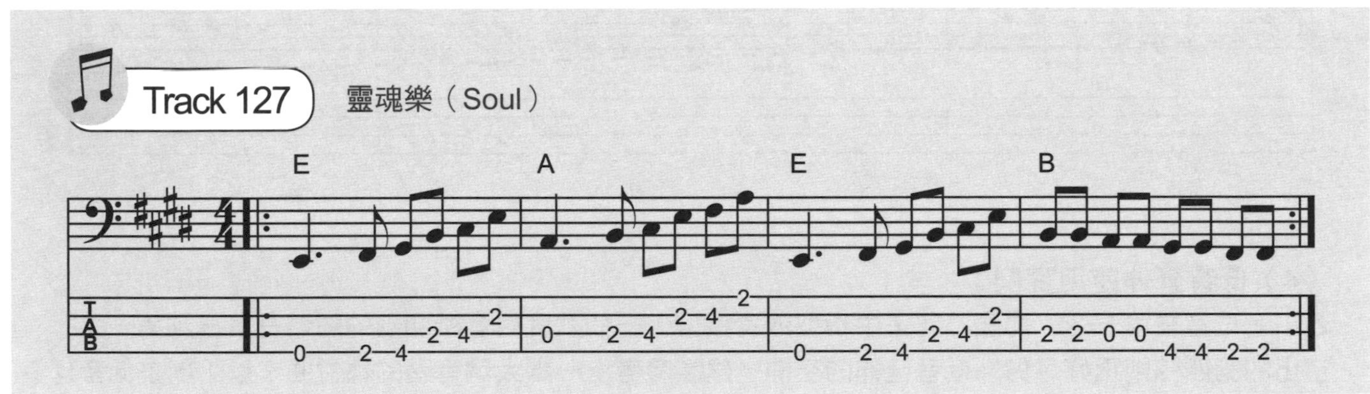

這些實際的應用練習目的在於幫助我們把理論應用到彈奏和音樂上，熟悉這樣的理論分析應用能有效幫助未來的學習。在聆聽自己喜歡的音樂時，多試著做採譜和分析的動作。當聽覺上的音樂被書寫下來，加上理論的解釋，對於音樂的記憶將更為深刻。一段時間後，在腦袋裡的樂理架構自然能逐漸完整，這對於嘗試創作會有極大的貢獻。

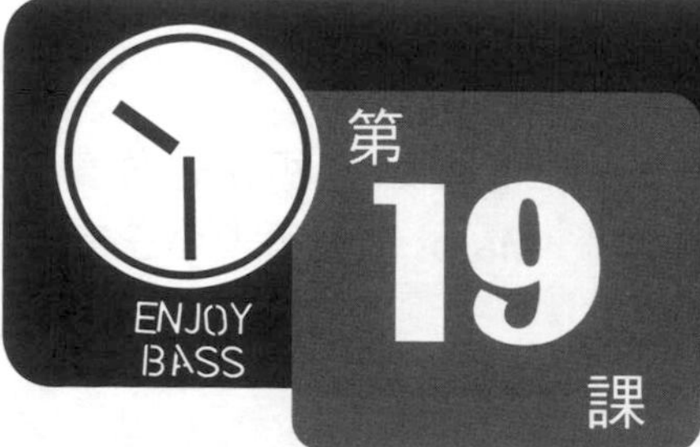

小調、小調五聲與小調藍調音階

大調和小調的差別

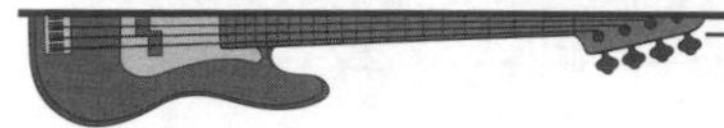

試著從以下兩個不同的角度來說明。第一，先從傳統音樂教育的角度，從音階本身的構成了解大小調的差異。第二，再從音程和聲的嶄新角度，從聽覺上、感受上來了解大小調的差別。

傳統樂理的音階解釋：

從傳統的角度出發，大調和小調的關鍵差異在於音階結構的不同。所謂的音階結構多半是指「全音半音結構」，是一個界定音階中各音間距的排列公式。從大調音階來說，七個組成音加上高八度主音，共有七個間距。而七個間距的排列為「全音–全音–半音–全音–全音–全音–半音」，這個各音間距的排列是專屬於大調音階，稱之為「大調音階全半音結構」。（Whole–Step/Half–Step Construction Of The Major Scale）

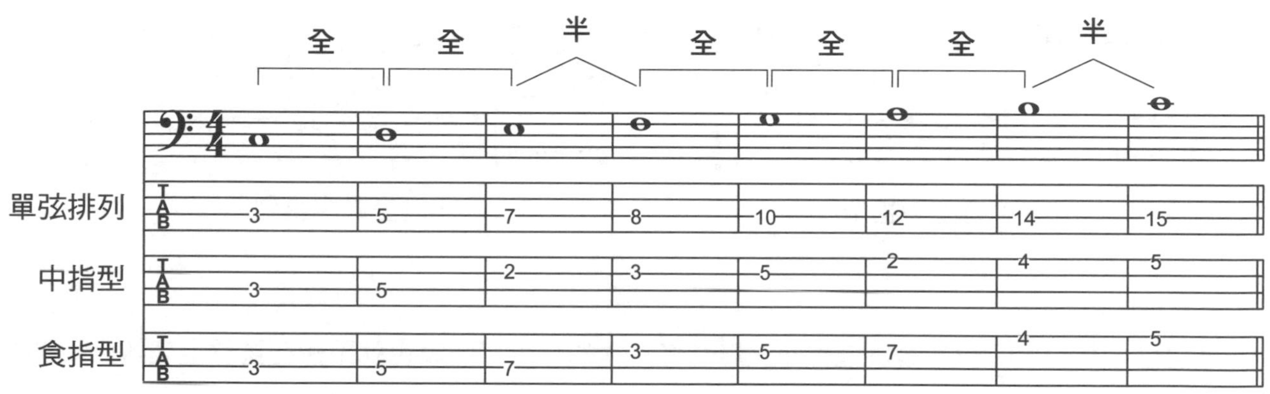

再來看看小調音階的結構便可知道其中的差異。小調音階同樣也是包含七個組成音，其全音半音結構為「全音–半音–全音–全音–半音–全音–全音」，請看下方圖示。當然，這樣的各音間距排列順序是專屬於小調音階的。

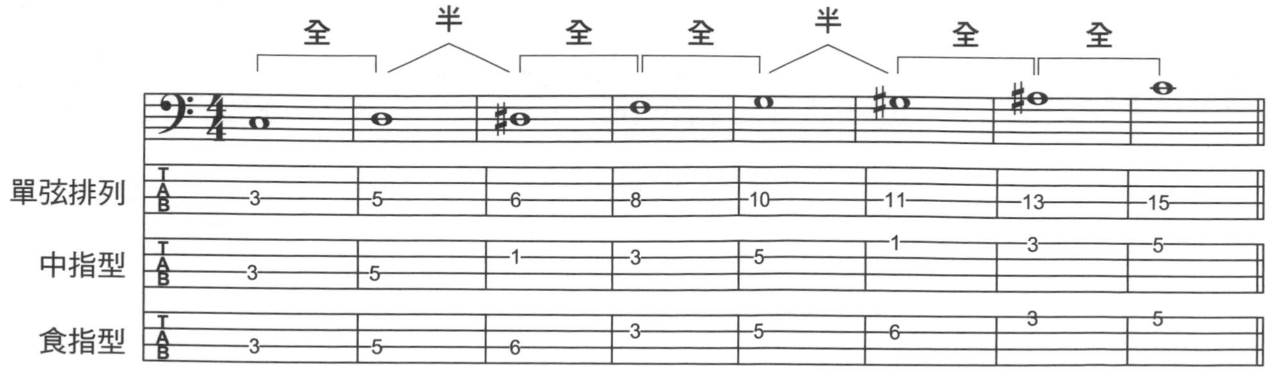

音程和聲的聽覺角度：

從以上音階結構展示，並不容易抓到大小調在聽覺上所建立的感覺，不過若是從音程和弦的角度切入就比較能進到感覺裡。請複習一下，在音程課程裡學習過的「大三度（Major）」和「小三度（Minor）」，大小三度間剛好差一個半音，如下圖所示：

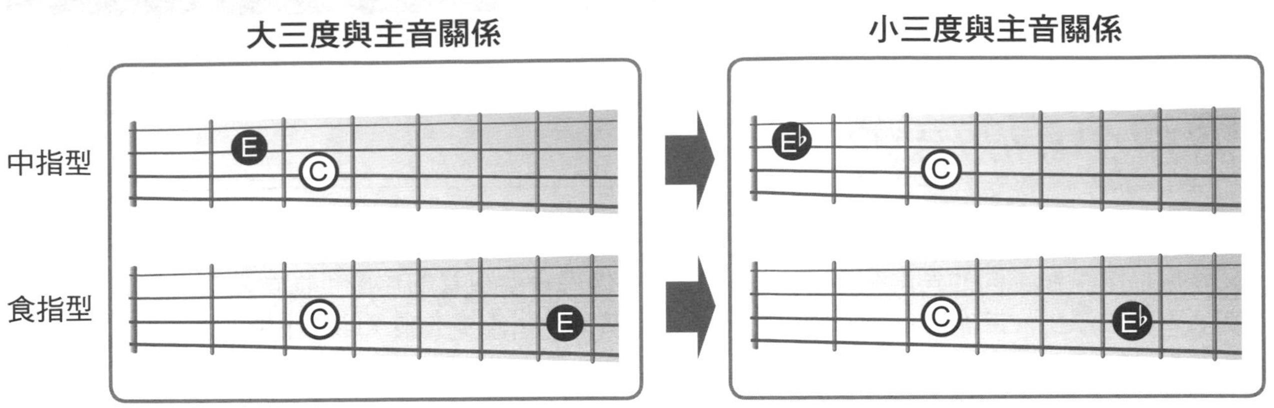

而這個大小三度音程其實是主宰聽覺的最根本關鍵。大三度堆積的越多，明亮爽朗的感覺就越強烈；相對地，小三度出現越多，憂鬱暗沉的感覺也就越重。接下來，我們可以藉由下圖了解大小調中各堆積多少大小三度音程。在大調音階裡，占重要位置的 I、IV、V級全是大三度音程，而在小調音階裡正好相反，全是小三度。

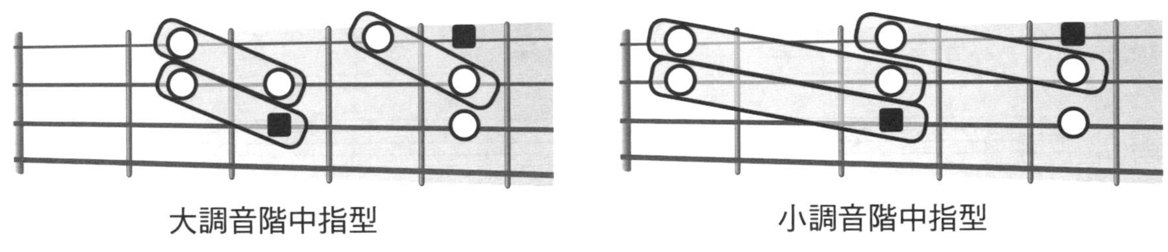

大調音階中指型　　小調音階中指型

透過以下練習，突出和強調這大小三度在音階裡的作用，大家也就不難在聽覺上理解大小調的屬性和感覺了。

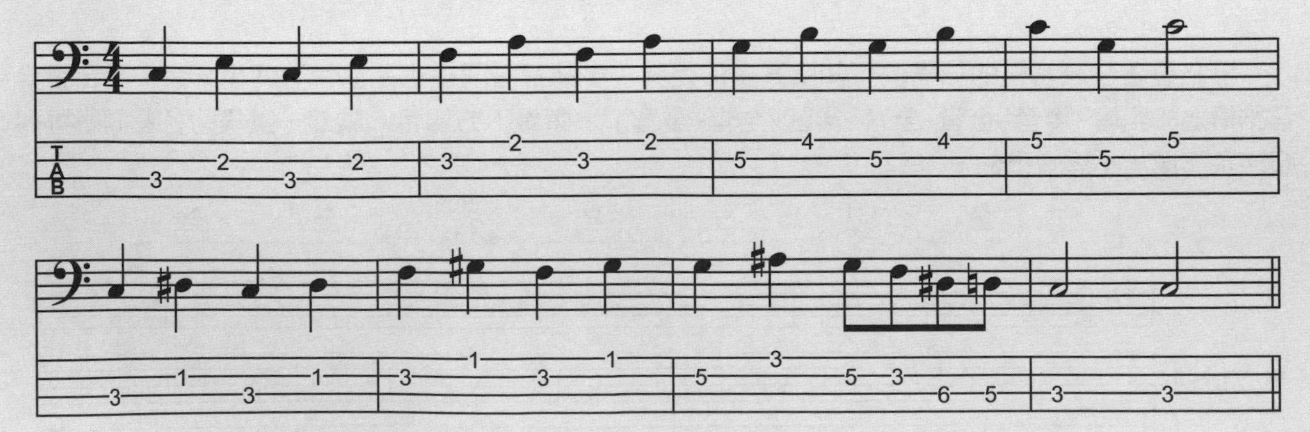

小調音階（Minor Scale）

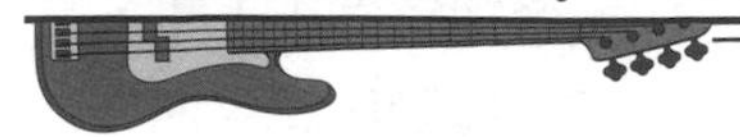

了解大小調音階後，來整理一下小調音階的組成和指型分布情形。從下圖的說明如何從大調音階透過修改其中的組成音來轉換成小調音階；若將大調音階的第三、第六、第七音降低半音，其他的音不動即可組成小調音階。

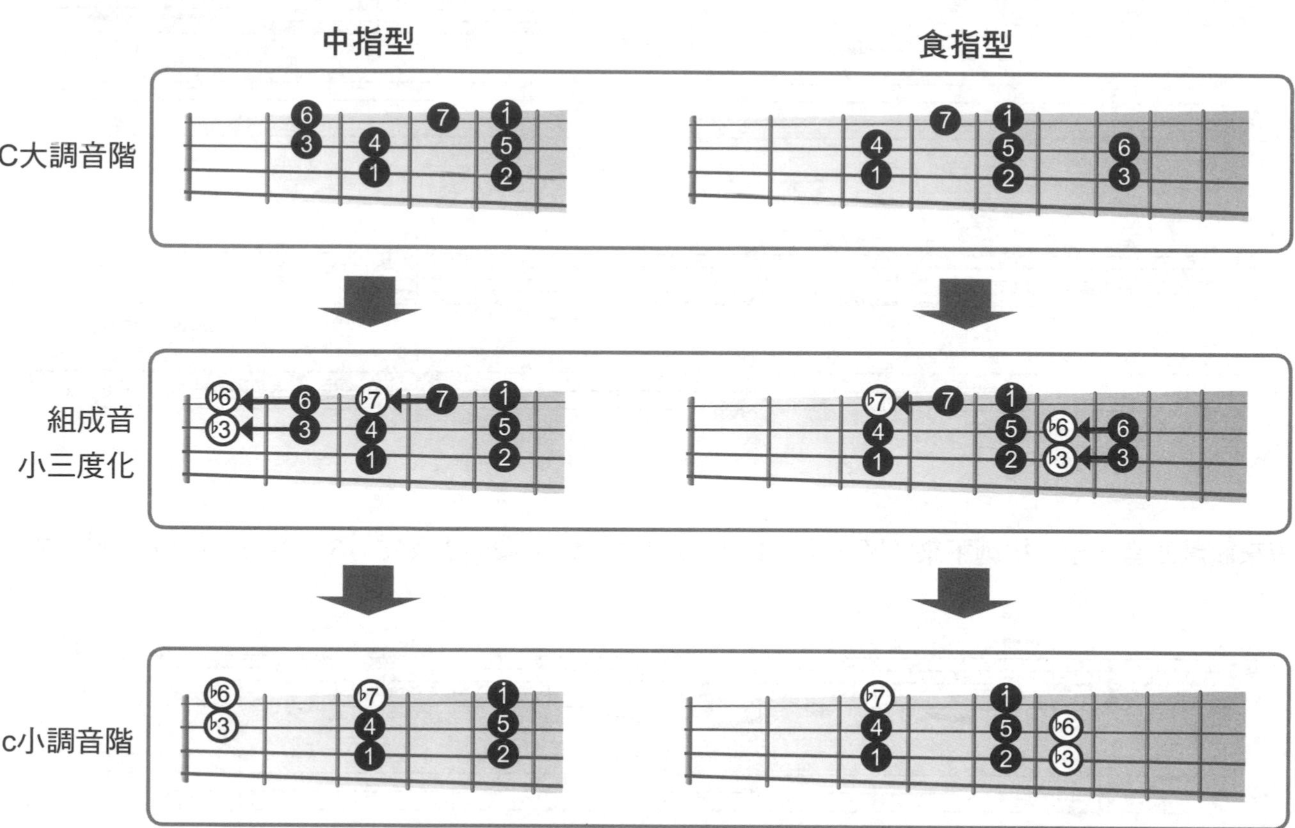

下圖是左手運指的指引，在中指型部分由於擴張的幅度較大，建議可以用同一手指移動Shift的方式來掌握。

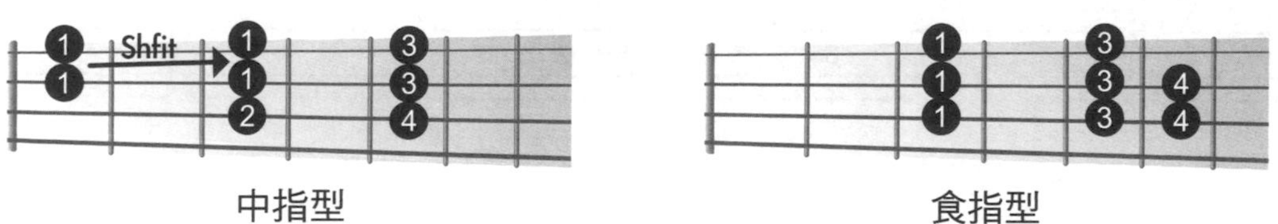

中指型　　食指型

1、雙向排列式練習（Two-Way Sequencing）

繼前兩課音階練習的介紹，再增加「雙向」的練習概念。可以將「雙向」的概念理解為「上下行」的交叉活用。用以下三音一組的練習為例，遇到第一、三、五等奇數組做上行，碰到第二、四、六等偶數組做下行。排列下來的順序是：1–2–♭3 / 4–♭3–2 / ♭3–4–5 / ♭6–5–4 / 5–♭6–♭7 / 8–♭7–♭6。

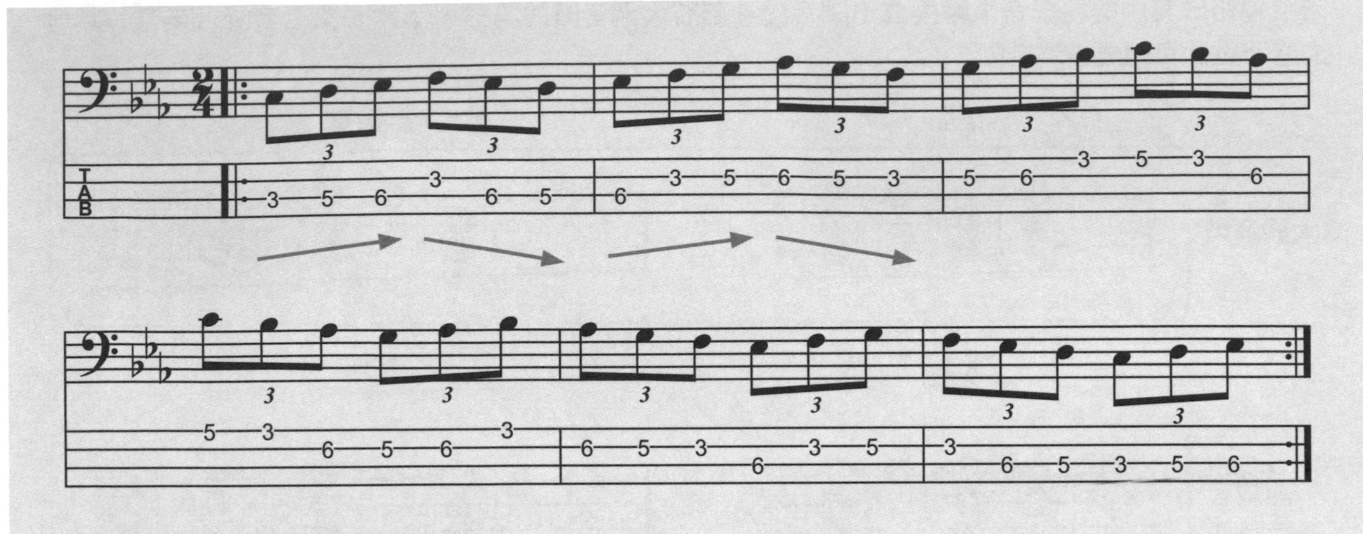

再來試試四音一組，排列下來的順序是：1–2–♭3–4 / 5–4–♭3–2 / ♭3–4–5–♭6 / ♭7–♭6–5–4 / 5–♭6–♭7–8。

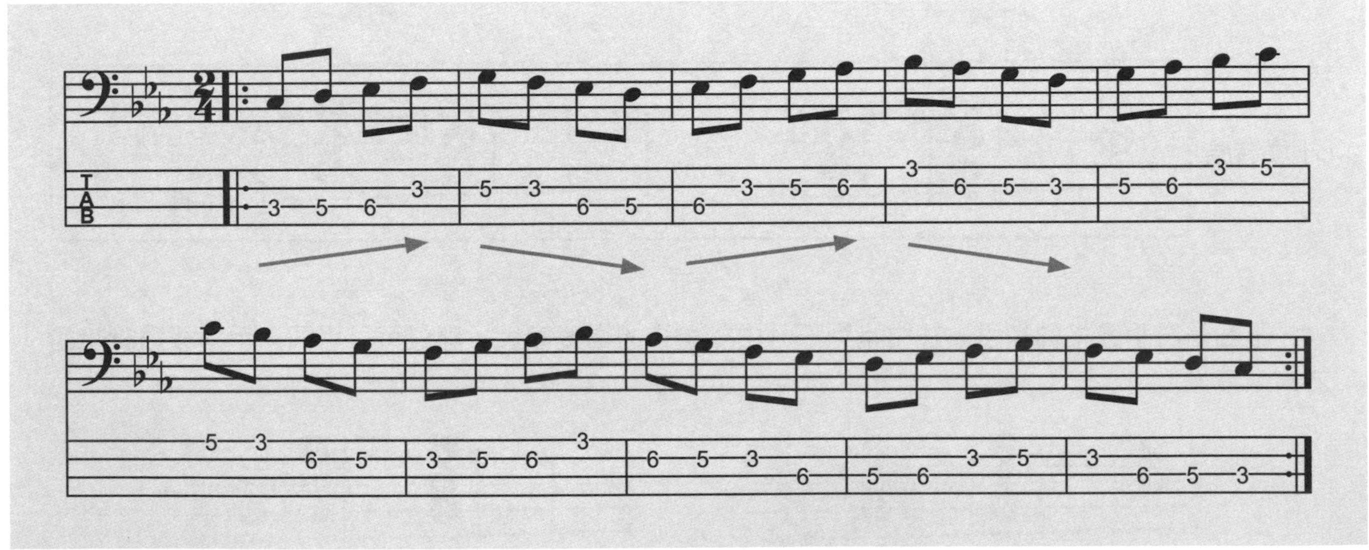

2、雙向音程式練習（Two-Way Intervallic）

這次把「雙向」的概念應用在音程式練習，先做一般性的三度音程練習。

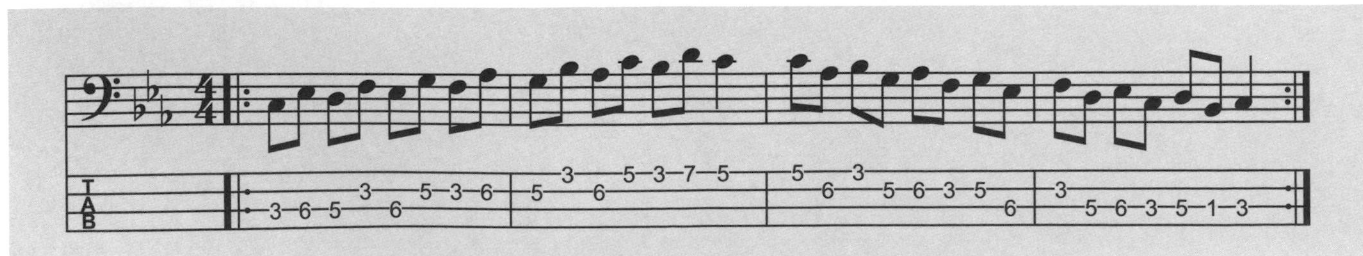

熟悉後，將此練習的偶數組改為反向，奇數組維持不變，這樣就形成一個上下行的交叉活用。

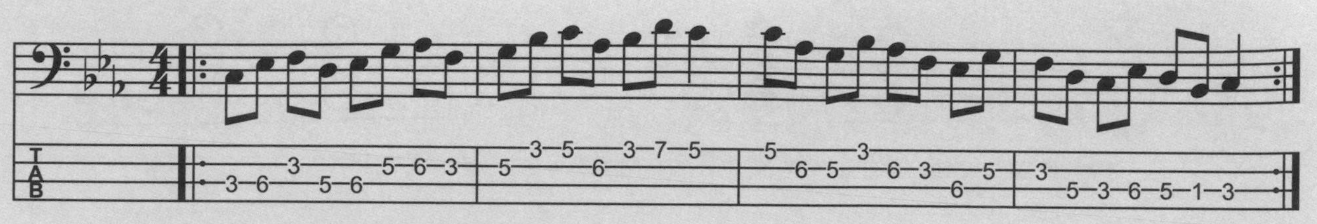

雙向練習的目的除了可以熟悉音階的排列，增加運指的靈活性之外，更重要的是這個概念可以活化機械的練習，開發音階的音樂性表達，讓基本的音階練習更具可聆聽性，讓音階理論與實際的音樂表達更融合。

小調五聲(Minor Pentatonic)和小調藍調音階(Minor Blues Scale)

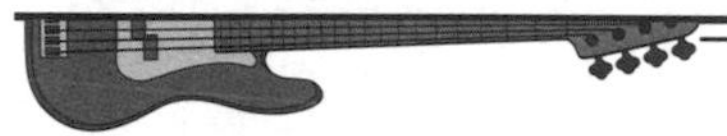

小調五聲音階是最常使用的音階之一，尤其在搖滾、藍調、放克（Funk）中經常出現。小調五聲音階除了簡單好用的特性外，對於左手運指來說也相對簡單。組成音之間幾乎沒有衝突性，所以不論將其中哪些音放在一起基本上都是可行的。

小調藍調音階與小調五聲音階有極大的相親性，除了搭配的和弦相同，應用的曲風一致之外，音階的組成也很相似，只多出五聲音階一個♭5的音，♭5這個音是極具催化作用，為五聲音階增加強烈的藍調感（Bluesy），是一個重要的藍調音（Blue Note）。

接下來，就把音階的組成和運指指型一併做個比較，在中指型五聲音階部分，由於運指的關係可以用無名指代替中指作為起始的手指。

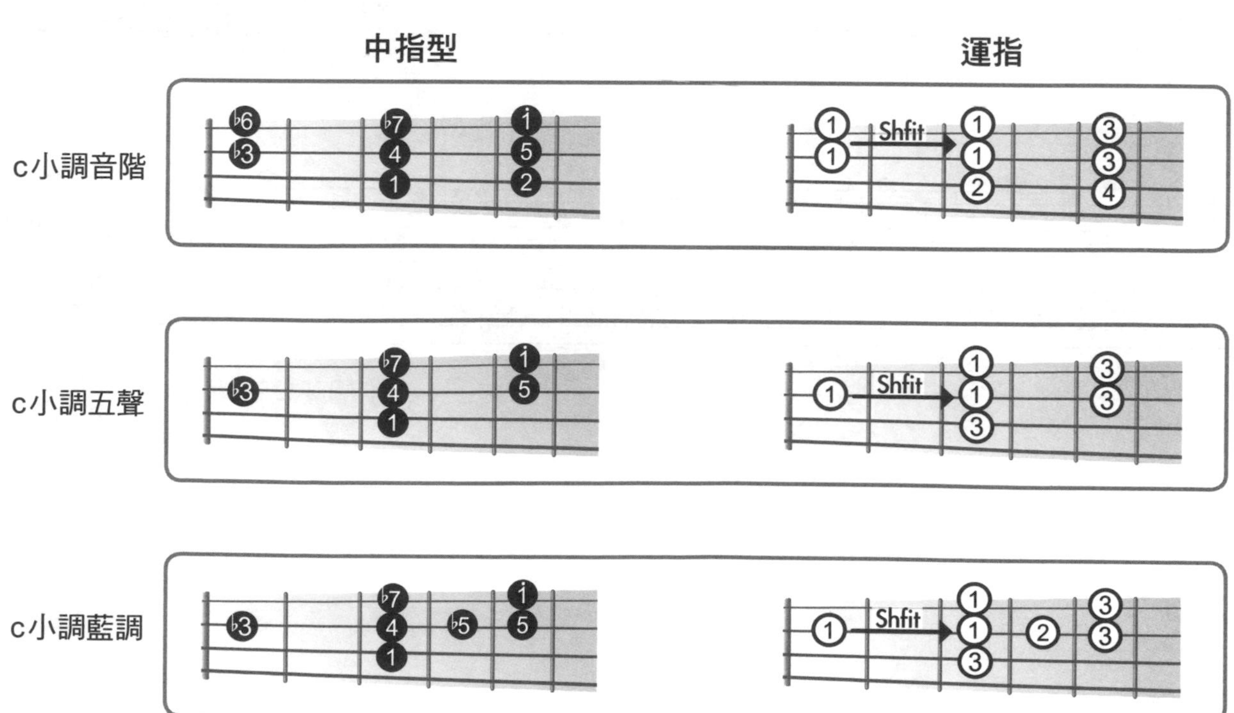

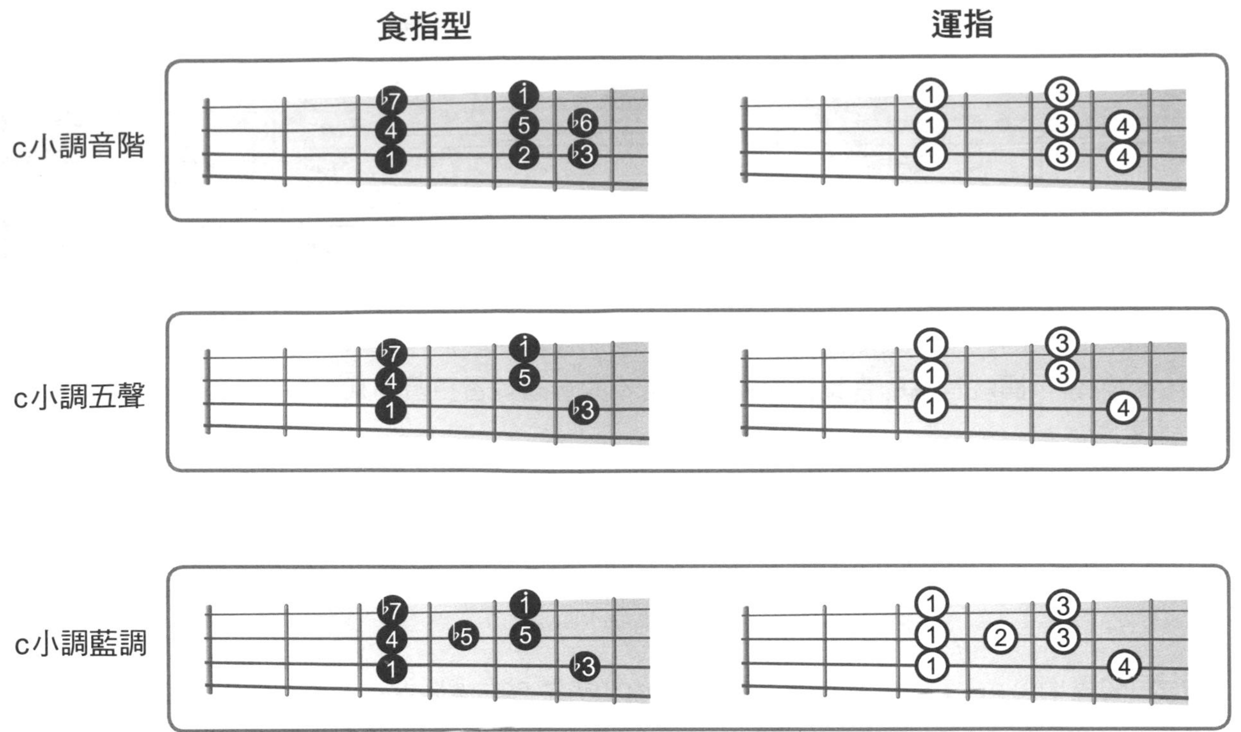

以簡單的上下行，並混合兩種指型做三種音階的練習。

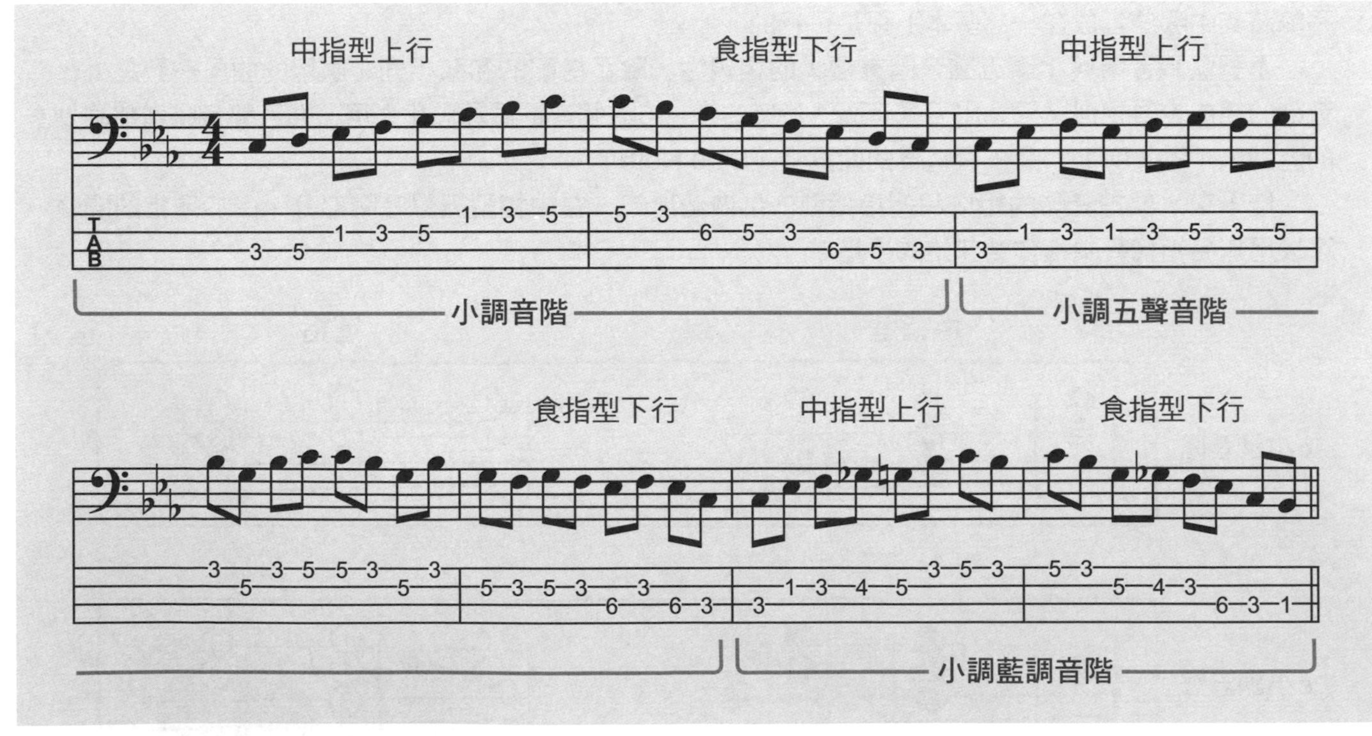

【練習曲】

歌曲實戰部分，選了三首經典的搖滾樂曲。第一首是歐洲合唱團最暢銷的搖滾名曲，需要注意的是：將c小調音階從第三格附近的把位平移到f#小調，第九格開始的食指型運指，關於平移部分如果不清楚，可以參考大調音階課程後段練習曲部分，有較詳細的說明。

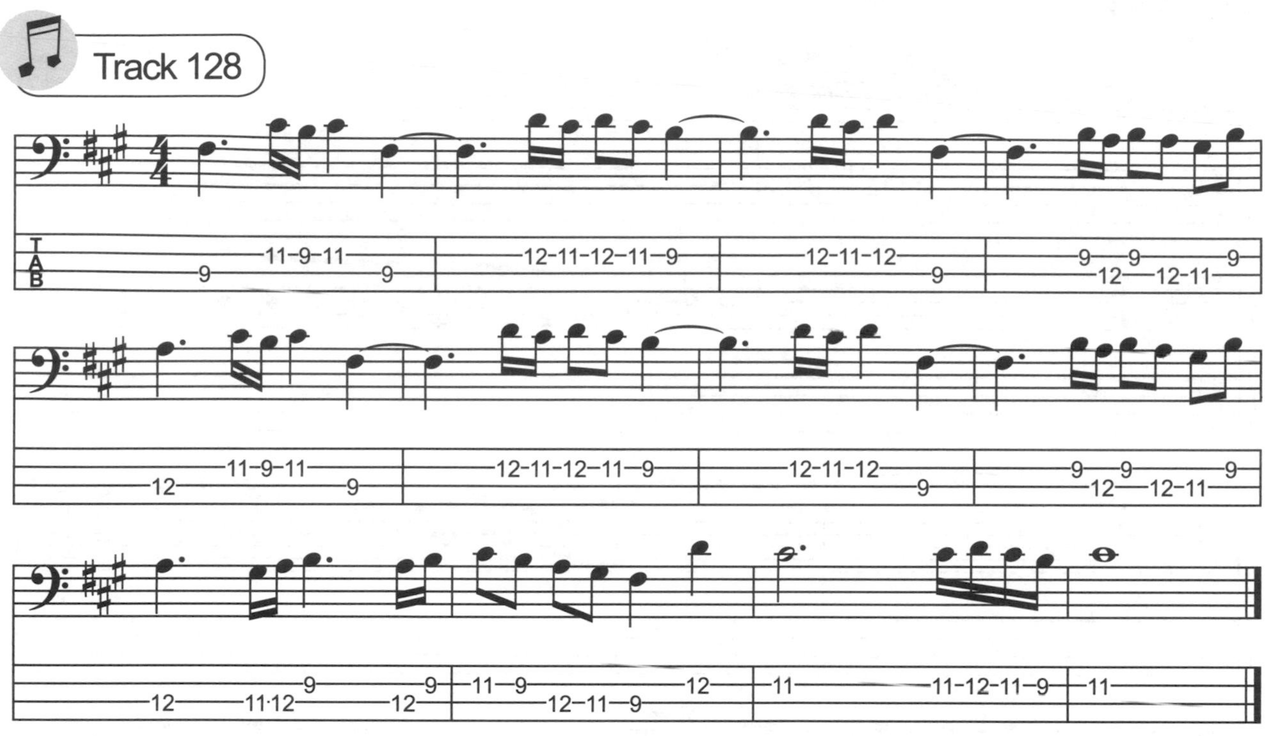

第二首練習曲是搖滾吉他演奏家Steve Vai在1990年發行的作品。這首名列百大搖滾演奏曲第二十九的歌曲，其主副歌的主旋律部分都是以小調五聲音階為主軸，調性部分是定在常見的e小調。

Track 129

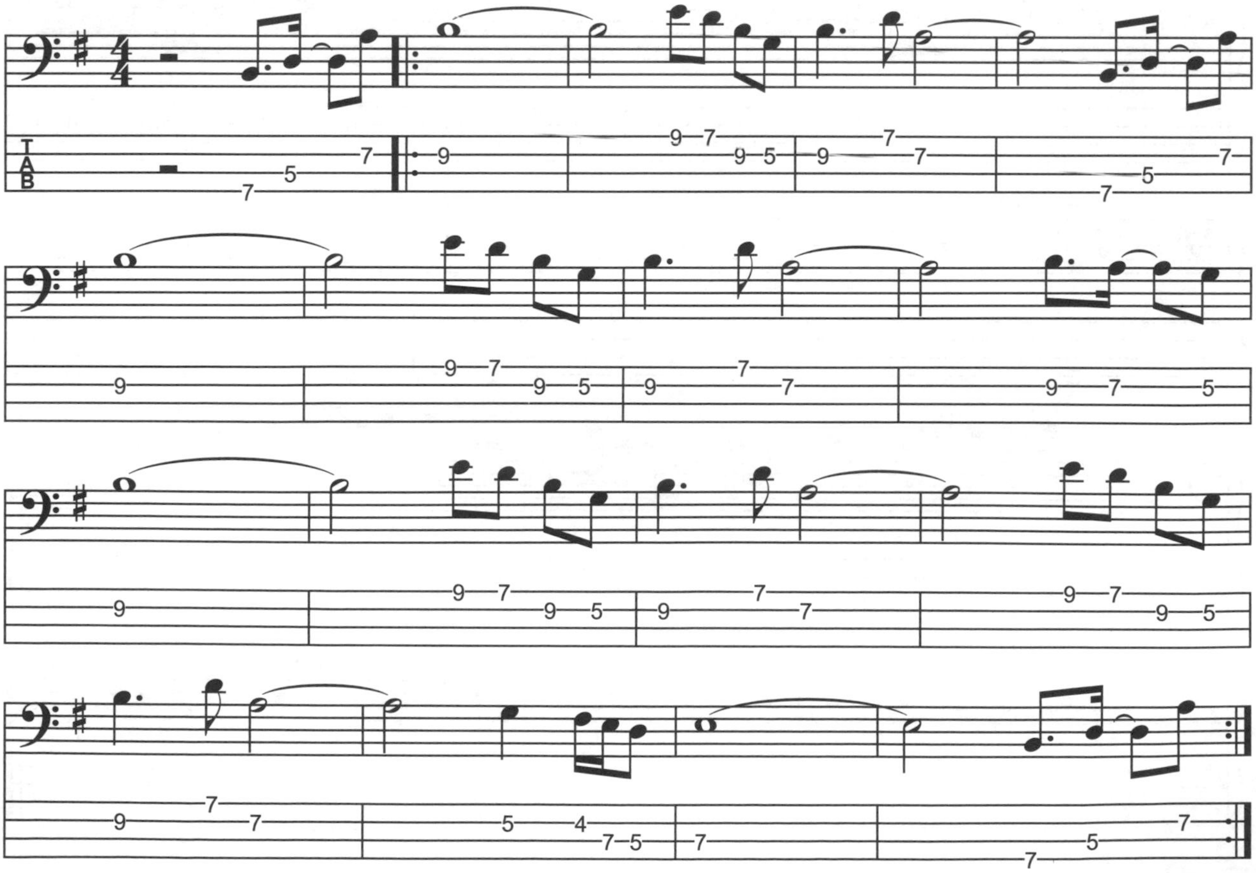

第三首練習曲是一首經典的搖滾名曲，由Eric Clapton和Jim Gordon所寫，收錄在他們1970的專輯裡。將這首歌定為d小調並分為兩部，第一部負責十二格左右高把位的部分，第二部則集中在低音部分，這樣的做法能在音域的編排上讓兩部分開，聽覺上會更有層次感。

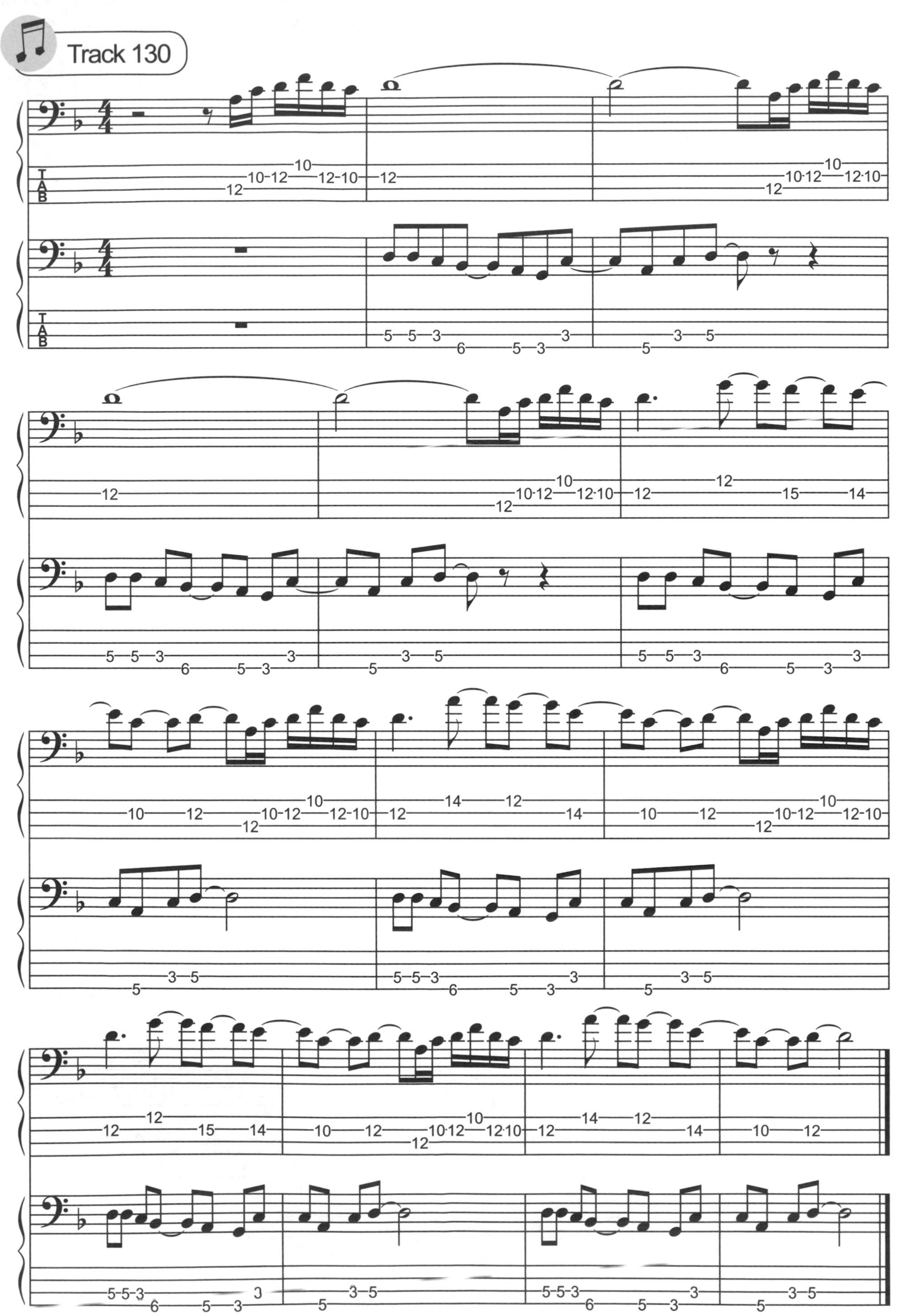

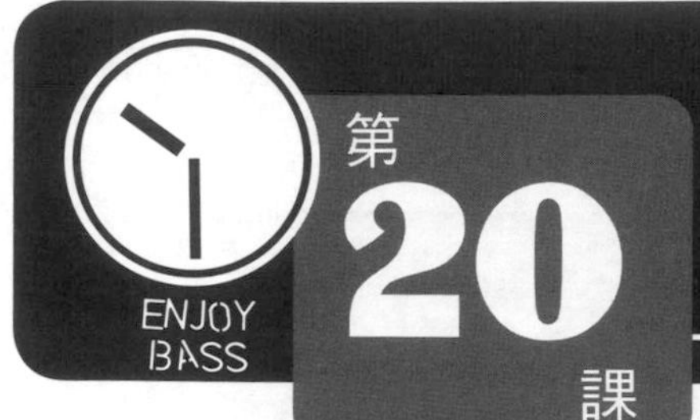

第20課 Slap技巧大公開：基礎篇

「Slap Bass」其實是一種彈奏技巧，包括許多手部動作互相搭配出來的效果。先把焦點放在最基本的構成動作「Slapping」和「Popping」，之後再加上悶音（Muting）、搥勾弦（Hammer-on & Pull-off）、滑弦（Slide）、斷音（Staccato）等左手技巧。當然還得加上重要的節奏，和不同長短的音符變化混合在一起，才能組成Slap Bass。

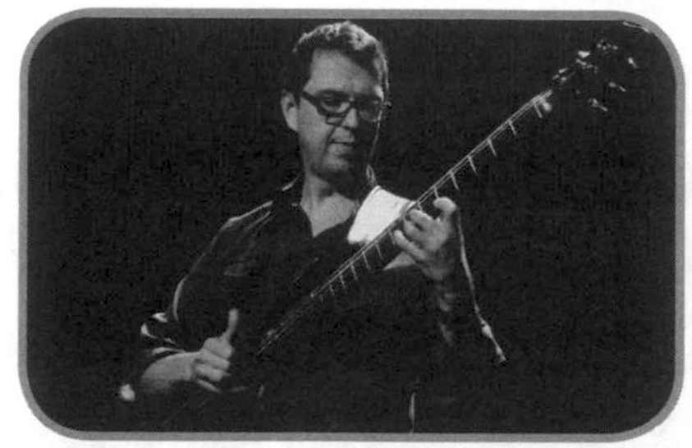
Alain Caron

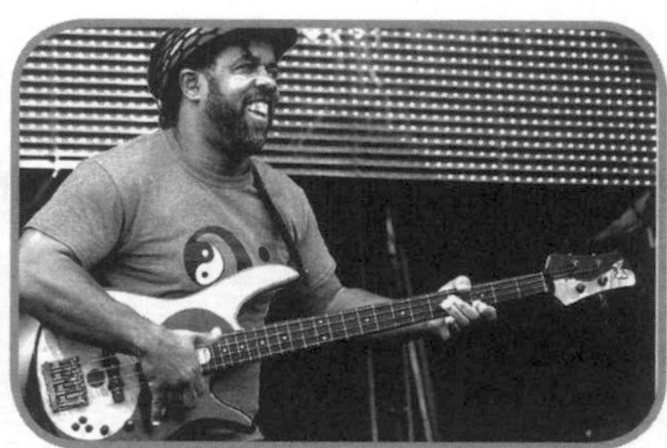
Victor Wooten

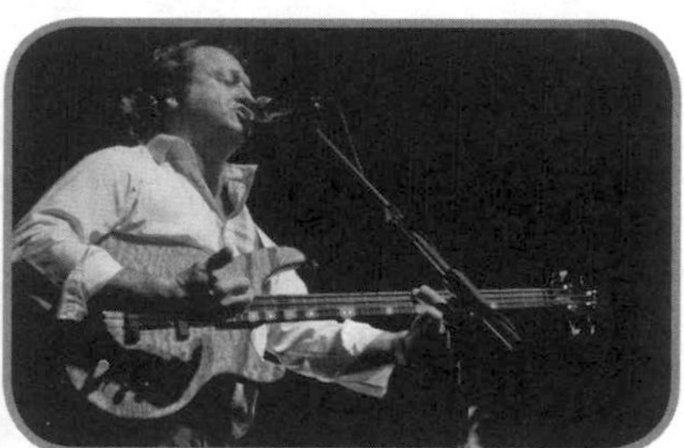
Mark King

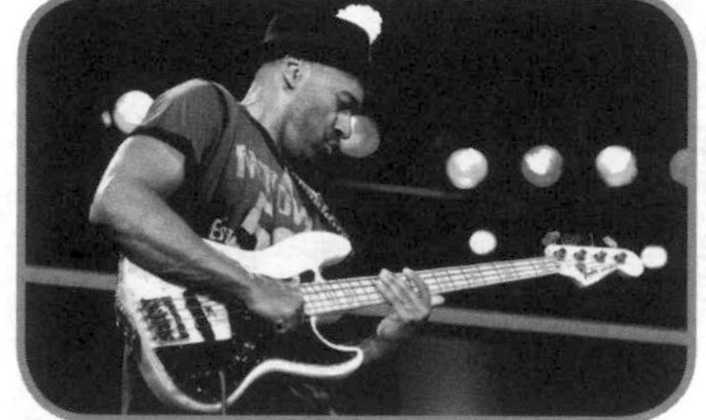
Marcus Miller

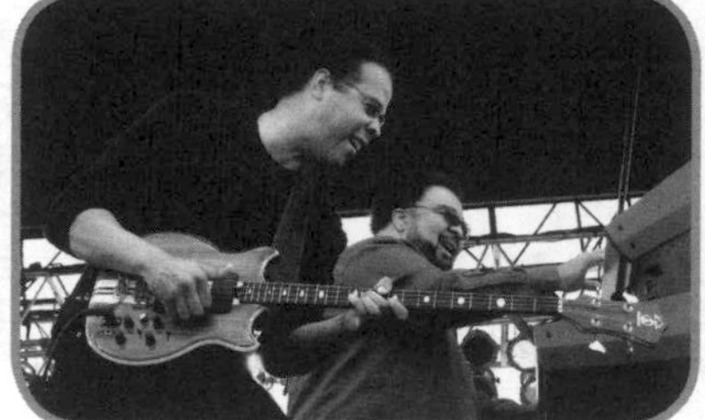
Stanley Clarke

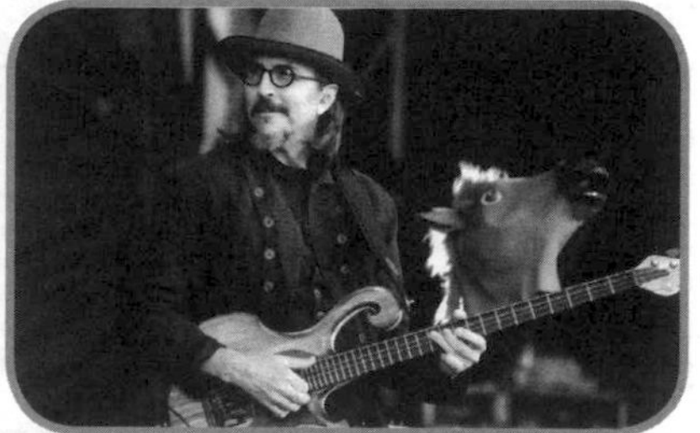
Les Claypool

Slapping：驅動Slap Bass的最大關鍵

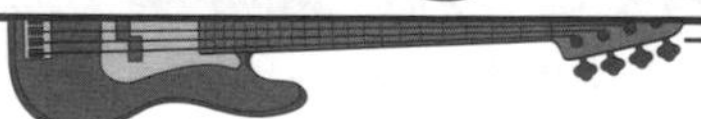

Slapping是用右手大拇指側邊作為敲擊琴弦的主要位置，這個側邊區域大致是含括了姆指第一指節的前後。

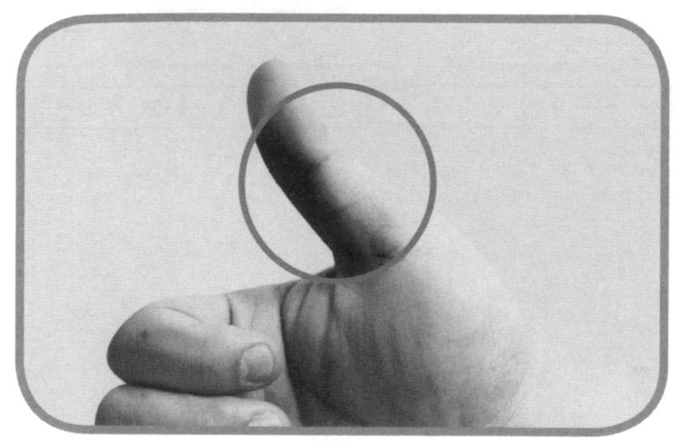

接下來是手腕的動作說明：手部是以半握拳的方式豎起大拇指，手腕旋轉半徑約為90°，向內施力轉動。轉動時，大拇指各關節需放鬆，順著施力的方向帶動各關節。

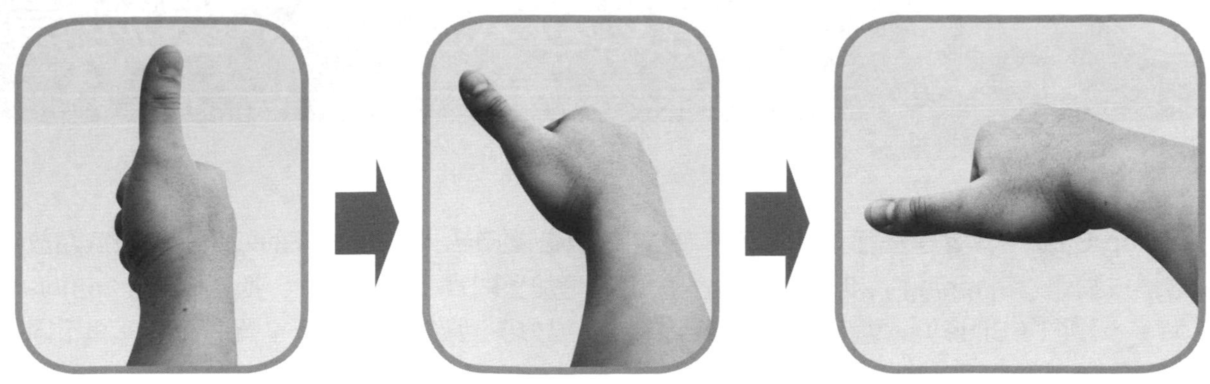

先以左手觸及琴弦造成悶音效果，讓右手盡情地多練習「甩腕」的動作，透過手腕轉動所帶動的力量，以大拇指內側來敲擊琴弦。以下的練習暫時集中在三四兩弦，因為弦較粗，被擊中的機率大。多習慣Slapping的動作以及三四兩弦之間的間距的掌握。

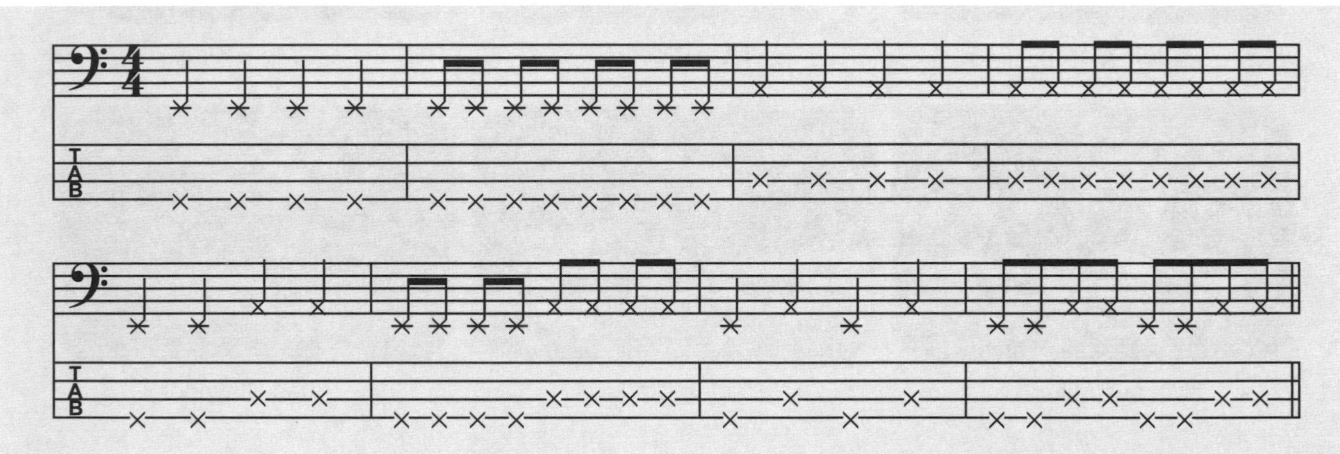

以下是音符長短的控制練習，熟悉Slapping動作後開始按弦，並學習擊出有力飽滿的聲音，這需要相當的「準度」和「力度」，另外還要學會掌握音符的長短，尤其是休止符的部分。

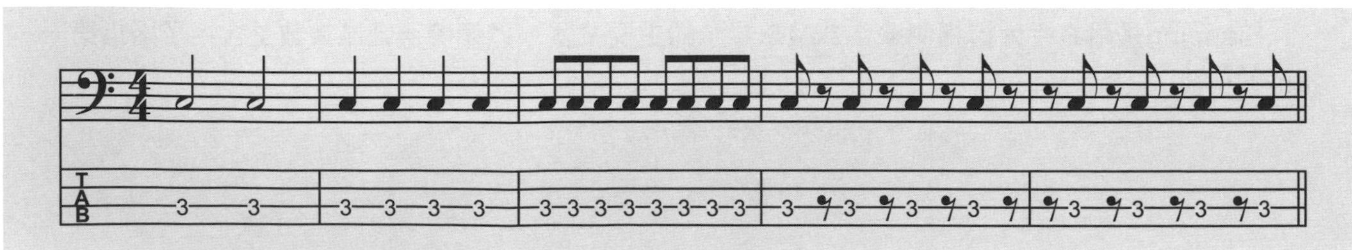

下面是實際樂句的練習，注意掌握各音的位置，控制雜音，保持空弦音的乾淨。由於Slapping比之前手指彈奏的動作大很多，在敲擊時很容易誤觸其他琴弦，產生雜音，不要沮喪，這是正常現象。只要多練習左右手的「協力」悶音，就能減少甚至克服這個狀況。以下練習是兩小節一單位，請儘量「多次」的反覆練習，直到聲音的控制均勻有力又乾淨。

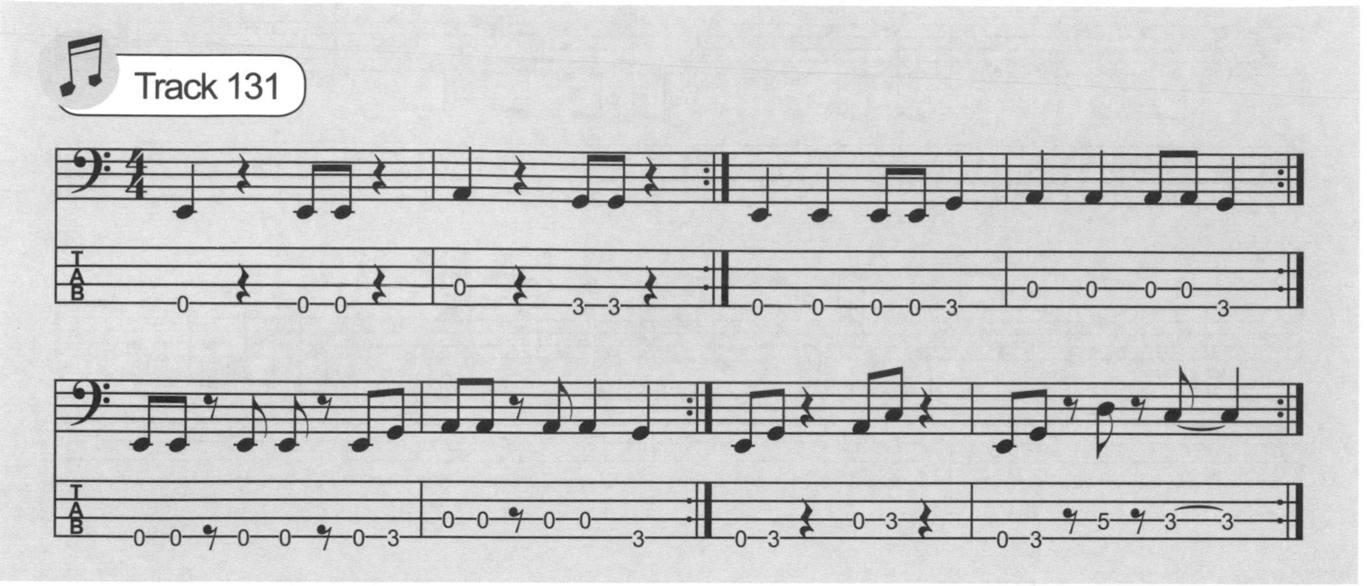

Popping：爆裂聲的來源

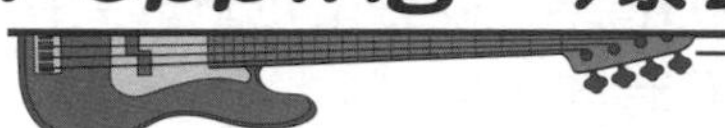

第二個動作是Popping。Popping是用食指或中指「勾拉」琴弦，這是將琴弦拉離開指板再放開琴弦，以琴弦自有的彈性「彈回」原來的位置，並打到金屬琴格發出爆裂聲響。

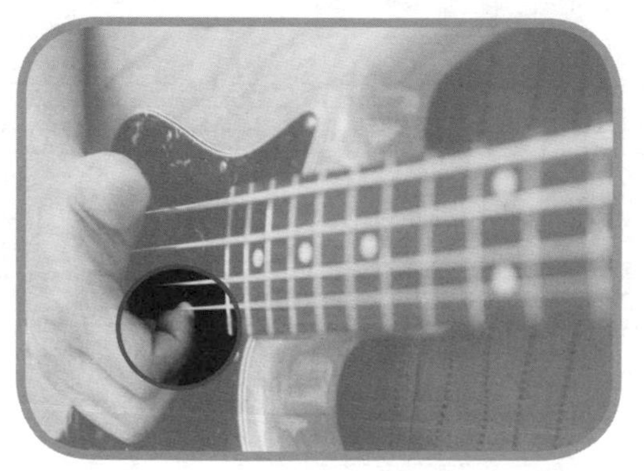

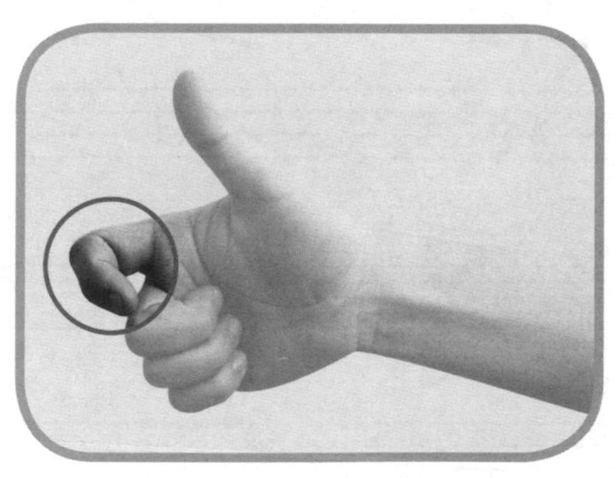

大部分將Popping視為Slapping的後續動作，以Slapping敲擊第四弦，以Popping勾動八度音，做「定點」練習。同樣是兩小節一單位，儘量多次反覆練習。

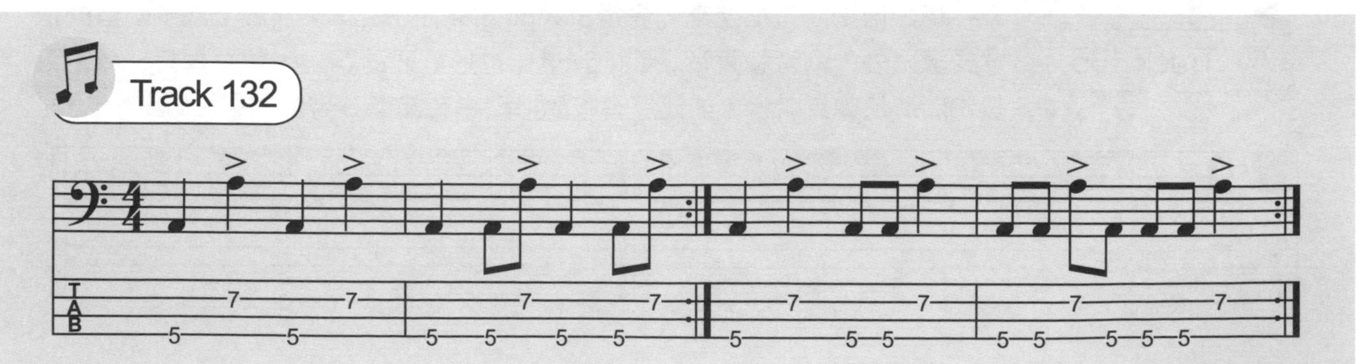

Track 133

熟悉「定點」後即可進行「橫向」移動，多注意各音位置，並透過反覆地練習準確快速地找到位置，乾淨漂亮地擊出Slap。由於各把位指板寬度不同，移動時不易掌握主音八度音的相關位置，這一點要稍微小心。

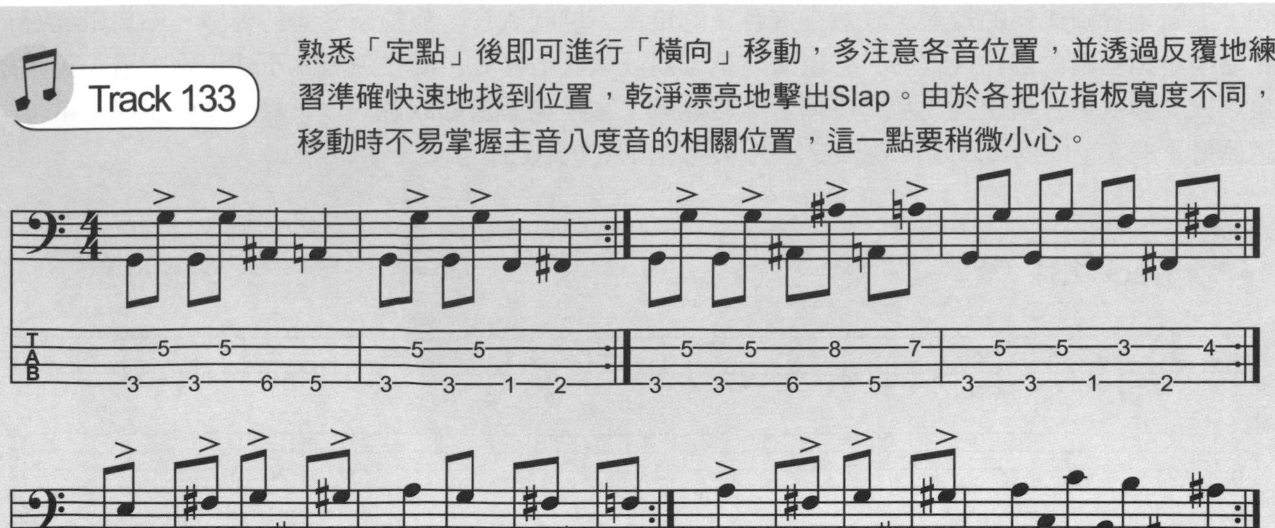

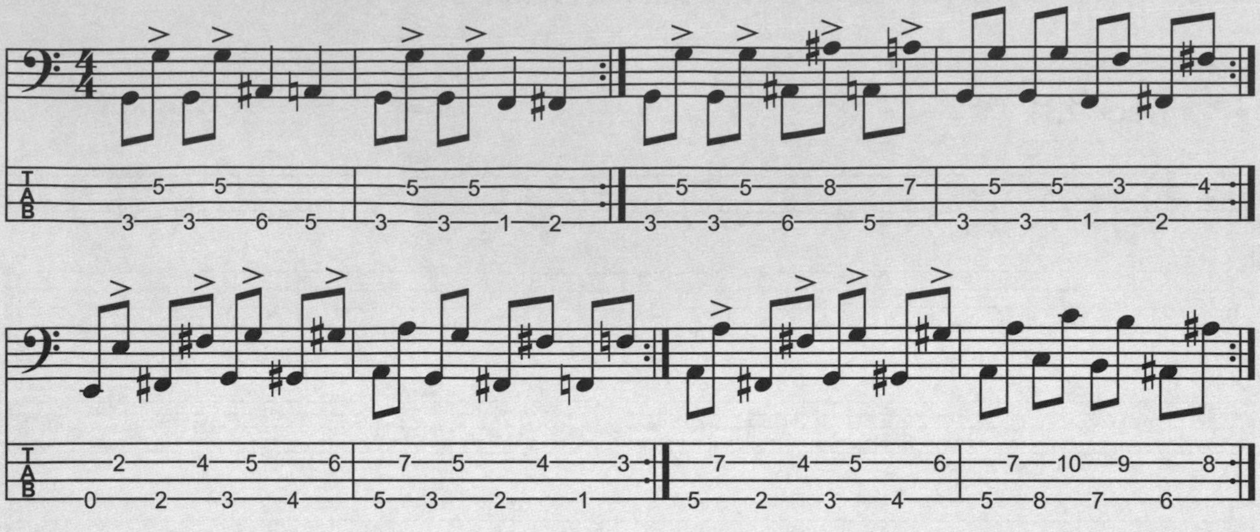

Track 134

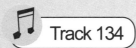

「橫向」移動練習結束後，進行「縱向」移動練習，要注意的地方是除了左手移動外，右手也會跟著移動，所以原本Slapping第四弦，Popping第二弦的位置就會因移動而改為Slapping第三弦，Popping第一弦。這位置的變換加上琴弦粗細不同容易擊打不準而失敗，需要多花時間。

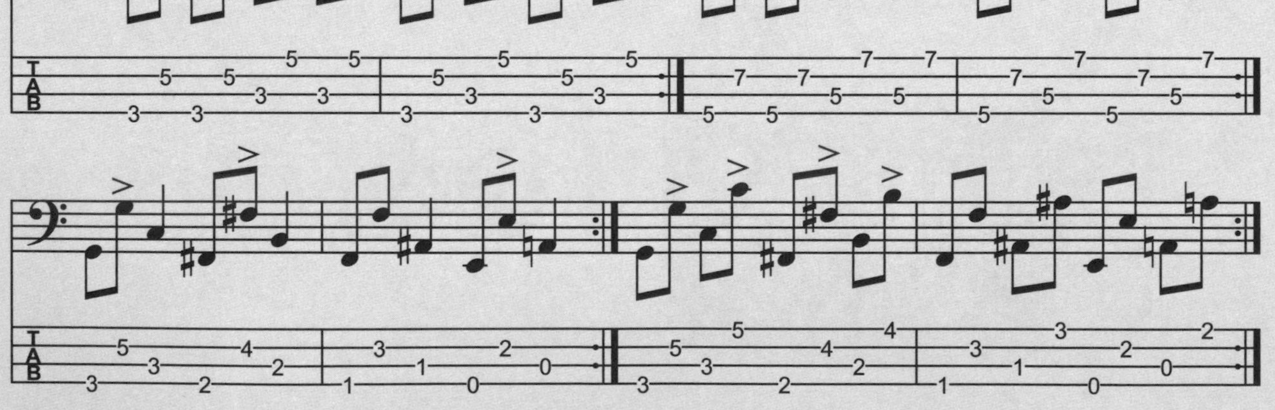

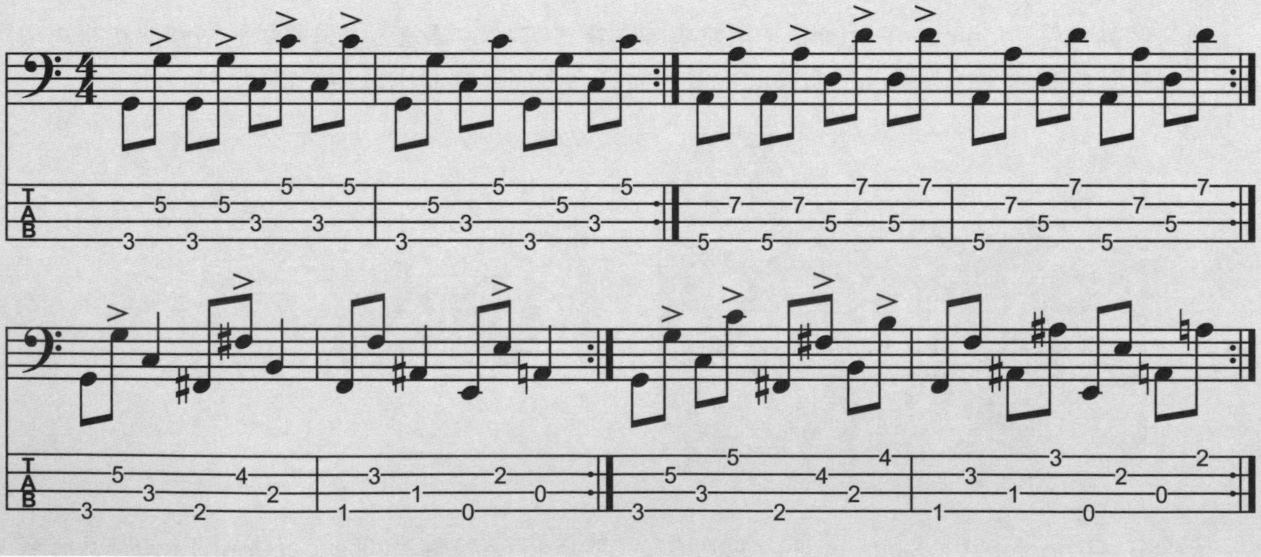

Track 135

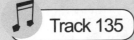

現在巧妙地把悶音加進來，先從Slapping的部分做起。注意！除了悶音的位置要準確外，悶音和實音之間的音量比也是重要的關鍵，儘量保持一致的音量才能清楚聽見悶音，如此等音量的搭配才有節奏表現的效果。

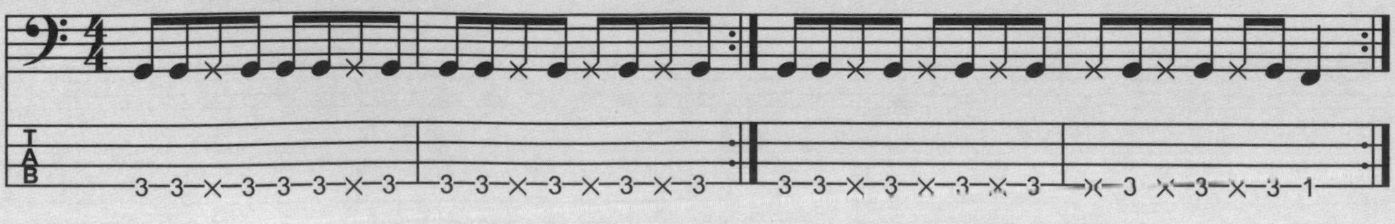

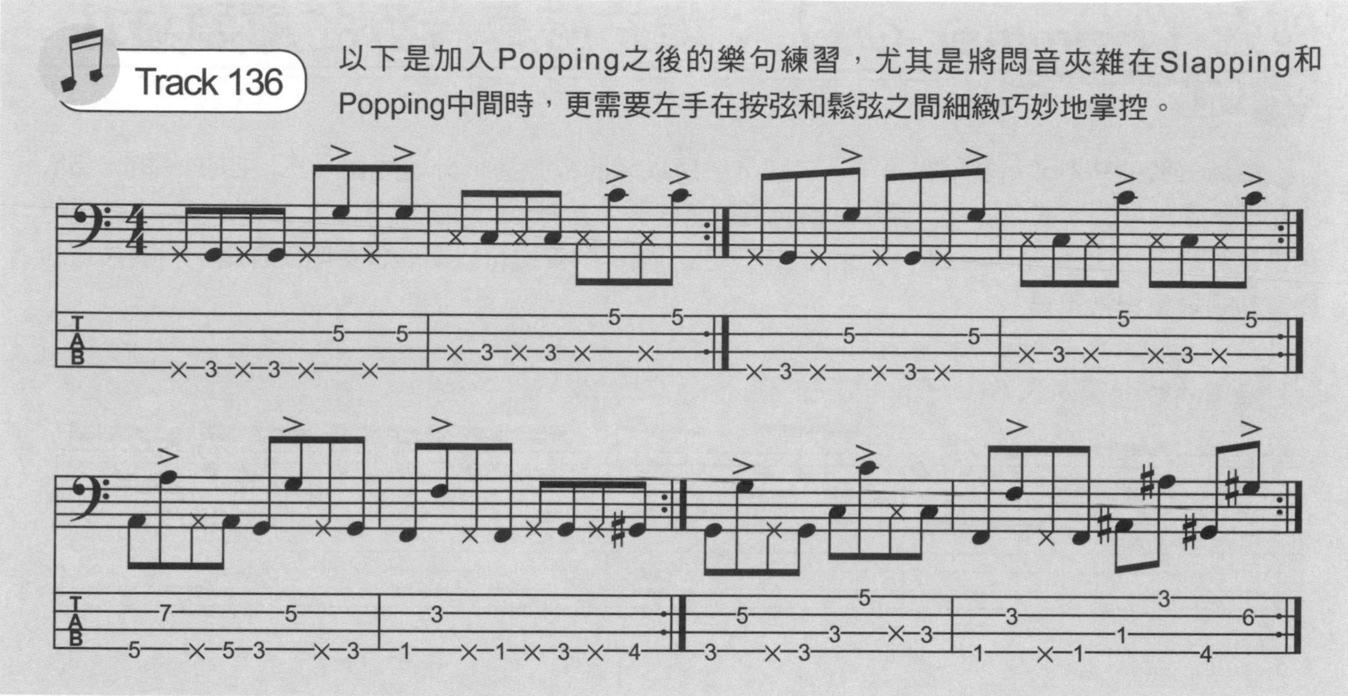

以下是加入Popping之後的樂句練習，尤其是將悶音夾雜在Slapping和Popping中間時，更需要左手在按弦和鬆弦之間細緻巧妙地掌控。

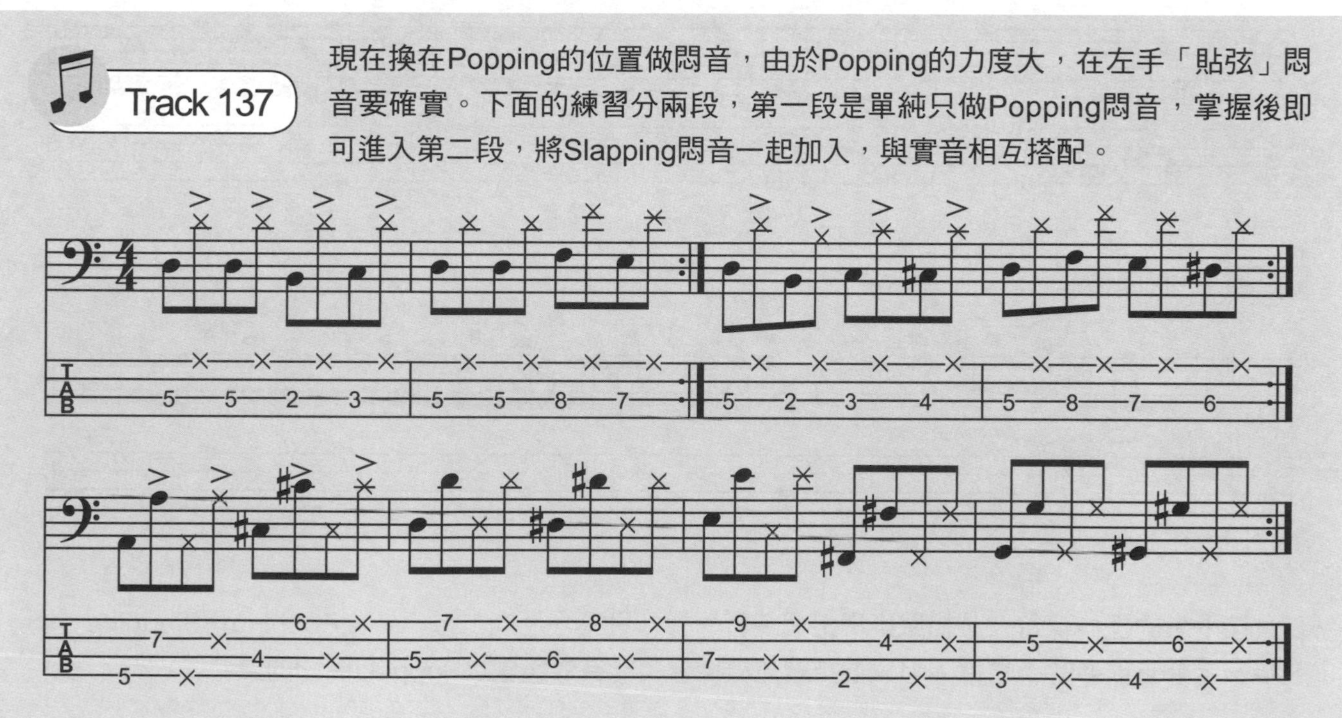

現在換在Popping的位置做悶音，由於Popping的力度大，在左手「貼弦」悶音要確實。下面的練習分兩段，第一段是單純只做Popping悶音，掌握後即可進入第二段，將Slapping悶音一起加入，與實音相互搭配。

目前為止，學到了Slapping、Popping、Slapping（悶音）與Popping（悶音）四個動作。以下單元是「表情符號」的部分，將集中學習左手的技巧。其實，在先前的課程裡已經學過這些技巧，在這裡只是一邊複習一邊練習將這些左手技巧，並且搭配右手的Slapping和Popping一起表現出來。

搥弦（Hammer-On）：填充密集音群的重要技巧

由於一般的Popping多用在第一、二弦上，所以將四根弦進行分組規劃：三、四弦一組，都用Slapping處理；二、三弦一組，用Slapping處理第三弦，以Popping處理第二弦，至於一、二弦這組也是比照處理，Slapping第二弦，Popping第一弦。這樣的安排可以讓練習更明確詳細，對於技巧的練習和訓練是相當重要。

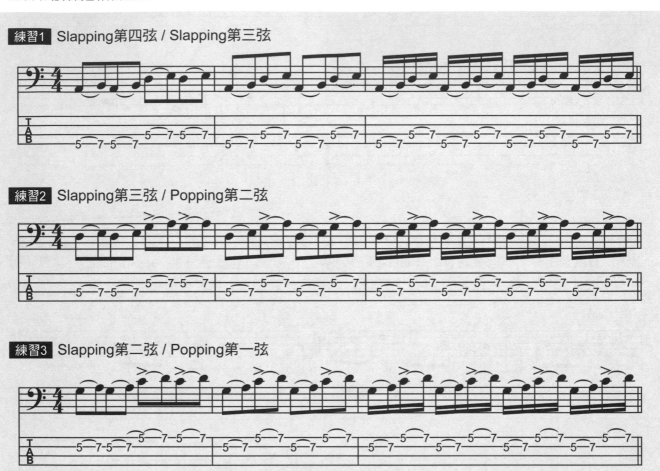

練習1 Slapping第四弦 / Slapping第三弦

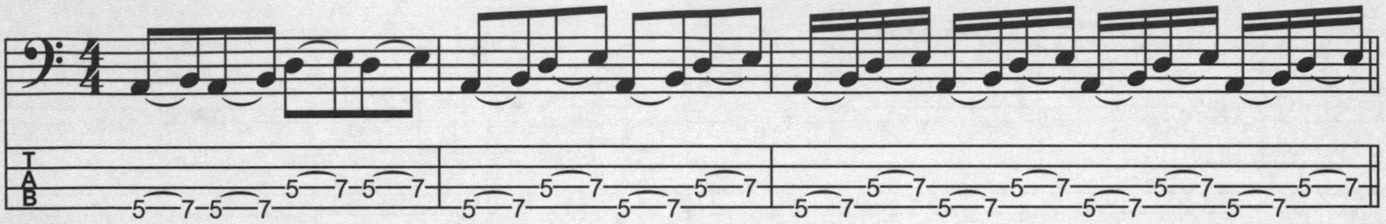

練習2 Slapping第三弦 / Popping第二弦

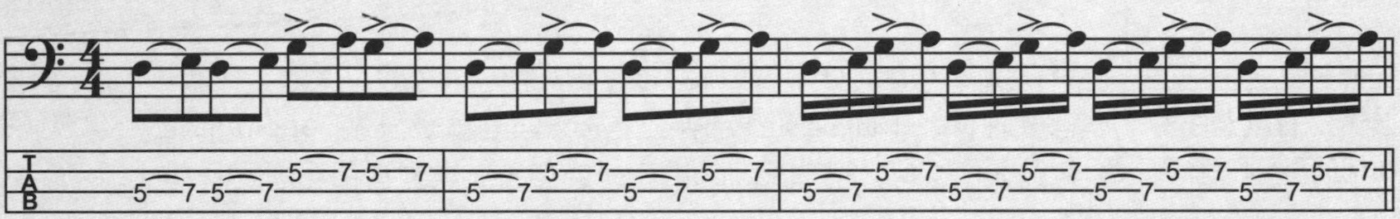

練習3 Slapping第二弦 / Popping第一弦

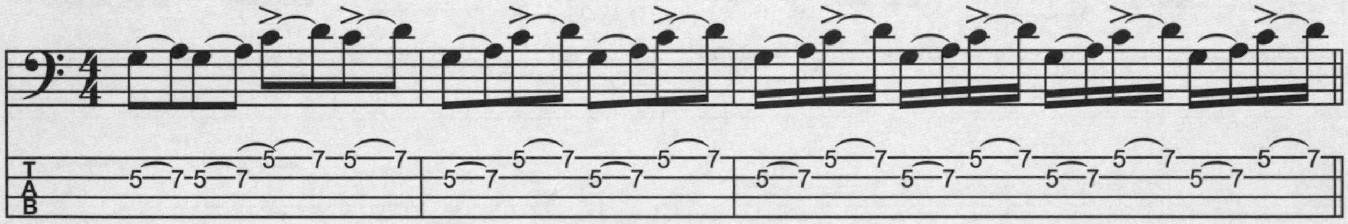

接下來的延伸練習，分組原則與上個練習一樣，只是「反向」進行，先Popping再Slapping，剛起步一定會有很多的不習慣，但只要持續這樣練習，能有效適應以Popping開始的樂句。

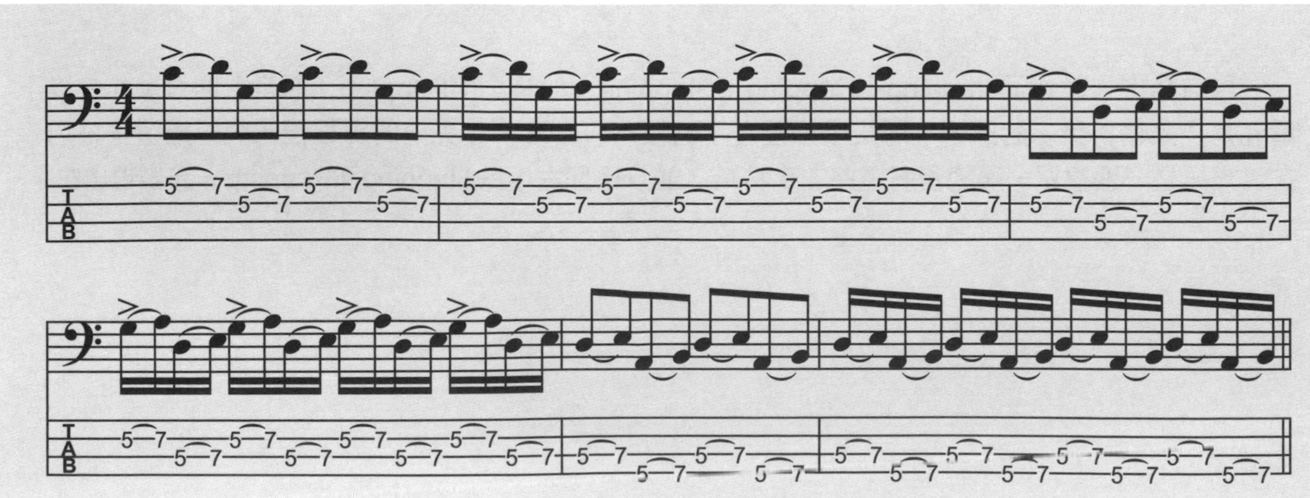

下面的練習是在學習如何將搥弦技巧應用在句子裡。從最基本的四分音符節奏中添加搥弦的八分音符變化，再進行到搥弦的十六分音符變化。

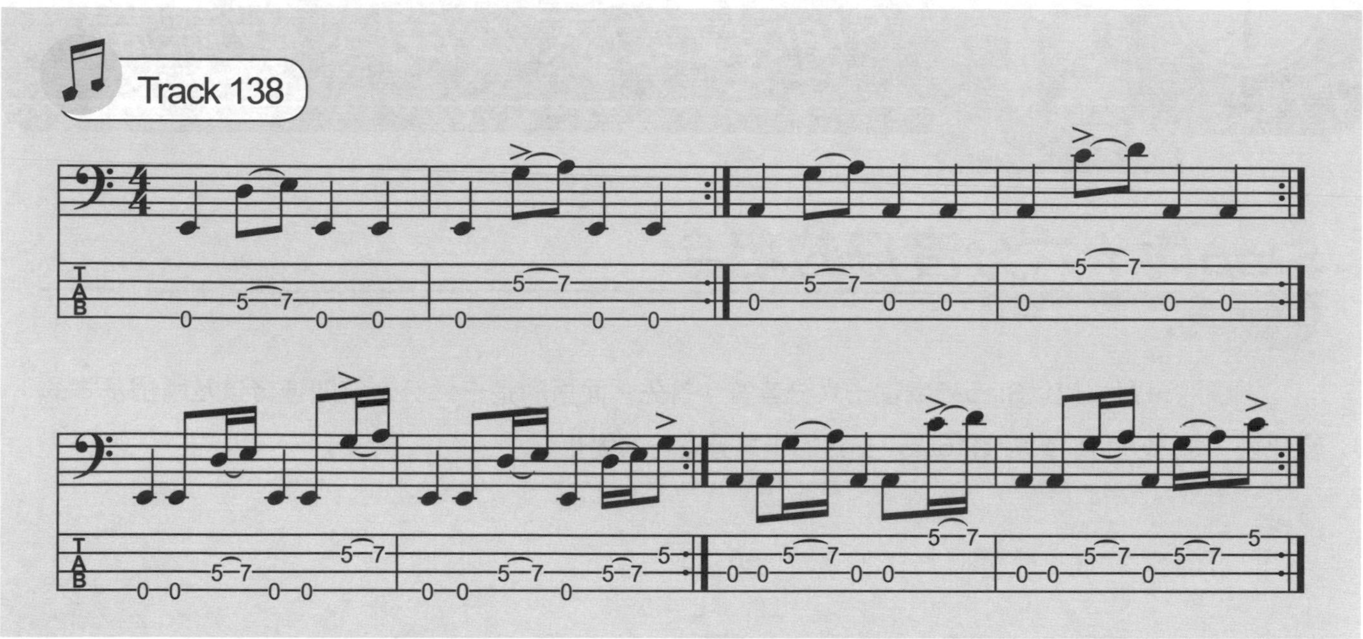

除了節奏上的變化，「搥弦用音」也是重點。把e小調中常用的音列在搥弦練習，方便記憶這些音的位置，這些用音都是樂句變化和即興彈奏的好材料。

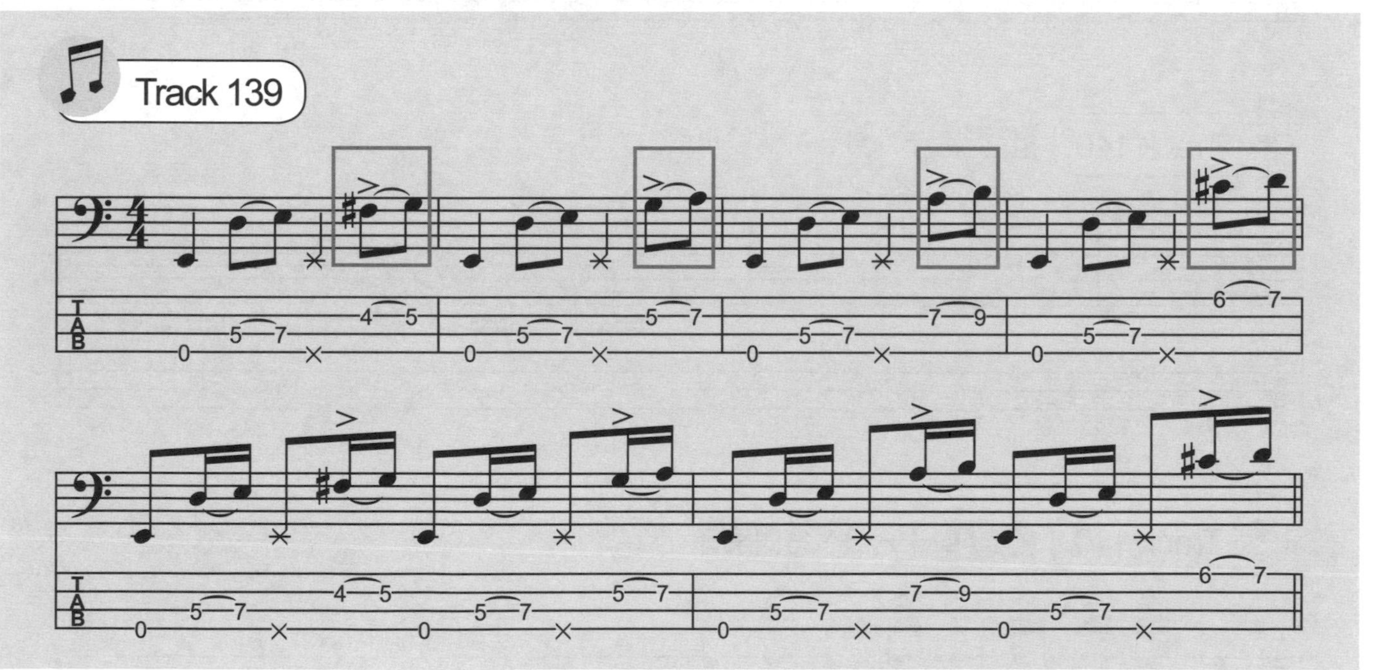

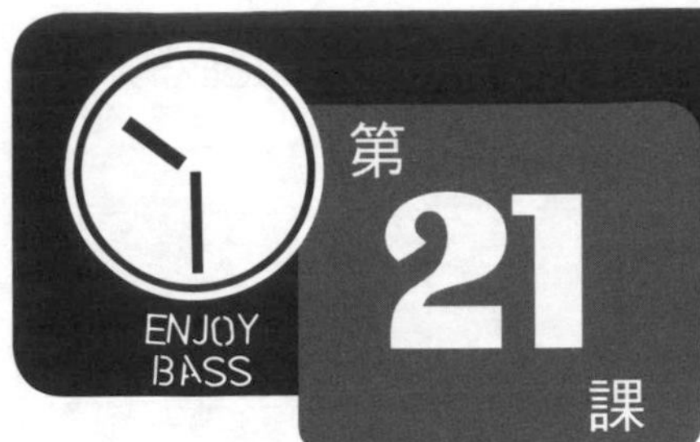

Slap技巧大公開：鍛鍊篇

Slap與十六分音符的組合

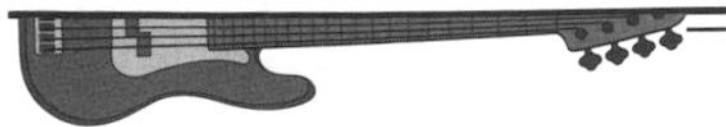

本課將學習如何以Slap來處理十六分音符。首先，面對的是十六分音符四連音以及兩個基本的變化型，這部分可以參考第16課，多熟悉十六分音符的變化。

Track 140 練習1 十六分音符的變化型一。

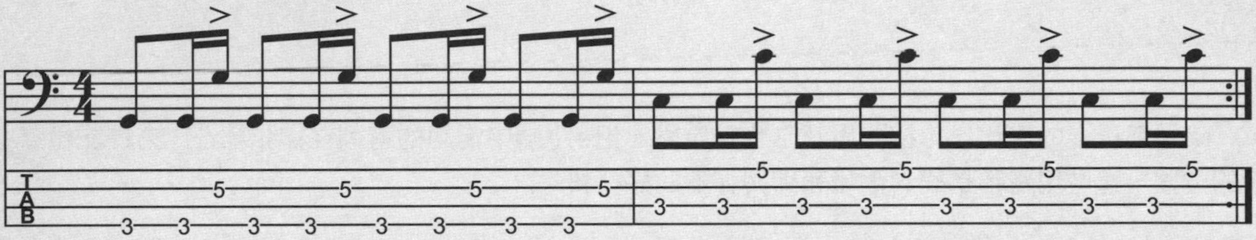

Track 140 練習2 十六分音符的變化型二。

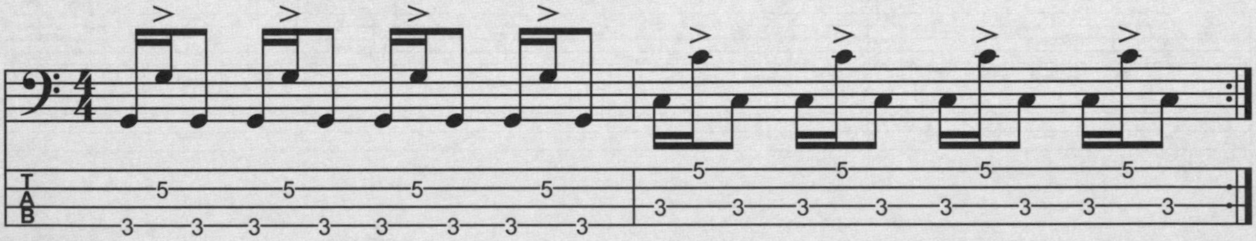

Track 140 練習3 十六分音符四連音。

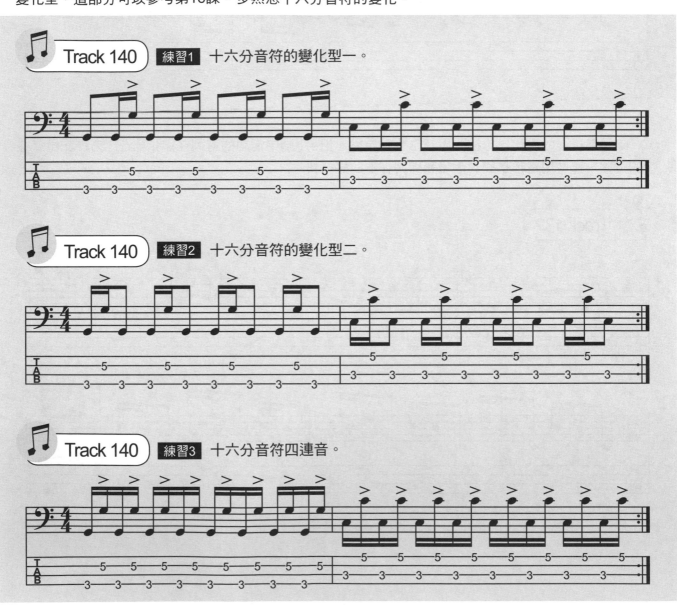

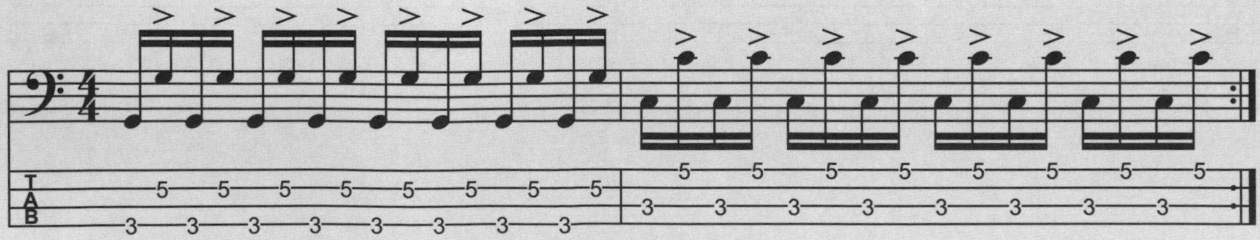

將上述十六分音符的變化型一、變化型二組合起來，可以形成一個常用的節奏型態，還可加上練習左手「悶音」的控制，適當地把悶音鑲嵌在十六分音符節奏裡，能有效地增加聽覺上的「敲擊效果」（Percussive Sound）。

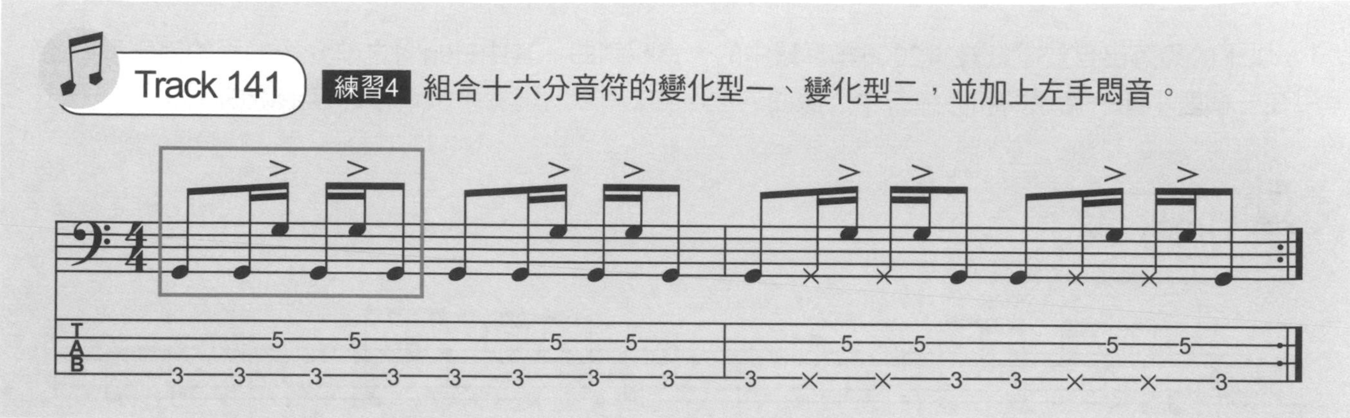

Track 141
練習4 組合十六分音符的變化型一、變化型二，並加上左手悶音。
T
A
B

以上面的兩拍節奏型態當作基礎，將第三拍換成四連音，延伸成一個四拍（一小節）為單位的節奏型態，加上「悶音」強化節奏的打點效果。這種「置入悶音」的處理技巧可以讓密集音群在聽覺上更清晰明確，也更有顆粒感，尤其在較快的音樂裡，這種節奏處理概念是相當重要的。

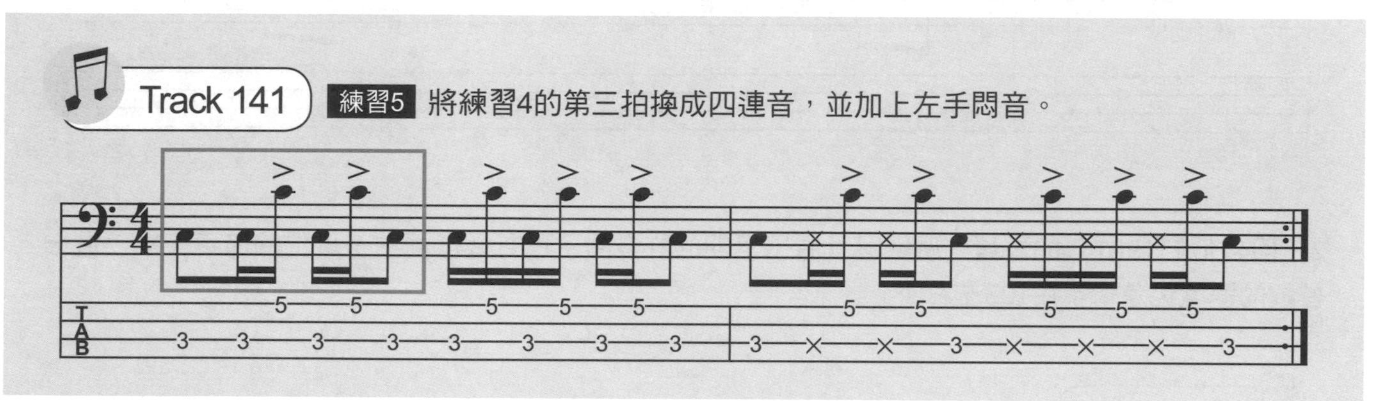

Track 141
練習5 將練習4的第三拍換成四連音，並加上左手悶音。
T
A
B

Slap與十六分音符的應用範例

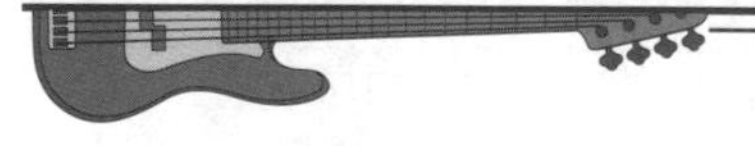

嗆紅辣椒（Red Hot Chili Peppers）成立於1983年加州洛杉磯。由於這個樂團音樂風格多變，擅長以傳統放克融合另類、龐克以及迷幻搖滾等元素，因此深受搖滾樂迷的喜愛。Michael「Flea」Balzary為此團的貝士手，以多元的貝士彈奏技巧著稱。就以Flea的Slap彈奏手法，做為十六分音符應用的範例。

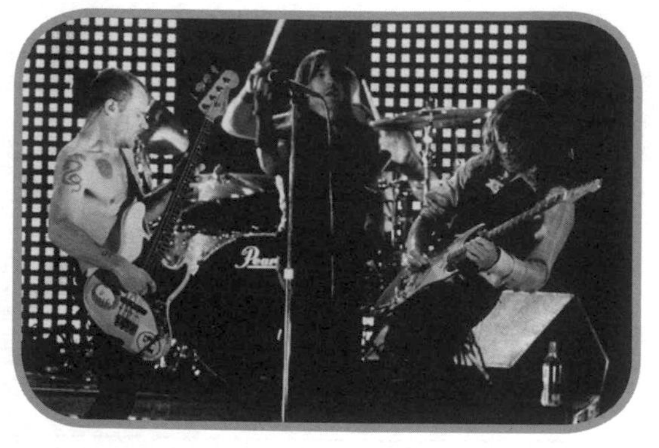

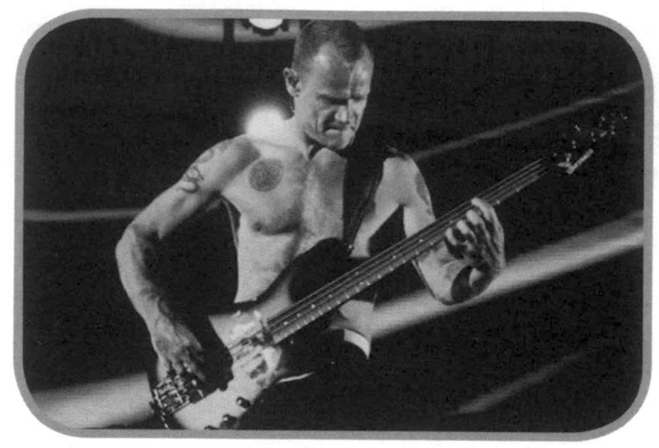

1、以下的段落出自於嗆紅辣椒2006年專輯中的一首暢銷曲，其中Flea將之前介紹的兩拍節奏型態應用在一個四小節一循環的和弦進行中，原曲的速度約為108，屬於中板快慢的搖滾歌曲。

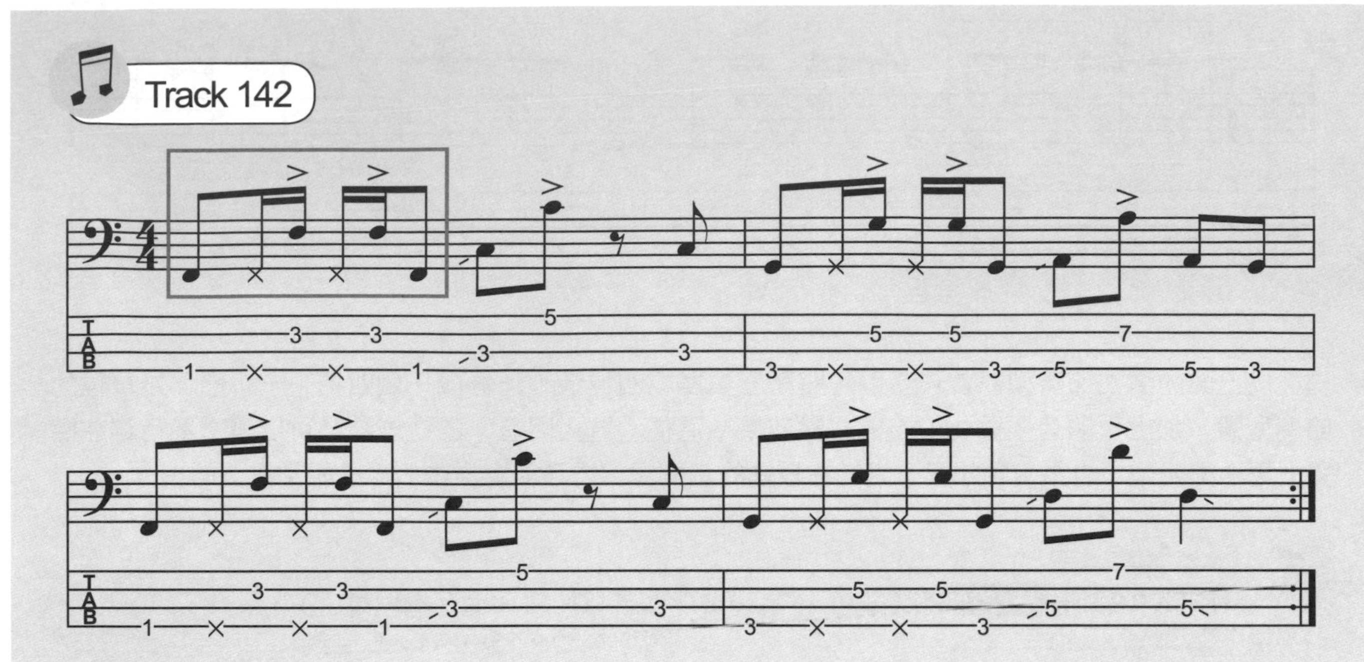

2、回到他們1987年的專輯，明顯可以看出早期的許多曲子也有這樣兩拍一單位的節奏安排，這一首歌的速度也差不多在108左右。

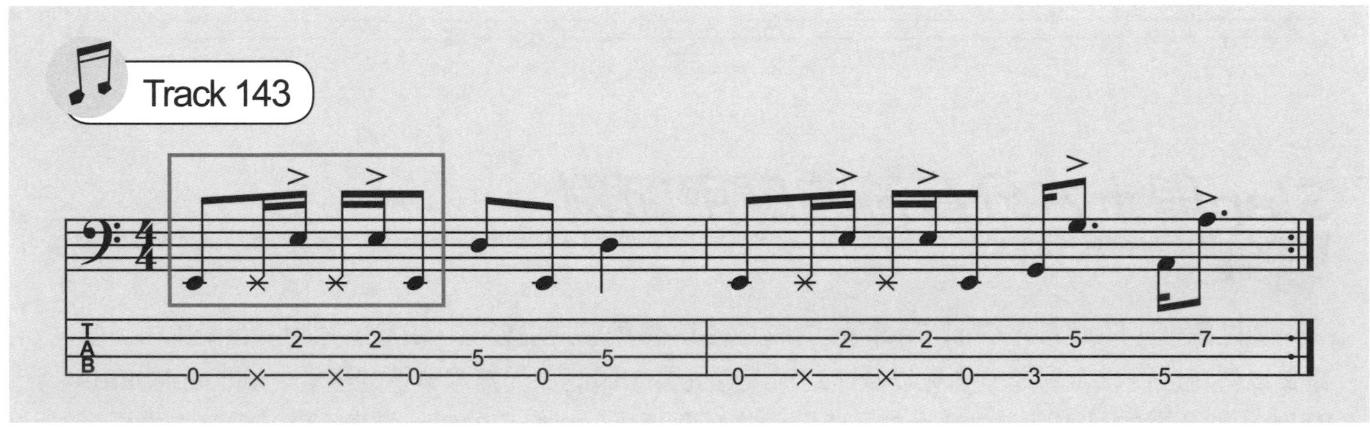

3、以下這首歌出自同張專輯，與上一首不同的是速度加快了，原曲大概150上下。除此之外，打點部分也增加，整首歌把龐克速度和金屬力度融合在一起。

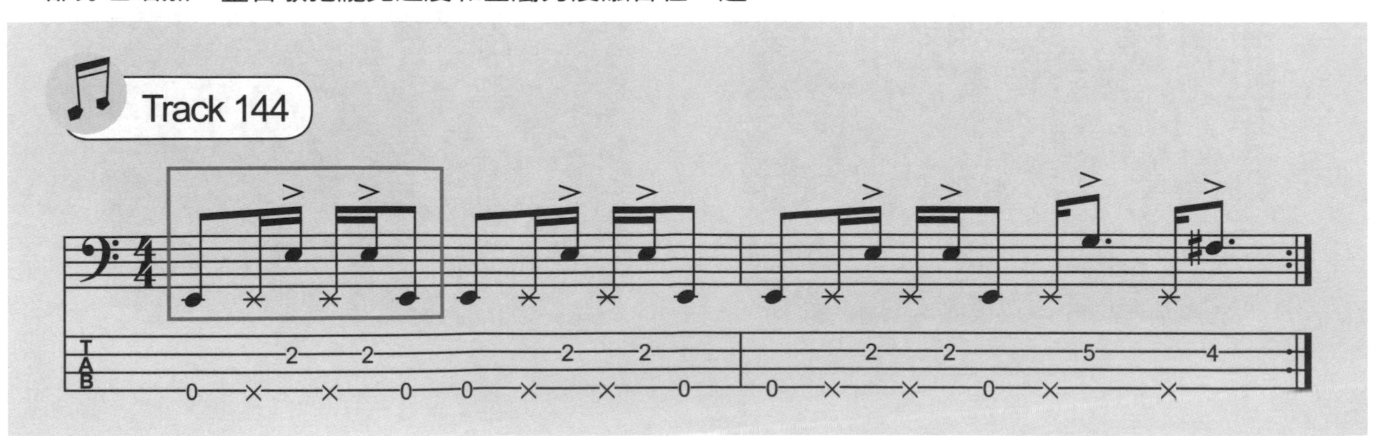

4、這樣風格的歌曲在1995發行的暢銷專輯中再度出現，速度稍微降慢一點，約在120左右，但是歌曲的張力和強度依舊。

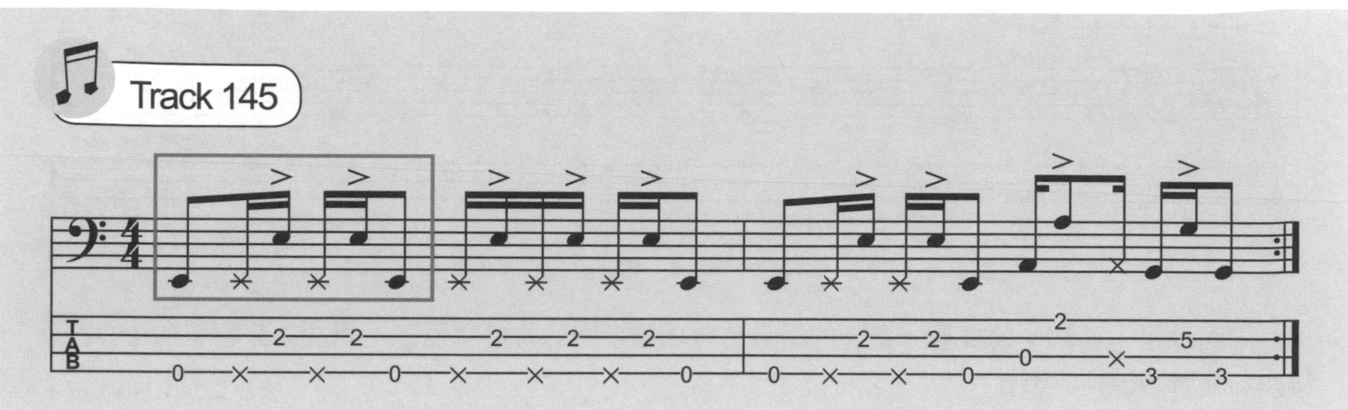

5、由於這首歌段落明確，氣氛營造完整，編曲成熟度高，稱得上是上乘之作。Flea在這首歌裡也有著非常出色的演奏，使這首歌成為眾多貝士手的必練曲目之一。

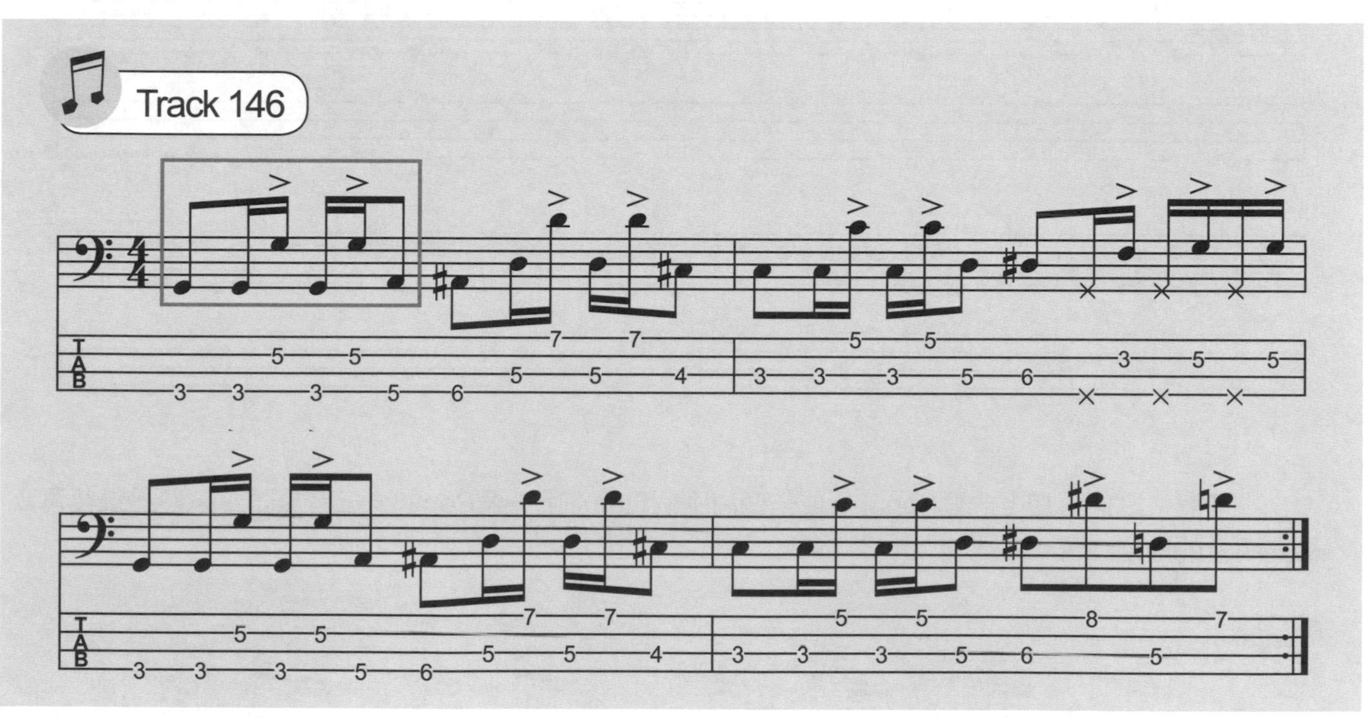

以上的歌曲全是以兩拍為單位的節奏型態所發展出來，透過這些歌曲的實戰可以讓大家對Slap的應用有更深刻的認識。

連擊（Double Slap）

除了兩拍為單位的節奏應用還需要練習「連擊」，有人稱為「Double-Slap」。顧名思義，就是密集的兩個Slap點擺放在一起，這需要手腕多一點的力度和動能，在短時間裡完成兩次Slap。

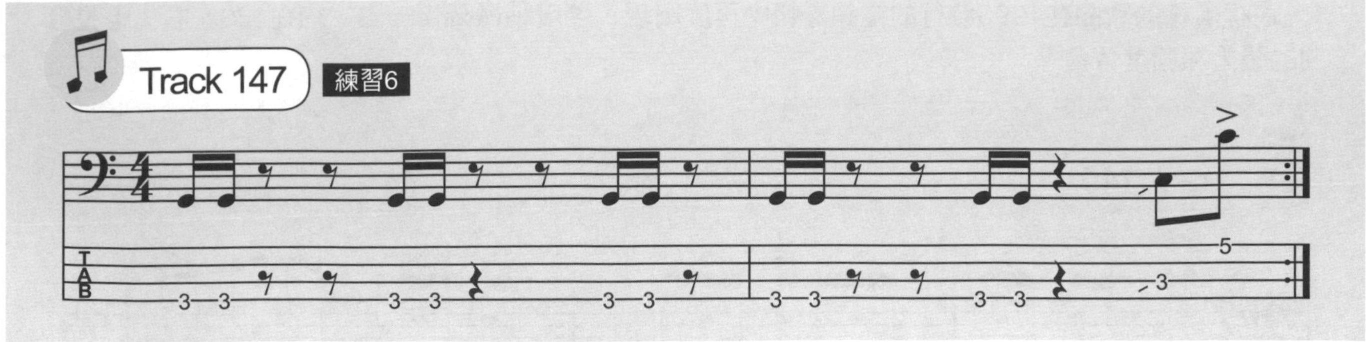

下面也是「連擊」的練習。這樣的鍛鍊有效增強手腕的力度和反應，對於未來密集的十六分音符樂句有著關鍵性的影響。

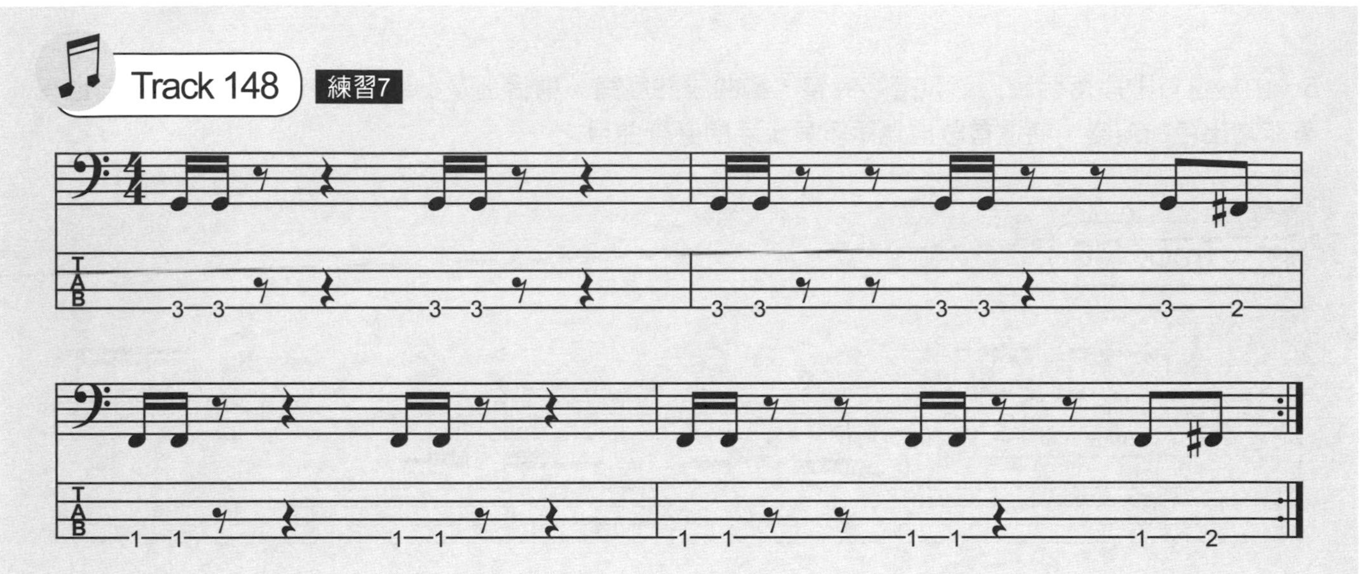

「連擊」之後再加上一個Pop，形成一個由兩個Slap加上一個Pop的「三音單位」，熟悉以後再補上悶音的控制練習。

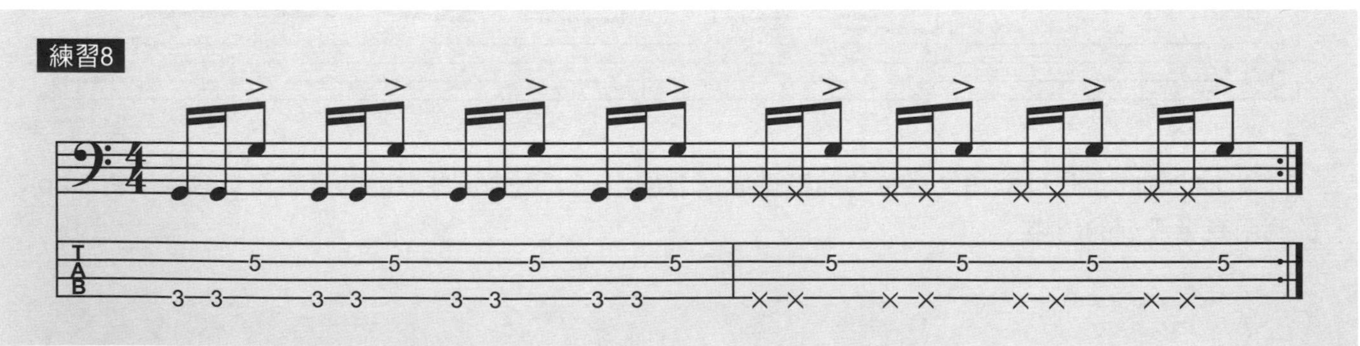

Slap與連擊的應用範例

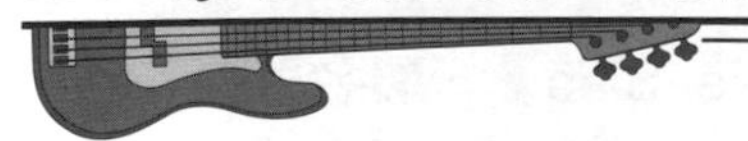

再來看看「連擊」或「三音單位」，對於彈奏Flea的樂句有什麼幫助。

1、以下的歌曲也被收錄在1987年的專輯，是一個非常典型的十六分音符Slap句子。請注意後面框起來的地方，正是整個句子中最難處理的部分，不過，如果熟練「連擊」就可以既乾淨又輕鬆地解決這個部分。原曲速度不快，約112左右。

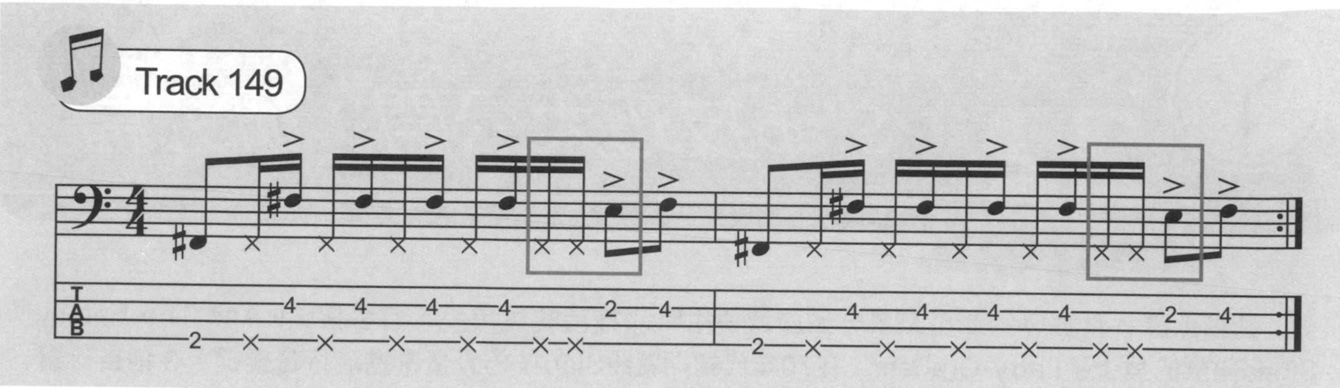

2、這首Shuffle節奏的歌曲是Red Hot Chili Peppers改編自Steve Wonder 1973專輯中的一首暢銷名曲，同樣需要有力的「連擊」。

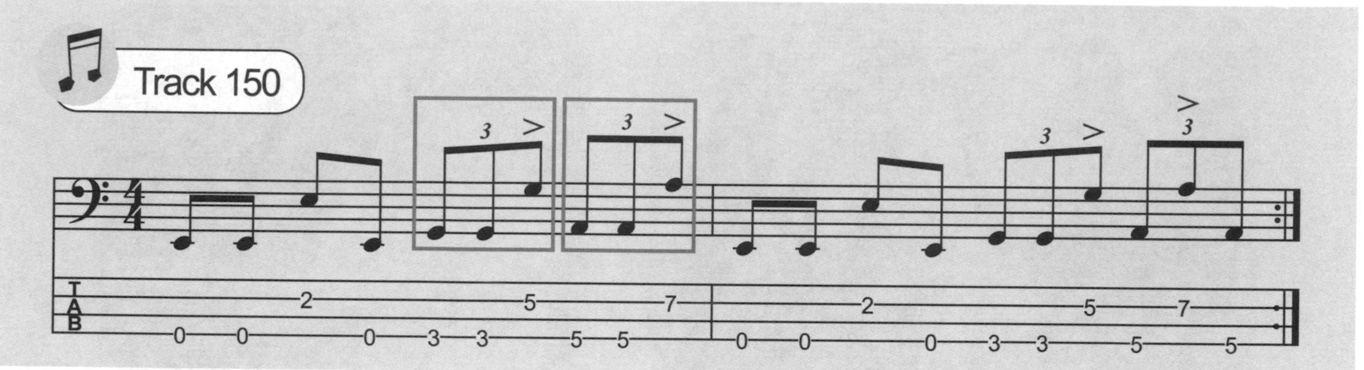

3、這樣的「連擊」或「三音單位」也能在節奏上有更多的發展，最常見的例子就是「三音一組四音一數」，歡迎大家參考第16課後半段的相關說明。

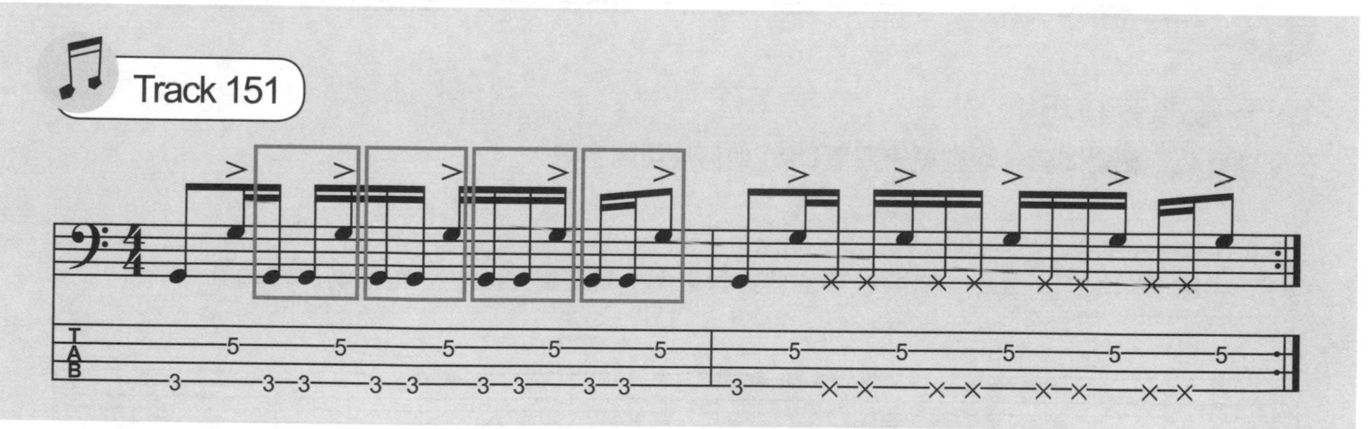

4、最後，我們看看Flea如何使用這樣的技巧。在許多訪談裡，Flea介紹過這樣的概念，甚至把這樣的練習當作暖身（Warm-Up）。在同名專輯中有一首Slap點密度極大的歌曲，就是運用這個概念。原曲速度約130，要以這樣的強度撐完整首歌是需要相當大的耐力，這種Slap的表現方式也成為Flea的招牌。

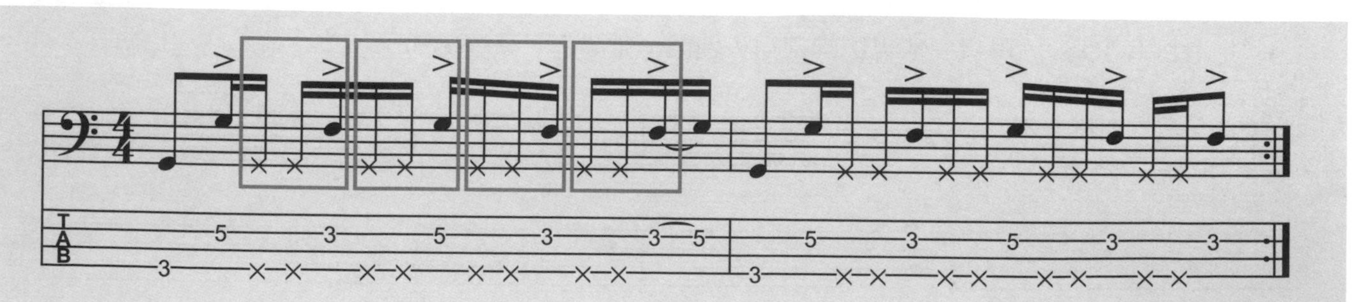

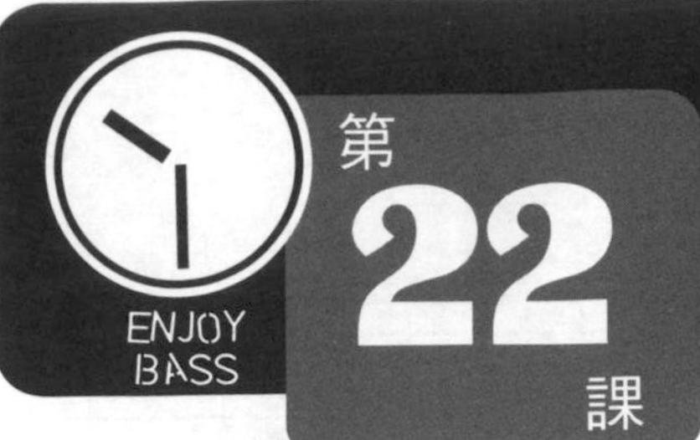

Slap技巧大公開：研究篇

延續上課，其實Flea並不是第一個廣泛使用Slap技巧的貝士手，曾參與Sly And The Family Stone樂團的貝士手Larry Graham，在70年代初期就將Slap技巧大量帶進流行音樂裡，在他自行籌組的Graham Central Station樂團專輯中聽到不少具代表性的Slap樂句，以及經典的Slap歌曲。以下我們就從幾方面來研究Larry Graham的慣用Slap手法。

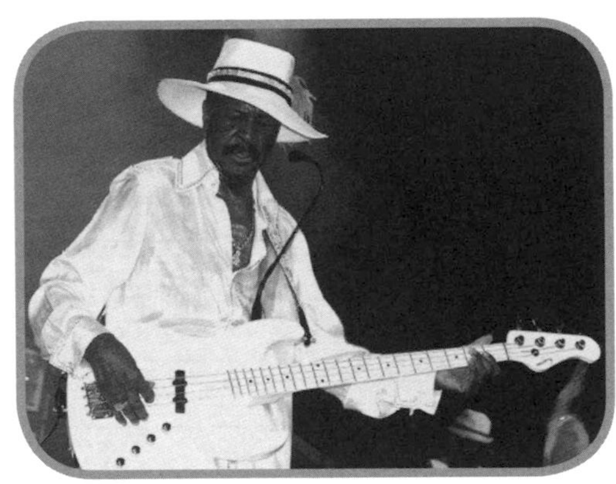

悶音技巧的應用

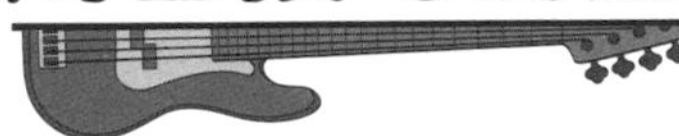

1、一般悶音技巧：

在前課曾經介紹過悶音，現在就來看看Larry如何使用悶音吧！

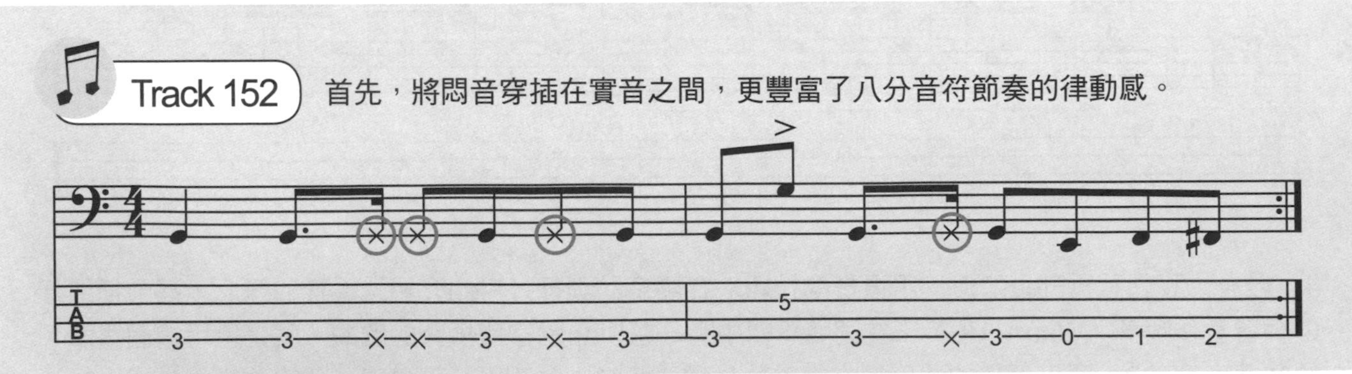

Track 152
首先，將悶音穿插在實音之間，更豐富了八分音符節奏的律動感。
T
A
B

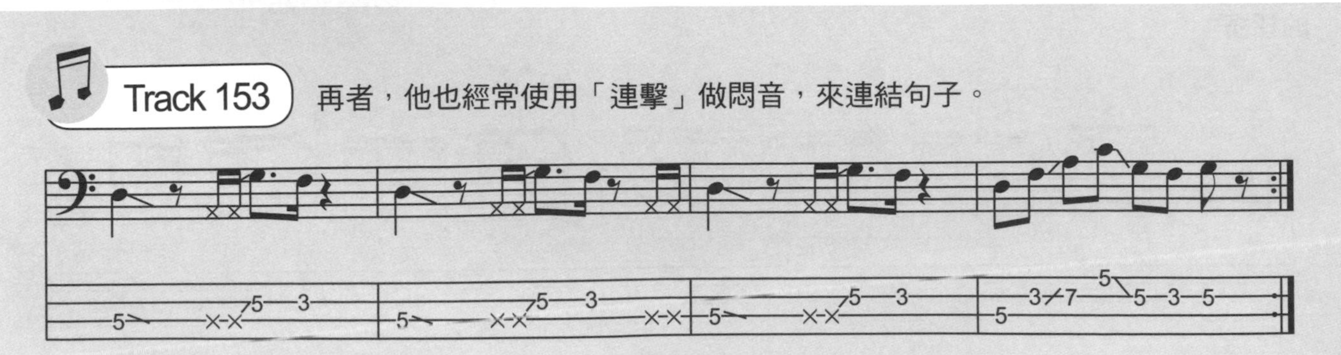

Track 153
再者，他也經常使用「連擊」做悶音，來連結句子。

2、左手Slap悶音：

另外一種製造悶音的方式是以左手四指如握拳動作般「拍打」琴弦。

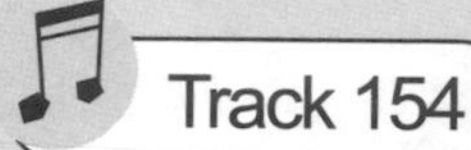

先練習一般悶音以及左手Slap悶音的交互練習，需要注意的是做完前面一般悶音之後，準備做左手Slap悶音時，左手食指儘量不要離開琴弦，僅以其他三指「拍打」琴弦，這樣才能將聲音控制乾淨。

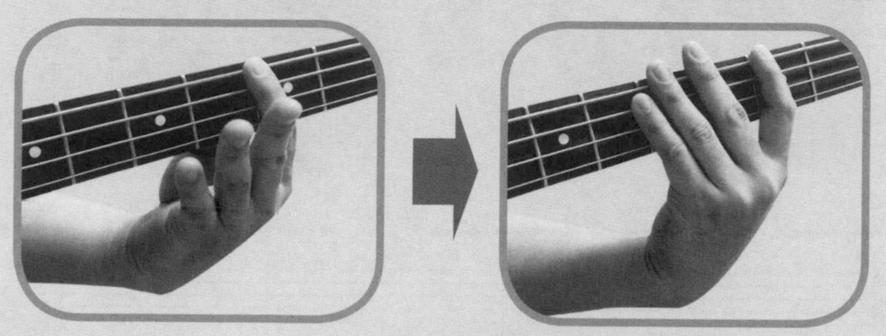

左手Slap悶音

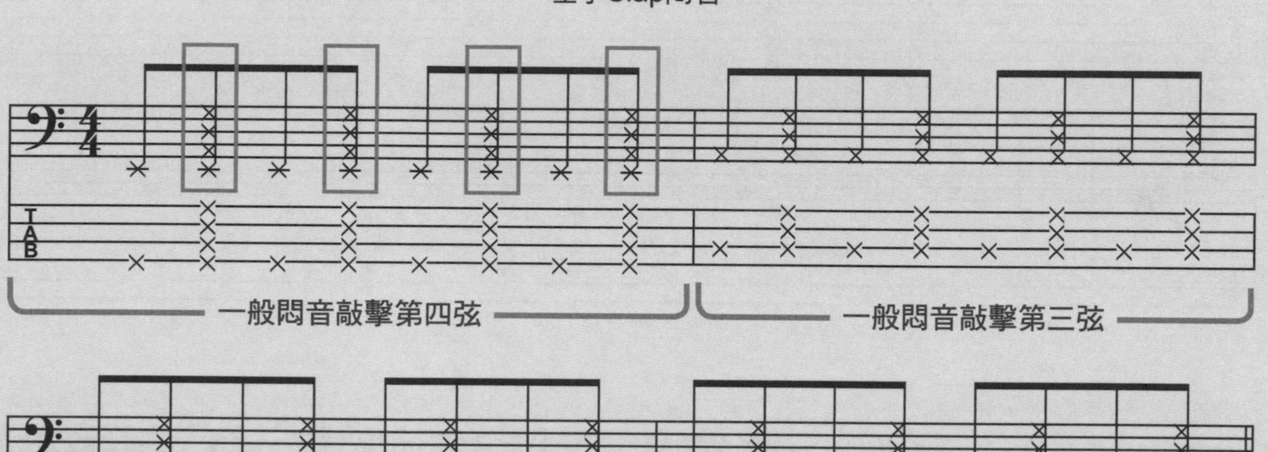

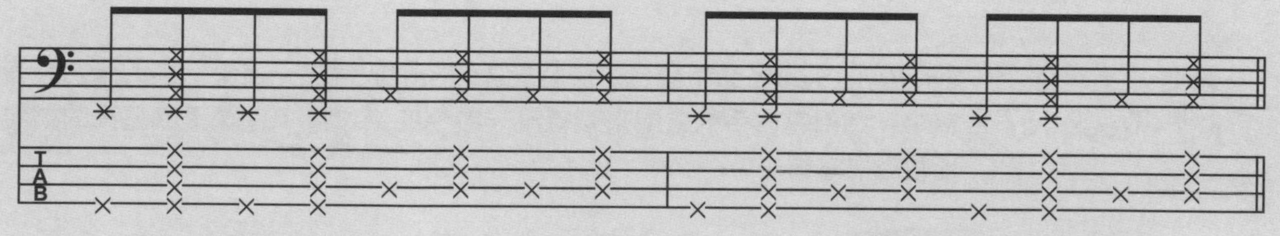

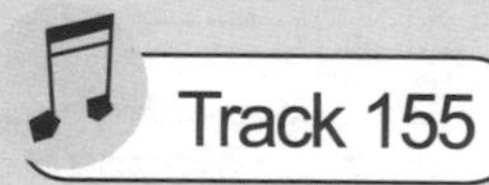

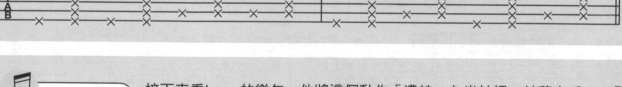

接下來看Larry的樂句，他將這個動作「濃縮」在半拍裡，並藉左手Slap悶音巧妙地增加該點悶音的力度與厚度，讓接連的幾個悶音有聽覺上的不同。

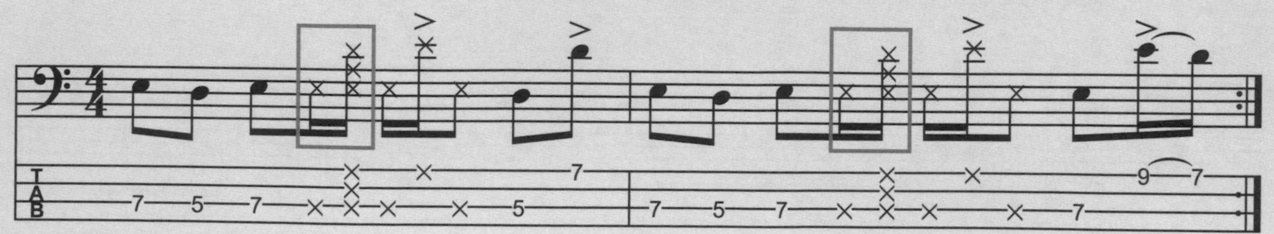

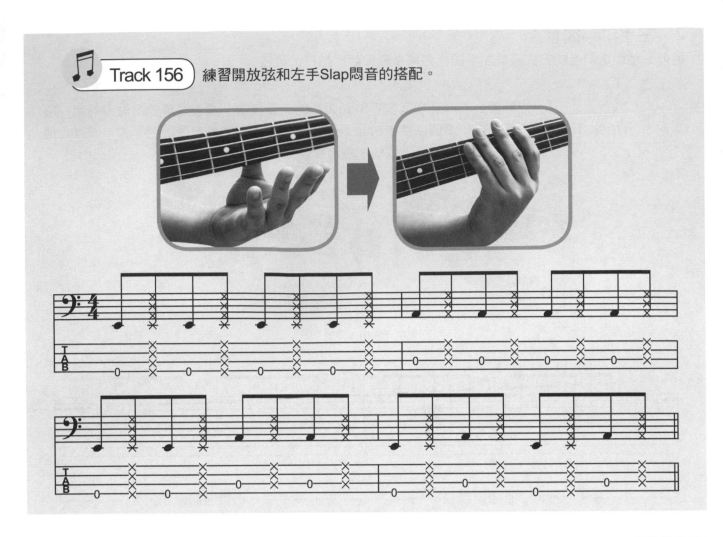

Track 156 練習開放弦和左手Slap悶音的搭配。

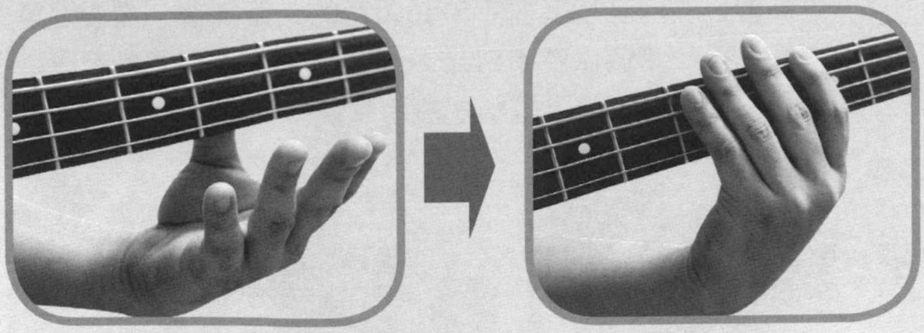

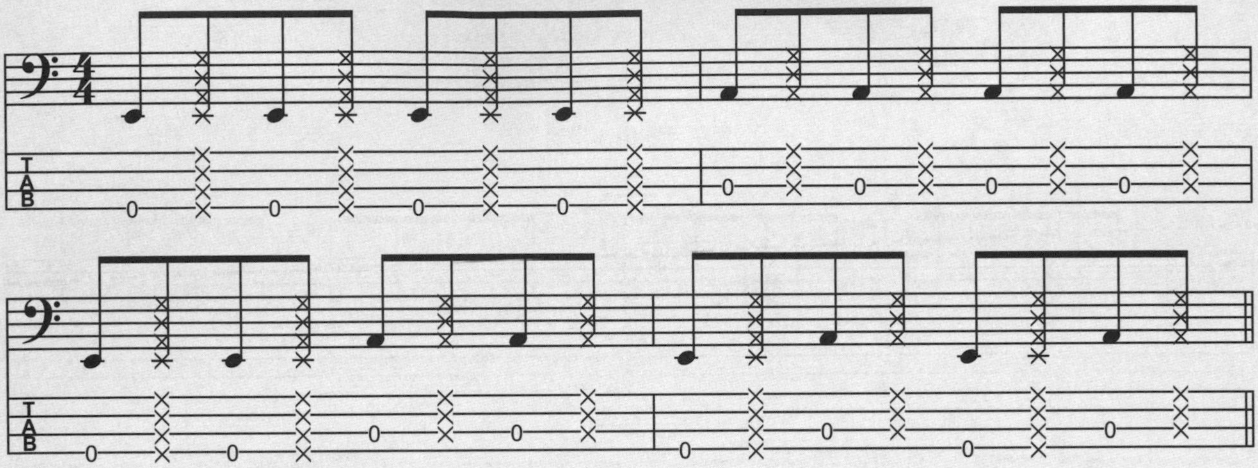

Track 157 從Larry的Slap名曲中發現，他將這樣的搭配放置在一連串密集的十六分音符中，利用左右手的搭配來減輕單一右手的工作量，這讓密度甚高的樂句比較容易掌握。

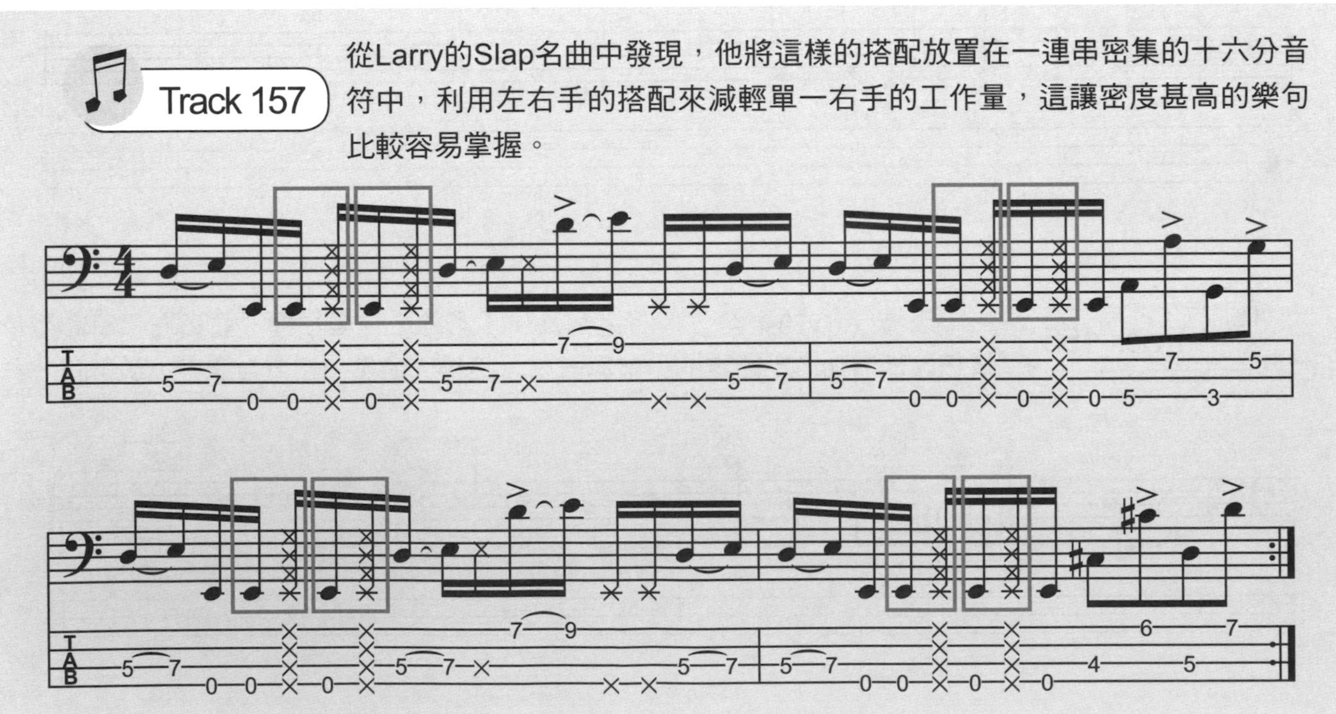

Track 158 開放弦音、左手Slap悶音和一般悶音全部加在一起，形成「三音一組」來架構節奏和樂句。

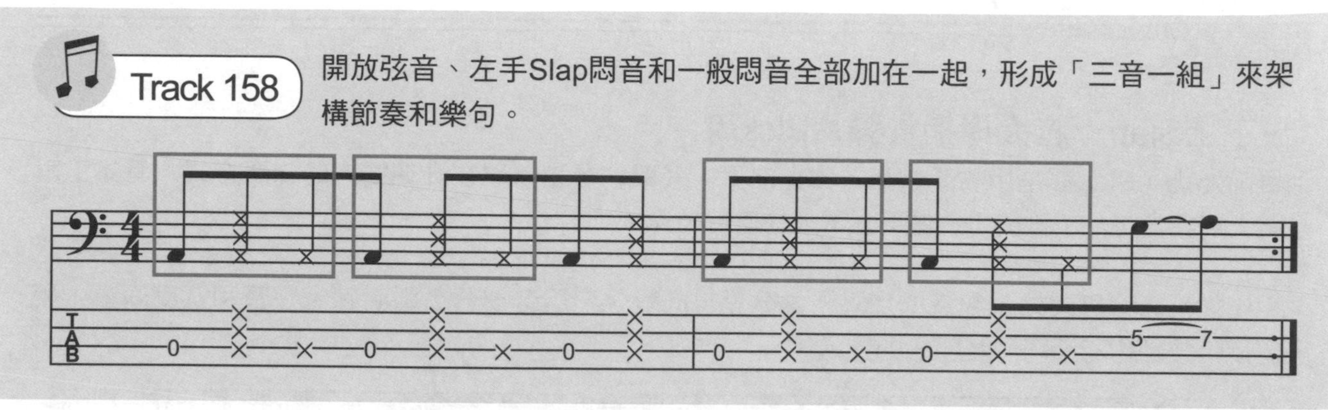

再將密度調高成十六分音符節奏模式。

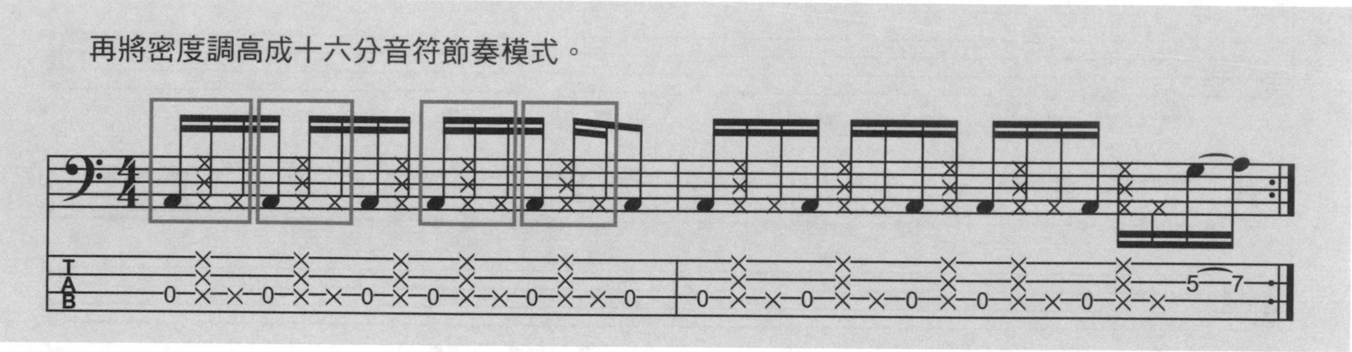

Track 159 最後來練習Larry的句子。

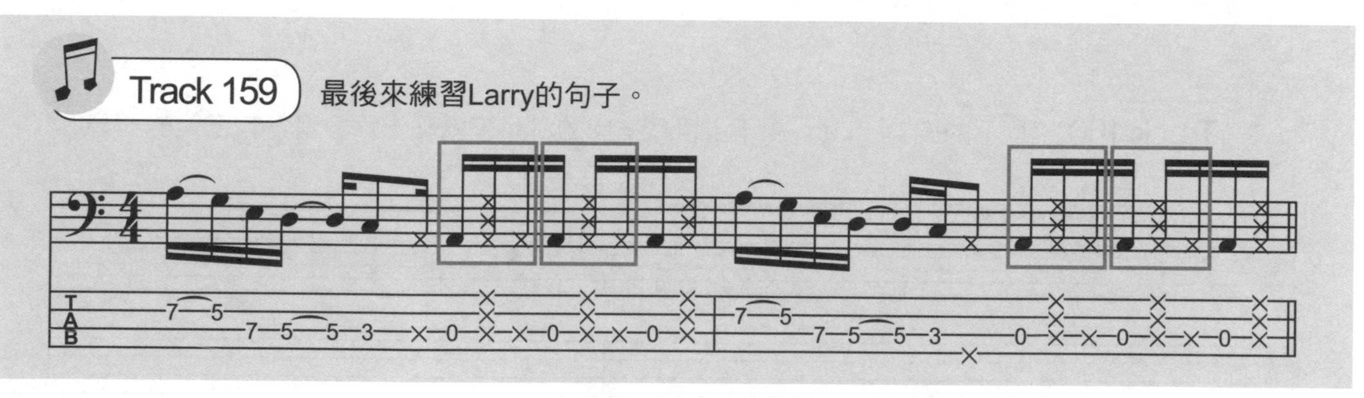

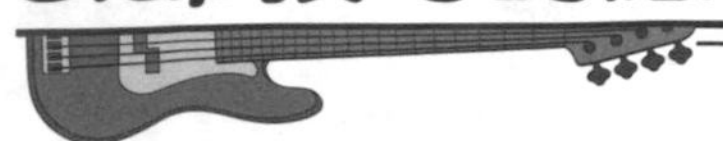

1、下上Slap：將大拇指當彈片Pick用

到目前為止，Slap都是用右手食指，由上向下「敲擊」琴弦。現在介紹雙向的彈奏方式，基本上就是將大拇指當彈片Pick使用，做下上下上的交替動作。

先從八分音符開始，漸進的加入十六分音符的變化。用音部分，暫時鎖定主音和八度兩音，用來習慣跨弦動作和不同琴弦粗細的掌握。

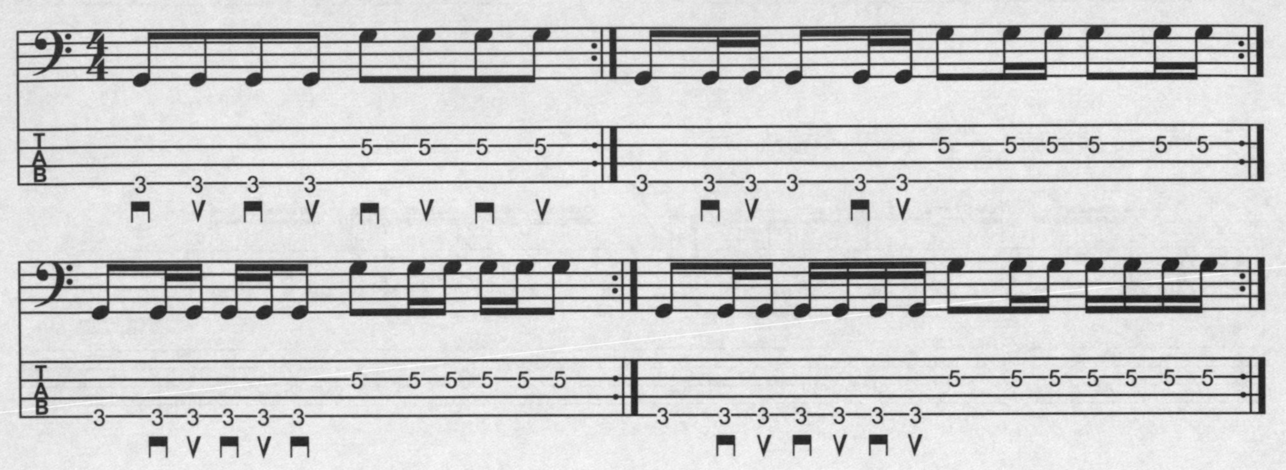

Track 160　以下的樂句，Larry用下上兩個方向的Slap來處理十六分音符較密集的部分。

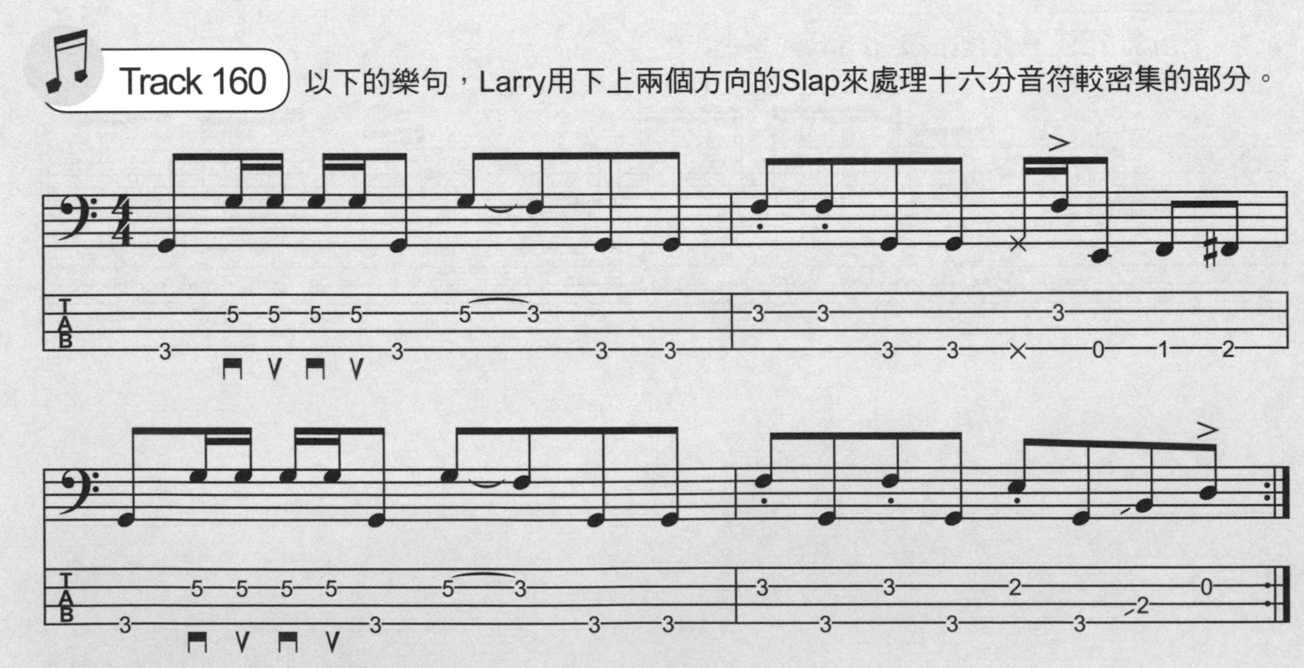

Track 161　接下來的例子也是，Larry用食指當彈片處理十六分音符節奏。

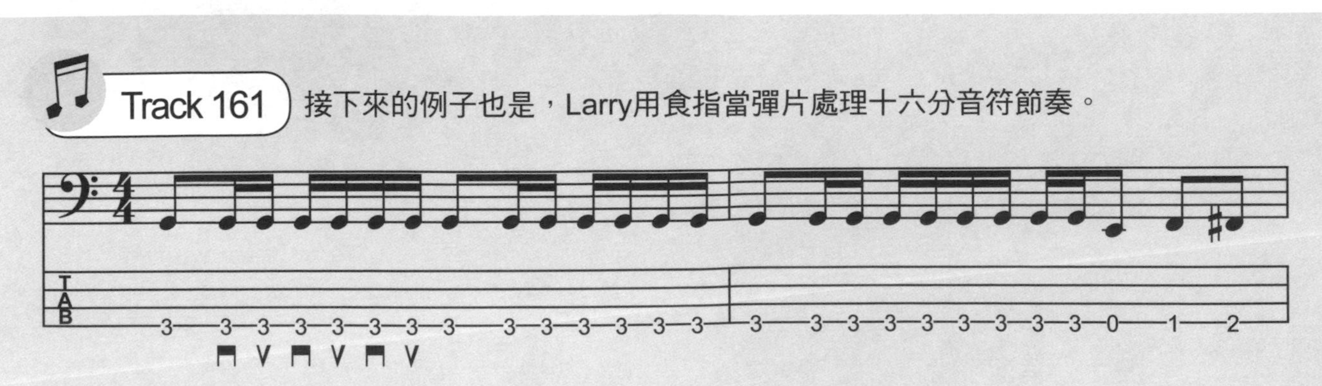

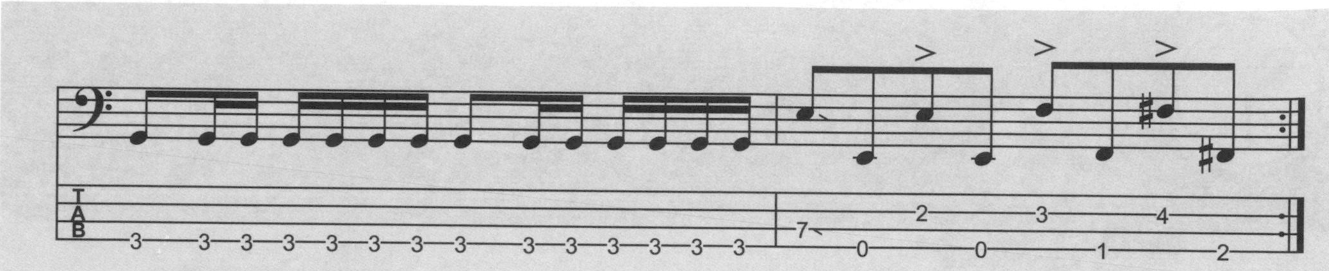

2、左手滑弦大量使用：

在表情部分，Larry擅用左手滑弦，以下練習的前兩小節只做主音Slap部分的滑弦。後兩小節除了主音Slap之外，在八度音Pop的部分也做滑弦處理。

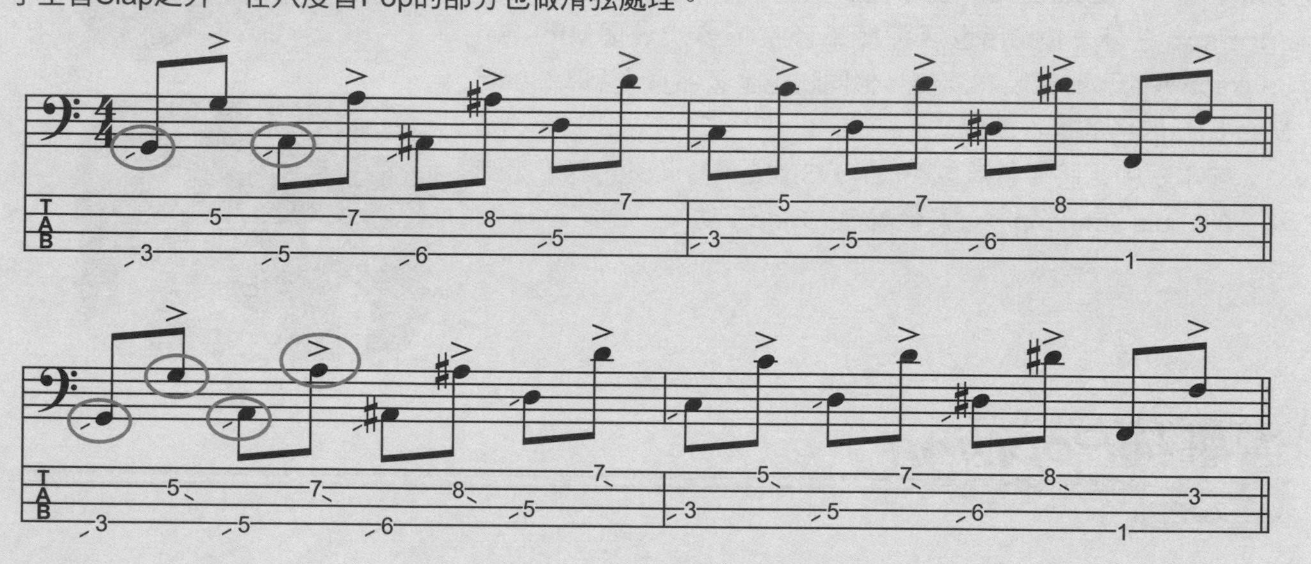

Track 162 Larry將滑弦技巧加入樂句裡，再搭配十六分音符的節奏變化，讓整個律動感大大提升。

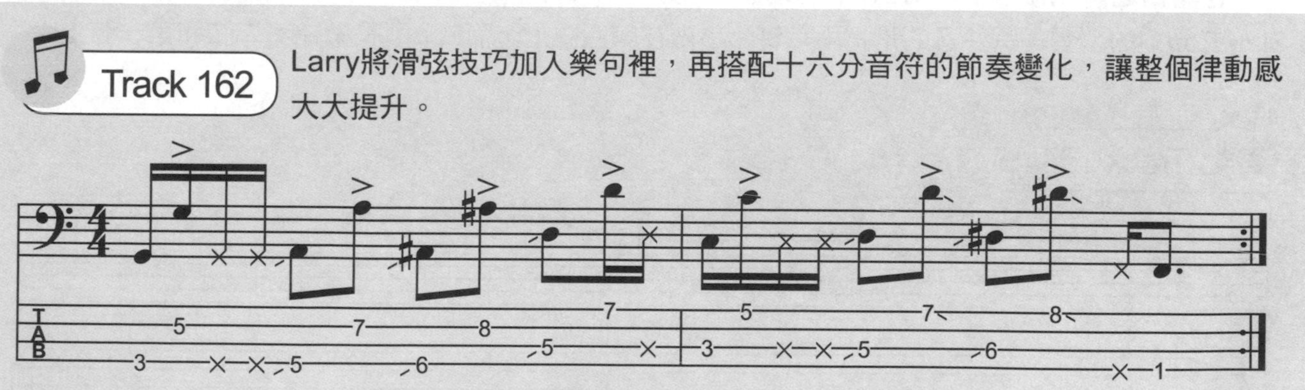

Track 163 以下是Larry的另一個例子。

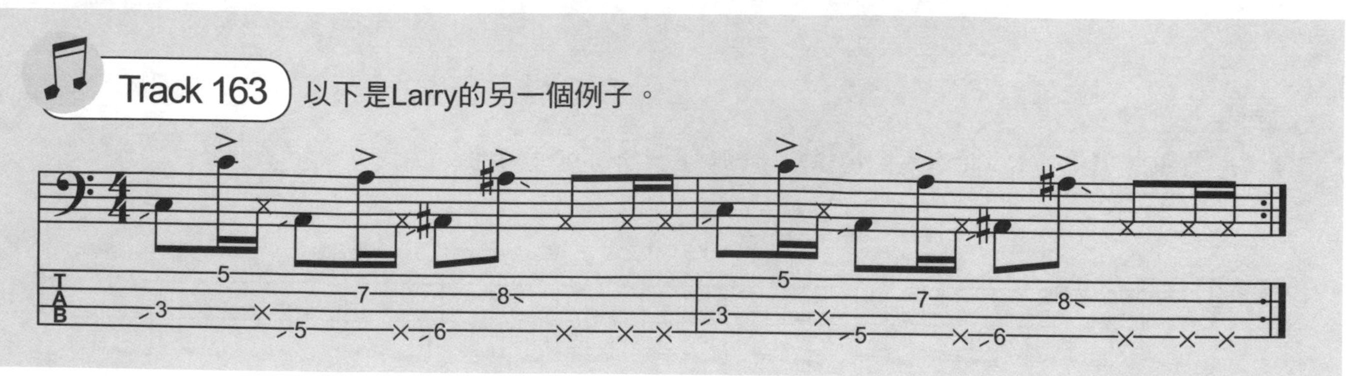

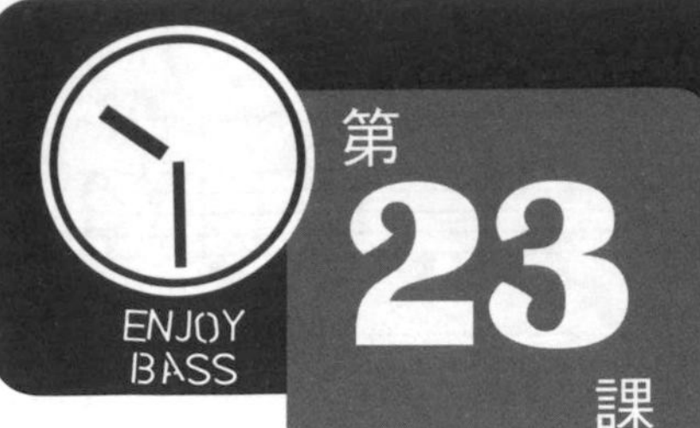

Slap技巧大公開：發展篇

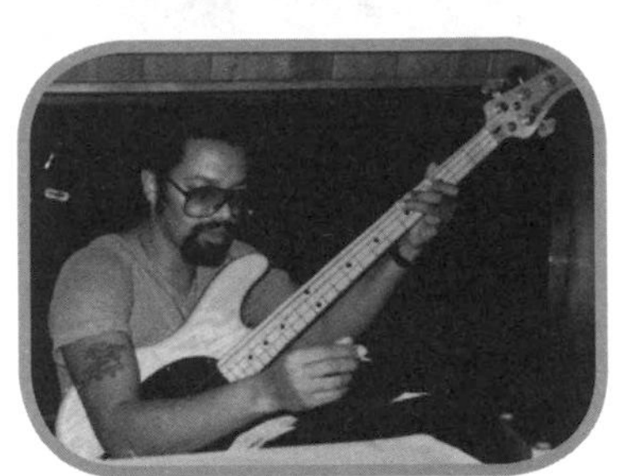

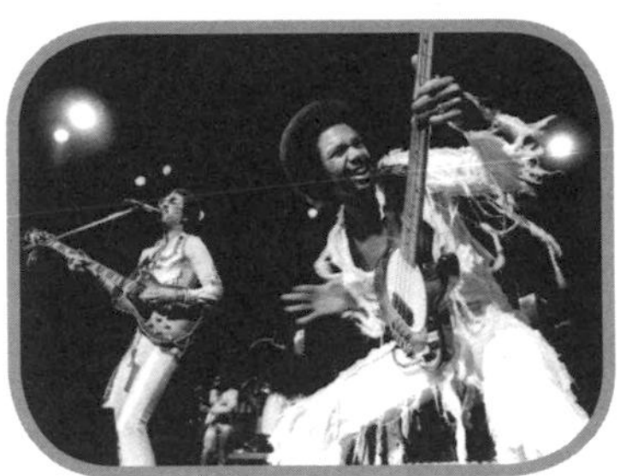

和Larry Graham同一時期，洛杉磯也出現了一位重量級的Slap貝士手—Louis Johnson。除了他自己的團The Brothers Johnson之外，Louis也活躍於錄音室，多次參與Michael Jackson等的專輯錄製和演奏，他同時也是著名貝士品牌Music Man StingRay的第一個代言人。

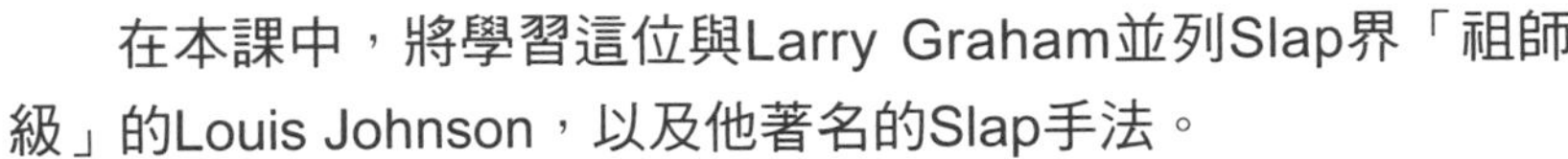

在本課中，將學習這位與Larry Graham並列Slap界「祖師級」的Louis Johnson，以及他著名的Slap手法。

連擊與Popping

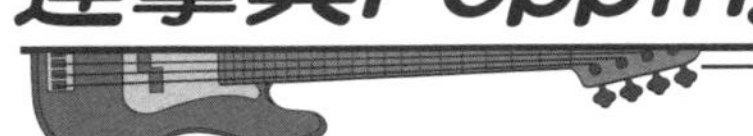

在開始之前先複習一下第21課所介紹的「連擊與Popping」的技巧。以三連音為單位做「Slap-Slap-Pop」的練習，需注意的是把兩點Slap都做在第四弦上，而Pop則是做在第二弦和第一弦上。

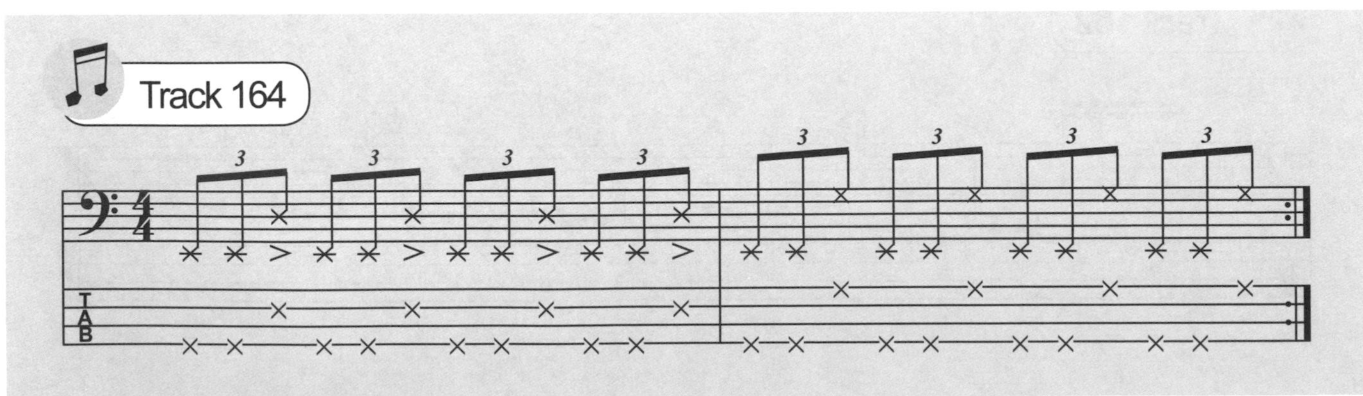

Louis本人則提供以下的練習，幫助增強手腕的力度。

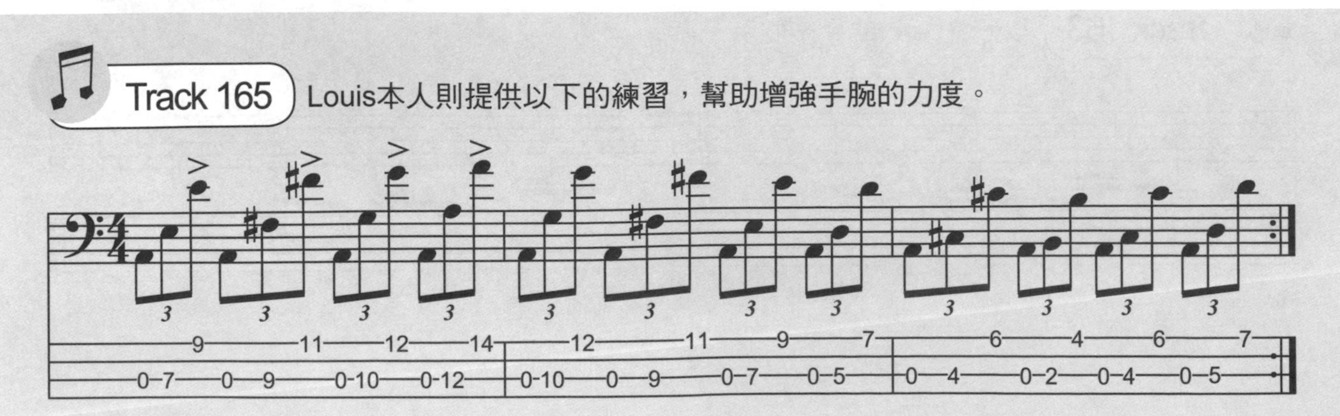

將「Slap-Slap-Pop」三個動作放置在四連音的後三點上，並在Pop點上做用音變化。

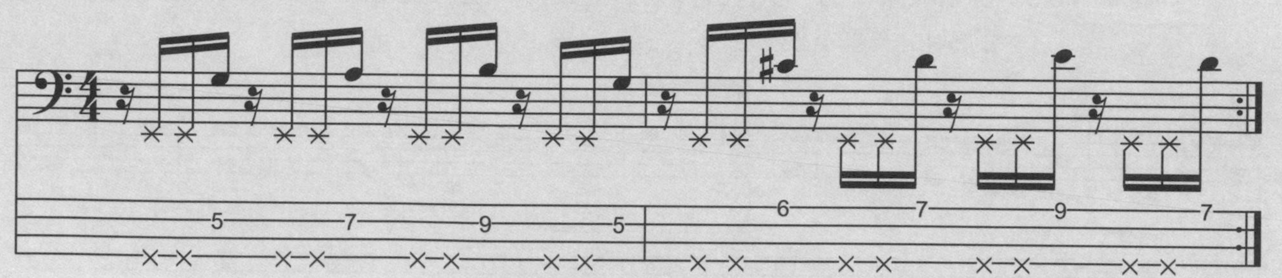

Track 166 「連擊與Popping」後加上左手搥弦，形成「Slap-Slap-Pop-Hammer On」。

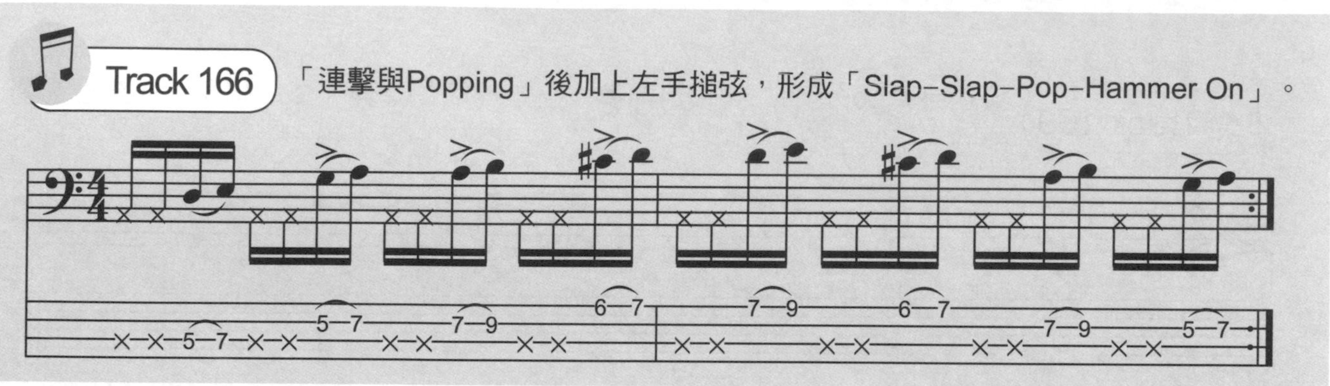

Track 167 Louis的句子多半帶有強烈的節奏感，他擅長將打擊樂或鼓組表現的節奏，融入Slap裡面。以下是Louis的一號慣用節奏，能夠先練習每小節的前兩拍，這兩拍是一個完整的節奏單位。

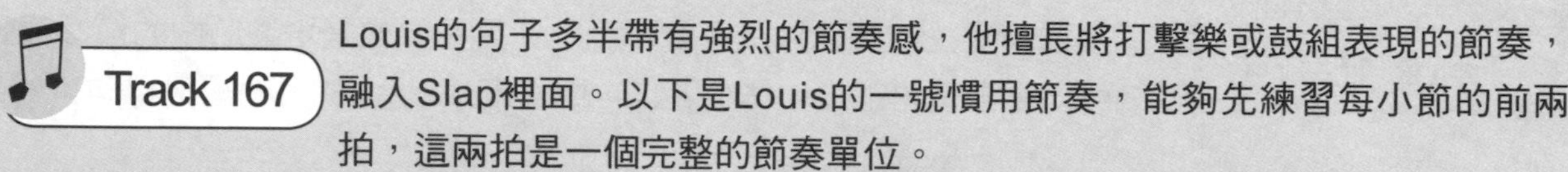

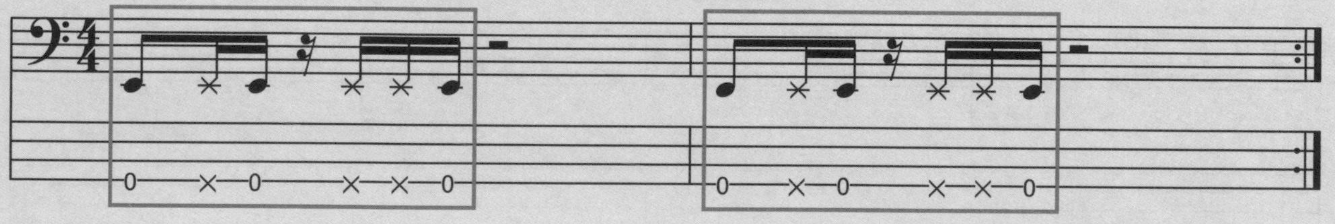

Track 167 抓準以上的節奏核心後，再將之前所學的動作加以組合，形成第一個Louis的經典樂句。眼尖的朋友可以看出其中佈滿了「Slap-Slap-Pop」和「Slap-Slap-Pop-Hammer On」。

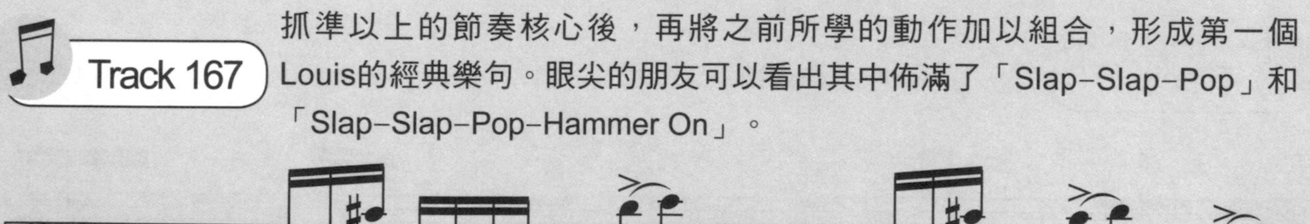

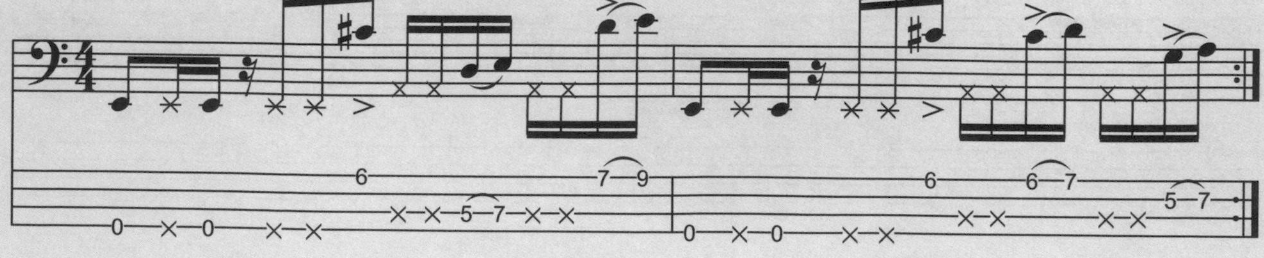

Track 168

下一個Louis的樂句，除了第一拍兩個八度的大音程跳躍外，二三拍細緻的低音鋪陳讓整個句子有強烈的節奏支撐，還有豐富的用音變化，這就是讓Louis的Slap好聽的秘訣。

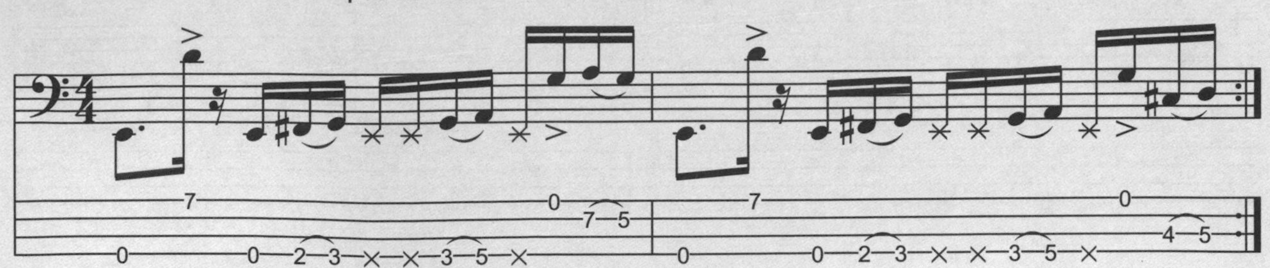

Track 169

接下來是Louis的二號慣用節奏，這是一號的延伸。依照慣例，先練習節奏部分。

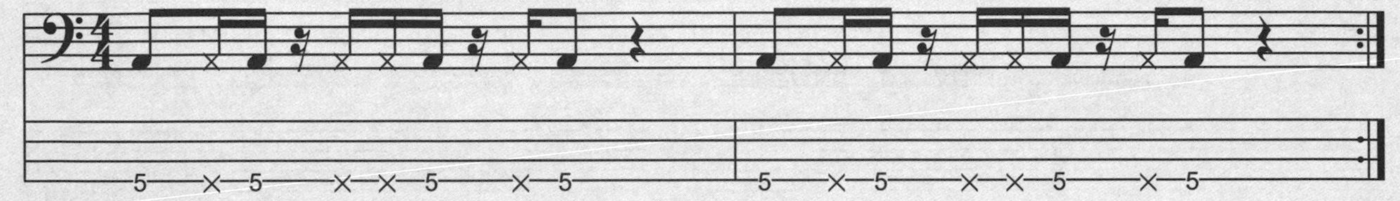

Track 169

在練習這樣的節奏主軸時，除了速度要穩定，更重要的是培養心中的節奏律動感，待能輕鬆掌握後再加上一個小動作，即可形成Louis的另一經典樂句。

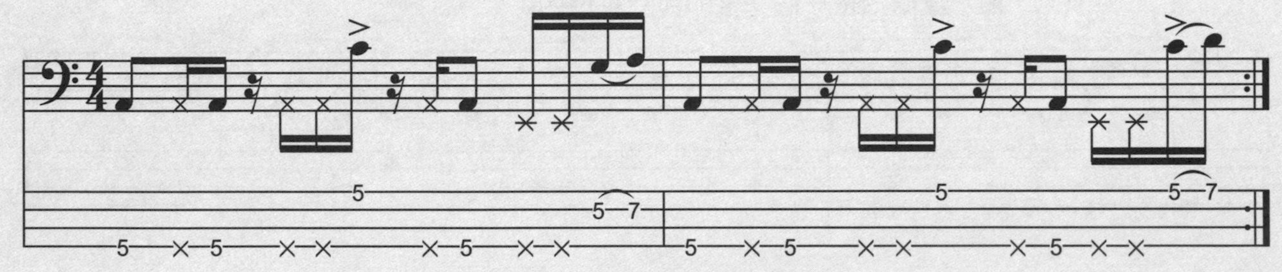

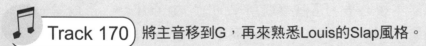

Track 170

將主音移到G，再來熟悉Louis的Slap風格。

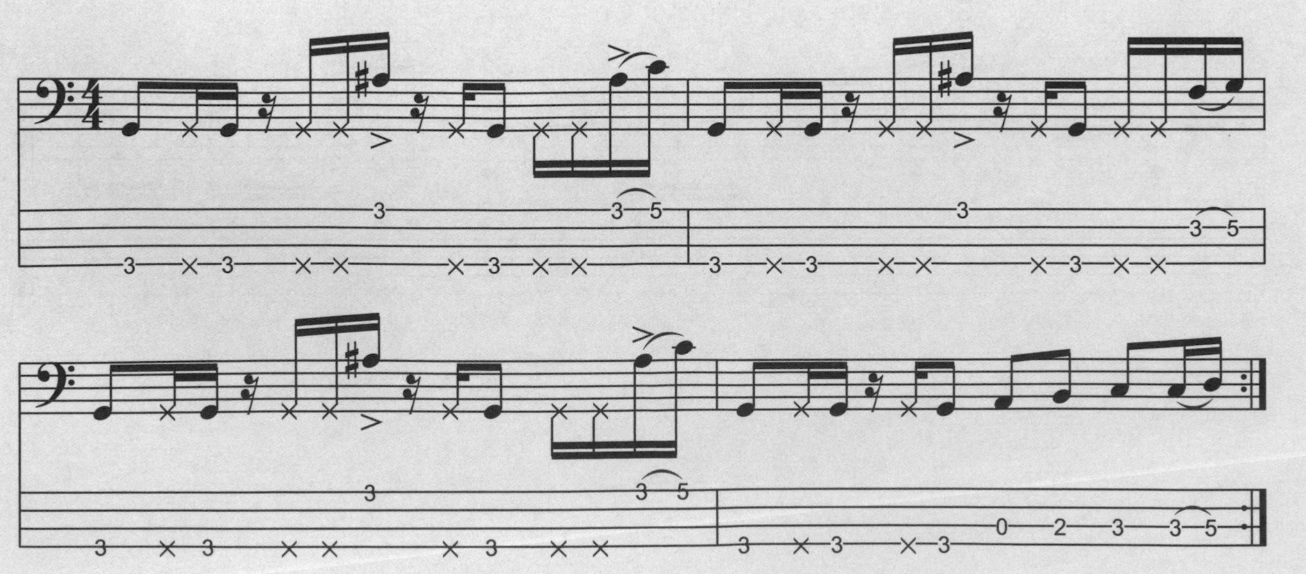

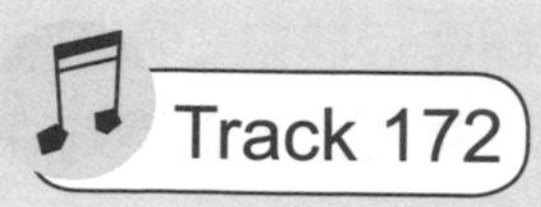

在結束這個段落之前，先看一下Louis如何將更多的「Slap-Slap-Pop」放在句子裡。

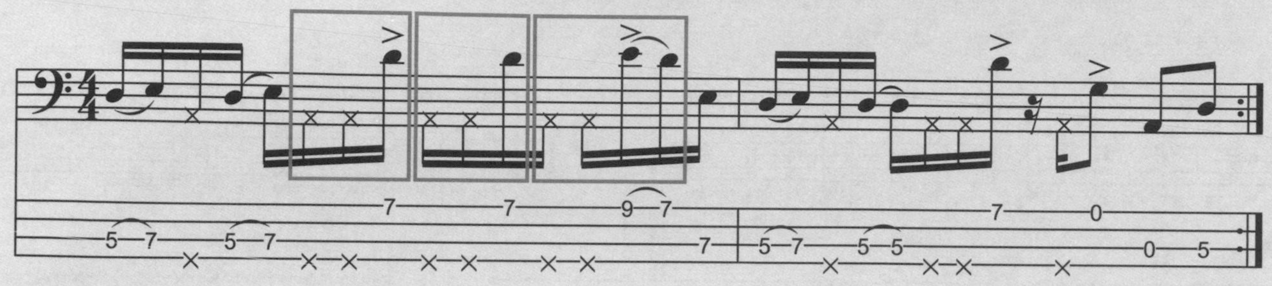

打擊技巧應用

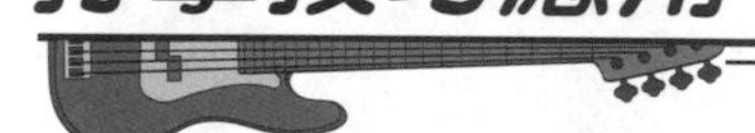

Louis早在高中的時候，就常一個人在音樂教室裡練習打擊，不過，他是將鼓組節奏的感覺「打」在電貝士上。這些看似全是悶音的練習，卻奠定了他穩定的速度、紮實的節奏以及強有力的彈奏風格。現在就來研究一下Louis如何練習，試試以下的基本打點。

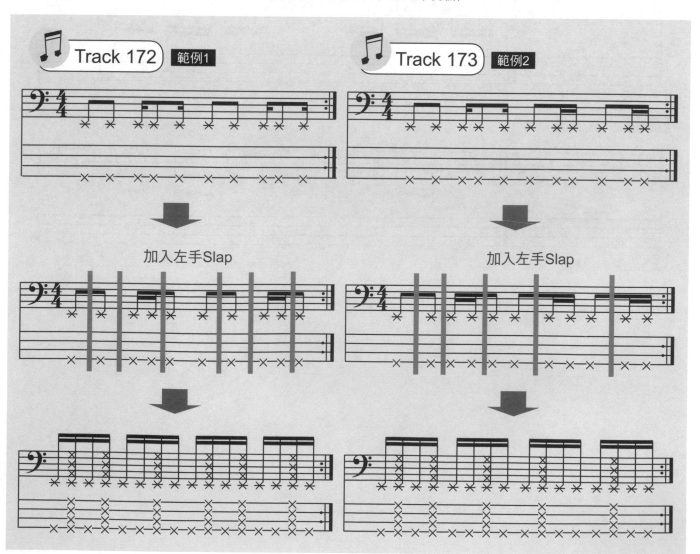

Track 172 範例1

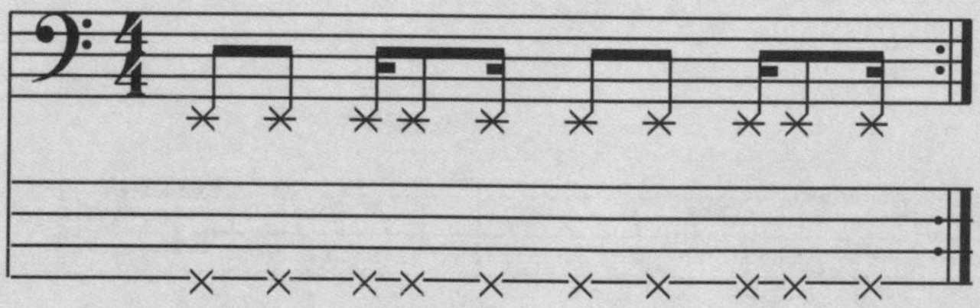

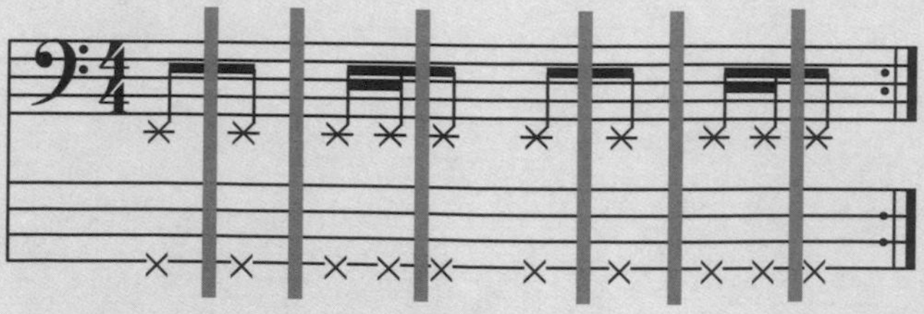

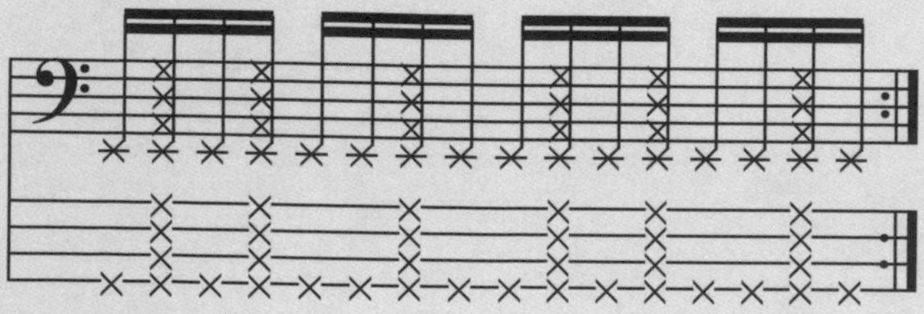

Track 173 範例2

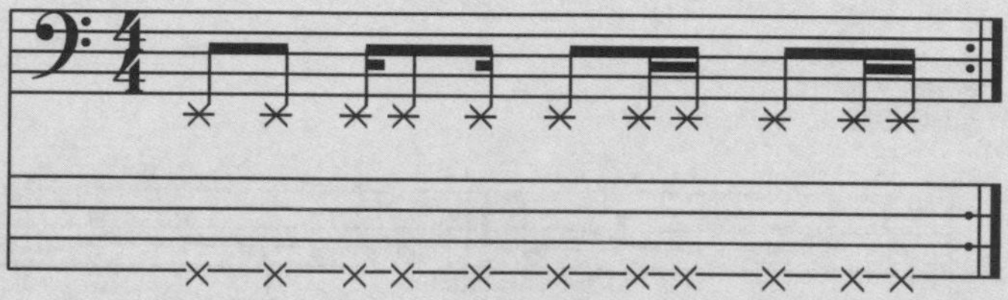

加入左手Slap

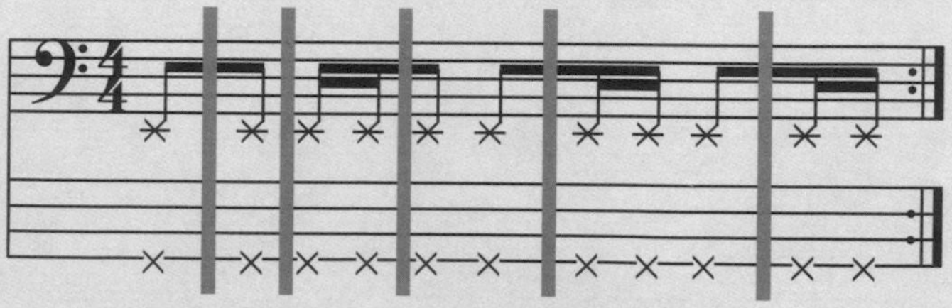

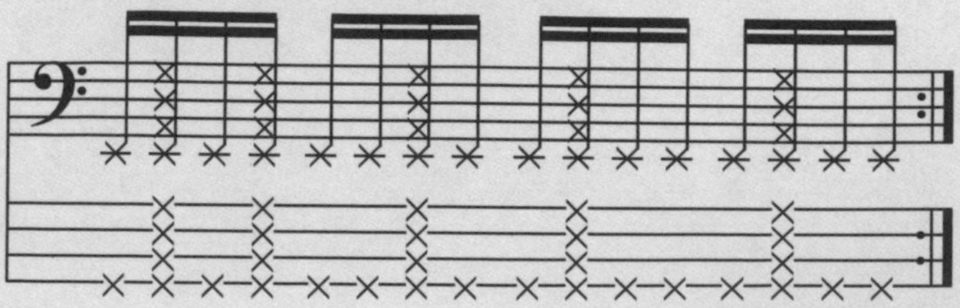

加入左手Slap

Louis巧妙的在八分音符中尋找空間，並放入左手Slap，這讓整個節奏瞬間靈活起來。原因有三個：（1）左手Slap能提供另一種悶音的音色。（2）在適當的空間中填入，不影響原本節奏的律動。（3）增加節奏點的密度，更有張力的表現。

以「三音一組」的概念來架構。

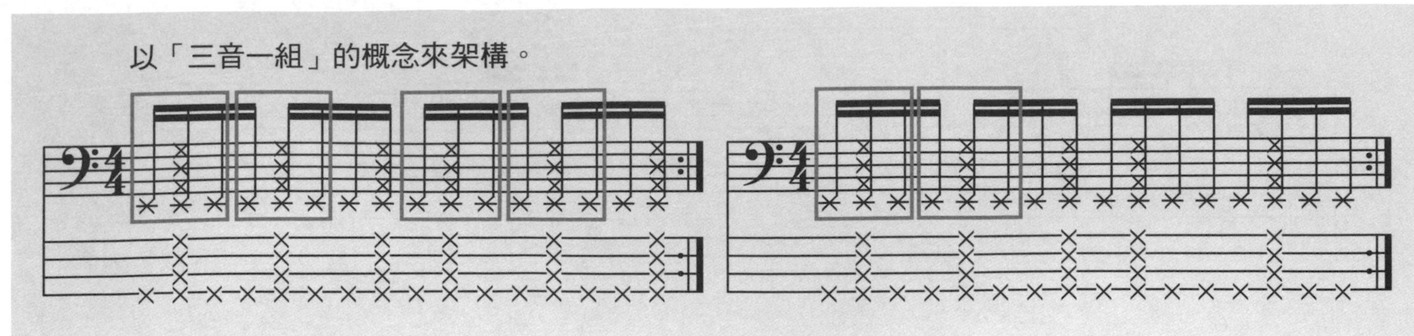

用最後一點篇幅來介紹兩個Louis的滑弦使用範例，為了表現滑弦的感覺，Louis多半會「加長」滑弦的音長，讓原本的音提早1/4拍出現。

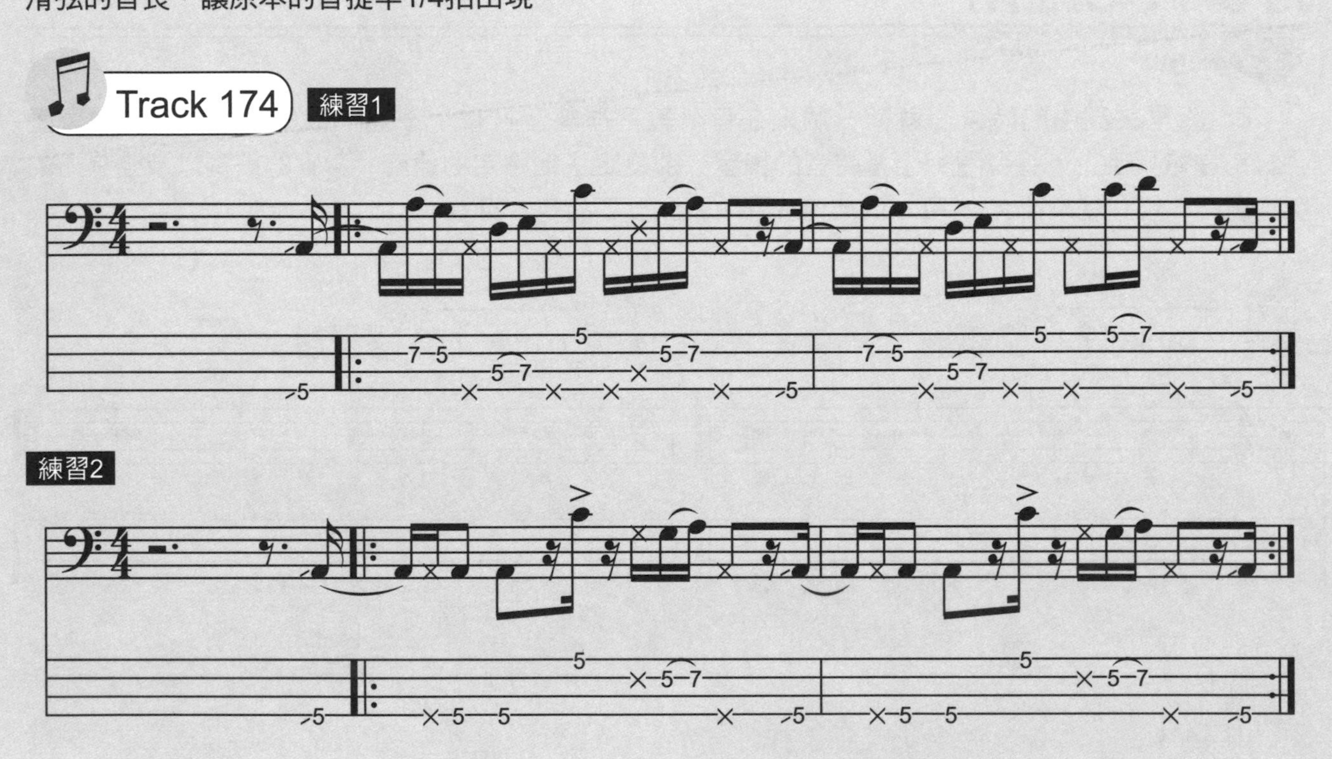

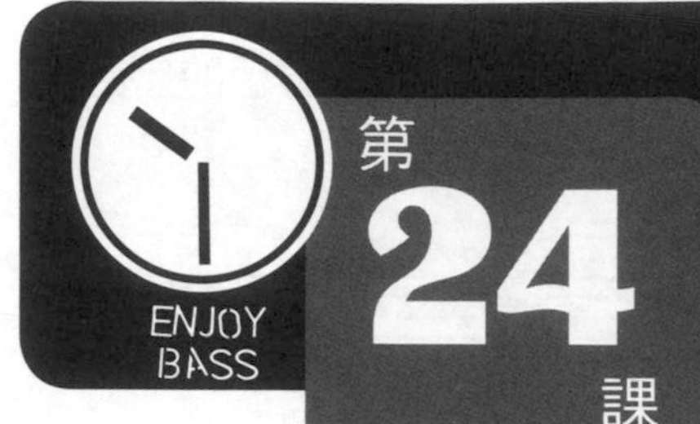

優美動人的貝士和弦彈奏

最後，來談談如何在電貝士上彈奏和弦。一般來說，貝士手多半是將和弦組成音拆解開來，並利用這些組成音來架構貝士旋律線，也就是所謂的「Bass Lines」。這個部分，在先前的內容中已經討論過許多。建議多多參考本書第14課、15課藍調的相關課程。

另一種常見的和弦表現型式是「多音同時彈奏」。顧名思義就是將兩個或兩個以上的和弦組成音，同時彈奏出來，用來形成和聲背景的方式。吉他中尤其是伴奏吉他（Rhythm Guitar）最常以這種方式彈奏和弦。本課將集中討論如何在貝士上，像吉他手一樣地彈奏和弦。

音階和聲化（Harmonized Scale）

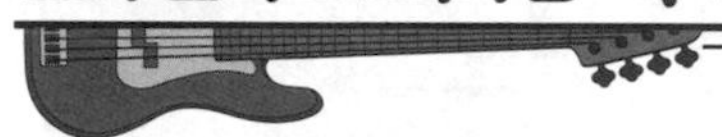

第一個碰到的觀念是「音階和聲化」。目前為止，我們所學的音階都是以單音組成，有順序的排列。如果將音階中的單音做和聲方向的發展，便稱為「音階和聲化」。

以下練習的前兩小節是將G大調音階依序排開在第二弦上。後面兩小節，則是在每個單音上加上一個和聲上的三度音。這就是一個基本的音階和聲化。建議大家反覆彈奏、熟記指型，並在聽覺上分辨兩種音階彈奏的差異性。

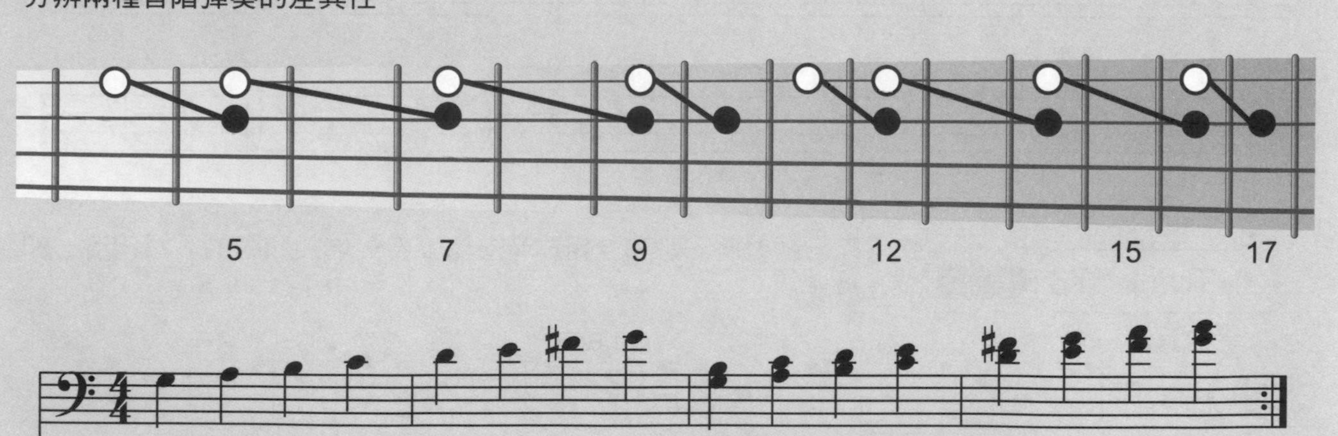

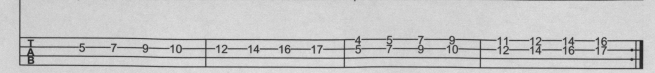

Track 175 練習1

如此一來，音階彈奏就具備和聲的特質。以下範例是應用這樣的「雙音」（主音加三度音）彈奏，來編排音階走向的和聲進行。

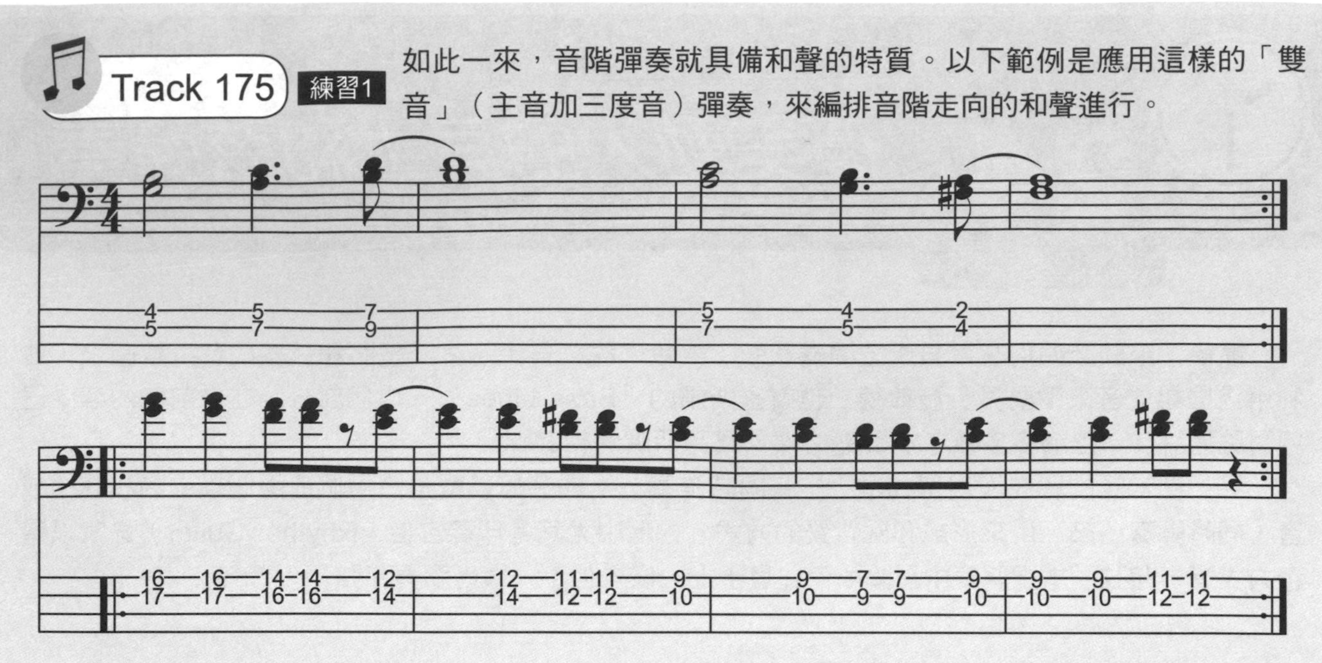

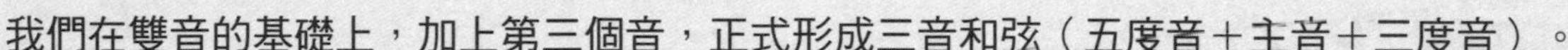

我們在雙音的基礎上，加上第三個音，正式形成三音和弦（五度音＋主音＋三度音）。

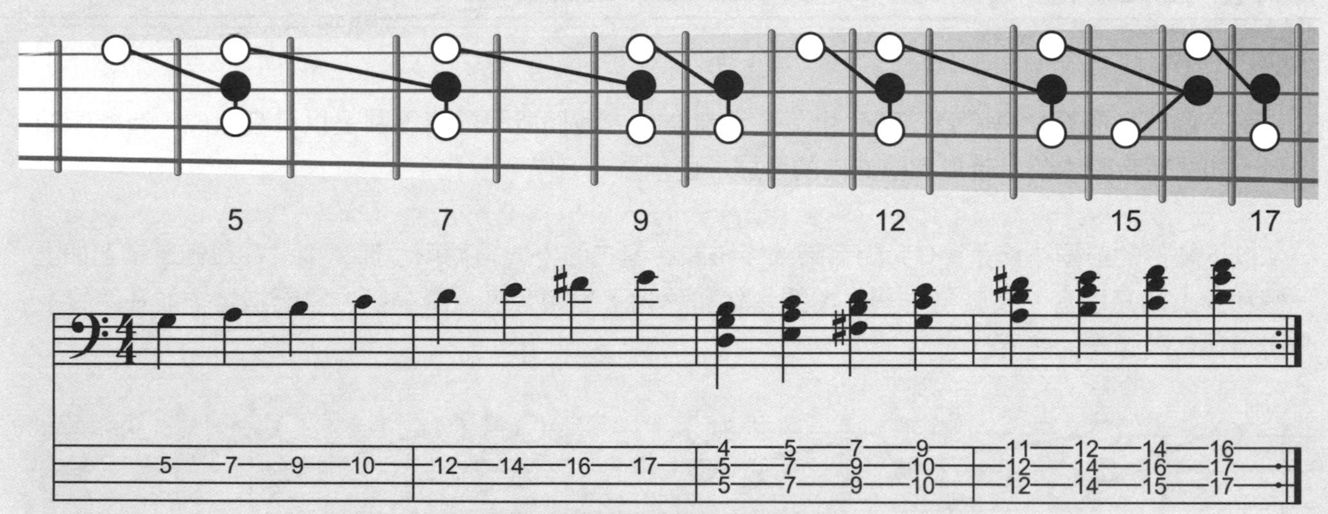

Track 176 練習2

接下來，練習將三音和弦組成音分開彈奏，增加和弦的「透明度」和「立體感」。

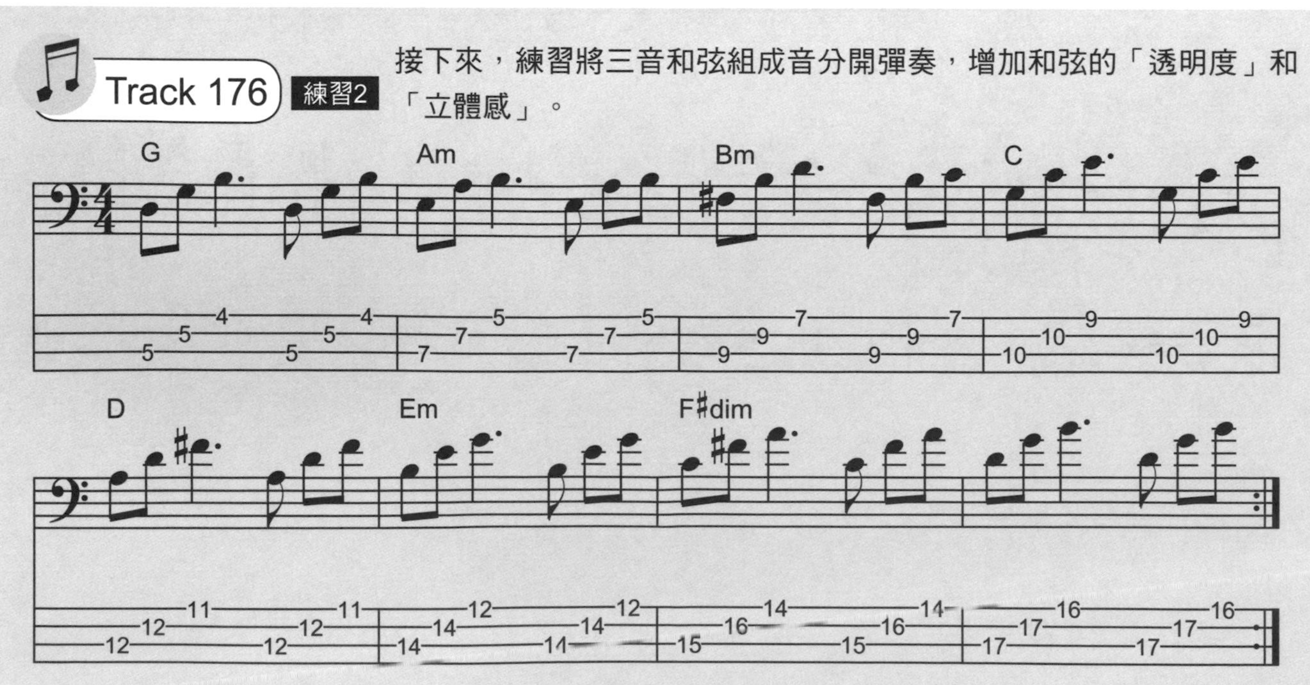

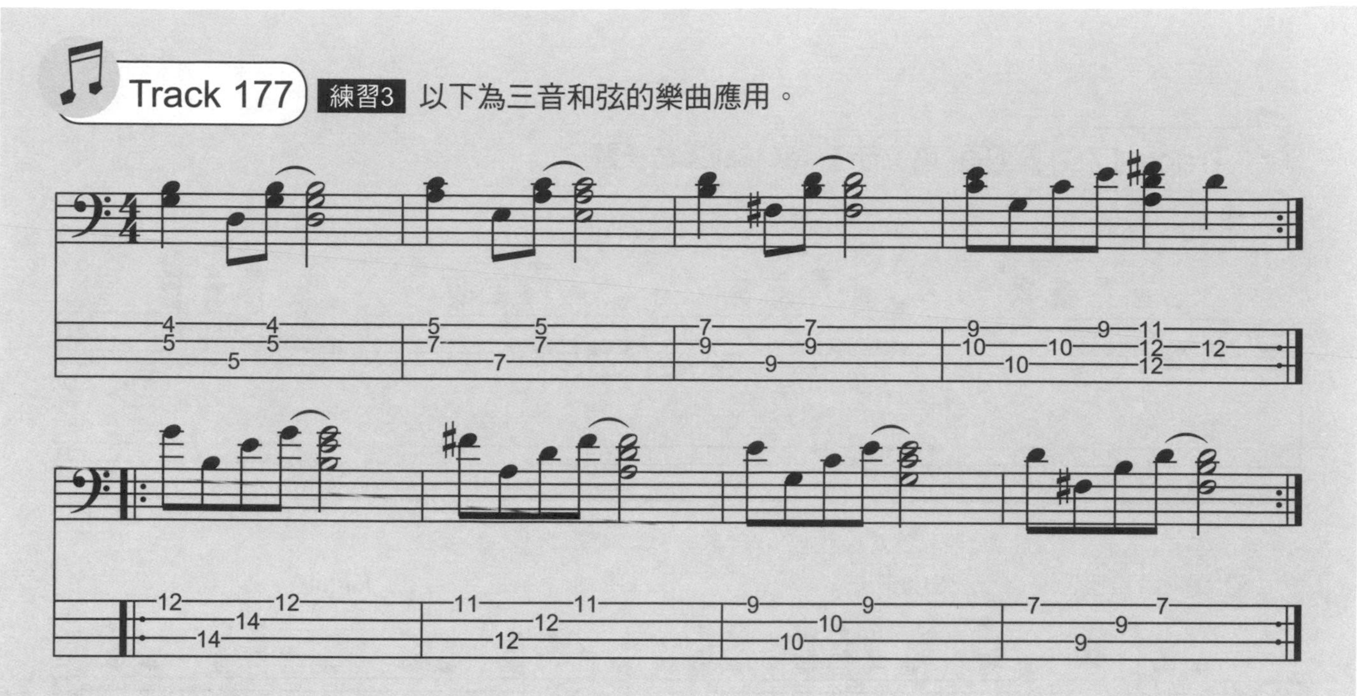

Track 177
練習3 以下為三音和弦的樂曲應用。

和弦種類與用音變化

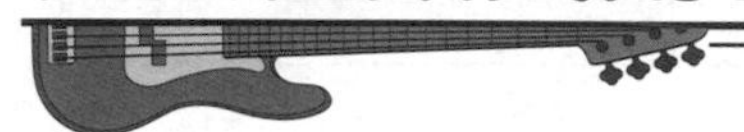

繼先前的音階和聲化後，開始介紹和弦的種類。關於和弦的概念與組成，非常歡迎大家參考先前的和弦相關課程。

1、大和弦系列

首先，介紹的是大三和弦（Major）及其類屬的大六（Major 6）和大七（Major 7）和弦。避開詳細的樂理推演過程，直接看用音的變化。不難發現，這三個同屬一類的大和弦其實只有一音之差，透過以下指板圖可以更清楚的了解。

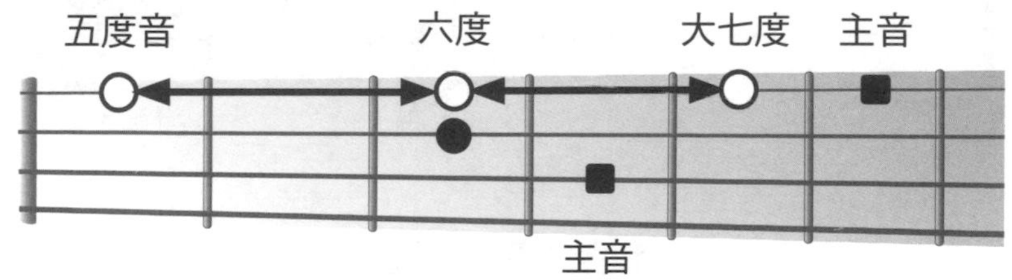

和弦指型記憶圖

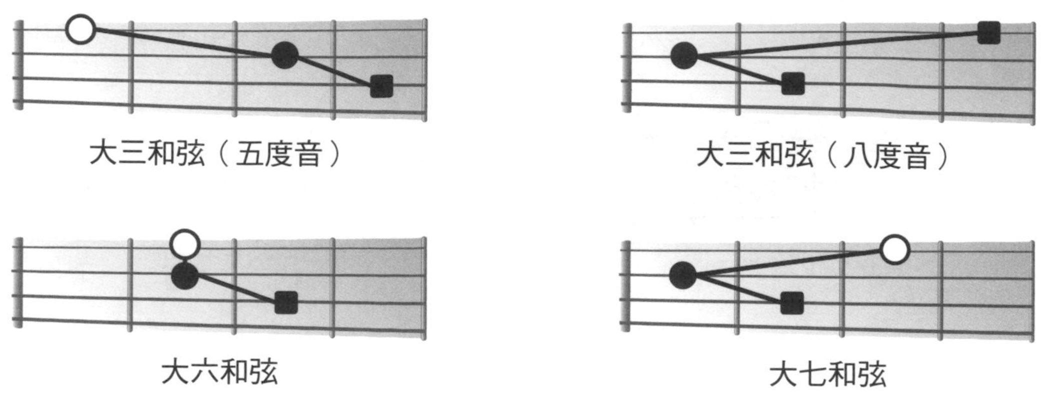

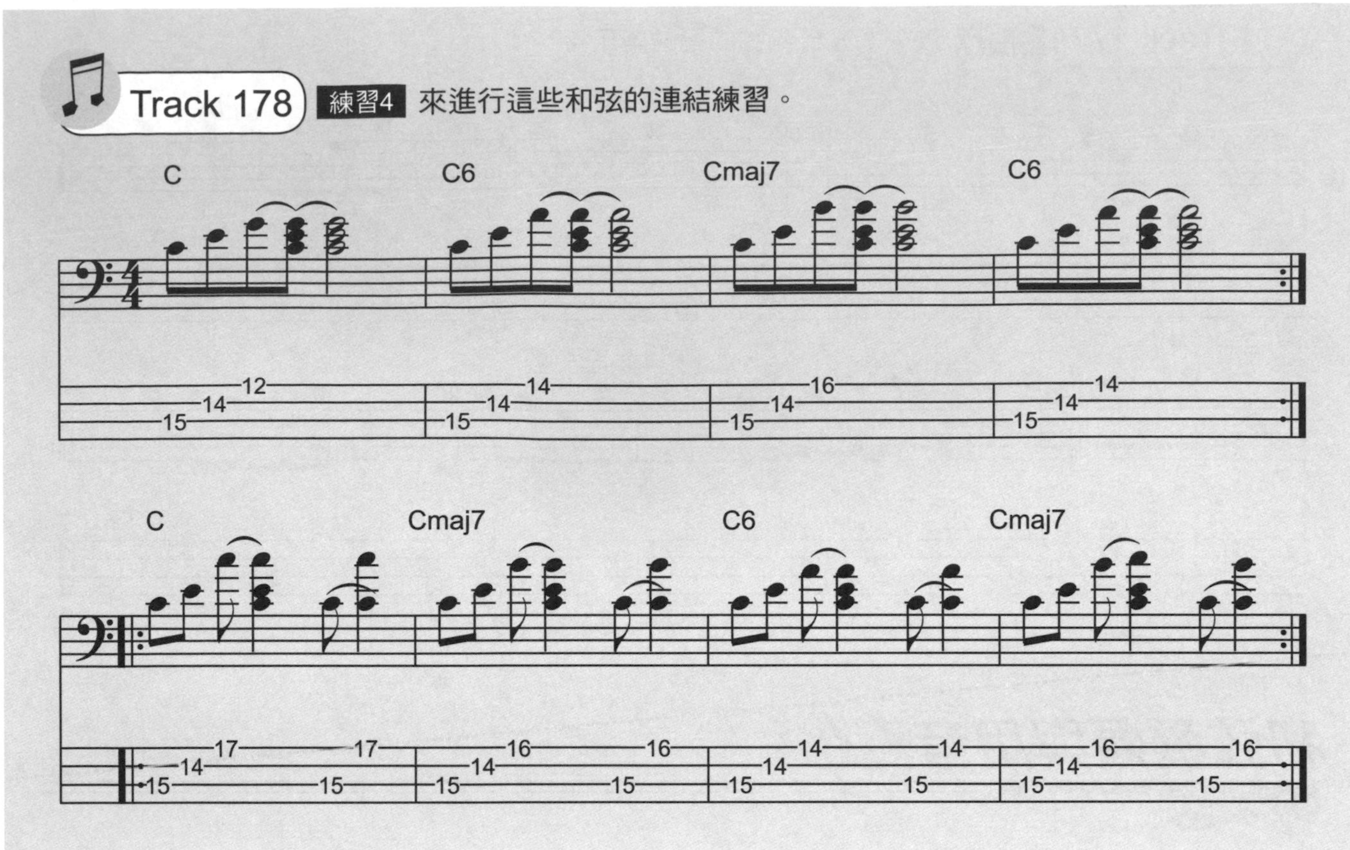

2、小和弦系列

第二組是小三和弦（Minor）及其類屬的小六（Minor 6）、小七（Minor 7）和小三大七（Minor Major7）和弦。同樣的，這四個同屬一類的小和弦也都只是一音之差。

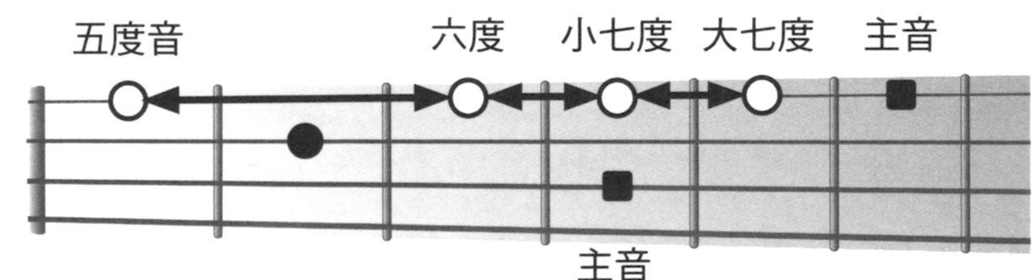

和弦指型記憶圖

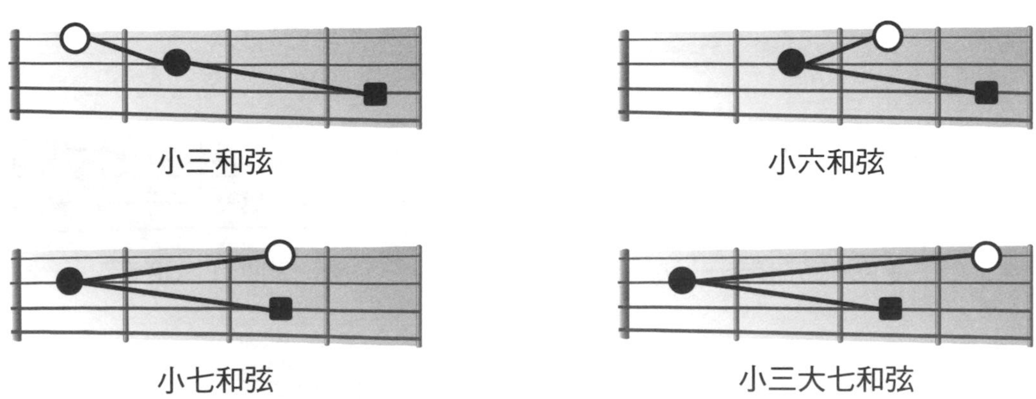

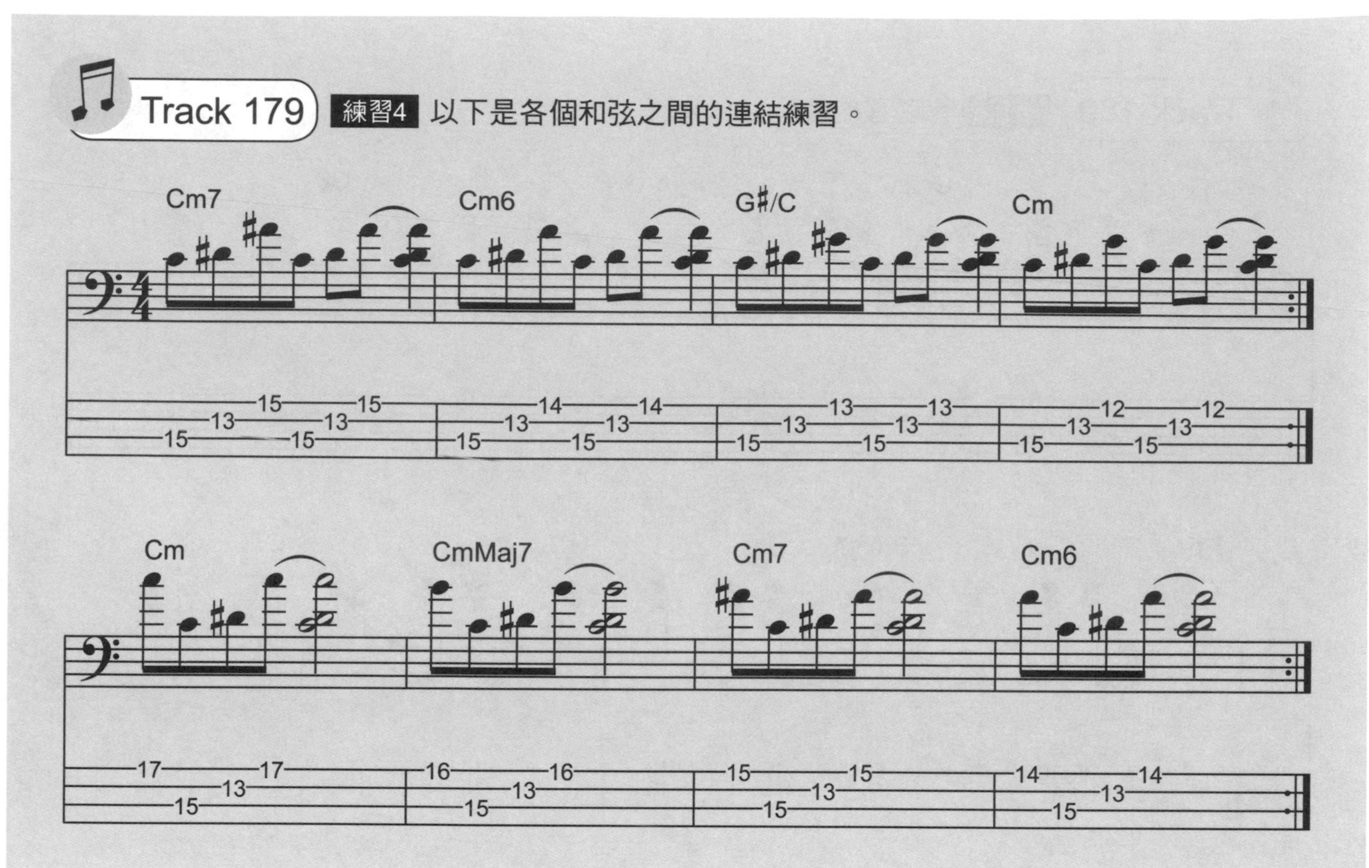

3、大和弦系列（主音第四弦）

接下來，我們將大和弦系列的主音調到第四弦上，刻意讓主音低八度。這樣可以將主音與其他和弦音拉開，在聽覺上產生更大的和聲空間感。我們將指型上的變化，整理如下：

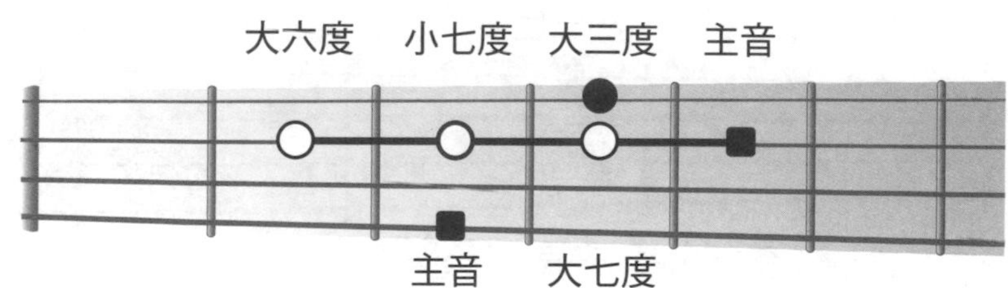

和弦指型記憶圖

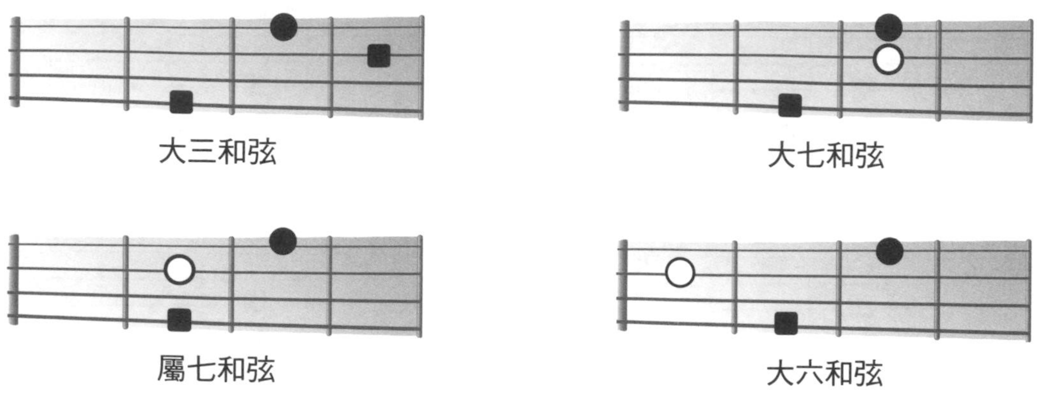

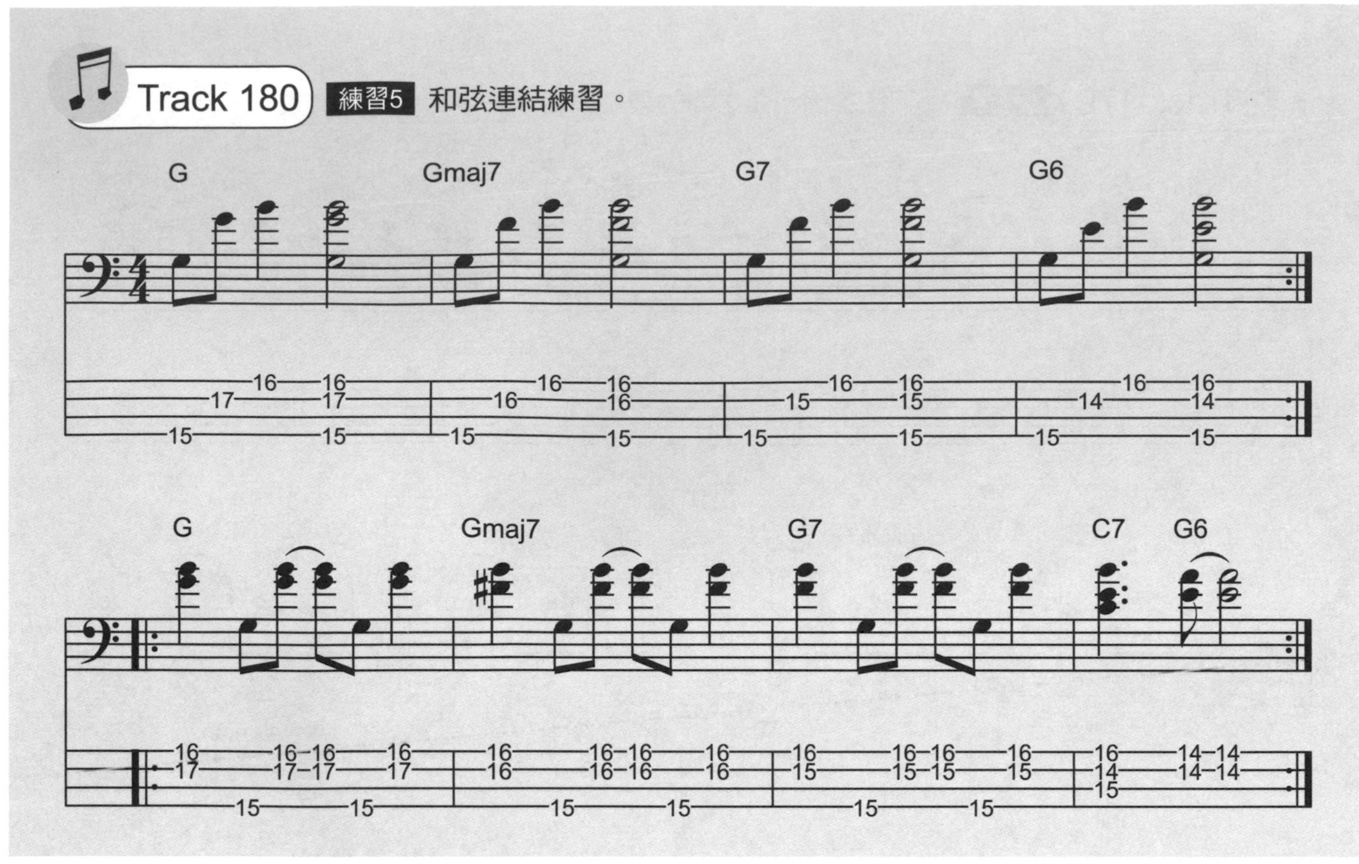

4、小和弦系列（主音第四弦）

接下來，將小和弦系列的主音調到第四弦上，刻意讓主音低八度。這樣可以將主音與其他和弦音拉開，在聽覺上產生更大的和聲空間感。我們將指型上的變化，整理如下：

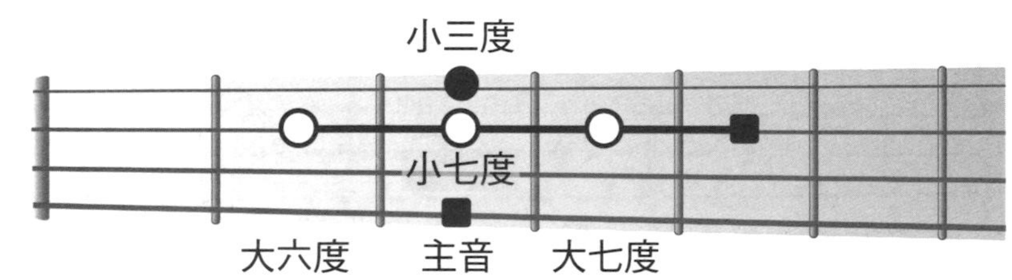

和弦指型記憶圖

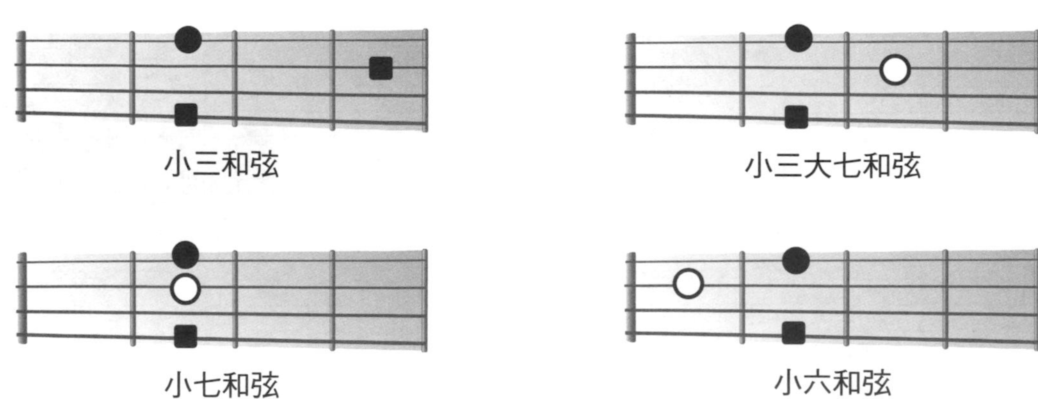

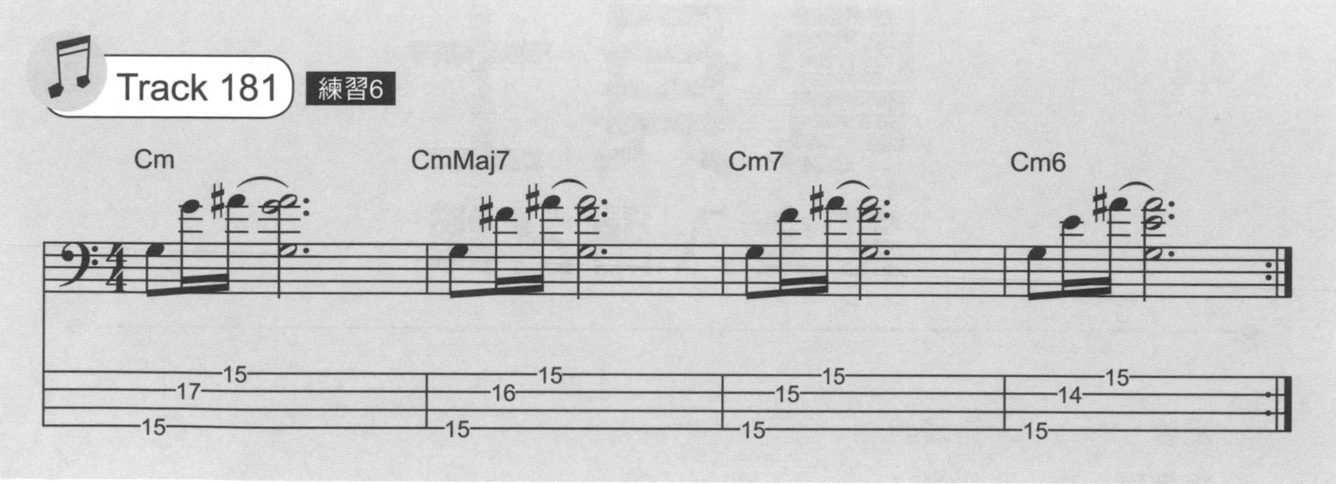

以上是和弦彈奏的基本概念及指型分析。經過系統的分析比較能夠輕易的記住和弦指型，以及各個和弦之間的關係。下一步就是學習「移動」這些和弦指型。目前所介紹的指型都是可以移動的（Movable），只要將固定位置的指型，在指板上前後移動即可得出不同和弦。建議大家多加練習並熟記指型，這可以幫助了解和弦與和聲的感覺和概念。

結語

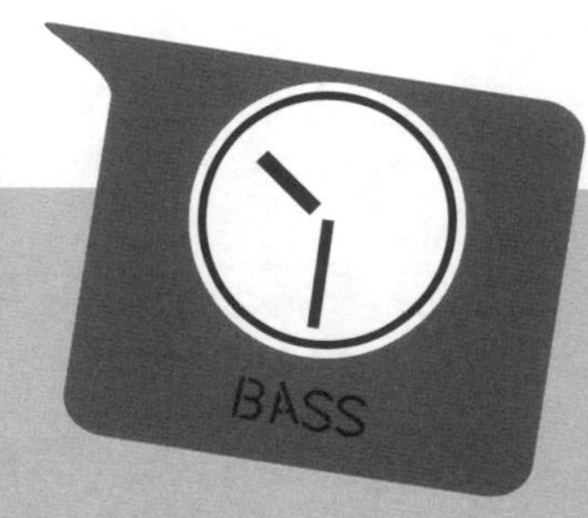

恭喜你（妳）經歷了24課專業的電貝士課程，相信一定收穫豐富。期待各位在未來的學習道路上繼續努力。對於資訊（包括網路文章、討論區、Youtube影片、專業教科書、教學DVD）的蒐集整理和系統學習，能夠保持興趣。多參與樂團的練習和演出，教會的敬拜事奉，與各樣樂器學習者互相交流，也是一個成長的關鍵。同時也請關注麥書國際文化的新書作品，相信對音樂的學習必定有所幫助。願神祝福你！

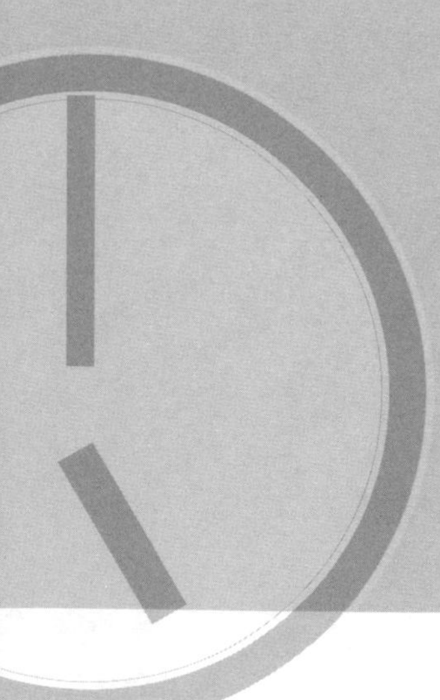

電貝士
完全入門24課

編著	范漢威
總編輯	潘尚文
美術設計	范韶芸
封面設計	范韶芸
電腦製譜	林倩如
編輯校對	陳珈云、吳怡慧
錄音混音	麥書（Vision Quest Media Studio）
編曲演奏	范漢威
影像處理	何承偉

出版	麥書國際文化事業有限公司 Vision Quest Publishing International Co., Ltd.
地址	10647 台北市大安區羅斯福路三段325號4F-2 4F-2, No.325, Sec.3, Roosevelt Rd., Da'an Dist., Taipei City 106, Taiwan (R.O.C.)
電話	886-2-23636166・886-2-23659859
傳真	886-2-23627353
官方網站	http://www.musicmusic.com.tw
E-mail	vision.quest@msa.hinet.net

中華民國113年6月 二版

◎ 本書所附演奏影音 QR Code，若遇連結失效或無法正常開啟等情形，
請與本公司聯繫反應，我們將提供正確連結給您，謝謝。